中国文字研究

教育部人文社会科学重点研究基地
华东师范大学中国文字研究与应用中心　主办
华东师范大学语言文字工作委员会

臧克和　主编

第三十八辑

华东师范大学出版社
·上海·

THE STUDY OF CHINESE CHARACTERS

Vol.38

Chief Editor

Zang Kehe

Organized by

Center for the Study and Application of
Chinese Characters at East China Normal University
(Key Research Institute in University Authorized by
the Ministry of Education of
People's Republic of China)
East China Normal University Language Work Committee

EAST CHINA NORMAL UNIVERSITY PRESS

· SHANGHAI ·

目 录

Contents

西北师范大学博物馆藏甲骨文整理与考释*

龙正海

【摘　要】西北师范大学博物馆藏有甲骨13片,其中有字者12片。从考释结果来看,此批甲骨卜辞内容颇为习见,主要关涉祭祀,也偶涉战争、疾病、田猎等事项。从类组分布看,以黄类卜辞为主,也涉及宾组一类、典宾类、宾出类、师宾间类等其他组类。从分类结果来看,该12片有字甲骨主要来自河南安阳小屯村北。此外,该12片甲骨数见新字形且数片有字甲骨关涉周祭制度,为研究是时语言文字、周祭制度提供弥足珍贵的新材料。
【关键词】西北师范大学博物馆;特征字形;黄类卜辞;周祭
【作者简介】龙正海,苗族,西北师范大学文学院博士研究生,研究方向为商周甲骨文、金文。(甘肃　兰州　730070)

一　序言

甲骨文发现至今已经120余年,多数甲骨片已著录刊布,也有部分流散民间。李学勤先生曾说:"殷墟范围内不断有甲骨零星出现,大多在民间流散收存。这些材料虽然数量有限且常残碎,但有些内容的重要性并不因此减少,小片只字,有时也有胜义可寻。"[①]西北师范大学博物馆藏有甲骨13片,其中有字者12片。根据相关人员介绍,这些甲骨资料20世纪购于北平瓦肆,后随学校西迁而被携带至兰州,保存至今。至于具体经世始末,囿于历史原因,惜今已无可查寻。[②]经查阅《甲骨文合集》《甲骨文合集补编》资料来源表,西北师范大学博物馆所藏甲骨尚未整理公诸于世。今承蒙学校厚意,允予公开发表,兹按照拍摄照片、制作拓片、编排序号、撰写释文、分组归类以及释文简释的步骤予以整理,不当之处,祈请方家雅正。

二　整理与简释

为了便于印刷,本文释文采用宽式,譬如"鼎"径写"贞","才"径写"在",等等。在以下释文中,"□"表示缺一字,字外加方框"[　]"表示根据文例补充字,"☒"表示知有残字而字数不详。倘若一片甲骨有多条卜辞,则用(1)(2)依次类推以标明。文中卜辞分组归类,主要参考黄天树先生《殷墟王卜辞的分类与断代》[③]一书、但在个别处适当参考王蕴智先生《殷商甲骨文研究》[④]及其他研究者分类研

---

　　* 本文系国家社科基金重大项目"基于公共数据库的古文字字符集标准研制"(项目编号21&ZD309),国家教育部重大课题攻关项目"基于数据库技术的殷商甲骨刻辞事类排谱、整理与研究"(项目编号22JZD036)的阶段性成果。为了便于讨论,行文必要处依旧保留繁体写法,特此说明。

　　① 李学勤:《殷墟甲骨辑佚·序言》,《殷墟甲骨辑佚:安阳民间藏甲骨》,文物出版社,2008年,第1页。
　　② 今按:西北师范大学的前身为国立北平师范大学。1937年抗日战争全面爆发后,国立北平师范大学与国立北平大学、国立北洋工学院以及北平研究院等院校组成西安临时大学。1938年3月,西安临时大学南迁陕西汉中城固,改称西北联合大学。国立北平师范大学随即整体改组成西北联合大学下设的教育学院,后又改称师范学院。1939年,西北联合大学师范学院独立设置,改称国立西北师范学院,1941年迁往甘肃兰州。抗战胜利后,国立西北师范学院继续在兰州办学。1958年改称甘肃师范大学,1981年复名西北师范学院,1988年定名西北师范大学,沿用至今。
　　③ 黄天树:《殷墟王卜辞的分类与断代(简体增订版)》,科学出版社,2007年。
　　④ 王蕴智:《殷商甲骨文研究》,科学出版社,2010年。

究成果。

【编号】 SDB01

【释文】（1）☒☒争☒

（2）☒用☒☒小宰☒母☒

【组类】 宾组一类卜辞

该版甲骨左上端首字因残缺过甚而不好遽断，然从残笔与文例看，不能完全排除即"卜"字之可能，如"𠂤"（《合集》31686）、"𠂤"（《合集》28957）者即是例证。"宰"，姚孝遂先生谓即经过特殊饲养用以祭祀的羊。[1] "用"下字尚存横笔，结合同版祭牲检诸卜辞，疑即诸如"二""三""百"等数字词。

（图版）　　　（拓片）

图一　SDB01

相类辞例可举者，譬如"乙酉用二宰"（1661 反）、"翌戊用三豭于成"（1371）、"☒御[于]父丁其百小宰"（32975），等等。粗略统计表明，用"小宰"祭祀数目频度最高的是"三"。[2] 根据"用三小宰于母己"（《合集》6113）文例，笔者倾向该条卜辞自左迄右释读。另外，"争""小宰"及"母"同版并举也见《合集》728："□□卜，争贞，御子㚸于母丙，皿甗，晋小宰，屮艮女一？ 贞，勿甚用皿甗，晋小宰二，屮艮女一于母丙？"根据上揭728推断，本版第二卜辞的辞意疑是从反面贞问是否不再使用小羊来祭祀某个母性先祖。倘若仅考虑祭牲为"小宰"的理想状况，根据728片甲骨文例，本版卜辞疑可补足如下：

（1）[□][□][卜]，争[贞]☒

（2）[贞]，[勿][甚]用□小宰[于]母□？

此外，界划线右下端有一横笔，是否是兆序，因辞例过残难以遽断，存疑待定。从书写风格来看，字形稍大、用笔方饬。就特征字形而论，"争"字中部凵形笔画作锐底状。相似者又见"𤯍"（《合集》728）、"𤯍"（776）、"𤯍"（13123）等，王蕴智先生明确指出《合集》728"争"是宾组一类的特征字形[3]。综合而言，将该版卜辞当属宾组一类卜辞。

【编号】 SDB02

【释文】（1）☒𤯍☒

（2）不其隻（獲）羌？ 一。

【组类】 典宾类卜辞

首辞"𤯍"字，或属首见，未识。甲骨资料显示，"不其隻羌"是贞人习用的占用言语。譬如"贞，敇不其隻羌"（《合集》188 正）、"丙寅卜，子效臣田不其隻羌"（195 甲）及"贞，王出？ 不唯帝臣命？ 不其隻羌？"（《合集》217）等。[4] "隻"，罗振玉先生释作"獲"[5]，已成共识[6]。刻辞见有商方追羌、执羌、隻羌或不隻羌的记载，譬如"追羌，隻"（《合集》491）、"允其执羌"（《合集》500 正）、"师隻羌"（《合集》178），以及"贞，

① 姚孝遂：《牢宰考辨》，《古文字研究》第九辑，中华书局，1984 年，第 32—34 页。

② 陈年福编著：《殷墟甲骨文辞类编（四）》，四川辞书出版社，2021 年，第 5232—5247 页。

③ 王蕴智：《殷商甲骨文研究》，第 170 页。

④ 参阅陈年福编著：《殷墟甲骨文辞类编（一）》，第 262—265 页。

⑤ 罗振玉：《殷虚书契考释》，《殷虚书契考释三种》，中华书局，2006 年，第 224 页。

⑥ 参阅于省吾主编：《甲骨文字诂林》，中华书局，1996 年，第 1672 页。

戋不其隻羌"(《合集》174)等。相较之下，商人用羌人祭祀更为常见，譬如《合集》440 正"贞，侑羌于妣庚"、293"叀今夕三百羌于丁"者即为显例。

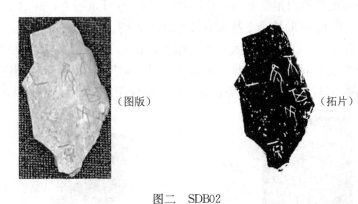

（图版） （拓片）

图二 SDB02

同时，考古学资料也见用羌人祭祀的情况，譬如，1976 年安阳殷墟西北岗王陵区发掘的 191 座人祭坑遗址即出土大量人牲骸骨。唐际根等先生明确指出，该王陵遗址部分人祭坑中的人牲骸骨就是刻辞所载的羌人。①

从字体组类来看，字形雄伟大气，笔画刚健有力，早期风格甚是明显。另，"不""其""隻""羌"当是典宾类卜辞的特征字形，《合集》170、177 及 185 者即是例证。杨郁彦、崎川隆二先生皆将后者卜辞定为典宾类卜辞。② 如此，本版甲骨卜辞当归入典宾类卜辞为宜。

（图版） （拓片）

图三 SDB03

【编号】 SDB03

【释文】 乙［酉］［卜］，贞，兹🔲，㚔？

【组类】 宾出类卜辞

"乙"下一字，尚存笔画像▽状，结合文例考虑，疑即"酉"字。"兹"，丁山先生认为是"㚔"本字。③ 在卜辞中，该字有祭名、地名、方国名以及动词的用法。④ 根据本辞"㚔"作动词逆推，疑用作动词为宜，《合集》24769"丁酉卜，王贞，其有囚，不兹，在四月"即是佐证。命辞第二字或属首见，疑即从首之字，或用作氏族名。

"㚔"，张秉权先生认为"字形是象原始的刑具手铐"。⑤ 同时，"㚔""执"同版并见于《粹》1163（《合

① 唐际根、牛海茹：《殷墟王陵区人祭坑与卜辞所见"羌祭"及"杀牲法"研究》，《人文中国学报》2013 年第 19 期；唐际根、汤毓赟：《再论殷墟人祭坑与甲骨文中羌祭卜辞的相关性》，《中国文物》2014 年第 3 期。

② 杨郁彦：《甲骨文合集分组分类总表》，艺文印书馆，2005 年，第 3 页；〔日〕崎川隆：《宾组甲骨文分类研究》，上海人民出版社，2011 年，第 205—206 页。

③ 周法高主编：《金文诂林》，香港中文大学出版社，1975 年，第 2531—2532 页。

④ 于省吾主编：《甲骨文字诂林》，第 3205—3206 页。

⑤ 于省吾主编：《甲骨文字诂林》，第 2578 页。

集》33044)与《丙》304(《合集》6947 正),陈炜湛先生据此认为"牵"与"执"同义。[1] 之后,王子杨更是明确指出:"从《合》33044、《合补》1270 正'牵''执'同版对贞的情况看,'牵'表示'拘执'这个词是可以肯定的。"[2]如此,本版卜辞的文例则相类于《屯南》190"丙子卜,今日杀召方,牵"、《合集》31978"丙子贞,令众御召方,牵"等等。由此推测,该条卜辞大意疑是贞问挛 方是否捕捉俘虏。

该版行款先竖刻后再折向右横刻,较为特殊。相类行款见于《屯南》777 与 1122 卜辞。从字体组类来看,用笔工整,字形稍小,疑是宾出类卜辞风格。另,"贞"字,相类于《合集》10048" "、14829" "以及《合补》95" "的写法,当是宾出类特征字形。综合而论,本片卜辞当归入宾出类卜辞。

 (图版)  (拓片)

图四　SDB04

【编号】　SDB04
【释文】　不隹乍虫☑? 九月。
【组类】　师宾间类卜辞

"虫",裘锡圭先生谓"其字形象人的足趾为虫虺之类所咬啮,也与伤害之义相合,应该就是'伤害'之'害'的本字"。[3]"乍虫"一语,又见于《合集》17050"贞,其有乍虫"、34101"其乍虫大示",等等。从图版来看,疑"虫"字下仍有一字,但是否即"二"字,尚难遽断。从书写风格来看,字形稍大而窄长,颇具师宾间类卜辞风格。更为重要的是,"隹"字形作曲足也近于师宾间类之"隹"[4],譬如" "(《合集》1633)、" "(《合集》8583),等等。[5] 是故,本片甲骨卜辞应属师宾间类卜辞。

 (图版)  (拓片)

图五　SDB05

【编号】　SDB05
【释文】　汏 于 母(?)☑
【组类】　非王卜辞

"汏",或写作" "(《合集》3061 正)、" "(3070)、" "(10660)诸形[6],常用于人名,例如"贞,子汏来"(《合集》3064)、"呼子汏逐鹿"(10314)即是。卜辞亦见一相近字形,如" "(《合集》22258)、" "

---

① 于省吾主编:《甲骨文字诂林》,第 2579—2580 页。
② 王子杨:《甲骨文字形类组差异现象研究》,中西书局,2013 年,第 115 页。
③ 裘锡圭:《释虫》,《裘锡圭学术文集·甲骨文卷》,复旦大学出版社,2012 年,第 210 页。
④ 黄天树:《殷墟王卜辞的分类与断代》,第 107 页。
⑤ 李宗焜编著:《甲骨文字编》,中华书局,2012 年,第 616—617 页。
⑥ 刘钊主编:《新甲骨文编(增订本)》,福建人民出版社,2014 年,第 631—632 页。

（《屯南》1059），常用作动词，例如《合集》33201"贞，弜汰人中珏"、《屯南》1059"丁亥贞，王其汰方及，呼御史"即是。学界的主流意见，认为即一字两形。不过也有学者认为两字用法有别，当是两字，并认为后者含有"'调遣''派驻'一类意义"。① 寻检刻辞，大多情况的确如此，但也见有例外。例如"帚娥不汰疒"（《合集》13716）、"汰玉于祖丁，□乙"（《合集》3068）之"汰"即从三小点，即用作动词。比勘上举《合集》3068 辞例，本片卜辞"汰"字疑用作动词。

自左迄右第二字，或属新见字形，未识，据字形看其义或关涉女性。第三字尚存下半部，从竖笔下半部笔势向左偏斜看，当"于"字无疑，《合集》21874"于"字与之相似。第四字，或属新见字形，乍看之下疑从口从帚，然比勘《合集》32030、32982、34320 之"㛮"字形②，两者相去甚远。根据上揭《合集》3068 文例，疑以修饰下字。辞末一字，亦是新见字形，疑即"母"字异体。倘若上述释读无误，其辞意则是贞问是否用某女牲祭祀某女性先祖。毋庸讳言，鉴于卜辞尚有残缺且可系联卜辞甚少，此释读尚有进一步研讨空间。此外，从书写风格来看，该片卜辞用笔柔婉流畅，笔画圆润，疑属于非王卜辞。

（图版）　（拓片）

图六　SDB06

【编号】 SDB06

【释文】 （1）戊☒王☒卒☒

　　　　 （2）☒卜在☒王田☒亡灾？

【组类】 黄类卜辞

本版首辞末字上半部不甚清晰，参照《合集》35428"🕈"、37556"🕈"③可知，当即"卒"字无疑。"卒"，裘锡圭先生认为可训作"终"，并将田猎卜辞恒语"卒逐亡灾"译作"完成逐兽之事，没有灾害"。④第二辞末字，当即从"彳""才"声之"灾"，相类写法见之于《合集》36650"🀄"及 36378"🀄"，等等。⑤ 本版是第五期常见的田猎卜辞，据同时期卜辞文例，例如"戊寅卜，在高贞，王田卒逐亡灾"（《合集》37533）、"戊辰卜，在羌贞，王田卒逐亡用"（《合集》37564），可将残辞补足如下：

　　　（1）戊□[卜]，[在]□[贞]，王[田]卒[逐][亡][灾]？

　　　（2）□□卜，在□[贞]，王田[卒][逐]亡灾？

从字体组类来看，前辞"□□卜，在□贞"文例及辞中习语"亡灾"多见于黄类卜辞。不宁唯是，首辞"王"字下横笔作圆笔状，即黄类特征字形写法。⑥ 综合而论，本版卜辞是黄类卜辞，是毋庸置疑的事实。

【编号】 SDB07

【释文】 （1）戊☒王☒亡☒

　　　　 （2）☒子卜贞☒今夕☒畎？

① 王子杨：《甲骨文"芍(郁)"的用法》，《文史》2016 年第 3 期；陈剑：《试为西周金文和清华简〈摄命〉所谓"粦"字进一解》，《出土文献》第十三辑，2018 年，第 34—35 页。

② 刘钊主编：《新甲骨文编（增订本）》，第 469 页。

③ 刘钊主编：《新甲骨文编（增订本）》，第 500 页。

④ 裘锡圭：《释殷墟卜辞中的"卒"和"裨"》，《裘锡圭学术文集·甲骨文卷》，第 363—373 页。

⑤ 刘钊主编：《新甲骨文编（增订本）》，第 646 页。

⑥ 李宗焜编著：《甲骨文字编》，第 1297—1302 页。

【组类】 黄类卜辞

辞中"夕"即指卜日当天夜间。该版刻辞内容颇为习见,占卜时间很有规律性。根据《合集》38791"甲戌(11)卜,贞,王今夕亡㕻? 丙子(13)卜,贞,王今夕亡㕻"及《合集》38860"丙申(33)卜,贞,王今夕亡㕻? 戊戌(35)卜,贞,王今夕亡㕻? 庚子(37)卜,庚子卜,贞,王今夕亡㕻"等辞例可将残辞补足。

 (图版)    (拓片)

图七　SDB07

从上举38791与38860卜辞来看,"王今夕"卜辞习惯在两日后再次占卜。如此,则推定"戊"下方、"子"上方所缺之字即"戌""庚"。是故,本片甲骨卜辞可补全如下:

(1) 戊[戌][卜],贞,王[今][夕]亡[㕻]?

(2) [庚]子卜,贞,[王]今夕[亡]㕻?

"㕻",灾咎用语,叶玉森先生以为即"囚"繁体①,向来无异辞,而对于含义则异说迭起。旧释"庚"(叶玉森)、"凸"(陈梦家)、"鯀"(郭沫若)、"卤"(唐兰)等说法。② 陈梦家先生以为即"凸"字,象卜骨之形,读若"咎",后孳乳为"祸"。③ "祸"说影响巨大,信从者颇多,例如李孝定《甲骨文字集释》按语申之④;单育辰先生也踵其说,认为"郭沫若把'囚'释为'凸'的意见其实是很合理的"⑤。新近,黄锡全先生根据新见铜器中"鬻"(《铭三》0200)认为该字相类"㱮"字构形,进而重申"祸"说。⑥ 黄氏引用材料得当,论证精到,我们赞同该字读作"祸"。

辞中"亡㕻"是黄类卜辞中习见灾咎用语,"子""贞""亡"等均属黄类特征字形,该版卜辞当属黄类卜辞无疑。

 (图版)    (拓片)

图八　SDB08

【编号】 SDB08

【释文】 (1) 丁□王□亡□

---

① 叶玉森:《殷虚书契前编集释》,《甲骨文研究资料汇编》第十七册,北京图书馆出版社,2008年,第79页。

② 于省吾主编:《甲骨文字诂林》,第2158—2172页。

③ 陈梦家:《释凸》,《考古社刊》1936年第5期;又收入氏著《陈梦家学术论文集》,中华书局,2016年,第140—143页。

④ 李孝定编述:《甲骨文字集释》,"中研院"历史语言研究所,1970年,第3126—3127页。

⑤ 单育辰:《再谈甲骨文中的"囚"》,《出土文献》第五辑,中西书局,2014年,第1—4页。

⑥ 黄锡全:《甲骨文"祸"字新证》,《汉字汉语研究》2018年第1期。

（2）□巳□今夕亡畎？

【组类】 黄类卜辞

藉由"今夕亡畎"一语可知，本版卜辞也是卜夕辞。根据上文提及"王今夕"卜辞习惯于两日后再次占卜的特点，可知前辞中"丁"下方与"巳"上方之缺字当分别是"卯""己"。是故，本片甲骨卜辞可补足如下：

（1）丁[卯][卜]，[贞]，王[今][夕]亡[畎]？

（2）[己]巳卜，[贞]，[王]今夕亡畎？

从辞中"贞""畎"字形和"王今夕"习语以及前辞"干支卜贞"的特点来看，本片甲骨卜辞当属黄类卜辞无疑。

 （图版）　　　 （拓片）

图九　SDB09

【编号】 SDB09

【释文】（1）甲戌□贞王□□亡□

（2）□贞王□亡畎？

【组类】 黄类卜辞

本图版右上侧稍有漫漶，从轮廓及笔势看，疑是占卜习语"亡畎"。该习语使用频率高而且也很有规律，王蕴智先生指出，"'亡畎'用于卜旬、卜夕的辞中"。① 门艺先生更是明确指出，此类卜辞基本辞例是"'干支卜，贞，王今夕亡畎'，有些在前辞中附记地点，为'干支卜，在某贞，王今夕亡畎'"。② 寻检甲骨资料，亦见有殷人于甲戌日就"王今夕亡畎"贞卜，例如《合集》38790、38791、38792 者即是。综合推测，首条刻辞"王"下字应是"今"。倘若推测无误，则本版卜辞可补充如下：

（1）甲戌[卜]，贞，王[今][夕]亡[畎]？

（2）□□[卜]，贞，王[今][夕]亡畎？

该版甲骨卜辞颇具黄类卜辞特征，除见有黄类占卜习语"亡畎"外，"贞"字上窄下宽且高足外撇亦是佐证。

 （图版）　　　 （拓片）

图十　SDB10

---

① 王蕴智：《殷商甲骨文研究》，第 355 页。

② 门艺：《殷墟黄组甲骨刻辞的整理与研究》，博士学位论文，郑州大学，2009 年，第 63 页。

【编号】 SDB10

【释文】 （1）癸巳□永□王□三。

　　　　 （2）□□卜，□贞，王□亡畎？

【组类】 黄类卜辞

　　该片甲骨首条卜辞"癸"下一字，从残留笔画及文例来看，当即"子"字。在殷墟卜辞中，天干"巳"字写作"子"字形，譬如"癸巳贞，至于大乙告"（《合集》32414）者即是。"三"者，兆序。"永""王"字下方尚有较大空间，似无缺字，参照《合集》38966 行款则会发现，事实并非如此。综合本片同版卜辞与相关辞例，首辞似可补足为"癸子（巳）[卜]，永贞，王旬亡畎？三"。

　　第二辞"贞""亡"上方甲骨有断裂，饶是如此，根据尚存习语"亡畎"及同类卜辞可知本卜辞当是卜旬辞。又从下文论述可知，殷人卜旬时习惯于一旬末日，即癸日（癸酉、癸未、癸巳、癸卯、癸丑、癸亥），贞问下一旬是否会有灾祸。据此，"卜"字上方的所残缺日期，参照首辞"癸巳"，或可补作"癸卯"；"亡"字上方所残之字，根据恒语"旬亡畎"得知当即"旬"字。综上论述，结合图版空间考虑，本版卜辞疑似可补足如下：

　　　　 （1）癸子（巳）[卜]，永[贞]，王[旬][亡][畎]？三。

　　　　 （2）[癸][卯]卜，□贞，王[旬]亡畎？

　　该版甲骨卜辞行款匀称整齐，黄类卜辞特点甚是明显。从特征字形来看，除"畎"字外，"永"也是黄类卜辞的特征字形，如"癸亥卜，永贞，旬亡畎，二"（《合补》12750）即是其证。毫无疑问，该片卜辞当属黄类卜辞无疑。

（图版）　　　　（拓片）

图十一　SDB11

【编号】 SDB11

【释文】 （1）癸酉王卜，贞，旬亡畎？王占曰：吉。才□□甲□乡□□。

　　　　 （2）□□王卜，□，□亡畎？□□曰：吉。

【组类】 黄类卜辞

　　本版卜骨上下端皆有残损而刻辞残存竟多达 20 余字，诚然可贵。从残存文字来看，刻辞是关涉周祭乡祀的卜旬辞，"乡"，罗振玉先生据《公羊宣八年传》注"肜者，肜肜不绝"谓"（刻辞）诸形正象相续不绝，殆为肜日之本字"[1]，已成共识。刻辞资料表明，"乡"祭是殷人周祭五种祀典之一，卜辞习见，尤可举例者，当属《合集》35589，其辞有曰：

　　　　 癸丑王卜，贞，旬亡畎？王占曰：吉。在五月。

　　　　 癸亥王卜，贞，旬亡畎？王占曰：吉。在五月，甲子乡大甲。

　　　　 癸酉王卜，贞，旬亡畎？在六月，甲戌乡小甲，王占曰：吉。

――――――――――

① 罗振玉：《殷虚书契考释》，第 152 页。

癸未王卜，贞，旬亡畎？王占曰：吉。在六月。

癸巳王卜，贞，旬亡畎？王占曰：吉。在六月。甲午彡戋甲。

癸卯王卜，贞，旬亡畎？王占曰：吉。在七月。甲辰彡羌甲。

上揭辞例共记连续六旬的祭祀，其中四条附记甲名先王，余下两条是单纯的卜旬辞。析而言之，例中首辞仅记于某旬末日癸丑占问下旬有无灾祸，辞末未载任何王之祭祀；第二辞于上一旬的末日癸亥贞问下旬有无灾祸，辞末附记来旬首日甲子彡祭大甲；第三辞于上一旬的末日癸酉贞问下旬有无灾祸，辞末附记下旬首日甲戌彡祭小甲；第四辞仅记于第四旬末日癸未占问下旬有无灾祸，辞末亦未载任何王之祭祀；第五辞于上一旬的末日癸巳贞问下旬有无灾祸，辞末附记下旬首日甲午彡祭戋甲；第六辞于上一旬的末日癸卯贞问下旬有无灾祸，辞末附记首日甲辰彡祭羌甲。由此可见，商王习惯于上一旬末日亲自贞问下旬有无灾祸，或在辞末附记下旬首日之甲日彡祀祭祀某甲名先王。

常玉芝此特点已作了精辟的总结：商王"卜问之日都是在癸日，祭日都是在甲日，祭日的天干日都是与先王的日干名保持一致的"。[①] 据此，可将本版下端首、次列中的笔画残涎两字补足为"贞""王"字。另，据第一辞于癸酉日贞问，可知祭祀本版末列"甲"下字当是"戌"字无疑。除上举《合集》35589 外，41704"癸酉王卜，贞，旬亡畎？王占曰：弘吉。在三月，甲戌祭小甲"、35662"癸酉王卜，贞，旬无畎？在十月，甲戌彡戋甲"者均可为我们推测提供佐证。若再结合考虑契刻空间，本版卜辞的释文或当补充于下：

(1) 癸酉王卜，贞，旬亡畎？王占曰：吉。才（在）□［月］，甲［戌］彡（肜）□［甲］。

(2) ［癸］［未］王卜，［贞］，［旬］亡畎？［王］［占］曰：吉。

另，常玉芝先生指出商人于黄类卜辞中以五种祀典祭祀先王主要用如下三种类型卜辞：第一种即祭上甲及多后的合祭卜辞；第二种即附记甲名先王五祀和五祀工典祭的卜旬卜辞；第三种即王宾卜辞。[②] 在论述第二种类型卜辞时，常先生援引"癸巳王卜，贞，旬亡畎？王占曰：吉。在六月，甲午彡戋甲，唯王三祀"（《合集》37828＋35756）及"癸卯王卜，贞，旬亡畎？在九月，甲辰工典其幼其翌；癸丑王卜，贞，旬亡畎？在九月，甲寅翌上甲"（35399）等辞例[③]，加以论证。

比照常先生援引辞例可知，本版卜辞文例即先生所言第二种辞例。不唯如此，本版刻辞无论笔画纤巧的字形抑或"癸""占""畎"等特殊字例[④]，还是匀称严敕的行款，均与黄类卜辞的特征相符合。

此外需要留意的是，本版刻辞为研究殷人周祭提供弥足珍贵的新材料，学术研究价值自不待言。

（图版）　（拓片）

图十二　SDB12

【编号】 SDB12

【释文】 (1) 戊午□，□，□宾▨

　　　　 (2) 贞，王□叔▨

【组类】 黄类卜辞

该版卜辞右侧第二列字形稍有漫漶，从字形轮廓及笔势来看，当从宀从万从止，《合集》35455 或

① 常玉芝：《商代周祭制度（增订本）》，线装书局，2009 年，第 11 页。

② 常玉芝：《商代周祭制度（增订本）》，第 9—20 页。

③ 常玉芝：《商代周祭制度（增订本）》，第 10—15 页。

④ 刘钊主编：《新甲骨文编（增订本）》，第 818、208、583 页。

38362 者即为其证。"王宾"中"宾"之义,旧释有"祭名"(王襄)、"傧导"(郭沫若)、"傧敬"(孙海波)、"宾尸"(饶宗颐)、"配享"(于省吾)诸说。① 继后,日本学者岛邦男又提一说②,谓字"本义为'由外至于家室或祠室'","'王宾'是入祀室举行祭祀";刘源先生③、鲁实先先生④亦持相类看法。新近,刘影先生撰文力主动词说,认为含有"往、各"一类的行动义⑤,是文论证翔实,其说可信据。

"王宾"出现句式颇为繁杂,竟高达十余种。根据张玉金⑥、郑继娥⑦二位先生统计,"王宾＋神名＋祭名"是常见句式。如此,据同版他辞残存文字可知,本版首辞辞意大抵相类于《合集》35446"乙酉卜,贞,王宾匚乙乡日,亡吝? 贞,王宾叙,亡吝"、38568"辛丑卜,贞,王宾岁,无吝? 贞,王宾叙,亡吝"者,乃是贞问商王祭祀先祖之意。

本版第二卜辞"王""叙"字下方残损,但据诸如《合集》35446"贞,王宾叙,亡吝"、38361"贞,王宾叙亡吝"、22830"戊戌卜,旅贞,王宾叙,亡吝"相类卜辞,也可予以补足"亡吝"。需要留意的是,"叙"字与下字的间距较大并非个例。相类情况者卜辞不乏其例,上举《合集》35446 与 38361,以及 38364、38365、38499、38550 者即是例证。据此推断,第二卜辞补足为"贞,王[宾]叙,[亡][吝]",殆无问题。至此,本版卜辞当如下所示:

(1) 戊午[卜],[贞],[王]宾☒[亡][吝]?

(2) 贞,王[宾]叙,[亡][吝]?

辞中"叙",罗振玉先生援引《说文》"楚人谓贞问吉凶曰叙"释作"叙"⑧。之后,于省吾先生撰文承罗氏所释,但认为字"应读为塞,指报塞鬼神之赐福言之"⑨。"塞"说影响巨大,多为学界遵信。"亡吝",昔日多信从丁山先生所释,"疑即易传之'无尤'"⑩;现陈剑先生已提出新说,认为当即"拇"字的表意初文,训读为"吝"⑪。自"吝"说一出,学者多改从之。

本版卜辞是黄类卜辞中习见的王宾卜辞⑫,即上文提及的商王周祭所用第三种类型卜辞,《合集》35599"戊辰卜,贞,王宾大戊祭,亡吝"、35620"己未卜,贞,王宾雍己乡日,亡吝"者即是典型辞例。常玉芝曾归纳此类卜辞文例说:"一般都呈'干支卜,某贞,王宾某祭名,亡尤(即陈剑先生所释"吝")'的形式。"⑬不宁唯是,辞中"贞"字形⑭,抑或"叙""午""王"均为黄类卜辞典型写法⑮。统而言之,本版甲骨卜辞当是黄类卜辞无疑。

结语

综上所述,西北师范大学博物馆所藏有字甲骨12片中,内容颇为习见,多关涉祭祀,偶涉战争、疾

① 于省吾主编:《甲骨文字诂林》,第 2017—2030 页。
② 〔日〕岛邦男:《殷墟卜辞研究》,上海古籍出版社,2006 年,第 589—592 页。
③ 刘源:《商周祭祖礼研究》,商务印书馆,2004 年,第 43 页。
④ 鲁实先:《甲骨文考释》,台北里仁书局,2009 年,第 89 页。
⑤ 刘影:《再论王宾卜辞中"宾"的含义》,台北《政大中文学报》2021 年第 35 期。
⑥ 张玉金:《论宾字句的句法结构》,《古汉语研究》1993 年第 2 期。
⑦ 郑继娥:《甲骨文祭祀卜辞语言研究》,巴蜀书社,2007 年,第 163—179 页。
⑧ 罗振玉:《殷虚书契考释》,第 154—155 页。
⑨ 于省吾:《甲骨文字释林·释叙》,中华书局,1979 年,第 35—37 页。
⑩ 丁山:《殷棐亡**文**说》,《甲骨文献集成》第十七册,第 507—508 页。
⑪ 陈剑:《甲骨金文旧释"尤"之字及相关诸字新释》,《甲骨金文考释论集》,线装书局,2007 年,第 75—80 页。
⑫ 常玉芝:《商代周祭制度(增订本)》,第 17—20 页。
⑬ 常玉芝:《商代宗教祭祀》,中国社会科学出版社,2010 年,第 92 页。
⑭ 刘钊主编:《新甲骨文编(增订本)》,第 207 页。
⑮ 李宗焜编著:《甲骨文字编》,第 393、1245、1301 页。

病、田猎等事项。从类组分布看,主要见于甲骨文第五期的黄类卜辞,但也有少许甲骨卜辞为其他时期的宾组一类、典宾类、宾出类、师宾间类等组类卜辞。根据分类结果,该12片有字甲骨主要来自河南安阳小屯村北。尤为可贵的是,西北师范大学博物馆所藏甲骨数见新字形且多片有字甲骨涉及商人周祭,为研究当时语言文字、周祭制度提供弥足珍贵的新材料。此外,倘若有学者找到缀合之甲骨,我们相信定会有意外的收获。

附记：论文初稿草成后,承蒙喻遂生、李发、雷缙碚、邓飞、郭世超以及李金晏师友审阅并提出宝贵意见,修改时多有吸收,谨致谢忱。文中疏误,概由本人负责。

Collation and Interpretation of the Oracle Bone Inscriptions Collected in the Northwest Normal University Museum

Long Zhenghai

(College of Chinese Language and Literature, Northwest Normal University, Lanzhou 730070)

Abstract：The Northwest Normal University Museum has a collection of 13 pieces of oracle bones, among which the 12 pieces of oracle bones have clear inscriptions. According to the result of interpretation, the content of the oracle bone inscriptions not only relates to sacrifice but also relates to other matters such as military, disaster, hunting, etc. Based on the character script style, the 12 pieces of oracle bone inscriptions mainly belong to the AⅩⅢ（黄类）type, and occasionally involve the AⅣ（师宾间）type、AⅥ（宾一）type, AⅦ（典宾类）type, AⅢ（宾出类）type, and other calligraphic types. From the results of classification, it has been deduced that the 12 pieces of oracle bones are mainly from the north of Xiaotun village site, Anyang city, Henan province. In addition, the collection of oracle bone inscriptions provide valuable new materials for studying the linguistic phenomena and the sacrifices ritual system of Shang Dynasty, because of having new characters form and involving the cyclical sacrifice ceremonies（周祭）.

Key words：northwest normal university museum; typical characters; the AⅩⅢ（黄类）type inscriptions; the cyclical sacrifice ceremonies（周祭）

禹鼎"于将朕肃慕"补释*

谢明文

【摘　要】禹鼎铭文中"于将朕肃慕"一句,旧有不同的释读意见。如"于"字,有虚词与动词两种不同意见。"于"后一字,有不识字、释读作"匡/匡"或"匡"三类意见。"慕",或解释作爱慕,或认为是《说文》的慔字,或读作训谋的谟。本文在已有成果的基础上,根据相关金文资料,认为"于"训作往,"于"后面一字从"爿"声,读作将,解释为奉行。据字形与用字习惯,"慕"应该看作是"谟"的异体。"于将朕肃慕"大意即"去执行我严整的谋略"。

【关键词】金文,禹鼎,将,肃慕

【作者简介】谢明文,复旦大学出土文献与古文字研究中心、"古文字与中华文明传承发展工程"协同攻关创新平台副研究员,博士生导师,复旦大学出土文献与古文字研究中心博士。研究方向为古文字学。(上海200433)

禹鼎(《集成》①02833,《铭图》②02498)时代属于西周晚期,1940年陕西扶风县法门镇任家村西周铜器窖藏出土,内壁铸铭文20列,共207字(含重文3字,合文2字)③。鼎铭先是器主禹自叙家世以及家主武公对禹的任命,然后记叙了鄂侯带领南淮夷、东夷侵犯周王朝,周王派军队讨伐而未获成功,武公又派遣禹率领部队去援助,最终俘获了鄂国首领驭方,因此作器以资纪念。鼎铭中有如下一句:

肆武公乃遣禹率公戎车百乘、斯驭二百、徒千,曰:"于△朕肃慕,爽(助)④西六师、殷八师伐鄂侯驭方,勿遗寿幼。"

其中用"△"表示之字的释读以及"于△朕肃慕"一句的解释,研究者的意见颇有分歧。张筱衡先生释"△"为"匡",且以"于匡"为一句,认为是"石父迁禹往正申之辞也",而"肃慕爽"三字未释。⑤可见他是将"于"训"往",将"匡"训"正"。徐中舒先生释"△"为"匡",以"于匡(将)賸肃慕惠西六自、殷八自"为一句,认为:"匡、史颂鼎'日遥天子覲命',麦彝'出入遥命',匡皆从征作遥,遥命与将命同,将奉也。肃慕惠,伐噩之自既惬惧甚,肃者加以整饬,慕惠者,六自八自皆属公族,必须以恩惠结之,使知爱慕。"⑥陈世辉先生释文将"△"作为未释字处理,以"于△"为一句,"朕肃慕"属下读。⑦陈梦家先生认为徐中舒先生释"匡"不确,将它作为未识字处理。肃训敬,慕与《说文》训"勉"之慔"联系,又将"于"至"伐鄂侯驭方"为一句。⑧李先登先生亦释"△"为"匡",以"于匡"为一句,认为"于"训"往","匡"是地名。又认为慕即《说文》训"勉"之慔。⑨《商周青铜器铭文选》将"△"释作"匡",读作"将"。慕读作谟,

---

* 基金项目:本文为上海市曙光计划项目"周代金文构形研究与疑难字词考释"(编号22SG03)的阶段性成果。

① 中国社会科学院考古研究所编:《殷周金文集成》,中华书局,1984—1994年。

② 吴镇烽编著:《商周青铜器铭文暨图像集成》,上海古籍出版社,2012年。

③ 北宋时陕西华阴曾出土一件同铭的鼎,原器亡佚,仅有宋人的摹本传世,文多残泐且摹写多误(摹本见《集成》02834)。

④ 杨安:《"助"、"叀"考辨》,《中国文字》新37期,艺文印书馆,2011年,第155—169页。近年来公布的清华简资料中,亦有不少资料证明"爽"与"助"关系密切。

⑤ 张筱衡:《召禹鼎考释》,《人文杂志》1958年第1期。

⑥ 徐中舒:《禹鼎的年代及其相关问题》,《考古学报》1959年第3期。

⑦ 陈世辉:《禹鼎释文斠》,《人文杂志》1959年第2期。

⑧ 陈梦家:《西周铜器断代》,中华书局,2004年,第269—271页。

⑨ 李先登:《禹鼎集释》,《中国历史博物馆馆刊》1984年总第6期;李先登:《夏商周青铜文明探研》,科学出版社,2001年,第206—218页。

训作"谋"，以"于匡朕肃慕"为一句，将它翻译为"执行朕严整的计谋"。① 黄天树先生释"△"为"匡"，认为："于，虚词。匡，读作'将'，训'奉也'。'肃慕'，读为'肃谟'。谟，《尔雅·释诂》：'谋也。''于匡朕肃慕'，读作'于将朕肃谟'，意思是说，执行我的严密的计谋。"②《中国国家博物馆典藏甲骨文金文集粹》将"△"释作"匡"，以"于匡朕肃慕"为一句，"匡""慕"都不破读。③《殷周金文集成引得》《殷周金文集成（修订增补本）》《宅兹中国——宝鸡出土青铜器与金文精华》皆将"△"释作"匡"，"慕"字不破读，以"于匡朕肃慕"为一句。④《铭图》《陕西金文集成》《中国国家博物馆馆藏文物研究丛书·青铜器卷（西周）》《宝鸡青铜器书法菁华》将"△"释作"匡（匡）"，"慕"字不破读，以"于匡（匡）朕（朕）肃慕"为一句。⑤ 赵丹先生释"△"为"匡"，读作"恇"，以"于匡（恇）朕肃慕"为一句但无相关解释。⑥

根据上引诸家之说，可知"△"有不识字、释"匡/匡"或"匡"几种意见，同是释"匡"者，又有地名、训"正"、读"恇"之别。其前的"于"则有虚词与动词（训"往"）两种不同意见。此外，关于"于△朕肃慕"的断句，诸家意见亦不同。

上引诸家说法中，我们认为《商周青铜器铭文选》与黄天树先生的意见最为合理。下面我们对"△"以及"于△朕肃慕"一句的释读略作补充。

"△"字，拓本作"匡"，《陕西金文集成》（第 4 册第 450 号第 221—222 页）所录彩照作"匡"。从照片与拓本看，"匚"内所从既不是"羊"，也不是"王"或"生"。旧释作"匡/匡"或"匡"，皆与字形不合。同铭"匡"作"匡"，与"△"有别，亦可证"△"不是"匡"字。该字"匚"内右上部之"爿"当是"爿"，"爿"左下之形或是"土"，或是"止"之讹，后者的可能性较大。⑦ "△"所从之"匚"与史更鼎（《铭图》02304，西周晚期）"日就月迋（将）"之"将"所从相近，亦当从"爿"声，因此它可读作同从"爿"声的"将"，据文义，当训"奉"。

训"奉"的"将"，古书中多见。⑧ 金文中亦多见，如麦尊（《集成》06015，《铭图》11820，西周早期）"迋（将）天子休"、"迋（将）明令"、麦方彝（《集成》09893，《铭图》13541，西周早期）"迋（将）令"、史颂鼎（《集成》02787‐02788，《铭图》02443‐02444，西周晚期）"日迋（将）天子覭命"、蔡侯申歌钟、镈（《集成》00210、00219，《铭图》15533、15820，春秋晚期）"天命是迋（将）"等。⑨

于训往，先秦古书中常见，古文字中亦多见。金文中如小子簋卣（《集成》05417，《铭图》13326，殷墟四期）"乙巳，子令小子簋先以人于堇"、士山盘（《铭图》14536，西周中期前段）"王呼作册尹册命山曰：于入莽侯……"以及疑尊（《铭续》⑩0792，西周早期）、疑卣（《铭续》0881，西周早期）"唯仲义父于纳鄂侯于鳌城"中的前一"于"字等。

"于将朕肃慕"之"朕"，第一人称代词，作领格，义为"我的"，铭文中实指武公的。

---

① 马承源主编：《商周青铜器铭文选》（3），文物出版社，1988 年，第 283 页。

② 黄天树：《禹鼎铭文补释》，《黄天树甲骨金文论集》，学苑出版社，2014 年，第 412 页。

③ 中国国家博物馆、中国书法家协会编：《中国国家博物馆典藏甲骨文金文集粹》，安徽美术出版社，2015 年，第 228 页。

④ 张亚初：《殷周金文集成引得》，中华书局，2001 年，第 53 页；中国社会科学院考古研究所：《殷周金文集成（修订增补本）》第 2 册，中华书局，2007 年，第 1509 页；王春法主编：《宅兹中国——宝鸡出土青铜器与金文精华》，北京时代华文书局，2020 年，第 290 页；宝鸡青铜器博物院：《宝鸡青铜器书法菁华》，西泠印社，2021 年，第 244 页。

⑤ 吴镇烽编著：《商周青铜器铭文暨图像集成》第 5 卷，上海古籍出版社，2012 年，第 387 页；张天恩主编：《陕西金文集成》第 4 卷，三秦出版社，2016 年，第 221 页；中国国家博物馆编：《中国国家博物馆藏文物研究丛书·青铜器卷（西周）》，上海古籍出版社，2020 年，第 48 页。

⑥ 赵丹：《西周厉宣时期战争铭文整理与研究》，硕士学位论文，河北大学，2019 年，第 11、88 页。

⑦ 如"△中"爿"的左下偏旁是与"土"形近的"士"之讹，则它可能与《古文四声韵》所收"藏"的古文"匩""藏"的古文"匩"有关。不过，据字形，"△中"爿"的左下偏旁似与史颂鼎（《集成》02787，《铭图》02443）"匡（迋）所从"止"相近，如它确实是"止"形之讹，则"△"可看作"迋"字异体。

⑧ 宗福邦、陈世铙、萧海波主编：《故训汇纂》，商务印书馆，2003 年，第 602 页。

⑨ 参看黄德宽：《说迋》，《开启中华文明的管钥——汉字的释读与探索》，北京师范大学出版社，2011 年，第 159—165 页。

⑩ 吴镇烽编著：《商周青铜器铭文暨图像集成续编》，上海古籍出版社，2016 年。

金文中"慕"字,除了禹鼎,还见于史墙盘(《集成》10175,《铭图》14541,西周中期前段)"亟獄宣慕"、默簋(《集成》04317,《铭图》05372,西周晚期)"宇慕远猷"、陈侯因育敦(《集成》04649,《铭图》06080,战国中期)"恭捷大慕",后三例"慕"皆是用作训"谋"的"谟"。[①] 禹鼎"慕"字用法也相同。旧一般认为金文的"慕"即《说文》之"慕",它在铭文中是"慕"通"谟"。[②] 只有极少数研究者认为金文之"慕"是"谟"的古字。[③] 后一说更可信。"诉"或体作"謪""愬","言""心"两旁或可换作。又古人常认为"心"与思维有关,如"思""虑""惟"等字从"心"即反映此类现象。因此上述金文中皆用作训"谋"之"谟"的"慕"与训"谋"之"谟"应系一字,与《说文》训"习"之"慕"即"思慕""仰慕"之"慕"系同形字关系。

古书中"肃"有"整饬"一类意思,金文中如叔夷钟(《集成》00272,《铭图》15552,春秋晚期)、叔夷镈(《集成》00285,《铭图》15829,春秋晚期)"余命汝政于朕三军,肃成朕师旟之政德"即取此义。蔡侯申尊(《集成》06010,《铭图》11815,春秋晚期)、蔡侯申盘(《集成》10171,《铭图》14535,春秋晚期)的"整肃"是近义连文。鼎铭"肃"是"慕(谟)"的修饰语,作形容词,严整、严谨义。肃谟,严整、严谨的谋略。

综上所述,"于将朕肃慕,娄(助)西六师、殷八师伐鄂侯驭方,勿遗寿幼"大意即武公让禹"去执行武公的严整的谋略,辅助西六师、殷八师征伐鄂侯驭方,老幼不留,斩尽杀绝"。

A Supplementary Explanation of Yu Ding's "Yu Jiang Zhen Su Mu"

Xie Mingwen

(Center for Chinese Excavated Classics and Archives, Fudan University,
Paleography and Chinese Civilization Inheritance and Development Program
Collaborative Innovation Platform, Shanghai 200433)

Abstract: There are different interpretations of the sentence "Yu Jiang Zhen Su Mu" in Yu Ding's inscription. For example, "Yu" has two different opinions: function word and verb. The character following "Yu" has three kinds of opinions: the Unknown character, Interpretation as "匡/匚" or "匜". "Mu" can be interpreted as "love" or "慕" in *Shuo Wen Jie Zi*, or read it as "谟" which means strategy. On the basis of the existing achievements, according to the relevant inscriptions, this paper holds that the word "Yu" is interpreted as "going forward" and the word following "Yu" is from the sound of "爿", read as "Jiang", interpreted as "executing". According to the characters and habits, "Mu" should be regarded as a variant of "Mo". The main idea of "Yu Jiang Zhen Su Mu" is "to carry out my strict strategy".

Key words: inscriptions on bronze objects; Yu Ding; Jiang; Su Mu

---

① 同样用法的"慕",战国竹书中见于《清华简(叁)·周公之琴舞》简14。
② 参看方述鑫等编:《甲骨金文字典》,巴蜀书社,1993年,第793页;王文耀编著:《简明金文词典》,上海辞书出版社,1998年,第405页;陈初生编纂:《金文常用字典(修订本)》,陕西人民出版社,2004年,第950—951页;黄德宽主编:《古文字谱系疏证》,商务印书馆,2007年,第1684页;李学勤主编:《字源》,天津古籍出版社,2012年,第935页。
③ 参看张世超等编:《金文形义通解》,中文出版社,1996年,第2539页。

涪陵小田溪二十六年戈再考[*]
——兼论"蜀巴郡"问题

索德浩

【摘　要】关于涪陵小田溪二十六年铜戈的时代,一直有秦始皇和秦昭襄王等两种观点。历史文献和考古断代的局限性是产生争议的最主要原因:历史文献记载模糊甚至存在错讹,某一历史事件很难与墓葬的时代精确对应;考古学中所谓"时代特征器",也难以断到某一具体时间内。秦昭襄王二十七张若戈为解决小田溪"二十六年戈"的时代提供了重要依据。依据可靠的历史文献结合张若戈可知,至少在秦昭襄王二十二至三十年间张若任蜀守,则二十六年戈只能是秦嬴政时期。同时也表明秦统一前夕仍设蜀郡,并无所谓"蜀巴郡"。

【关键词】小田溪墓地;二十六年戈;张若戈;"蜀巴郡"

【作者简介】索德浩,四川大学考古与文博学院副教授,博士生导师,四川大学历史文化学院博士。研究方向为汉唐考古、秦汉出土文献。(四川 成都 610065)

二十六年铜戈出于涪陵小田溪 M3。该墓是一座平面略呈圆角长方形竖穴土坑墓。墓长 4.40米、宽 2.10 米、残高 2.78 米。葬具为棺椁。墓内随葬大量器物,以铜器最多,器形有釜甑、釜、鍪、勺、错银铜壶、盒、剑、戈、钺、戟、矛、镦、弩机、箭镞、盖弓帽、巾、铺首、管等,另有漆奁、陶釜、玉环等。二十六年铜戈(M3∶13),四穿、长胡、内刃。内上一面刻铭:"武,廿六年蜀月武造,东工师宦,丞业,工□。"发掘者认为该墓为战国时期。[①]

一　二十六年戈的研究与争议

二十六年铭文戈不仅是小田溪 M3 及相关墓葬时代判定的依据,也是探讨秦治蜀及蜀郡工室设置的重要参考资料,一经发现便引起研究者的关注。目前关于二十六年戈的时代主要有两种观点:

观点一:秦嬴政二十六年戈。

于豪亮校证了释文:"武。廿六年,蜀守武造,东工师宦、丞业、工奂。"将"蜀月"改为"蜀守"。[②] 之后,陈平又专文论证"蜀守"的正确性。[③] 于豪亮对于戈的年代判定也与简报不同,根据兵器铭文中"师"字的演变,认为早期金文中都写作"师"字,战国铜器的铭文简化为"币",战国末期秦国铜器铭文又恢复了"师"的写法,由此证明此戈是战国末年的秦器。又结合历史文献,确认在位超过二十六年的秦王有惠文王、昭襄王、嬴政,而在秦惠文王、秦昭襄王二十六年,蜀守均为张若。于是排除了秦惠王、秦昭襄王,则二十六年戈只能为秦王嬴政时期。其观点为童恩正、龚廷万所袭。[④] 陈平总结了秦戈形制演变规律:中长胡三穿戈可能是秦昭王末年以前的秦戈常制,而长胡四穿则是秦庄襄王和秦始皇时

---

　　* 基金项目:本文为"秦汉统一多民族国家形成过程的考古学研究"(编号为 LSYZD21018)之子课题"秦汉帝国西南边疆汉文化形成的考古学研究"的阶段性成果。

　　① 四川省博物馆、重庆市博物馆、涪陵县文化馆:《四川涪陵地区小田溪战国土坑墓清理简报》,《文物》1974 年第 5 期。
　　② 于豪亮:《四川涪陵的秦始皇二十六年铜戈》,《考古》1976 年第 1 期。
　　③ 陈平:《"蜀月"、"蜀守"、与"皋月"小议——涪陵廿六年秦戈两关键铭文释读辨正》,《文博》1985 年第 5 期。
　　④ 童恩正、龚廷万:《从四川两件铜戈上的铭文看秦灭巴蜀后统一文字的进步措施》,《文物》1976 年第 7 期。

期的特征。① 王辉、王伟据此进一步补充了二十六年戈为秦嬴政时的证据。② 之后,秦嬴政二十六年戈成为主流观点。

观点二:秦昭襄王二十六年戈。

发掘者依据"此戈文字与秦统一六国前后的字体极相似,铭文与秦昭王四年相邦冉戈篆法体例一致",判断为秦昭襄王二十六年戈。段渝、谭晓钟认同简报的判定,通过梳理相关历史文献及背景来考证小田溪 M3 的时代。据《战国策·燕策二》所载"楚得枳而国亡"③,得出巴之枳为楚所占。又依《史记·秦本纪》"秦昭襄王二十七年":"又使司马错发陇西,因蜀攻楚黔中,拔之。"④认为秦昭襄王二十七年(公元前 280 年)枳从楚入秦,则此时秦、楚之间在枳有着激烈的争夺战争。涪陵小田溪墓葬中除巴人所固有的文化因素外,可明显看到其中分别受到楚、秦文化的影响之迹,正是楚、秦长期争夺巴国的战争在巴国文化上的具体表现和直接反映。且三座墓葬中无秦统一后之物。因此,小田溪墓葬年代必在秦昭襄王二十七年之后不久,则该铜戈当为秦昭襄王二十六年。⑤ 段、谭的观点在当时并未引起太多关注。但近来,其论证依据为邹永杰所强调,并进一步扩展论证墓葬中相关器物的时代,认为小田溪 M3 的年代应在战国时期。⑥ 吴淏观点与邹永杰相近,并以秦昭襄王五十二年戈作为反例,证明长胡四穿戈也很有可能到秦昭襄王时期。⑦ 于是,二十六年戈的时代又现争论,秦昭襄王二十六年戈的观点有再起之势。

总结前人的研究,二十六年戈的时代产生争议主要有两原因:

其一,无论是观点一,还是观点二,其最主要证据皆是来源于历史文献材料。而历史文献对于蜀史的记载本就模糊甚至错讹,蒙文通已有分析。⑧ 不同研究者在使用这些材料时候又有理解上的差异。单纯依据历史文献很难将某一历史事件与墓葬的时代精确对应。下面对两种观点使用的相关文献材料略作分析。

观点一认为张若任蜀守的时间至少长达三十七年。如此长的一段时间内让一个人在同一个地方担任行政和军事主官,这在秦史上是很罕见的,而且还是一个封闭、容易割据的盆地。其证据来自《华阳国志·蜀志》:"周赧王元年,秦惠王封子通国为蜀侯,以陈壮为相。置巴郡。以张若为蜀国守。"⑨不少研究者将"蜀国守"等同于蜀郡守⑩,认为秦灭蜀后两年(公元前 314 年),张若为蜀守。但同书《蜀志》中又多次提到蜀守,如"三十年,疑蜀侯绾反,王复诛之,但置蜀守。""秦孝文王以李冰为蜀守""孝文帝末年,以庐江文翁为蜀守"等。显然"蜀国守"系刻意为之,与"蜀守"之意不同。所以,问题的关键在于"蜀国守"为何职?

秦汉时期,"守"常作为"代理"。⑪ 睡虎地秦简《秦律》规定:"官啬夫即不存,令君子无害者若令史守官,毋令官佐、史守。""苑啬夫不存,县为置守,如厩律。"⑫张家山汉简《二年律令·具律》也有类似律

---

① 陈平:《试论战国型秦兵的年代及有关问题》,《中国考古学研究论集——纪年夏鼐先生考古五十周年》,三秦出版社,1987 年,第 319—321 页。

② 王辉、王伟:《秦出土文献编年订补》,三秦出版社,2014 年,第 326 页。

③ 何建章:《战国策注释》,中华书局,1990 年,第 1129 页。

④ 司马迁:《史记》卷五《秦本纪》,中华书局,1969 年,第 213 页。

⑤ 段渝、谭晓钟:《涪陵小田溪战国墓及所见之巴、楚、秦关系诸问题》,《四川文物》1991 年第 2 期。

⑥ 邹永杰:《岳麓秦简"蜀巴郡"考》,《简帛研究》2018 年秋冬卷,广西师范大学出版社,2019 年,第 119—122 页。

⑦ 吴淏:《"十九年蜀守斯离"铜鉴相关问题考》,《中国文字研究》第三十五辑,华东师范大学出版社,2022 年,第 49—53 页。

⑧ 蒙文通:《巴蜀古史论述》,四川人民出版社,1981 年,第 53—62 页。

⑨ 刘琳:《华阳国志校注》,成都时代出版社,2007 年,第 99 页。

⑩ 刘琳:《华阳国志校注》,第 99 页;任乃强:《华阳国志校补图志》,上海古籍出版社,1987 年,第 128 页。

⑪ 陈治国:《里耶秦简"守"和"守丞"释义及其他》,《中国历史文物》2006 年第 3 期;陈治国、农茜:《从出土文献再释秦汉守官》,《陕西师范大学学报(哲学社会科学版)》2007 年第 A2 期;袁延胜、时军军:《再论里耶秦简中的"守"和守官》,《古代文明》2019 年第 2 期。

⑫ 睡虎地秦墓竹简整理小组:《睡虎地秦墓竹简》,文物出版社,1990 年,第 56—57、62 页。

文："事当治论者，其令、长、丞或行乡官视它事，不存，及病，而非出县道界也，及诸都官令、长、丞行离官有它事，而皆其官之事也，及病，非之官在所县道界也，其守丞及令、长若真丞存者所独断治论有不当者，令真令、长、丞不存及病者皆共坐之，如身断治论及存者之罪。"①也有研究者认为"守"是代理官员居守官署②，亦有合理之处。如此，则"蜀国守"为蜀郡的代理长官，即代理蜀郡守——"蜀守守"，但为了不和"蜀守"相混淆，故云"蜀国守"。如此，公元前314年张若实际为代理蜀郡守，文献中的诸多问题便迎刃而解了。

秦灭蜀后最先以司马错为蜀守，《史记·太史公自序》有明确的记载："于是惠王使错将伐蜀，遂拔，因而守之。"集解苏林曰："守，郡守也。"③灭蜀将领任蜀守符合秦国的传统。杨宽认为边郡有攻守任务，所以郡守都是以武将担任④，攻克边郡的武将往往担任第一任郡守。司马错虽为蜀郡守，但更是秦国的重要军事将领，不可能一直驻守于蜀地，仍在中原频繁地参与秦国的重大军事行动。秦昭襄王十二年，"秦尉错伐魏襄城"⑤。"十六年，左更错取轵及邓。""十八年，错攻垣、河雍，决桥取之。""二十一年，错攻魏河内。""二十七年，错攻楚……又使司马错发陇西，因蜀攻楚黔中。"⑥作为蜀郡守的司马错并未一直驻守于蜀地。稍晚的蜀守斯离也是如此。⑦斯离参与了伐齐战争："二十三年，尉斯离与三晋、燕伐齐，破之济西。"⑧既然早期蜀郡守司马错、斯离等不能长期驻守蜀地，那么就需要"守官"代理郡守管理蜀郡日常事务。所以，张若的"蜀国守"实际上就是司马错、斯离等蜀郡守的代理。后来，张若因政绩突出被正式任命为蜀郡守，但时间不可能早到公元前314年。据斯离铜鉴铭文看，至迟秦昭襄王十九年（公元前288年），蜀郡守还是斯离，此时张若还未任蜀守。

观点二通过分析小田溪墓地由巴、楚、秦等文化因素构成，认为小田溪墓葬与公元前280年前后的秦、楚争夺战有关，证据过于单薄。巴地与楚、秦相接，一直存在政治交往和文化交流。秦穆公时，巴人因秦国强大而进贡。《史记·商君列传》：百里奚相秦六七年，"发教封内，而巴人致贡；施德诸侯，而八戎来服。"⑨此后随着秦人势力向南扩展，与巴人交流日益增多。随之巴地的秦文化因素日益增多。巴楚之间关系就更为密切。春秋战国以来，楚国日益强大，不断向巴地扩展，巴地有大量楚文化因素实属正常。秦人虽然军事强大，但在文化上对于巴地的影响远不如楚文化。故秦灭巴蜀后，秦文化因素虽有所增多，但依然以巴蜀土著和楚文化因素为主。如果缺乏必要信息，仅依据墓地的文化因素构成就和某一时间的历史事件相对应，并不太具有说服力。

其二，限于考古材料的特点，无论是器物形制、组合还是文字特征，只能分析出大致的时代演变规律，难以确定非常具体的年代。考古器物中的所谓"特征"从出现、流行到消失，都会有一定的时间范围。研究者们提到的秦兵器铭文中"帀"至"师"的演变只是大致规律，具体到特定的器物上并不能作为绝对早晚关系的依据。如秦昭襄王八年（公元前299年）相邦铭文漆豆，盘底右边铭文："八年相邦薛君造，雍工帀效，工大人申。"左边铭文："八年丞相殳造，雍工师效，工大人申。"⑩同一件豆上的"帀"与"师"并存。至于戈的时代判定也是如此。秦国长胡三穿戈和四穿戈虽有演变关系，但并非是四穿

① 张家山二四七号汉墓竹简整理小组：《张家山汉墓竹简〔二四七号墓〕（释文修订本）》，文物出版社，2006年，第23页。
② 王伟：《秦守官、假官制度综考——以秦汉简牍资料为中心》，《简帛研究》2016年秋冬卷，广西师范大学出版社，2017年，第59—79页。
③ 司马迁：《史记》卷一百三十《太史公自序》，第3286—3287页。
④ 杨宽：《战国史》，上海人民出版社，2003年，第229页。
⑤ 司马光：《资治通鉴》卷四《周纪》，中华书局，1956年，第117页。
⑥ 司马迁：《史记》卷五《秦本纪》，第212—213页。
⑦ 陕西省考古研究院：《陕西西咸新区坡刘村秦墓发掘简报》，《考古与文物》2020年第4期。
⑧ 司马迁：《史记》卷五《秦本纪》，第212页。
⑨ 司马迁：《史记》卷六十八《商君列传》，第2234页。
⑩ 王辉、尹夏清、王宏：《八年相邦薛君、丞相殳漆豆考》，《考古与文物》2011年第2期。

戈出现了,三穿戈就消失了。从目前的考古发现来看,二者在很长一段时间并存过。因此,仅通过戈穿的特征无法确定二十六年戈的具体时间。小田溪 M3 的其他随葬器物的时代判断也是如此。

要之,鉴于历史文献和考古器物断代的局限性,很难彻底解决二十六年戈的时代争议。但近年新发现一批秦时"蜀守"铭文材料,为解决"二十六年戈"问题提供了契机。

二 蜀守张若与二十六年戈

在位二十六年以上的秦王只有惠文王、昭襄王、嬴政三位。秦惠文王可以排除,这点学界争议不大。所以二十六年戈只能在秦昭襄王和嬴政之间。而要解决二十六年戈的时代,张若任蜀守的时间是关键。关于张若任蜀守比较可信的历史文献有两条:

《华阳国志·蜀志》:"(周赧王)三十年,疑蜀侯绾反,王复诛之,但置蜀守。张若因取笮及(楚)江南地也。"[1]

周赧王三十年即秦昭襄王二十二年。

《史记·秦本纪》:"(昭襄王)三十年,蜀守若伐楚,取巫郡,及江南为黔中郡。"[2]

从这两条文献可知,至少秦昭襄王二十二年(公元前 285 年)至三十年(公元前 277 年)间,张若任蜀守。1986 年,在湖南张家界三角坪 M68 中发现的铭文戈印证了文献所载。该戈通长 22.6 厘米,胡部三穿。保存基本完好。戈内两面刻有文字。陈松长作了释读:

正面:

廿七年,蜀守□,

西工帀(师)乘,

丞□禹。

背面:

江武库[3]

陈松长认为该戈时代为秦昭襄王二十七年,但未释"𥝝"字。王辉、王伟释之为"若"。[4]《睡虎地秦简》中有多处类似字体可以参照。如《法律答问》:"未行而死若亡(简六〇)。"[5]"𣦼"与二十七戈"𥝝"字相近,只是后者省略下部"口"字。则释文如下:

廿七年,蜀守若,西工帀(师)乘,丞□禹(内正面)·江武库(内背面)。

秦昭襄王二十七年蜀郡守为张若,可见文献所载不虚。既然秦昭襄王二十二至三十年间张若为蜀守,则二十六年戈中的蜀郡守武就只能是秦嬴政时期。否则,就会与文献记载及张若戈铭文存在矛盾。

邹永杰为了解决这个矛盾,将"蜀守武"解释为"假守",即短时间的代理蜀郡守。"武督造兵器时,正式的铭文应刻上'蜀假守武造',但也可能直接刻上'蜀守武造',因而在蜀守若任职的时间内也可能出现蜀守武督造的戈,二者并非完全冲突。'二十六年蜀守武'铜戈还是按墓葬年代断为昭王时期的兵器更为合适。"[6]但从已发现"蜀守"督造器的铭文格式来看,其解释很难让人信服:

(秦昭襄王)十九年,蜀守斯离造,工师狢,丞求乘,工耐(鐓腹部)。[7]

---

① 刘琳:《华阳国志校注》,第 102 页。

② 司马迁:《史记》卷五《秦本纪》,第 213 页。

③ 陈松长:《湖南张家界出土战国铭文戈小考》,《古文字研究》第二十五辑,中华书局,2004 年,第 213—214 页。

④ 王辉、王伟:《秦出土文献编年订补》,第 61 页。

⑤ 睡虎地秦墓竹简整理小组:《睡虎地秦墓竹简》,图版第 53 页。

⑥ 邹水杰:《岳麓秦简"蜀巴郡"考》,第 124 页。

⑦ 陕西省考古研究院:《陕西西咸新区坡刘村秦墓发掘简报》。

（秦昭襄王）卅四年，蜀守□造，西工帀（师）□、丞□，工□（戈内北面）·成，十，邛，陕（内正面）。①

（秦昭襄王）五十二年，蜀段（假）守灶造，东工帀□，丞杸，工云（戈内背面）·丹阳（胡部）。②

（秦王政）九年，相邦吕不韦造，蜀守宣，东工守文，丞武，工极。成都（戈内正面）·蜀东工（背面）。③

（秦王政）十三年，蜀守颠造，西工昌，丞背，工是。④

五十二年戈称为"蜀假守"，其他皆称为"蜀守"。显然，"蜀假守"和"蜀守"的差异系刻意标识，并不相同。如按照邹文逻辑，"蜀守"为蜀假守，则斯离、宣、颠皆为假守，此种可能性极小。而且为历史文献所确载的蜀守张若戈，与其他"蜀守"兵器铭文格式并无差异，也称之"蜀守若"。则铭文中的"蜀守"就是蜀郡守，而非假守，蜀假守一般会刻意区分。因此，二十六年戈督造者就是蜀郡守武，只能为秦嬴政时期。

三 二十六年戈与"蜀巴郡"

邹永杰先生注意到岳麓秦简中记载了一个不见于传世文献的"蜀巴郡"：

诸相与奸乱而（迁）者，皆别（迁）之，勿令同郡。其女子当（迁）者乚，东郡乚、参川乚、河内乚、颍川乚、请（清）河」、河间乚、蜀巴乚、汉中乚、□☒（0864＋2193）⑤

邹氏认为该简文"只可能是二十五年至二十六年之间的文书。综合这些分析可得出，巴蜀地区统一前夕存在的是'蜀巴郡'，统一后才是蜀郡与巴郡分置"⑥。如所论属实，那么对于考察秦灭蜀后的政区设置具有重大的学术意义，有必要进一步讨论。

但从上文分析来看，二十六年戈为秦嬴政时期，与该简文时间一致。而二十六年戈铭文中所称的"蜀守"显然是"蜀郡守"，而非"蜀巴郡守"，与邹文结论矛盾。

笔者以为岳麓秦简中的这段简文存在断句错误的可能性。简文抄写出现错误是很常见的现象。从整句来看，其他皆是两字郡名，抄写者在抄录到"蜀巴"时候，并未仔细辨别律文内容，而是习惯性在"蜀巴"两字后点钩识符隔断，造成了今人的误解。又或可能是因为巴蜀的密切关系，该书抄写者习惯于将蜀巴合称来表示蜀郡、巴郡。至于邹文中提到其他的"蜀巴"简文，解读为蜀郡、巴郡，文义一样合理。

因此，目前的证据并不支持秦统一前夕存在所谓的"蜀巴郡"。

结论

关于涪陵小田溪二十六年铜戈的年代一直有秦始皇和昭襄王等两种观点，早期以前者为主流，近来秦昭襄王二十六年戈观点又有再起之势。历史文献和考古断代的局限性是产生争议的最主要原因：文献记载的具体历史事件很难与墓葬时代直接对应；考古学中所谓"时代特征器"，也难以断到某一具体时间内。近年新发现了一批秦"蜀守"铭文器，特别是秦昭襄王二十七张若戈为解决小田溪"二

---

① 吴镇烽：《秦兵新发现》，《容庚先生百年诞辰纪念文集》，广东人民出版社，1998年，第565页。

② 王丹、夏晓燕：《荆州博物馆藏"五十二年"秦戈考》，《文物》2018年第9期。部分文字参考刘刚：《荆州博物馆藏五十二年秦戈铭文补正》，《中国文字学报》第十一辑，商务印书馆，2021年，第105页。

③ 黄家祥：《四川青川县出土九年吕不韦戈考》，《文物》1992年第11期。

④ 宛鹏飞：《飞诺藏金》，中州古籍出版社，2012年，第18—21页；部分释文参考王辉、王伟：《秦文献编年订补》，第124页。

⑤ 陈松长主编：《岳麓书院藏秦简(伍)》，上海辞书出版社，2017年，第66页。

⑥ 邹水杰：《岳麓秦简"蜀巴郡"考》，第117页。

十六年戈"的时代提供了重要依据。依据可靠的历史文献结合张若戈,可知至少在秦昭襄王二十二至三十年间,张若任蜀守,则二十六年戈中的蜀郡守武就只能是秦嬴政时期。同时也表明秦统一前夕仍设蜀郡,并无所谓"蜀巴郡",至少目前的证据并不支持。

【参考文献】

[1] 四川省博物馆,重庆市博物馆,涪陵县文化馆.四川涪陵地区小田溪战国土坑墓清理简报[J].文物,1974(5):61 - 80.
[2] 于豪亮.四川涪陵的秦始皇二十六年铜戈[J].考古,1976(1):22 - 24.
[3] 陈平.试论战国型秦兵的年代及有关问题[C]//中国考古学研究论集——纪年夏鼐先生考古五十周年.西安:三秦出版社,1987:310 - 315.
[4] 王辉,王伟.秦出土文献编年订补[M].西安:三秦出版社,2014.
[5] 段渝,谭晓钟.涪陵小田溪战国墓及所见之巴、楚、秦关系诸问题[J].四川文物,1991(2):3 - 9.
[6] 邹水杰.岳麓秦简"蜀巴郡"考[C]//简帛研究 2018(秋冬卷).桂林:广西师范大学出版社,2019:114 - 126.
[7] 蒙文通.巴蜀古史论述[M].成都:四川人民出版社,1981.
[8] 刘琳.华阳国志校注[M].成都:成都时代出版社,2007.
[9] 任乃强.华阳国志校补图志[M].上海:上海古籍出版社,1987.
[10] 睡虎地秦墓竹简整理小组.睡虎地秦墓竹简[M].北京:文物出版社,1990.
[11] 张家山二四七号汉墓竹简整理小组.张家山汉墓竹简(二四七号墓)[M].北京:文物出版社,2006.
[12] 陕西省考古研究院.陕西西咸新区坡刘村秦墓发掘简报[J].考古与文物,2020(4):12 - 35.
[13] 陈松长.湖南张家界出土战国铭文戈小考[C]//古文字研究(25).北京:中华书局,2004:213 - 214.
[14] 吴镇烽.秦兵新发现[C]//容庚先生百年诞辰纪念文集.广州:广东人民出版社,1998:563 - 572.
[15] 王丹,夏晓燕.荆州博物馆藏"五十二年"秦戈考[J].文物,2018(9):37 - 40,36.

Further Study on Nian Liu Nian(廿六年) Ge Unearthed from Xiaotian Creek in Fuling — Also Discussing "Shuba County"

Suo Dehao

(College of Archaeology and Cultural Heritage, Sichuan University, Chengdu 610065)

Abstract: There are two opinions about the date of bronze ge unearthed from tomb 3 of Xiaotianxi, Fuling. This ge engraved with Nian Liu Nian(廿六年) dated to the Qin Shihuang period or the Qin Zhaoxiang Wang period. The limitations of historical documents and archaeological dating are the main reasons for the controversy. The records of historical documents are vague and even wrong. It is difficult for a historical event to accurately correspond to the date of the tomb. The standard vessel with typical characteristics of a certain period is difficult to specify the date in archaeology. Another Qin Ge with the inscription of Nian Qi Nian(廿七年) is a key evidence for ending this controversy. This Nian Qi Nian Ge and reliable historical documents prove that Zhang Ruo was the governor of Shu during the twenty-two to thirty years of Qin Zhaoxiang Wang. Therefore, the Nian Liu Nian Ge can only be dated to the Qin Yingzheng period. It also indicates that on the eve of the unification of the Qin Dynasty, there was still a Shu County, and there was no "Shuba County".

Key words: Xiaotianxi Cemetery; Nian Liu Nian Ge; Zhang Ruo Ge; Shuba Country

释文峰塔墓地 M61 铜器铭文中的"占"与"贞"*

刘新全

【摘　要】湖北随州义地岗文峰塔墓地 M61 出土"乔"诸器铭文反映出"乔"生前曾担任过"✦尹""✦尹""攻尹"和"大攻尹"。通过字形比较,本文最终认为"✦"字当释为"占",而"✦"字当释为"贞"。"占尹""贞尹""攻尹""大攻尹"是 M61 墓主"乔"不同时期担任的不同官职,其职务均与占卜活动有关。

【关键词】文峰塔;曾国;占尹;贞尹;攻尹

【作者简介】刘新全,吉林大学考古学院古籍研究所博士研究生,研究方向为简帛学。(吉林 长春 130012)

《湖北随州文峰塔东周墓地》、黄凤春《释曾国文字中的"占"字——兼谈随州叶家山西周墓地青铜器铭文中的"狁"字》(以下简称《黄文》)公布了 2012—2013 年湖北随州义地岗文峰塔 M61 出土的"乔"诸器。① 就笔者所见,现已公布的铭文拓片有一件壶(M61:2,《商周青铜器铭文暨图像集成》②0814)、一件缶(M61:11,《铭图》0902)、一件匜(M61:17,《商周青铜器铭文暨图像集成三编》③1245)④、一件鼎(M61:10)⑤,以及没有正式公布拓片的有两件同铭的盨(M61:3,M61:5)。为方便讨论,现将上述铭文的释文一并抄录如下。

　　壶铭:曾孙乔之行壶。

　　缶铭:曾✦(?)尹𫍙(乔)⑥之𨒌(沐)缶。

　　匜铭:曾✦(?)尹𫍙(乔)之𣂨(斗)。

　　盨铭:曾攻尹𫍙(乔)之飤匜(瑚)。

　　鼎铭:曾大攻尹乔飤鼎。

　　由上述铭文可知,"乔"的官职有"✦尹""✦尹""攻尹""大攻尹"。

　　最初,整理者仅公布了"✦"(M61:11)字形,释为"旨(?)"。⑦ 徐在国释此字为"临",读为"工"。⑧ 孙启灿以为此字未识,归入《曾文字编》的附录卷。⑨ 后来,《黄文》又公布了"✦"(M61:17)字形,认为

---

　　* 基金项目:本文为古文字工程项目"两汉简牍校注集成"(编号 G2431);2020 年度教育部、国家语委甲骨文等古文字研究与应用专项重点项目"战国秦汉简帛文献通假字集成及资料库建设"(编号 YWZ-J030);2021 年度教育部哲学社会科学重大课题攻关项目"出土商周秦汉文献通假语料的整理与资料库建设研究"(编号 21JZD043)的阶段性成果。

　　① 湖北省文物考古研究所、随州市博物馆:《湖北随州市文峰塔东周墓地》,《考古》2014 年第 7 期。黄凤春:《释曾国文字中的"占"字——兼谈随州叶家山西周墓地青铜器铭文中的"狁"字》,《青铜器与金文》第二辑,上海古籍出版社,2018 年,第 228—232 页。

　　② 吴镇烽编著:《商周青铜器铭文暨图像集成》,上海古籍出版社,2012 年。以下简称《铭图》。

　　③ 吴镇烽编著:《商周青铜器铭文暨图像集成三编》,上海古籍出版社,2020 年。以下简称《铭三》。

　　④ 此器黄凤春定为"匜",器自名为"斗",暂从黄说。参黄凤春:《释曾国文字中的"占"字——兼谈随州叶家山西周墓地青铜器铭文中的"狁"字》。

　　⑤ 据韩宇娇云:"此拓片曾在 2013 年 11 月'湘鄂豫皖楚文化研究会第十三次年会'上公布。"参韩宇娇:《曾国铜器铭文整理与研究》,博士学位论文,清华大学,2014 年,第 171 页。

　　⑥ 𫍙,缶铭(M61:11)作"✦"、匜铭(M61:17)作"✦",《铭图》隶定作"𫍙",认为此字从"主"。"主"应该是"𦊆"字所从的构件,上博三《周易》有字作"✦",当释为"𣂨","主"是缀加的声符。孙启灿《曾文字编》将"✦""✦"隶定为"酤",认为"其所从与'生'形不类,或为叠加声符。"参孙启灿:《曾文字编》,硕士学位论文,吉林大学,2016 年,第 216 页。此观点是很有见地的。"✦""✦"还是无法隶定的字。为方便讨论,本文暂从《黄文》隶定作"𫍙"。

　　⑦ 湖北省文物考古研究所、随州市博物馆:《湖北随州文峰塔东周墓地》。

　　⑧ 徐在国:《谈曾工尹缶中读为"工"的字》,《中国文字研究》第二十六辑,上海书店出版社,2017 年,第 38—40 页。

　　⑨ 孙启灿:《曾文字编》,第 317 页。

旧释为"旨"(整理者说)或"临"(徐在国说)不确。《黄文》根据"九"(郭店《缁衣》)、"九"(《货系》2761)、"九"(曹魏《三体石经・君奭》)一类"卜"的写法,认为"卣"从"卜";"'卣'与'卣'当是一字的不同写法",应释为从卜从日的"占"。"占"即"卜"字,"日"是"卜"字的饰笔。① "卣"中的"卜"为了以让位于下面的"日"符上部写得稍短了点。"卣"字则是将"卜"的下笔延长才写作了"卣"。②

按,《黄文》认为"卣"从"卜"的观点是可信的(详下文)。《黄文》将"卣"和"卣"均当作从卜从日的"占"不同写法则可商。从字形来看,"卣"与"卣"距离是很远的,除了上部均从"卜",下部构件"甘""日"外部轮廓一作"口"形、一作圈形,差别很大。若牵强地说"卣"从"日"固也可行,但"卣"下部所从显然不能够说是"日",而是"口"加上横画饰笔而成的"甘"。从古文字实际来看,战国文字中确有"口"符讹为"日"符的情况③,但"日"符讹为"口"符却是极为罕见的。因此,将"卣"和"卣"当作从卜从日的"占"字异体并不合理。笔者认为,将"卣""卣"加以认同是不必要的,应该分开来考虑。④

先来看"卣"字形。该字形上从"卜",下从"甘"。楚简中有特殊的"卜"形作"卟"(新蔡简零66),近于"人"形,在独立使用时加短横,以示与"人"之区别。"卣"所从的"卟"受偏旁限制,在参与构字时,省去了区别符号,同时让位于下面的"甘"符将竖笔写得稍短一些,是特殊的"卜"形。楚简中的"占"字如下揭形:

占 (清华四《筮法》63)　　　占 (包山200)　　　占 (新蔡3.40)

这些字形能够与"卣"形加以认同。其中,新蔡简3.40字形所从"兆枝"形向下弯曲延伸较大,与"卣"形体更近。故从整个字构形来看,"卣"显然就是楚文字中的"占"字。

再来看"卣"字形。这个字形很容易与楚简如下的字形联系起来:

卣 (A郭店《老子乙》16)　　　卣 (B上博二《容成氏》5)　　　卣 (C上博九《邦人不称》4)

从字形上讲,以上三个字形与"卣"显然是同一个字。A字所在的辞例为"攸之身,其德乃A。"整理者释A字为"贞",读为"真"⑤,文从字顺,可从。B字所在的辞例为"四海之外宾,四海之内B。"李零怀疑B字是"贞"字的异体,训为"定"。⑥ 李守奎同样释此字为"贞",对该字形做了如下的解释:"下部所从'目'或'田',皆为'鼎'之省讹。"⑦陈剑、孙飞燕从之。⑧ C字所在的辞例为"赏之以西鞥田百C。"沈培、苏建洲均释为"贞",读为"畛"。⑨ 从字形上来看,李守奎的分析是很合理的。楚简诸形释为"贞"是没有问题的。由此,"卣"也应当释为"贞"。

下面再来看铭文应当如何理解。"占",《说文》训为"视兆问也"。"贞",《说文》训为"卜问也"。两者的语义十分相近。笔者认为,"乔"应该担任过"占尹"与"贞尹"。"占尹""贞尹"是不是同一种官职,

① 笔者很怀疑《黄文》的"日"是"日/甘"之误植,暂按"日"符理解。

② 黄凤春:《释曾国文字中的"占"字——兼谈随州叶加山西周墓地青铜器铭文中的"犰"字》。

③ 如"聅"从耳从口,一般作"聅"(《玺汇》4511),有时作"聅"(《玺汇》3833),所从构件"口"作"日"。

④ 当然,如果一定要把"卣"和"卣"看作一字之异体也并非不可行,将"卣"下部所从的"甘"构件也当做"鼎"字的省讹便是最直接不过的想法了。清华四《筮法》简24的"贞"字"卣""卣"字形下部即为省讹之形,稍微接近"甘"形。但是最大的阻碍是目前还没有见到"贞"字下部所从确定是"甘"的字形。这里附带一提,李咏健《〈上博七・凡物流形〉释读札记》(《第二十五届中国文字学国际学术研讨会论文集》,台北中国文化大学中国文学系,2014年,第313—326页)认为上博简《凡物流形》篇的"卣"字下部所从是"贞",可备一说。即使李咏健说是正确的,那也非通例,不能用来作为字形证据。故"卣"释为"占"才是最直截了当的,无需将两字形强行牵连起来。

⑤ 荆门市博物馆编:《郭店楚墓竹简》,文物出版社,1998年,第118页。

⑥ 马承源主编:《上海博物馆藏战国楚竹书(二)》,上海古籍出版社,2002年,第254页。

⑦ 李守奎、曲冰、孙伟龙编著:《上海博物馆藏战国楚竹书(一——五)文字编》,作家出版社,2007年,第180页。

⑧ 陈剑:《上博楚简〈容成氏〉与古史传说》,《战国竹书论集》,上海古籍出版社,2013年,第57—79页。孙飞燕:《上博简〈容成氏〉文本整理及研究》,中国社会科学出版社,2014年,第43页。

⑨ 沈培:《清华简和上博简"就"字用法合证》,简帛网2013年1月6日。苏建洲:《初读〈上博九〉札记(一)》,简帛网2013年1月6日。

我们不得而知。单从语义上讲，"占""贞"语义相近，故笔者倾向于把"𠬝"（占）、"𠂤"（贞）的关系看成近义互用的两个字，认为"占尹"和"贞尹"是一同负责占卜活动的两个官职。[①]

先来看传世文献中的证据。"占尹"见于典籍。《楚辞·卜居》："太卜郑**詹尹**。"《汉书·古今人表》作"**占尹**"。包山简 174 有"**𧆥人余为**"，李守奎认为"𧆥"与"占"字音近义同，疑为"占"字之异写[②]，此说可从。"詹"字上古音为舌音谈部，"占"字为舌音侵部，声类相同，韵部属侵谈旁转，例可相通。铭文中的"占尹"当即《楚辞·卜居》中的"詹尹"。

"贞尹"虽不见于典籍，但典籍中有"卜尹"。《左传·昭公十三年》："平王封陈、蔡，复迁邑，致群赂，施舍宽民，宥罪举职。召观从，王曰：'唯尔所欲。'对曰：'臣之先，佐开卜。'乃使为**卜尹**。"《史记·楚世家》作："欲为**卜尹**。"裴骃《集解》引贾逵云："**卜尹**，即卜师，大夫官。"《周礼·春官》记载"卜师"仅为上士，"大卜"是下大夫，因此"卜尹"当是《周礼》的"大卜"。典籍中的"卜尹"，在出土文献中迟迟没有得到确切的证明。包山简、曾侯乙简的"让尹"，陈颖飞已经指出应和典籍中的"卜尹"无关。[③] 后来，上博简《昭王毁室》简 3—4 出现"让命尹"一语。整理者以为"让"读为"卜"，"让命尹"即典籍中的"卜尹"。[④] 上博简《王居》简 7 的"让尹"也当与上述的"让尹""让命尹"同观。刘信芳、范常喜、黄人二、王颖、禤健聪等认为《昭王毁室》整理者之说不确，并各自提出异说[⑤]，均有比较充分的依据。因此，出土文献中"让尹"和"让命尹"还不能认为即典籍中的"卜尹"。笔者认为，铭文中的"贞尹"就是典籍中的"卜尹"。首先，《说文》训"贞"为卜问也。其次，典籍中有"贞"与"卜"连用的情况。例如，《周礼·春官·大卜》："凡国大贞、卜立君、卜大封，则视高作龟。"《左传·哀公十七年》："卫侯贞卜。"出土文献中也有这种情况。例如，王家台秦简 213、335 有"昔者殷王贞卜亓（其）邦"。简 319："昔者夏后启贞卜"。再次，从古文字"贞"的构形来看，甲骨文中以"鼎"为"贞"，后加"卜"作义符。均可说明"贞"与"卜"的密切关系。因此，铭文中所谓的"贞尹"很可能就是"卜尹"。

占尹与贞尹（卜尹）可能是共同司掌占卜的官员。典籍和故训中"卜"与"占"连称不胜枚举，可见"占"与"卜"关系之密切。例如，《汉书·食货志》："及金刀龟贝，所以分财布利通有无者也。"颜师古《注》："龟以**卜占**。"《白虎通义·蓍龟》："或曰：天子**占卜**九人，诸侯七人，大夫五人，士三人。"《后汉书·方术列传》："（许曼）祖父峻，字季山，善**卜占**之术，多有显验，时人方之前世京房。"

接着来看出土文献中的证据。我们可以从包山简反映的占卜环节进行考察。李零将包山简中"初占"的格式总结为：

（一）第一次占卜。包括：（1）前辞：××之岁（以事记年），××之月（用楚月名），××之日（用干支），××（贞人名）以××（占筮工具）为××（墓主名）**贞**（2）命辞。……（3）占辞：**占**之恒贞吉，少有忧于躬身（或"宫室"），且闲有不顺（或其他不利）。以其故敚之。

（二）第二次占卜。包括：（1）命辞：……b. 思**攻解**于××（各种鬼怪妖祥）（2）占辞：×× **占之**，曰吉（或还缀以神祖"既城（成）"，"期中有喜"，"期中尚毋有恙"，"无咎无夭"等语）。[⑥]

通过上引"初占"格式可知，在简文中实施卜筮称作"贞"，根据卜筮结果判断吉凶称作"占"。占问大体上分为四个步骤：命贞、释占、攻解、再贞。"占"和"贞"是一个完整占卜过程的不同环节。邴尚白

① 当然，"占尹""贞尹"也有可能是一个官职的两种不同称呼。

② 李守奎、贾连翔、马楠编著：《包山楚墓文字全编》，上海古籍出版社，2012 年，第 142 页。

③ 陈颖飞：《楚官制与世族探研——以几批出土文献为中心》，中西书局，2016 年，第 174 页。

④ 马承源主编：《上海博物馆藏战国楚竹书（四）》，上海古籍出版社，2014 年，第 184 页。

⑤ 刘信芳：《包山楚简解诂》，艺文印书馆，2003 年，第 26 页。范常喜：《战国楚简"视日"补议》，简帛研究网 2005 年 3 月 31 日。黄人二：《上博藏简〈昭王毁室〉试释》，《考古学报》2008 年第 4 期。王颖：《包山楚简词汇研究》，厦门大学出版社，2008 年，第 261 页。禤健聪：《曾公子弃疾铜器铭文辨读（二则）》，《中原文物》2016 年第 4 期。

⑥ 李零：《包山楚简研究（占卜类）》，《中国典籍与文化论丛》第一辑，中华书局，1993 年，第 425—448 页。

曾指出：

> 楚国政府组织中，确有专门掌管卜筮的官员。春秋时期置有卜尹，见于《左传·昭公十三年》。张君认为楚国的卜尹，相当于《周礼》之大卜。（原注：张君：《试论春秋时期的楚国的春官》，《江汉论坛》1987年第1期，页77）而战国时期，楚国掌占卜之官则有太卜，见于《卜居》，可能即春秋时的卜尹。《周礼》大卜的职等为下大夫，以下置有卜师等相关人员，同样地，楚国也应该还设置有其他相关的官员，惜文献缺载，已不可考。①

"占尹"可能即这批"其他相关的官员"，与"卜（贞）尹"一起掌管占卜相关事务。因此，笔者将"占尹""贞尹"看作一同从事占卜活动的两个官职是合理的。

由铭文可知，乔的官职除了"占尹""贞尹"之外，还有"攻尹"和"大攻尹"。② 值得注意的是，上引包山简中"初占"过程中有"思攻解于××"。笔者认为，"攻解"属于"攻尹""大攻尹"管辖范围，原因如下。包山简224—225号简有关涉"攻尹"的一段话：

> 东周〔之〕客鄐（许）经（緐）逅（归）复（作-胙）于蒇郢之戟（岁），复（夏）月酉（丙）脣（辰）之日，攻尹之杠（攻）靬（执）事人昡（夏）毁（与）墅（卫）桉（偃）为子左尹佗塈（举）祷于新（亲）王父、司马子音，戠（特）牛，馈之。臧（臧-庄）敢为位，既祷至（致）命。……杠（攻）尹之杠（攻）靬（执）事人昡（夏）毁（与）墅（卫）桉（偃）为子左尹佗塈（举）祷于殇东陵连嚻（敖）子发，肥狂（冢），萵祭之。臧（臧-庄）敢为位，既祷至（致）命。

简224的"攻尹"在简225中则作"杠尹"，从包山简多见"攻尹"来看，简225可能是受下文"杠执事人"类化而从"示"，原本应该是作"攻尹"的。出土文献反映出，地方性"攻尹"实际上负责制造③，"大攻尹"也确实可以管辖制造④。"攻尹"应是典型的工官。"攻尹"即"工尹"⑤。包山简反映出"杠执事人"受"攻尹"管理，是主持攻说祭仪的神职人员。⑥ 刘信芳认为楚国"攻尹"兼领神事。⑦ 彭浩、李家浩、于成龙也注意到此"攻尹"和神事活动的密切关系。⑧ 包山简中"攻尹"的管辖范围应该是包括神事活动的，至少可以统摄"杠执事人"这一神事人员。"大攻尹"可能即"攻尹"之长，自然也可以管辖神事活动。

《黄文》有如下的看法：

> 卜尹（引者按：即上文所述的"贞尹""占尹"）、攻尹应是蟜的职官，但卜尹与攻尹职掌是有区别的。是不是蟜生前既担任过卜尹，又担任过攻尹呢？显然，应不可能。我们认为卜尹与攻尹应同一职掌，即卜尹就是工尹，卜字在此存在异读的可能，应读为"攻"字。

且不论"卜"读为"攻"在语音上讲是不合理的；单从逻辑上看，《黄文》就难以令人信服。个体的人

---

① 邴尚白：《楚国卜筮祭祷简研究》，花木兰文化出版社，2012年，第164页。

② 就目前掌握的资料来看，"占尹""攻尹""大攻尹"都是楚国的官职。而文峰塔墓地恰好处于春秋晚期到战国早期，从同出于文峰塔M4墓的曾侯钟铭文"徇骄壮武，左右楚王"来看，此时的曾国显然已经是楚国的附庸国了，其官制受到楚国的影响并不奇怪。所以，我们可用楚国材料来讨论曾国官制。

③ 见于燕客量（《铭图》18816）、养陵工尹戈（《铭三》1518）。

④ 见于鄂君启节（《铭图》19178—19182）。

⑤ 黄锡全、刘玉堂认为"攻"即"工"。楚国的"工尹"，即见于《左传》文公十年、成公十六年、昭公十二年等的"掌百工之官"（杜预注）。黄锡全：《古文字中所见楚国官府官名辑证》，《文物研究》第七辑，黄山书社，1991年，第208—236页。

⑥ 刘信芳：《包山楚简解诂》，第237页。彭浩：《包山二号墓〈卜祀祭祷〉竹简的初步研究》，《楚文化研究论集》第二集，湖北人民出版社，1991年，第325—347页。

⑦ 刘信芳：《包山楚简解诂》，第100、237页。

⑧ 彭浩认为"攻"就是《周礼·大祝》中所举的"六祈"之一。李家浩从之，认为"攻尹"是掌管攻祭的长官（按：李家浩认为楚国有工官名"工尹"，见《左传》昭公十二年、《礼记·檀弓》等，楚国文字作"攻尹"，与祭祷简文的"攻尹"不是一官。笔者并不认同）。于成龙认为简文中"攻尹"当是祝官之长，相当于《周礼》中"大祝"一职。从关涉占卜活动的语境来看，彭浩、李家浩、于成龙的说法是较为合理的。参彭浩：《包山二号墓〈卜祀祭祷〉竹简的初步研究》；李家浩：《包山祭祷简研究》，《简帛研究二〇〇一》，广西师范大学出版社，2001年，第31页；于成龙：《楚礼新证——楚简中的纪时、卜筮与祭祷》，博士学位论文，北京大学，2004年，第73页。

和官职并不是一对一的映射关系。文峰塔 M32 墓主"国"，曾大司马国鼎(《铭续》0128)铭文作"曾大司马国之𩰳鼎。"而同墓出土曾孙伯国𤮰(《铭续》0277)铭文则作"曾孙伯国之行𤮰"。M32 墓主"国"既可以自称为"曾孙"又可以自称"曾大司马"。前者以宗族身份作为自称，后者则以官职作为自称。M61 墓主"乔"也自称为"曾孙乔"(《铭续》0814)，这与 M32 墓主"国"是很相似的。对这种情况，整理者早已经指出："这些不同称谓可能反映出墓主在不同阶段所制作的铜器。"①M61 墓主"乔"生前担任过多个官职是完全可能的。《黄文》认为"乔"不能既担任过卜尹又担任过攻尹的判断显得过于武断。鉴于此，"占尹""贞尹"和"攻尹""大攻尹"完全有可能是 M61 墓主"乔"在不同阶段担任不同职务作器之时的自称。

"乔"担任"占尹""贞尹""攻尹""大攻尹"是合理的。首先，《左传·昭公十三年》记载担任楚国"卜尹"的"观从"②，是楚国的王族。而文峰塔各墓的墓主大多为曾侯以及曾国公族，M61 墓主"乔"的身份是"曾孙"，曾孙乔担任曾国"占尹""贞尹"和"观从"的情况是很相似的。其次，从包山 224 简可以看出"攻尹"的地位是很高的。"左尹"位仅次于令尹，常与右尹并列，主管司法。"攻尹"却不亲自为"左尹"服务，而是让"𧊒(攻)执事人"去为"左尹"服务。又《左传·哀公十八年》："王(引者按：指楚惠王)曰：寝尹、工尹、勤先君者也。""工尹"即"攻尹"，直接服务于楚王。又《左传》宣十二年、昭二十七年均载"工尹"帅师。上述证据可证"攻尹"的地位很高。作为"曾孙"的高级贵族"乔"担任这种高阶官职是很正常的。考虑到"占尹""贞尹"从事神事活动，而"攻尹""大攻尹"可以管理神事活动。又因为"攻尹"和"大攻尹"的地位很高。因此，笔者以为 M61 墓主"乔"先担任了"占尹""贞尹"负责占卜环节中的占、贞，然后升职为"攻尹"，又升职为"大攻尹"。③

综上，本文认为"𤼽"字应释为"占"，"𦦙"字当释为"贞"。"占尹""贞尹""攻尹""大攻尹"均与占卜活动有关，这为先秦官制的探讨，尤其是占卜官员和工官之间的关系研究提供了新的材料。

A Research on the Word *Zhan*(占) and *Zhen*(贞) in Inscription on Bronzes Unearthed from Tomb M61 at the Wenfeng Pagoda

Liu Xinquan

(Institute of ancient Chinese Documents, School of archaeology, Jilin University, Changchun 130015)

Abstract: The bronze vessels casted *Qiao*(乔), found in the tomb of Wenfeng Pagoda M61 in Yidigang, Suizhou, Hubei, present that *Qiao*(乔) held the post among "𤼽 yin", "𦦙 yin", *Gongyin* and *Dagongyin*. Compared by the form of these characters, "𤼽" should be interpreted as *zhan*(占), and "𦦙" as *zhen*(贞). *Zhanyin*, *Zhenyin*, *Gongyin*, and *Dagongyin* are different posts which *Qiao*(乔), the master of the tomb, held in his life. These duties are all related to divination practices.

Key words: the Wenfeng Pagoda; Zeng state; Zhanyin; Zhenyin; Gongyin

---

① 湖北省文物考古研究所、随州市博物馆：《湖北随州文峰塔东周墓地》。
② 观从，字子玉，观起之子。其事见于《左传·昭公十三年》。
③ 退一步讲，即使"攻尹""大攻尹"掌管神事相关事务的说法不成立，对本文"𤼽(占)""𦦙(贞)"两字的释读也不构成影响。

以横水墓地出土青铜器为例谈西周
铜器铭文的写手集团*

杨　菁

【摘　要】本文以传世樴伯鼎和山西绛县横水西周墓地出土的佣伯鼎等17件青铜器为研究对象,分析铭文字形和书体两方面的共性与差异后,指出17件铜器铭文分别属于6种相似度较高的书体。这6种书体同属于写手集团Ⅰ,集团内写手之间可能存在师承或同学关系。本文还依据写手集团Ⅰ所铸铭文的特征字形组合方式、器形和纹饰呈现出的本地特色及科技考古的成果,推定佣伯鼎等17件青铜器为佣国本地铸造。写手集团Ⅰ可能是佣国墓地铜器铭文书写体系中专门为佣国君主及当地贵族服务的工匠集团。

【关键词】横水墓地铜器;字形书体;写手集团;产地

【作者简介】杨菁,女,华东师范大学中国语言文学系博士后,研究方向为出土文献与古文字。(上海 200241)

一　引言

西周青铜器中存在大量铭文相同或基本相同的铜器,这些成组青铜器通常被称为"同铭器"。[①] 同铭器依据作器时代、出土地点和铭文书体风格可区分出是否有同源性,即铭文是否出自同时期同一人之手。[②] 如李峰对克罍与克盉、此鼎与此簋等铭文书体分析后指出这些同铭器铭文实际是由不同写手制作。[③] 刘志基考察了西周微族铜器中的商组器、旂组器、丰组器及十三年痶壶盖器,认为在微族铭文中即便是同时同人作器,也通常由不止一位写手完成,多位写手字体风格存在差异。但这些差异都相对接近,写手之间可能存在师承关系。[④]

以上关于西周金文书体的讨论皆建立在铭文文本相似度极高的"同铭器"铭文分析之上。对于铭文文本内容相似程度不高的同人作器及一些非同人作器,是否也可以利用铭文书体捕捉到铭文背后的书写信息呢?本文主要以山西绛县横水西周佣国墓地出土西周有铭青铜器为例,尝试探讨铭文文本相似程度不高的铜器背后的写手集团。

二　相关铜器梳理

山西绛县横水墓地自 2004 年 11 月开始试掘,至 2007 年发掘工作结束,共披露西周墓葬 1 299

* 基金项目:本文为教育部哲学社会科学研究重大课题攻关项目"出土商周秦汉文献通假语料的整理与数据库建设研究"(项目编号:21JZD043)、华东师范大学高校青年教师预研究项目"西周王朝与诸侯国金文对比研究"(项目编号:43800—20101—222559)成果之一。

① 关于"同铭器"的定义,学界有不同的看法。可参见聂亭婷:《商周同铭器铭文异文的整理与研究》,硕士学位论文,西南大学,2016 年,第 1 页;卢路:《西周铜器铭文异文整理与研究》,硕士学位论文,复旦大学,2022 年,第 5 页。本文中的"同铭器"与聂文所说属于广义"同铭器"的"铭文基本相同,只有少量语词或语序存在差异,但不改变铭文意义"和"铭文内容相同,只在句意的详略上小有差异"的两类内涵一致。

② 聂亭婷:《商周同铭器铭文异文的整理与研究》,第 2 页。

③ Feng Li, "Ancient Reproductions and Calligraphic Variations: Studies of Western Zhou Bronzes with 'Identical' Inscriptions", *Early China*, Vol.22(1997): 1-41.后译为中文以《古代的复制与书体的变异:西周同铭青铜器研究》为题收入《青铜器和金文书体研究》一书(上海古籍出版社,2018 年)。

④ 刘志基:《微族同文器字体研究》,《中国文字研究》第二十六辑,上海书店出版社,2017 年,第 36 页。

座①，目前部分资料已公开发表②。陈昭容在《两周夷夏族群融合中的婚姻关系——以姬姓芮国与媿姓倗氏婚嫁往来为例》③—文中披露了2件伯晋生鼎（M1016：32、M1016：42）。马超指出伯晋生鼎（M1016：42）与传世椫伯鼎铭文字体高度相似，并怀疑椫伯与晋生是同国之人，两篇铭文出自同一工匠之手。④ 2021年出版的《倗金集萃：山西绛县横水西周墓地出土青铜器》⑤（下文简称《倗金集萃》）公布了横水墓地除M1、M2、M3之外的140多件青铜器数据，使我们有更多材料来讨论这一问题。检视目前公开发表的资料，除伯晋生鼎外，横水墓地出土的书体风格与传世椫伯鼎具有联系的共15件，分别为M1、M2出土倗伯鼎3件、倗伯爯簋1件、倗伯簋1件、倗伯瓶1件；M1016出土伯晋生鼎1件；M1006出土倗伯簋1件；M2606出土仲宴父鼎1件、作文考盆1件；M2056出土易友鼎2件；M2021出土椫伯盆1件；M2013出土椫伯方鼎1件；M2022出土椫伯盘1件。现将此17件器物铭文拓片汇总如下：

椫伯鼎	伯晋生鼎1 M1016：42	伯晋生鼎2 M1016：32	倗伯爯簋 M1：205
倗伯簋1 M1006：66	倗伯鼎 M2：103	作文考盆 M2606：1	仲宴父鼎 M2606：2

① 谢尧亭：《绛县横水西周墓地考古发现与研究述论》，《倗金集萃：山西绛县横水西周墓地出土青铜器》，上海古籍出版社，2021年，第1—18页。

② 目前已经公布的墓葬材料主要有山西省考古研究所等：《山西绛县横水西周墓地》，《考古》2006年第7期；山西省考古研究所等：《山西绛县横水西周墓发掘简报》，《文物》2006年第8期；山西省考古研究所等：《山西绛县横水西周墓地M2158发掘简报》，《考古》2019年第1期；山西省考古研究所等：《山西绛县横水西周墓地M2531发掘报告》，《考古学报》2020年第1期；山西省考古研究院等：《山西绛县横水西周墓地1011号墓发掘报告》，《考古学报》2022年第1期；山西省考古研究院等：《山西绛县横水西周墓地M2055发掘简报》，《江汉考古》2022年第2期；山西省考古研究院等：《山西绛县横水西周墓地2022号墓发掘报告》，《考古学报》2022年第4期。

③ 陈昭容：《两周夷夏族群融合中的婚姻关系——以姬姓芮国与媿姓倗氏婚嫁往来为例》，《两周封国论衡：陕西韩城出土芮国文物暨周代封国考古学研究国际学术研讨会论文集》，上海古籍出版社，2014年，第88—106页。

④ 马超对比两件铜器铭文的"宝""鼎""其"等7字字形后，判断二者字体高度相似（参见马超：《2011至2016新刊出土金文整理与研究》，博士学位论文，西南大学，2017年，第152—153页）。随后马超又将倗伯簋纳入比较范围，认为三器铭文字体高度相似（参见马超：《西周金文交氏考》，《商周金文与先秦史研究论丛》，科学出版社，2019年，第378—395页）。需要说明的是，马超在《西周金文交氏考》及《绛县横水墓地金文中的"交伯"及相关问题》（收入《出土文献与先秦秦汉史研究论丛》，科学出版社，2022年，第214—224页）二文中将椫伯器的🔲改释"交"，并认为"交"与"倗"实属一国两名，"交伯"即"倗伯"。本文认为将🔲释为"交"在字形上仍缺乏坚实的证据，故仍从谢明文之说释"椫"。

⑤ 山西省考古研究院等编著：《倗金集萃：山西绛县横水西周墓地出土青铜器》，上海古籍出版社，2021年。

续 图

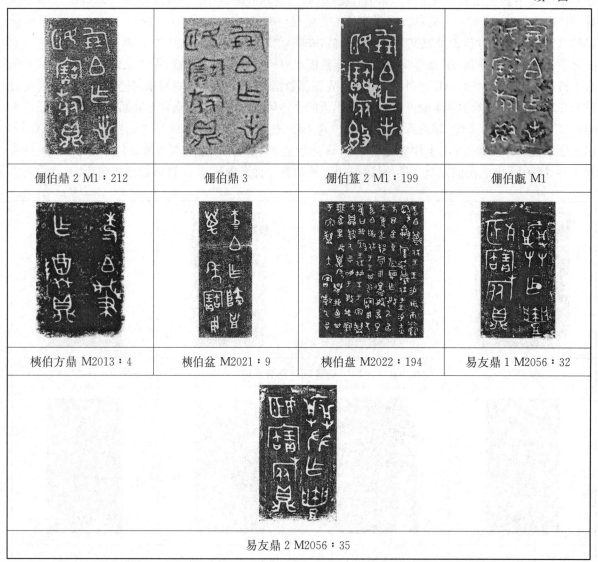

图一　17件器物铭文拓片汇总①

三　相关铜器铭文的字形与书体分析

铜器铭文制作过程有其独特性,目前可见的铭文可以说是"二次书写",铭文依靠制范浇铸而成,

---

① 棫伯鼎铭文拓片来自《集成》02460。伯晋生鼎1铭文拓片来自《倗金集萃》,第127页。伯晋生鼎2铭文拓片来自《倗金集萃》,第123页。倗伯再簋铭文拓片来自李伯谦主编:《中国出土青铜器全集·3》,龙门书局,2018年,第205页。倗伯鼎1盖器铭分属两种不同书体,此处为盖铭,铭文拓片来自《倗金集萃》,第15页。倗伯鼎铭文拓片来自《文物》2006年第8期,第17页,图36.4。作文考盆铭文拓片来自《倗金集萃》,第491页。仲宴父鼎铭文拓片来自《倗金集萃》,第487页。倗伯鼎2铭文拓片来自《中国出土青铜器全集·3》,第122页。倗伯鼎3铭文照片来自《金文通鉴》40199,目前可见的著录书均未收录此器。《金文通鉴》显示此器出土于横水墓地M2158,但《山西绛县横水西周墓地M2158发掘简报》公布内容,M2158所出的鼎并无此倗伯鼎。联系横水墓地所出"㚄姬"器皆出自M1和M2两座大墓,此器更有可能出土于M1或M2,具体情况有待于M1、M2发掘简报的公布。倗伯簋2铭文拓片来自《文物》2006年第8期,第17页,图36.3。倗伯甗铭文照片来自《金文通鉴》40353。棫伯方鼎铭文拓片来自《倗金集萃》,第147页。棫伯盆铭文拓片来自《倗金集萃》,第155页。棫伯盘铭文拓片来自《倗金集萃》,第192页。易友鼎1铭文拓片来自《倗金集萃》,第237页。易友鼎2铭文拓片来自《倗金集萃》,第241页。

这一过程可能使书法笔意进一步损失淹没。① 西周金文地域分布广，写手人数多②，将金文书体研究落实到每一个具体的铜器铭文写手（铭文铸造者）上相当困难③。故本文在研究铜器铭文时只将铭文的差异讨论至书体这一层面，尽管某些器物的铭文可能落实到某个具体的写手。本文选取这 17 件铜器铭文中若干特征字的字形书体进行调查④，将其按出现频次高低列成以下表格，以资比较：

	宝	鼎	享	倗	其	年	用	万	旅	姬	肇	考	子孙	孝
横伯鼎	〇	〇	〇		〇	〇	〇	〇			〇			
晋伯生鼎 1	〇	〇	〇		〇	〇	〇	〇						
倗伯再簋	〇		〇	〇	〇	〇	〇	〇					〇	〇
倗伯簋 1	〇	〇	〇	〇	〇	〇	〇	〇		〇	〇	〇	〇	〇
倗伯鼎 1	〇	〇	〇	〇	〇		〇				〇	〇		
作文考盆	〇	〇	〇	〇	〇	〇	〇	〇				〇		
仲宴父鼎	〇	〇	〇		〇		〇		〇		〇			
倗伯簋 2	〇		〇						〇	〇				
倗伯鼎 2	〇	〇	〇						〇	〇				
倗伯鼎 3	〇	〇	〇						〇	〇				

---

① 田炜指出金文的特殊性质使得其与同时期的墨迹相比更加严谨，铭文的写手面对底本的墨迹时会有意识地改造。西周早期的铭文较多体现墨迹特点，西周中晚期金文笔画逐渐浑圆均衡，笔墨痕迹成分减少，手写体与铭刻体出现分流（参见田炜：《先秦法书墨迹研究》，《文艺研究》2010 年第 10 期）。

② 刘志基：《西周金文"贝"之字体再研究——兼论断代分期视角的青铜器铭文字体研究的"字体"界定问题》，《中国文字研究》第二十四辑，上海书店出版社，2016 年，第 24—25 页。

③ 李峰：《青铜器和金文书体研究》，第 4 页。

④ 本文所说的"特征字形"相当于刘志基所说的"关键字"。刘志基在谈及如何选取关键字时指出，除高频字的覆盖程度外，关键字的选择标准之一就是字形变异性强。字集中各字符在投入实际书写后有的会发生因人而异的变化，有的则会固守既有的构形格局，只有前者较能反映不同写手或写手流派的字体特征。（参见刘志基：《微族同文字体研究》，第 24—26 页）

续 表

	宝	鼎	享	倗	其	年	用	万	旅	姬	肇	考	子孙	孝
倗伯瓶	〔字〕	〔字〕		〔字〕					〔字〕	〔字〕				
晋伯生鼎2		〔字〕												
楳伯方鼎		〔字〕									〔字〕			
楳伯盆	〔字〕					〔字〕	〔字〕	〔字〕						
楳伯盘	〔字〕〔字〕	〔字〕			〔字〕〔字〕	〔字〕〔字〕	〔字〕〔字〕				〔字〕			
易友鼎1	〔字〕	〔字〕							〔字〕	〔字〕				
易友鼎2	〔字〕	〔字〕							〔字〕	〔字〕				

（一）字形书体的共同特征

通过对比可发现这 17 件青铜器铭文的字形和书体存在较多共同特征。字形方面的共同特征主要体现在下列特征字的写法上：

1. 鼎

表中的"鼎"字字形具有较强统一性，作〔字〕。下部写法较为特殊，a 处两小笔相接或三小笔交叉，b 处两竖笔在下部向外延伸翻卷。西周金文常见的"鼎"字 b 处或为竖直的两小笔，如〔字〕（作宝鼎·《集成》02350）；或呈直笔"八"字，如〔字〕（颂鼎·《集成》02829）；或为稍外撇的"八"字，如〔字〕（叔䟒父簠·《集成》04454）。"鼎"字作〔字〕在西周金文中少见。

2. 宝

西周金文中"宝"字字频极高，字形变化丰富，尤其是"宝"字所从的"贝"常被选为判定铜器时代的标准字。① 而在上述诸器铭文（除楳伯盘外）中"宝"字构形却很统一，作〔字〕。"宀"下都从"玉"从"贝"从"缶"，"贝"字无一例外都作〔字〕形。

3. 其

表中诸器（除楳伯盘外）"其"都作〔字〕，上部是呈"八"字形的两小斜笔，下部呈上小下大的垂腹鼎形，腹部饱满，底部较平。

4. 老、考、孝

西周金文中"老""考""孝"等字的"老"字头常写作〔字〕形。表中"老""考""孝"上部所从的"老"字头作〔字〕，上部两笔相交，中间竖笔左倾，似"禾"字。下部两侧笔画几乎等长，此种写法的"老"字头在西周金文中较少见。

① 据统计，西周金文中"贝"字构形共 131 种，其中出现频次最多的形体高达 436 次（见西志基：《西周金文"贝"之字体再研究——兼论断代分期视角的青铜器铭文字体研究的"字体"界定问题》，第 18—19 页）。利用"贝"字字形对西周金文断代的研究可参看刘华夏：《金文字体与铜器断代》，《考古学报》2010 年第 1 期；王帅：《西周金文字体演变的类型学观察——以"宝"字为例》，《古文字研究》第二十九辑，中华书局，2012 年，第 359—366 页。王帅将西周金文中的"宝"按照"贝"字形态的差异划分为 3 型 49 式（参见张懋镕主编，王帅著：《中国古代青铜器整理与研究：西周金文字体卷》，科学出版社，2018 年，第 20—29 页）。

5. 姬

除两件易友鼎外，表中诸器"姬"字"女"旁都作，上部两头带有弧形弯钩，中间一笔竖直下笔后明显向右弯折曳出。

6. 徦

表中诸器的"徦"字作，"彳"旁已讹写作"卜"。① 关于字，马超提出两种观点：一是"卜"为反写的"彳"之省形；一是将"卜"释为"卜"，为"外"之省形，"外""萬"韵部月元对转，两字古音接近，"卜"是"萬"字叠加声符。马超倾向于后一种观点。② 笔者赞同第一种观点。首先，"外""萬"一为疑纽一为元纽，声纽尚有差距。其次，M1006 出土的佣伯簋共有 2 件，器形和铭文内容基本一致。两器的器盖四铭中{萬}分别用、、表示。其中 3 例所谓的"卜"旁都作。西周金文中"卜"字短笔通常都交于竖笔的中部，如（卜孟簋·《集成》03577）。西周金文中的"徦"作、（伯考父簋盖器·《铭续》0396）。对比可发现所谓形的"卜"当是"徦"所从"彳"旁省体的一种讹写。这种简省的亦见于晋南地区的晋国器和霸国器：（霸姬盉·《铭图》14795）、（晋侯簋·《铭图》04489）、（晋侯簋·《铭图》04736）、（晋侯簋·《铭图》04737）。

7. 年

表中"年"字作，"禾"形上部笔画拉平，变为水平横笔，在西周金文中较为少见。

8. 用

西周中晚期金文"用"字最常见的字形作（梁其钟·《集成》00191），横画左右不对称的缺笔通常在上部。表中"用"字作ₐ，a 处缺笔在下部，马超认为此类字形是"用"字倒书。③ 西周金文中"用"字最常见的字形都是上端窄，下端宽④，表中缺笔在下部的"用"字亦是上窄下宽，故这种缺笔在下的"用"字并非倒书，而是带有特征的写法。

9. 享

表中"享"字作，顶部两笔略有弧度，且有向两侧逸出翻卷之势，下部呈略扁的椭圆形。

这 17 件青铜器铭文与西周中期常见铭文显示出的整饬、工稳相比，显得更加自然随意、变化多样。铭文布局竖排明显，横排意识较弱，即使是只有 8 字的佣伯鼎及佣伯甗，横排也没有对齐。

（二）字形书体的差异

通过上文分析可知，表中诸器铭文字迹特征共性较多。不过仔细观察铭文后，我们在高度相似的书写风格之下仍可按照个别特征字的写法和书体的细微差别将表中诸器细分为以下 6 组：

A组	樴伯鼎、伯晋生鼎1、佣伯再簋、佣伯簋1盖、佣伯鼎1、作文考盆、仲宴父鼎、樴伯盆	B组	佣伯鼎2、佣伯鼎3、佣伯甗、佣伯簋2
C组	樴伯盘	D组	樴伯方鼎
E组	易友鼎1、易友鼎2	F组	伯晋生鼎2

A组铭文笔画粗细较为一致，运笔流畅程度较高。笔画在横竖转折处好用折笔，部分字形有明显的折角出现，如"宝""宗"等字。A组在字形方面的特征有：

---

① 佣伯再簋用"萬"表示{萬}，字形作，不加"卜"旁，但同篇中的字左侧多一"卜"旁，铭文中两字相距不远，推测应是铸造铭文时误将本属于"徦"的笔画置于"考"字左侧。

② 马超：《2011 至 2016 新刊出土金文整理与研究》，第 152 页。

③ 马超认为"用"字缺笔在下的字形是"用"字倒书（见马超：《2011 至 2016 新刊出土金文整理与研究》，第 153 页）。

④ 见《西周金文字编》"用"字条下字形。张俊成编著：《西周金文字编》，上海古籍出版社，2018 年，第 170 页。

1. 鼎

"鼎"字作，上部 a 处内有两横。B 处两侧分歧出的横笔较短，似＞＜或➤＜。

2. 宝

"宝"字作，"宀"字头坡度小，较平直，两侧竖笔较长，基本包住"贝"和"缶"。整体内部构件大小匀称，位置稳定。

3. 肇

西周金文中"肇"字多作（彔伯䢐簋·《集成》04302），多为上下结构。A 组"肇"字三见，作、、，"聿"位于"户"与"戈"之间，为左中右结构，所从之"戈"写法独特。

4. 子子孙孙

"子子孙孙"的"子"字作，头部 a 处是较大的圆形或扁圆形，象征双臂的 b 处笔画平直，下部 c 处向右或向左弯曲上卷。

B 组铭文用笔较 A 组稍显圆润，在"倗""宝"等字形笔画转折处以弯曲圆转的用笔为主，少有明显折角。笔画粗细一致程度及流畅程度均不如 A 组高。B 组在字形方面的特征有：

1. 鼎

"鼎"字作，上部 a 处内为一横，下部 b 处两侧分歧横笔较长，作➤ ➤，似两横置 Y 形，整个"鼎"字向右侧倾斜。

2. 宝

"宝"字作，"宀"字头内凹，弯折处弧度较大。"宀"字头右肩比左肩稍高，两侧竖笔较短，不能完全包住"贝"和"缶"，且"贝"字较大。

3. 姬

"姬"字作，"臣"旁较大，内有点画。

C 组铭文线条与其他组别相比稍显不流畅。整篇铭文突出竖列，横行则多波动，上下字距不等，字形大小不一，有穿插变化之势。加之或正或斜，使得整篇铭文看起来不够匀称。C 组在字形方面的特征有：

1. 肇

"肇"字具有区别特征，与表中其他的"肇"差异较大，作。C 组从"田"的"肇"与表中其他从"戈"的"肇"字不同，中间的"聿"形体已讹变。

2. 宝

"宝"写作，不从"口"，"贝"字在"宀"外左下位置。

3. 鼎

"鼎"字作，除符合"鼎"字总体特征之外，下部两侧笔画呈三叉状。

D 组铭文排列较为分散，笔道欠流畅，笔画亦属于诸器铭文中偏细一类。D 组铭文"肇"字作，是西周金文常见字形，与表中其他的"肇"不类。此外，"䵼"字也与其他几件器铭的"䵼"差距较大。

E 组铭文笔画起笔重，收笔轻，形成笔画前粗后细之势，如"姬""宝"的"宀"旁侧两笔、"旅"之"㐁"旁侧两笔等。通篇笔画线条较为纤细、瘦劲。两件易友鼎在铭文铸造时打了方格来规范铭文，但单字大小仍不统一。E 组铭文中"姬"字具有区别特征，"女"旁写法与其余诸器的"姬"之"女"旁差异较大。左侧所从"臣"作，a、b 两处有较为明显的笔画延伸。

F 组铭文书体方面与其他几组相比笔道稍粗。笔画线条圆润浑厚，转折处圆润，极少出现尖锐的折笔，呈现出饱满的美感。F 组字形和书体与其他组既有共性又有差异，但同属一大类应无问题。F 组在字形方面的特征有：

1. 鼎

"鼎"字作，下部符合本文所论"鼎"字共同特征。上部内有两横笔，近似 A 组"鼎"字。

2. 生、隋

"生"字作，与 A 组伯晋生鼎 1"生"字相合。"晋"字作，又与伯晋生鼎 1"晋"字有别。"隋"字作，与 A 组"隋"字有别，上部多一"八"形。

总体来说，西周中晚期的金文章法已经较为匀整，圆转、均衡的线条逐渐代替书手意味。① 但这17 件器铭文的风格较为统一，与西周中晚期金文主流的整饬、宽博的书风风格迥异。与同时期王畿地区铭文相比，这 17 件铜器的铭文书写水平较为一般，书写水平也存在差异，其中以倗伯簋的书写水平为最高。

在字形书体研究中，除了要关注特征字形外更要注意特征字形之间的搭配组合关系。以往的字形书体研究往往容易忽视这一点。林沄曾强调特征字体之间组合关系在甲骨文字体研究中的重要性：

> 有的人过分相信书体风格上的印象，而不重视对字形和用字习惯的具体分析。……不少研究者虽然注意了字形和用字习惯的分析，但偏执于个别字的写法，而不是着眼于它们的组合关系。……应该在重视书体一致的前提下，着重于总结每类卜辞在特征字形和用字习惯上的特有组合关系，才能使以字体分类的方法成为科学而易于把握的方法。②

表中 17 件青铜器的特征字形之间的组合关系固定，同篇铭文中上述特征字形具有共见关系。在绛县横水墓地出土的青铜器铭文中"徧"字作、"老"字头作等基本只见于上表所列铜器铭文中。表中其他特征字形在西周金文中较为少见，但非仅见。如伯頵父鼎(《铭图》02249)"其"字作，亦见于大河口霸国墓地青铜器③，毛虢父簋(《铭续》0424)"享"字作。但这些铭文中特征字只以单个字形出现，特征字形之间不存在共见关系。

书体的同一性并不能代表写手的同一性。同一书体可以出自不同的写手，不同写手的字迹会受个人书写习惯和体能的差异的影响而有所不同。④ 李松儒指出："书写者所受社会规范的约束、相同相似的教育和生活环境背景、书写者之间的相互影响或学习模仿等，都会形成某些书写习惯的共同点，造成笔迹的相似性。"⑤据此，我们可以通过分析铭文字形和书体的共性与差异来研究铭文背后书写者之间的关系。从特征字形和书体两方面看，A 至 F 组之间的细微差异表明它们属于 6 种不同的书体。但他们的共性表明这 6 种书体之间存在密切联系。6 组写手共同组成一个字形和书体相近的写手集团，本文称 A 至 F 这 6 组写手所属的写手集团为"写手集团Ⅰ"。⑥ 集团内写手之间可能存在如李松儒所称的师承关系或同学关系。⑦

四　倗国青铜器的本地特点

"写手集团Ⅰ"中的 17 件铜器不仅在铭文字形和书体方面显示出强烈的个性特征，在器形和纹饰方面也具有本地特点。这里需要交代 M1016 出土的 2 件伯晋生鼎的时代问题，陈昭容认为此二器时

---

① 田炜：《金文书法的传统与发展刍议》，《中国书法》2009 年第 1 期。

② 林沄：《小屯南地发掘与殷墟甲骨断代》，《古文字研究》第九辑，中华书局，1984 年，第 146—147 页。

③ 如霸伯鼎(M1017∶29)、霸伯簋(M1017∶8、M1017∶40)、霸仲甗(M2002∶52)、霸姬盘(M2002∶5)、霸姬盉(M2002∶23)铭文中"用"字缺笔都在下部。

④ 李峰：《青铜器和金文书体研究》，第 4 页。

⑤ 李松儒：《战国简帛字迹研究：以上博简为中心》，上海古籍出版社，2015 年，第 37 页。

⑥ 本文所说的具有相似字形和书体的写手集团有学者称之为"某一流派'写手'"。刘志基认为："写手们在保有个人字迹特点的基础上就会形成同一门派的以'写法'为核心的共同风格，这种大于个人笔迹的流派字迹特征，换一个角度来看，正是特定断代个体写手们字迹特征的一种归纳。因而，西周金文字体研究之'字体'的具体所指，当以'某一流派'写手的字迹特征为宜。"(见刘志基：《西周金文"贝"之字体再研究——兼论断代分期视角的青铜器铭文字体研究的"字体"界定问题》，第 25 页)

⑦ 李松儒认为上博简《子羔》类字迹与《彭祖》类字迹间有着密切联系，抄手之间可能是师徒关系或同学关系。参见李松儒：《战国简帛字迹研究：以上博简为中心》，第 228 页。

代属西周晚期①,吴镇烽也持西周晚期说②。这或是由于墓地发掘者将 M1016 定为西周晚期墓。③ 但墓葬年代只是该墓葬出土器物时代的下限,并不能反推出晋伯生簋是西周晚期器物。伯晋生鼎 2 为"桃形敛口,折沿,方唇,垂鼓腹,圜底近于平,半圆形三柱足。腹上部饰一周中目窃曲纹,以云雷纹衬地"④。伯晋生鼎 1 与伯晋生鼎 2 器形相似,不同之处在于鼎 1 足为蹄足,三足面上部各饰一扉棱兽面纹⑤,腹上部饰卷尾龙纹。两件伯晋生鼎器形接近西周中期的五祀卫鼎(图三·1)和九年卫鼎(图三·2)。九年卫鼎为敛口,窄沿方唇,口沿上有一对立耳,下腹向外倾垂,三柱足上粗下细,口沿下饰以细雷纹填地的窃曲纹。伯晋生鼎 2(图二·1)腹部窃曲纹类似史颂鼎纹饰(图二·2),不同之处是伯晋生鼎 2 的窃曲纹上下两条 C 形纹相勾连。伯晋生鼎 1 腹部纹饰接近西周中期的仲簋⑥和刘家沟水库出土的伯簋⑦纹饰。故两件伯晋生鼎时代应为西周中期,不会晚至西周晚期。两鼎器主都是伯晋生,铭文书体虽有别但同属一个写手集团,年代应不会相距太久。故这 17 件器物时代都处在西周中期及西周中期偏晚。

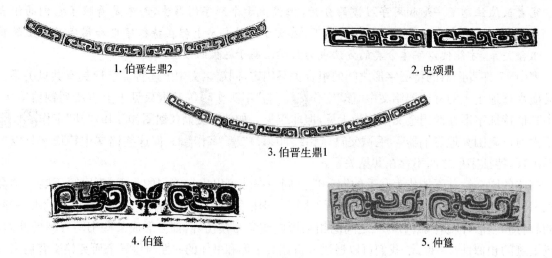

1. 伯晋生鼎2   2. 史颂鼎

3. 伯晋生鼎1

4. 伯簋   5. 仲簋

图二　5 件器物纹饰图⑧

倗伯再簋和倗伯簋造型及纹饰在西周铜簋中少见。⑨ 两者均为"圆形盖,母口,顶面隆起,中部置一圆形捉手。器身子口,垂鼓腹,上腹两侧有对称兽首衔环双耳,圜底,矮足外撇下折成阶,足底接四个兽首矮柱足。盖面饰三道瓦纹,盖缘和器身上腹饰一周窃曲纹,间以涡纹,器中腹饰四道瓦纹"⑩。纹饰线条细腻,立体感弱⑪,尤其是盖上纹饰具有浮雕感。西周青铜器纹饰中涡纹常间以夔龙纹或目纹装饰在鼎或簋的颈部,倗伯再簋涡纹间以窃曲纹的样式较为少见。

① 陈昭容:《两周夷夏族群融合中的婚姻关系——以姬姓芮国与媿姓倗氏婚嫁往来为例》,第 100 页。
② 吴镇烽编著:《商周青铜器铭文暨图像集成续编·第 1 卷》,上海古籍出版社,2016 年,第 103 页。
③ 谢尧亭:《晋南地区西周墓葬研究》,博士学位论文,吉林大学,2010 年,第 85—86 页。
④ 山西省考古研究院等编著:《倗金集萃:山西绛县横水西周墓地出土青铜器》,第 120 页。
⑤ 伯晋生鼎 1 足部的扉棱兽面纹亦见于西周中期的🔲鼎(《集成》02349)、再鼎(《铭续》0227)。
⑥ 陈梦家:《西周铜器断代(二)》,《考古学报》1955 年第 2 期。
⑦ 罗西章:《扶风出土的商周青铜器》,《考古与文物》1980 年第 4 期。
⑧ 图二·1 来自《倗金集萃》,第 120 页。图二·2 来自上海博物馆青铜器研究组编:《商周青铜器文饰》,文物出版社,1984 年,第 280 页 804。图二·3 来自《倗金集萃》,第 124 页。图二·4 来自曹玮主编:《周原出土青铜器》,巴蜀书社,2005 年,第 1215 页。图二·5 来自陈梦家:《西周铜器断代(二)》。
⑨ 横水墓地 M1006 出土倗伯簋共 2 件,倗伯再簋与 2 件倗伯簋在器物大小、重量、形制和纹饰方面近同(铜器数据参见《倗金集萃》,第 11—16 页;《中国出土青铜器全集·3》,第 198—199 页)。韩巍指出倗伯再簋造型和纹饰在西周青铜簋中少见(参见韩巍:《横水、大河口西周墓地若干问题的探讨》,《两周封国论衡:陕西韩城出土芮国文物暨周代封国考古学研究国际学术研讨会论文集》,第 389 页)。
⑩ 山西省考古研究院等编著:《倗金集萃:山西绛县横水西周墓地出土青铜器》,第 11 页。
⑪ 韩巍:《横水、大河口西周墓地若干问题的探讨》,第 389 页。

| 1. 五祀卫鼎 | 2. 九年卫鼎 |

图三　2 件西周中期鼎①

　　M1 出土的倗伯鼎 2、倗伯簋、倗伯甗及 M2 出土的倗伯鼎 1 皆是倗伯为 ☩② 姬所作器。4 件器物口沿下都饰有两道简单朴素的弦纹。黎海超指出倗伯鼎 1 和倗伯簋铭文字体、行款基本一致，纹饰风格相同，可见这 2 件铜器属于同批次生产，其粗糙的制作风格和低下的铸造水平可能反映器物生产背景或与本地铸造有关。③ 如黎海超所言，这 4 件铜器纹饰风格相同，造型朴素。与西周同时期鼎簋上常见的华丽的装饰相比，其制作粗糙，暗示器物可能为本地生产。④

五　倗国本地写手集团

　　一般来说，铸造青铜器时陶范和泥芯的制作通常都是就地取土，泥芯残留中包含青铜器的产地信息。⑤ 科技分析结果表明横水西周墓地泥芯与当地土壤在成分、物相方面具有高度的一致性，这说明横水墓地出土的大部分青铜器极有可能是在绛县或侯马附近加工铸造而成。⑥ 对于本文所讨论的绛县横水西周墓地而言，JHM2167 出土了 2 件与铸铜活动有关的陶范⑦，这表明倗国很可能有本地铸铜

　　① 图三·1 来自李伯谦主编：《中国出土青铜器全集·16》，第 388 页。图三·2 来自《中国出土青铜器全集·16》，第 386 页。
　　② 学界对 ☩ 字有不同释法，或释为"毕"（参见田建文、宋建忠、吉琨璋：《横水墓地的发现与晋文化研究》，《中国文物报》2005 年 12 月 16 日，第 7 版；李零：《冯伯和毕姬——山西绛县横水西周墓 M2 和 M1 的墓主》，《中国文物报》2006 年 12 月 8 日，第 7 版）；或释为"毛"（参见韩文博：《山西绛县横水 M1 墓主身份献疑》，复旦大学出土文献与古文字研究中心网站 2021 年 8 月 7 日。细审字形，与古文字中确定的"毕"和"毛"皆不类，故本文暂将此字视作未识字。
　　③ 黎海超：《资源与社会：以商周时期铜器流通为中心》，中国社会科学出版社，2020 年，第 230 页。
　　④ 关于西周时期地方诸侯国是否有铸造青铜器的能力，学界多有讨论。松丸道雄较早关注西周铜器的生产背景，他认为西周青铜器除了周王室工坊作器之外，存在诸侯在自己的工坊内制作的铜器（参见〔日〕松丸道雄：《西周青铜器制作的背景——周金文研究序章》，《日本考古学研究者·中国考古学研究论文集》，东方书店，1990 年，第 292—299 页）。近年来，张昌平、近藤晴香等也认为西周时期诸侯国拥有铸造青铜的能力（参见〔日〕近藤晴香：《强国铜器生产体系研究》，《古代文明》第 9 卷，上海古籍出版社，2013 年，第 26—54 页；张昌平：《论随州叶家山西周墓地曾国青铜器的生产背景》，《文物》2013 年第 7 期）。一般来说，器形或纹饰上具有明显地域风格的铜器通常被认为是当地生产。但地方诸侯国也可能生产高质量的中原样式铜器，王朝核心区也可能生产低质量铜器，故黎海超等提出要将铜器的风格、质量与原料特征相结合，才能较为准确地判定铜器的产地。
　　⑤ 魏国锋、秦颖、胡雅丽等：《利用泥芯中稀土元素示踪青铜器的产地》，《岩矿测试》2007 年第 2 期。
　　⑥ 南普恒、秦颖、谢尧亭等：《横水西周墓地部分青铜器残留泥芯的矿物组成及成分分析》，《岩矿测试》2008 年第 4 期。对于此科技考古实验的结果，谢尧亭认为该测试和分析因取样和对比样品过少而存在局限性，结论具有偶然性。并认为横水墓地在西周时期不太可能独立铸造青铜器，但谢并没有给出更多的理由（参见谢尧亭：《绛县横水西周墓地考古发现与研究述论》，第 10 页）。
　　⑦ 宋建忠、南普恒主编，山西省考古研究所编著：《绛县横水西周墓地青铜器科技研究》，科学出版社，2012 年，第 132 页。

作坊。黎海超结合横水墓地铜器风格、微量元素以及铅同位素特征,初步判断横水墓地西周中期青铜器可能有相当部分为本地铸造。[1]

白云翔曾撰文以产地风格和地域分布来推定考古遗物的产地。[2] 陈小三将此文基本理论概括为"产地形成产品风格,流通形成产品分布",并以此推定几组在造型和纹饰上具有共性、分布范围集中且铭文内容有关联的青铜器的生产中心。[3] 本文循此思路,从铭文入手尝试推定写手集团Ⅰ所铸青铜器产地。写手集团Ⅰ铸造的铜器产品分布较为集中,其中16件有明确出土地点的器物皆出自横水墓地。椃伯鼎为传世器,具体出土地点已不可考。通过前文的铭文对比可以看出椃伯鼎铭文与这16件铜器同属于写手集团Ⅰ,《倗金集萃》中公布了倗国墓地出土的其他4件椃伯器。[4] 故椃伯鼎应也是倗国本地制造,椃伯可能是倗国贵族。[5] 写手集团Ⅰ的各种特征字形及之间的组合关系基本不见于同时期的西周其他地区铭文,甚至在与横水墓地相距不远的同属于晋南地区的翼城大河口霸国墓地、天马——曲村北赵晋侯墓地也几乎不见。[6]

晋侯墓地和大河口墓地出土铜器铭文中从西周中期偏晚出现一种特殊的写法的"宝",作𡪀(晋侯穌马壶·《铭图》12276)。该字形与西周常见的"宝"字相比,最大的特征是不从"贝",应是西周晋国地区"宝"的特殊写法。[7] 这种特征字形亦不见于写手集团Ⅰ铸造的铜器铭文及倗国墓地其他铜器铭文。可见带有鲜明风格的写手集团Ⅰ铸造的青铜器流通范围有限,仅限于绛县横水一带。所以根据器物铭文字形和书体表现出的特征、铜器器形和纹饰、铸造水平的特点及科技考古的成果,本文认为铭文属于写手集团Ⅰ的17件青铜器应当具有本地生产背景,横水墓地的部分青铜器可能是在绛县本地铸造。写手集团Ⅰ可能是专门为绛县倗国及当地贵族服务的工匠集团。

六 横水倗国铜器铭文的书写体系

根据以上论述,我们推测绛县横水倗国墓地铜器铭文的书写体系可能如下图所示(图四):

---

[1] 黎海超:《资源与社会:以商周时期铜器流通为中心》,第230—234页。

[2] 白云翔:《论基于风格与分布的考古遗物产地推定法》,《考古》2016年第9期。

[3] 陈小三:《三组西周青铜器的产地分析及相关问题》,《考古》2018年第12期。

[4] 这4件椃伯器分别是椃伯方鼎、椃伯盆、椃伯盘、椃伯盉。

[5] 谢明文认为"椃"是国族名,他曾将传世椃伯鼎与椃伯盘、椃伯盆联系起来,但表示"椃伯鼎中的椃伯与椃伯盘、椃伯盆中的椃伯是否同一人,有待进一步研究。"(参见谢明文:《椃伯盘铭文考释》,《出土文献与古文字研究》第十辑,上海古籍出版社,2022年,第69页)。这4件有明确出土地的椃伯器都为横水墓地出土,传世椃伯鼎字形书体又与横水墓地出土的椃伯器高度相似,故我们认为5件椃伯器的器主是同一人。黄锦前认为椃(夷)伯是东夷国族君长,夷国地望在今山东青岛即墨西(参见黄锦前:《夷伯盘考释》,《文物季刊》2022年第1期)。前文已论证椃伯器的字形书体较为特殊,特征字的组合方式也仅见于倗国墓地出土铭文,故椃国是远离晋南地区地处山东青岛的东夷国族的可能性较小。横水墓地M2022发掘报告认为墓主为国君,但并未明确椃伯为何人。沈奇石认为此盘铭文的后半部分主要是"交代作器者铸造铜盘的委屈:器主虽然收到了王两次厚重的赏赐,理应铸造陈设宗庙的大鼎来铭记,但囿于财力,只能退而求其次,铸造盥洗用的承盘。同时,器主又祈祷鬼神能赐予自己万年长寿,希望自己以后能在真正的宗彝大宝上施设这段记功颂扬的铭文"(参见沈奇石:《椃伯盘补说》,《出土文献综合研究集刊》第十七辑,巴蜀书社,2023年,第43—49页)。由此观之,椃伯的财力和地位与倗国国君身份不相匹配,故应不是倗国国君,亦非M2022墓主。西周时期称谓"伯"的内涵较为丰富(参见刘源:《"五等爵"制与殷周贵族政治体系》,《历史研究》2014年第1期;李皓:《西周金文所见称伯贵族相关问题研究》,硕士学位论文,辽宁师范大学,2022年)。故本文推测椃伯可能是倗国的贵族,地位次于国君。

[6] 晋南地区的晋侯墓地、大河口霸国墓地及横水倗国墓地不仅地理位置相邻,三者之间也存在密切的交往,大河口墓地M1017曾出土2件倗伯盆。

[7] 叶磊根据4件穌马器上的"宝"都作𡪀,推测这可能是晋侯穌马时期特殊的用字习惯(参见叶磊:《晋国金文整理与研究》,硕士学位论文,西南大学,2019年,第120—121页)。在北赵晋侯墓中用"窑"来表示〔宝〕并非只存在于晋侯穌马器,从"窑"字所属整篇铭文来看,这批铭文属于不同器主及不同书体。所以可以排除这种写法出于写手的个人书写习惯和选择造成的,应该是晋及周边区域常见的写法。

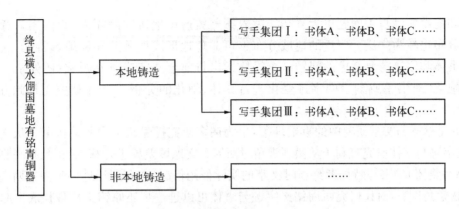

图四　绛县横水倗国墓地铜器铭文的书写体系

横水倗国墓地有铭铜器既有本地铸造，又有非本地铸造。本地铸铜作坊中有相当数量的铭文制作工匠，这些写手依照师承或学习关系分属于不同写手集团，每个写手集团又由一个或多个写手组成，同一写手集团所制作的铭文的书体具有较多相似之处。因青铜器的生产与流通有其覆盖范围，某些书写团体可能也会接受来自附近地区的生产订单，但其中一些写手集团应该只负责倗国当地的生产订单。通常来说同批次铸造的同组铜器字形书体多一致，可能为同一工匠铸造，但也存在同一组器物的铭文分别由不同的写手制作。

七　从倗国墓地出铜器的特殊书体看倗国的性质

关于倗、霸的性质及二者与晋之间的关系，学界有不同看法。[1] 从我们对同处晋南地区的晋、霸、倗三者有铭铜器的考察来看，三地出土铜器在字形、字词关系和器形纹饰方面确实存在诸多相似之处，这种表现在铭文方面的高度一致性也肯定了三者之间在地缘及政治上的密切联系。通过比对我们还发现，霸国铭文在各个方面同晋国铭文的联系远比倗国铭文同晋国铭文的联系强得多。[2]

前文分析指出，横水墓地倗国出土铜器铭文中存在一种具有明显特征的书体风格，这种特殊的书体风格只出现在倗国铜器铭文中，不见于同时期的霸国和晋国铜器铭文。这一结论可为此问题提供一些线索。铜料、铸铜作坊（包括工匠）及青铜成器都是西周时期的重要资源。从倗的性质考虑，如果倗是晋国的附属国或采邑，这种政治上的附属关系可能大概率会体现在晋南地区的铜器流通上。这意味着倗可能会负责晋国公室一些铜器的生产制造工作，并向晋国输出成器。且作为附属国或采邑输出的成器应是质量较高，制作较为精美的一类。但本文研究结果表明，写手集团Ⅰ制作的铜器只存在于倗国本地，并未流通至晋国、霸国及其他相邻地区，此写手集团亦铸造过相当精美且质量上乘的铜器（如倗伯簋、倗伯再簋等）。根据目前三地出土铜器的流通情况来看，倗国至少没有尽到作为采邑或附属国应尽的责任。由此我们推测，倗国还是一个具有相当独立地位的国家，只是在地缘和政治上与同处于晋南地区的晋和霸有着密切的联系。倗国与霸国铭文同晋国铭文之间存在远近亲疏的差异，或是倗与霸同晋国在族属关系上的差别折射于铜器铭文上的反映。

结语

与甲骨刻手相比，西周金文写手数量远超前者，由于铭文铸造的二次书写性质也使得金文写手

---

① 诸家观点可参见谢尧亭：《绛县横水西周墓地考古发现与研究述论》，第7—10页。
② 此问题涉及晋南地区金文的地域特色问题，拟撰专文探讨。

问题较甲骨和简帛文献写手问题更为复杂。随着铜器铸造产地研究的深入,我们逐渐意识到西周金文写手的分布也较为广泛。广泛的地域分布不可避免地形成地域差异和地域特征,这些都是研究西周金文书体和字迹需要考虑的问题。李松儒指出目前金文字迹研究领域"还处于字迹研究的初级阶段",缺乏"对书手或刻手的字迹变化进行具体、细化的分析"。[①] 本研究正是此方面的初步尝试。

书体研究是抄本与文献研究中的重要环节,也为诸多研究搭建起了沟通的桥梁。从文字学角度看,西周金文字迹与书体研究有利于从微观视角对西周金文地域差异进行深入、细致地考察。通过不同写手(或书写集团)的书写特征考察当时文字的实际使用情况,亦有利于进一步探究西周金文字词关系。从器物学角度看,对比研究西周铭文字迹与书体可以进一步还原铭文从最初底本起草到最后铭文铸造全过程的原貌,有利于探索西周青铜器的铸造流通,亦有助于有铭铜器的辨伪工作。此外,对西周金文字迹与书体的研究是探究西周金文书法演变的重要途径。将有铭青铜器作为史料,对西周时期同一墓葬出土或据铭文字形书体可以相系联的金文字迹材料的共性和差异作深入、细致分析,亦有利于我们从文字角度对历史问题进行一些新的思考。

西周青铜器铭文的制作背景是一个极为复杂的问题。本文以传世器棷伯鼎和绛县横水西周墓地出土的倗伯鼎等17件青铜器为研究对象,分析铭文字形和书体两方面的共性与差异,从而建立起铭文背后的制作者——写手的联系。通过铭文的特征字及其组合方式将17件铜器铭文分为A至F共6种书体,这6种书体相似度较高,属于同一写手集团I。写手集团I内部写手之间可能存在师承关系或同学关系。该写手集团铸造的铭文中某些特征字及其组合方式于其他地区罕见,器形和纹饰也呈现出本地风格。本文结合科技考古成果判定这17件器物属倗国本地铸造。倗国应拥有多个写手集团,其中某些写手集团只为倗国统治者及贵族提供定制铜器服务。这也侧面支持了西周时期倗国应有本地铜器铸造作坊及西周时期除周王室外,地方诸侯国也拥有铸造铜器的权力。在此基础之上,本文也从特殊书体的角度切入,以成器的流通视角来观察西周时期倗与晋的关系,为晋南地区族群与历史的研究提供新的思考方向。最后仍需说明的是,本文所涉及问题的深入探讨有待于日后晋侯墓地、大河口墓地及横水墓地资料的完整公布。

A Study of the Writer Group in the Western Zhou Bronze Inscriptions from the Bronze Unearthed in Hengshui Cemetery

Yang Jing

(Department of Chinese Language and Literature, East China Normal University, Shanghai 200241)

Abstract: This article takes 17 pieces of bronze, such as the handed-down bronze Yibo tripod and the bronze tripod unearthed from the Western Zhou Tomb in Hengshui, as the research objects, analyzes the similarities and differences between the glyphs and the calligraphic style, and then points out that the 17 pieces of bronze belong to 6 types of calligraphic style with high similarity. The 6 calligraphies belong to the writer group I, and there may be a relationship between teachers and classmates among the writers in the group. Based on the combination of the characteristic glyphs, the local characteristics of the shapes and patterns of the inscriptions cast by the Writers Group I, and the results of scientific and technological archaeology, this article also infers that 17

---

① 李松儒:《战国简帛字迹研究:以上博简为中心》,第11页。

pieces of bronze were cast locally. The writer group Ⅰ may be a craftsman group dedicated to serving the Peng state and local nobles.

Key words: the bronzes unearthed from the Hengshui cemetery; glyphic style; Writer Group; provenance

读秦汉印札记四则*

张晨阳

【摘　要】新见汉印中的"曼丘"为复姓,当与复姓"毋丘"相区别,两者并非一姓;▨字应释为"雠",而非"鸱"字;▨字应为"季"字,当排行讲,而非"李"姓;▨字应释为"兕",而非"鬼"字,文中对相关字形作了辨析。

【关键词】秦汉;人名;姓氏

【作者简介】张晨阳,吉林大学考古学院博士研究生,研究方向为出土文献与古文字。(吉林 长春 130012)

一　壹

《滕州寨山汉墓发掘报告》公布了一枚铜质双面印章(M50:1)①,印面为方形,边长 1.8、厚 0.6 厘米,一面印文为"曼丘达",另一面印文整理者释为"曼丘翁□"(图1)。

图1

案"翁"下一字应为"壹"字(以下用字母 A 代替),汉印中"壹"字常作▨(虚汉 0544)、▨(印典三 2186)、▨(印典三 2186)、▨(虚汉 2690)、▨(虚汉 0689),A 与之字形相似,只是所从"吉"旁底部横画与壶形外框共用一笔,汉印因空间限制,这种现象也较为常见。汉印中人名"翁壹"数见,如冯翁壹(虚汉 0689)、戴翁壹(印典三 2186)、徐翁壹(虚汉 2690)等等,为汉代习见人名,故 A 应释为"壹"。

从"曼丘达""曼丘翁壹"出现在一枚双面穿带印上来看,"曼丘"为复姓,《汉语大词典》收入且有说明。②《汉书·高帝纪》有"曼丘臣",颜师古注:"姓曼丘,名臣也。曼丘、母丘,本一姓也,语有缓急耳。曼,音万。"尉侯凯已经指出"曼"古音属明纽元部,"母"属明纽之部,声纽相同,但韵部相隔较远,典籍中除颜师古注外,也没有发现"曼""母"可以相通的例证,因此,"曼丘"并不是该姓应当写作"毋丘"十分有力的证据。③

且汉印中亦见复姓"毋丘",如毋丘得(印典四 2497)、毋丘调(印典三 1735)、毋丘翁君(印典四 2498)。新见汉印证明"曼丘"与"毋丘"两者姓氏应分开,当并非颜师古所说的一姓。

---

*　基金项目:本文为"古文字与中华文明传承发展工程"规划项目"《双剑誃文集》整理"的阶段性研究成果(项目号 G1812)。

① 山东省文物考古研究院编:《京沪高速铁路山东段考古报告集》,文物出版社,2017 年,第 235 页。
② 罗竹风主编:《汉语大词典》,汉语大词典出版社,1990 年,第 736 页。
③ 详参尉侯凯:《"毋丘"补释》,《中国文字学报》第十二辑,商务印书馆,2022 年,第 179—180 页。

二　魋

《京沪高速铁路山东段考古报告集》①公布凤凰山墓地汉代墓葬出土一枚铜印章（M37：3）。印面为正方形，中间有一长方形穿孔，边长 1.2、高 0.5 厘米，原释文为"周鹍"（图 2）。

图 2

案原印第二字（以下用字母 B 表示）并非从禺从隹，而应为"魋"字。汉印中"鬼"字作▨（"魊"字所从，鹤庐 260 页）、▨（"醜"字所从，虚汉 2896）、▨（"魃"字所从，虚汉 3223）。"禺"字常作▨（印典三 1947）、▨（印典二 1079）、▨（虚汉 2975）。B 字所从与"禺"不类，右侧偏旁应当释为"鬼"。

B 左边所从应为"隹"，如▨（"雕"字所从，虚汉 2971）、▨（印典一 746）。虽"隹"与"鸟"旁可替换，然从禺从鸟字为字书所无。

汉印中有"魋"字作▨（"赵魋"，汉征 4.7），字形左半似从"隼"，汉代"隹""隼"两字已有讹混，兹不备举。《说文》："魋，神兽也。"《尔雅·释兽》："魋如小熊，窃毛而黄。"郭璞注："今建平山中有此兽，状如熊而小。毛粗浅赤黄色，俗呼为赤熊，即魋也。"古人以猛兽为名较为常见，如汉印中有王熊（印典三 2112）、杜熊私印（虚汉 0520）、义熊（虚汉 2194），也有任婴（虚汉 1575）、卫虎（印典二 942）、王豹（印典三 2044 页），等等。

三　季

《盛世玺印录·续三》②390 号收录一方双面印（图 3）：

图 3

原释文分别为"姚绪私印、李儿私印"，其中▨字释为"李"应非是。首先，"李"字一般作▨（印典四 2778）、▨（印典四 2929）形，"木"旁上部并无一横之例。汉印中有▨（印典四 2963）、▨（印典四 2754）二字，秦汉编（1264 页）均释为"季"，▨当为上举两字形讹变而成。其次，汉印中双面印或套印基本都是一印一姓，如"尚德、尚季""李乖、李少季""张定国、张季主"等。③ 不同的姓在一方印中出现

---

① 山东省文物考古研究院编：《京沪高速铁路山东段考古报告集》，文物出版社，2017 年，第 332 页。

② 吴砚君：《盛世玺印录·续三》，书法出版社，2020 年，第 422 页。

③ 参看李鹏辉：《汉印文字资料整理与相关问题研究》，博士学位论文，安徽大学，2017 年，第 1259 页。

的情况较为少见，因此，字应释为“季”。

“季儿”之“季”应当是表示排行。汉印中又见双面印如：诸遬己、诸中儿(印典一 453)，其中的“中儿”当读为“仲儿”，仲亦表示排行。又见“李长儿(虚汉 1348)”“宰妢-宰少儿(虚汉 3034)”，其中“长”“少”亦表示排行。可见，“季儿私印”之“季”理解为排行比较合理。

四 兕

《椿农堂捐赠西泠印社藏品图鉴》①80 号收录一方秦印(图 4)：

图 4

原释文为“启鬼”，第二字释为“鬼”，非是。“鬼”字常作(睡虎地·法 110)、(张家山·奏谳书 159)、(字表 695 页)、(《天津博物馆藏玺印》126②)、(虚汉 3223，“魃”字所从)、(虚汉 2896，“醜”字所从)等形。秦文字中已加“厶”旁，字无，因此释为“鬼”不确。按此字应释为“兕”，秦汉之际的玉印中有“兕(匈)奴相邦”印(图 5)③，“兕”字与字类似，唯上部有些不同。

图 5

汉印中的笔画，有时为了填实空间，常进行盘曲，如“儿”字既作(虚汉 0324)、(虚汉 1608)，又可作(虚汉 1612)形，后者上部已经封口，“兕”当与此类似。上部封口，为笔画盘曲所致。《汉印文字征》中有“郭兕”之“兕”摹作(增订汉征 325 页)，上部或为锈所掩盖，摹写者并未注意到这一点，因而未能准确摹出。

附记：本文在撰写过程中，得到吴振武老师的鼓励和指导，此外，匿名审稿专家、纪帅、曹磊、刘新全、陈慧子等师友提出宝贵意见，谨致谢忱！

引书简称

汉征——罗福颐：《增订汉印文字征》，文物出版社，1978 年。

鹤庐——《鹤庐藏印》，顾荣木家藏：荣宝斋出版社，1998 年。

增订汉征——罗福颐：《增订汉印文字征》，紫禁城出版社，2010 年。

① 西泠印社编：《椿农堂捐赠西泠印社藏品图鉴》，西泠印社出版社，2021 年，第 42 页。

② 天津博物馆编：《天津博物馆藏玺印》，文物出版社，2013 年，第 93 页。

③ 田炜：《从秦“书同文字”的角度看秦印时代的划分和秦楚之际古文官印的判定》，《第五届“孤山证印”西泠印社国际印学峰会论文集》，2017 年，第 25—46 页。此印见于韩天衡、孙慰祖编著：《古玉印集存》，上海书店出版社，2002 年，第 3 页。

征存——罗福颐：《秦汉南北朝官印征存》，文物出版社，1987 年。

印典（一、四）——康殷、任兆凤：《印典》（第四册），国际文化出版公司，1993 年。

睡虎地——张守中：《睡虎地秦简文字编》，文物出版社，1994 年。

张家山——张守中：《张家山汉简文字编》，文物出版社，2012 年。

虚汉——施谢捷编著：《虚无有斋摹辑汉印》，艺文书院，2014 年。

秦汉编——赵平安、李婧、石小力：《秦汉印章封泥文字编》，中西书局，2019 年。

字表——于淼：《汉代隶书异体字表》，中华书局，2021 年。

Four Pieces of Notes about Seal Characters of the Qin and Han Dynasties

Zhang Chenyang

(School of Archaeology，Jilin University，Changchun 130012)

Abstract：The "Manqiu(曼丘)" in the Han seal is a compound surname，which should be separated from the compound surname "Wuqiu(毋丘)"；The character "▨" should be interpreted as "鵾" instead of "Tui(魋)"；The character "▨" should be "Ji(季)"，and should be ranked instead of the surname "Li(李)"；The character "▨" should be interpreted as "Xiong(兇)" instead of "Gui(鬼)". The article distinguishes and analyzes the relevant characters.

Key words：Qin and Han；name；place names

"就"从"尤"声补说*

何鸣飞

【摘　要】文章在学者们以往意见的基础上进一步论证了"就"字是在早期"就"字"髙"上加注"尤"声而来，后"髙"讹变、简化为"京"。并且根据"就"与"速""遂""曶"通用等现象，论证了"就"的声母在较早的时代与"尤"的声母相去不远，"尤"有资格作"就"的声符。

【关键词】就；尤；上古音；声母

【作者简介】何鸣飞，吉林大学考古学院博士研究生，研究方向为出土文献与古文字。（吉林 长春 130012）

一　研究综述及本文主要讨论的问题

关于"就"（从母觉部）[①]字所从之"尤"（云母之部）是否为声符，历来有不同的意见。

不同意"尤"为声符的意见如：《说文》分析"就"字云"从京，从尤。尤，异于凡也"。[②] 郑张尚芳在其《古音字表》"就"字下注云："秦简、汉帛右皆从又，下加点划，此表京已筑就。决非尤声。"[③]季旭昇认为"就""尤"韵部虽可通，但声母相去似乎较远。[④] 谢明文也认为"尤""就"音不近。[⑤]

认为"尤"为声符的有朱骏声、徐灏、宋保（"从京尤，尤亦声"）、谢彦华、《古文字谱系疏证》（"从尤，髙（省作京形）声，尤或为叠加声旁"）、吴良宝（下文 B 字形"从髙，赘加了'尤'声"）、罗小华、董珊、刘桓等。[⑥] 徐灏、宋保、罗小华从之部、幽部音近的角度进行了论证，如罗小华举"裘"本之部字，而其声符"求"为幽部字为证，宋保也于"毒"字下举了一些例证[⑦]。之部与幽部之间的密切关系学者已多有讨论，较近的总结如张荣琴《出土文献所见之部字通转关系辑证》第二章第五节《之部与幽类通转关系辑证》。[⑧] 和"就"（觉部）与"尤"（之部）类似的韵部通转之例如《说文》云"瑈"（晓母之部）"读若畜牧之畜（晓母觉部）"。[⑨] "就""尤"韵部相近应无问题。谢彦华引了《吕氏春秋·慎大览·下贤》"就就乎"高诱注"就就读如由与之由"[⑩]，以证"就""尤"同音，"不分平仄"。谢彦华的论证侧重平仄、声调，认为"就"

---

　*　基金项目：本文为古文字工程项目"两汉简牍校注集成"（项目编号 G2431）的阶段性成果。

[①] 本文所标注上古语音条件如无特别说明均据郭锡良：《汉字古音手册（增订本）》，商务印书馆，2010 年。不过，本文不采取"喻三归匣"的处理，喻三标作云母。

[②] 许慎撰，徐铉校定，愚若注音：《注音版说文解字》，中华书局，2015 年，第 106 页。

[③] 郑张尚芳：《上古音系（第二版）》，上海教育出版社，2019 年，第 397 页。

[④] 季旭昇：《说文新证》，艺文印书馆，2014 年，第 454 页。

[⑤] 谢明文：《说尚及相关诸字》，《文史》二〇二〇年第三辑，中华书局，2020 年，第 16 页。

[⑥] 丁福保编纂：《说文解字诂林》，中华书局，1988 年，第 5534，1435—1436，16814 页；黄德宽主编：《古文字谱系疏证》，商务印书馆，2007 年，第 661 页；吴良宝：《玺陶文字零释（三则）》，《中国古文字研究》第一辑，吉林大学出版社，1999 年，第 152 页；罗小华：《试论"就"字的演变过程》，《新西部（下半月）》2008 年第 5 期；董珊：《石鼓文考证》，《出土文献与古文字研究》第三辑，复旦大学出版社，2010 年，第 125 页；李学勤主编：《字源》，天津古籍出版社，2012 年，第 476—477 页。

[⑦] 不过宋保所举例证有的是有问题的，如"毒"从"毒"声、古文"革"从"臼"声，这里不再详细辨析了。参陈剑：《释金文"毒"字》，《中国文字》二〇二〇年夏季号（总第三期），万卷楼图书股份有限公司，2020 年，第 207 页；季旭昇：《说文新证》，第 187 页。

[⑧] 张荣琴：《出土文献所见之部字通转关系辑证》，硕士学位论文，西南大学，2022 年，第 30—48 页。

[⑨] 许慎撰，徐铉校定，愚若注音：《注音版说文解字》，第 4 页。

[⑩] 谢彦华所引较简，这里所引见许维遹集释：《吕氏春秋集释》，中华书局，2009 年，第 369—370 页。关于高诱注的校勘意见可参该书所引毕沅、梁玉绳等说。

(中古去声，上古入声)既可读如“由”(平声)，则与“尤”(平声)的平仄、声调也应没有差别。朱骏声云“尤读如酉，声之转也”。朱骏声说“尤”读如“酉”(余母幽部)可能与他认为“尤”即“猷”(余母幽部)之古文有关①，不过这两个意见似并无可靠证据。

综上所述，在语音方面，不同意“尤”为声符的学者在声母方面提出了质疑，而同意的学者在这方面却缺少论证，这可能是使“尤”为声符的意见得不到接受的重要原因。我们认为“尤”有资格做“就”的声符，针对上述论证上的薄弱之处，本文主要从声母方面对“就”从“尤”声进行补证。

二 “就”的字形

秦文字及籀文的“就”有如下写法：

A1	A2	A3	A4	B	C
《说文》小篆②	睡虎地秦简《效律》49③	睡虎地秦简《日书》甲种56④	里耶秦简8-262⑤	《说文》籀文	《古陶文汇编》5.21⑥

秦汉文字中的“尤”字有如下写法：

A	B1	B2
《上海博物馆藏印选》P36⑦	孔家坡汉简《日书》450⑧	马王堆帛书《十六经》18上⑨

首先谈谈“就”字中“京”旁的来源。“就”字在甲骨文、西周金文中本作“𡬿”。⑩ 孙诒让已将“𡬿”与B的左旁联系起来。⑪ 吴良宝指出B本从“𡬿”，只是传抄中“𡬿”讹成了二“京”。⑫ 谢明文指出“就”应

---

① 丁福保编纂：《说文解字诂林》，第14104页。

② 此字形及B字形见许慎撰，徐铉校定，愚若注音：《注音版说文解字》，第106页。

③ 武汉大学简帛研究中心、湖北省博物馆、湖北省文物考古研究所编，陈伟主编：《秦简牍合集(一)》，武汉大学出版社，2014年，第690页。

④ 武汉大学简帛研究中心、湖北省博物馆、湖北省文物考古研究所编，陈伟主编：《秦简牍合集(一)》，第1165页。

⑤ 湖南省文物考古研究所：《里耶秦简〔壹〕》，文物出版社，2012年，图版第53页。

⑥ 高明编著：《古陶文汇编》，中华书局，1990年，第406页。

⑦ 上海书画出版社编：《上海博物馆藏印选》，上海书画出版社，1979年，第36页。

⑧ 湖北省文物考古研究所、随州市考古队编著：《随州孔家坡汉墓简牍》，文物出版社，2006年，第109页。

⑨ 湖南省博物馆、复旦大学出土文献与古文字研究中心编纂，裘锡圭主编：《长沙马王堆汉墓简帛集成(第一册)》，中华书局，2014年，第130页。以上两字形参于森编著：《汉代隶书异体字表》，中西书局，2021年，第1113页。

⑩ 季旭昇：《说文新证》，第453—454页；刘钊主编：《新甲骨文编(增订本)》，福建人民出版社，2014年，第339页；董莲池编著：《新金文编》，作家出版社，2011年，第686—687页。

⑪ 孙诒让：《籀高述林》，《续修四库全书》第1164册，上海古籍出版社，2002年，第251页。

⑫ 吴良宝：《玺陶文字零释(三则)》，第152页。

从"橐"得声,所从"京"旁是由"橐"讹变而来。① 以上意见皆可从。新蔡简中习见"就祷"一语,如甲三213、甲三214,其"就"字多作"敽",如"敽"(甲三214)。但也有"就祷"之"就"写作左旁从"京"的"敳",如乙四109的"敳"。可见"就"所从"京"旁确应由"橐"讹变而来。另外,新蔡简中"就祷"之"就"又有写作"敽"(乙四96)的,这种写法对"橐"字所从之"亯"稍作简省,与 B 字左旁较为接近。② 总之,"就"所从"京"既由"橐"变来,郑张尚芳所云"表京已筑就"就无法令人信从了。

其次谈谈"就"字中的"尤"旁。先看上引"尤"字的写法。A 是秦文字中的"尤",B1、B2 是汉代隶书中有代表性的两种写法。从字形上看,B1 与 A 更为接近。③ 秦文字"就"所从右旁也有"尤"的 B1、B2 两种写法。"就"的 A4、A2 两种字形的"尤"分别对应"尤"的 B1、B2 两种写法。A3 是把 A2 所从之"尤"讹作"寸"。C 字形罗小华认为是以"又"作为声符,季旭昇《说文新证》也认为此字形从"又"。④ C 所从之"又"可能是"尤"的讹变,不一定是声符。当然,"又"有作声符之例,如金文中的"裘"或从"又"声。而且"又"(云母之部)与"尤"语音很近,两声系也有通用之例。⑤ "又"应有资格充当"就"的声符(详下文)。郑张尚芳认为"就""从又,下加点划"应该是根据 A2、A3 这两种字形。A2 所从为"尤",A3 所从为"尤"的讹体,郑张尚芳的意见不可从。

最后谈谈"就"的构形方式。"就"可能较早作 B 形,左侧所从"橐"即"就"的早期形体,作声符。后"橐"讹变、简化作"京"形。关于"尤"旁,如果不赞同其为声符,可能会根据从"又"的"就"字,认为"尤"是"又"旁的讹变。关于古文字中"又"形变作"尤"形的现象,谢明文已有详细讨论。另外,"稽"字所从之"尤"也由"又"讹变而成(刘钊认为"又"讹变为"尤"可能有变形音化的原因)。⑥ "又"旁有作形符的可能性⑦,这样分析似乎可以不把"尤"分析作声符。不过,从"又"的"就"字较为罕见,在时代上也没有明显地早于从"尤"的"就",认为"尤"本作"又"是可疑的。⑧ 退一步讲,即便"就"本从"又","又"也可能是声符。从"尤"出发考虑,"尤"在构字时多作声符。《说文》所收"尤"声字有"訧""肬(籀文作尢)""沈""頄(重文作疣)""忧"。⑨ 季旭昇对古文字中从"尤"之字有过整理⑩,这些字中的"尤"也多作声符(除了作声符的"尤",这些字中其他的"尤"应是谢明文所论的"又"形之变)。这样看来,"就"字可能是在早期"就"字"橐"上加注"尤"声而来,后"橐"讹变、简化为"京"。上文提到的吴良宝、《古文字谱系疏证》、罗小华、刘桓基本就持这种意见。

---

① 谢明文:《说尚及相关诸字》,第 16 页。

② 河南省文物考古研究所编著:《新蔡葛陵楚墓》,大象出版社,2003 年,图版一〇一、一五〇、一四九。以上所引乙四109、乙四96 两字形参黄德宽主编,徐在国副主编,徐在国、程燕、张振谦编著:《战国文字字形表》,上海古籍出版社,2017 年,第 717、718 页。

③ 不过 A 的泥封墨拓本字形作"尤","尤""丨"两部分笔画似乎不相连,则 A 的写法也可能与 B1 不完全相同。

④ 罗小华:《试论"就"字的演变过程》;季旭昇:《说文新证》,第 454 页。

⑤ 张儒、刘毓庆:《汉字通用声素研究》,山西古籍出版社,2002 年,第 44 页。

⑥ 谢明文:《说尚及相关诸字》,第 16—18 页;刘钊:《"稽"字考论》,《古文字考释丛稿》,岳麓书社,2005 年,第 355—356、359 页。

⑦ 如"叙"字,《说文》分析作"从又,虘声",见许慎撰,徐铉校定,愚若注音:《注音版说文解字》,第 59 页。

⑧ 如《秦文字编》所收 12 例"就"字中,除了上引 C 形外(《秦文字编》所引为袁仲一《秦代陶文》1375 号,与《古陶文汇编》5.21 应相同),从"又"的字形只有出自许雄志《秦印文字汇编》P97 的一个"就"。此"就"字应即《古代玺印辑存》所收 201 号"就邦"之"就",作"敽"。《古代玺印辑存》附有此字的封泥拓本,作"敽",左下有一点。我初疑据封泥拓本此字右旁也应为"尤",不过纪帅同学提示我那一点的位置较为奇怪,可能所从还是"又"旁。此字我们仍看作从"又"。12 例中仅有 2 例从"又"还是比较少见。在《秦汉印章封泥文字编》所收 27 个"就"字中,明确从"又"的"就"只有一个"敽"(印典二 1128·十),也是罕见的。见牟日易:《古代玺印辑存》,香港集古斋,1999 年,第 201 号;赵平安、李婧、石小力编纂:《秦汉印章封泥文字编》,中西书局,2019 年,第 432—433 页。

⑨ 许慎撰,徐铉校定,愚若注音:《注音版说文解字》,第 51、83、228、181、222 页。

⑩ 季旭昇:《从战国楚简中的"尤"字谈到殷代一个消失的氏族》,《季旭昇学术论文集》第五册,花木兰文化事业有限公司,2022 年,第 759—760 页。

三 对"就""尤"音近的论证

(一) 支持"就"从"尤"声的证据

1. "阈""蹙"通用

《仪礼·士冠礼》："布席于门中，阈西阈外，西面。"郑玄注："古文阈为槷，阈为蹙。"① 另外，《仪礼·聘礼》"摈者立于阈外以相拜，宾辟"、《士丧礼》"席于阈西阈外"、《特牲馈食礼》"席于门中，阈西，阈外"下郑玄注也指出古文阈为蹙。② "蹙"为清母觉部字，"阈"为晓母职部字。清母与晓母发生关系的例子如"险"(晓母谈部)从"佥"(清母谈部)声。"蹙""阈"的语音关系与"就"和"尤"很接近。《经典释文·仪礼音义》记载"阈"又有"域""于逼反"的读音③，据此则"阈"又有云母一读，这就与"尤"的声母相同了(这样看来"蹙"与"阈"的声母关系就是清母与云母的关系，可参下文所引"笏"字异读之例)。而且，"蹙"与"就"声系、"或"声系与"又"声系有相通之例。前者如：《孟子·万章上》："舜见瞽瞍，其容有蹙。"《墨子·非儒下》作"夫舜见瞽叟就然"。"蹙""就"音近通用。④ 后者如古书中习见的"或""又"通用。⑤ 上文已述"又""尤"音近。则"或"与"尤"也应语音较近。总之，"蹙"与"阈"的语音关系和"就"与"尤"的语音关系非常接近，如果前者为音近通用，则可以用它支持"就"从"尤"声。

关于"古文阈为蹙"，胡承珙《仪礼古今文疏义》提及了《文选·西京赋》《景福殿赋》的"墄"⑥，这里略作补充，将相关材料列举于下：①《文选·西都赋》："于是左墄右平，重轩三阶"。李善注："《七略》曰：王者宫中，必左墄而右平。挚虞《决疑要注》曰：凡太极乃有陛，堂则有阶无陛也。左墄右平，平者，以文塼相亚次也；墄者，为陛级也，言阶⑦级勒墄然，七则切。"②《文选·西京赋》："右平左墄。"薛综注："墄，限也。谓阶齿也。天子殿高九尺，阶九齿，各有九级。其侧阶各中分左右，左有齿，右则滂沱平之，令辇车得上。"③《文选·景福殿赋》："其西则有左墄右平，讲肆之场。"李善注："墄，犹国也。言有国当治之也。"④《后汉书·班彪传》："于是左墄⑧右平"。李贤注："挚虞《决疑要注》曰：墄者，为阶级。平者，以文塼相亚次也。域亦作墄。言阶级勒墄然。音七则反。"王先谦集解："刘攽曰：注'域亦作墄'案文当云'亦作域'。言'墄'字有作'域'者也。下又云'墄言阶级勒墄'，是解'墄'义耳。"⑨ 由上述材料可得到如下两点认识：1. "墄"训为"限"(②)，与"阈"义近(《说文》将"阈"训为"门榍"，又将"榍"训为"限"⑩)，故应当与"阈"的异文"蹙"联系起来。2. "墄"与"域"为异文(④)，又训为"国"(③)⑪，它与或声系字也有密切关系。

---

① 十三经注疏整理委员会：《仪礼注疏》，北京大学出版社，1999年，第11页。

② 十三经注疏整理委员会：《仪礼注疏》，第538、831、970页。参黄焯：《古今声类通转表》，上海古籍出版社，1983年，第126页；高亨纂著、董治安整理：《古字通假会典》，齐鲁书社，1989年，第373页。

③ 陆德明：《经典释文》，上海古籍出版社，1985年，第560、624页。又可参宗福邦、陈世铙、于亭主编：《古音汇纂》，商务印书馆，2019年，第2395页。

④ 杨伯峻：《孟子译注》，中华书局，2005年，第215页；孙诒让：《墨子间诂》，中华书局，2001年，第305—306页。相关材料可参张儒、刘毓庆：《汉字通用声素研究》，第143页。另外，传抄古文"戚"字作"遳"，"遳"可释作"就"，这反映了"戚""就"音近。参李春桃：《古文异体关系整理与研究》，中华书局，2016年，第157页。

⑤ 参白于蓝编著：《简帛古书通假字大系》，福建人民出版社，2017年，第116、621—623页。

⑥ 胡承珙：《仪礼古今文疏义》，《续修四库全书》第91册，上海古籍出版社，2002年，第498—499页。

⑦ 据《文选考异》，此"阶"本当作"陛"，见萧统编、李善注：《文选》第一册，上海古籍出版社，1986年，第25页。此处注文可与④的注文对照。

⑧ 按：此"墄"当作"墄"，下同。参《后汉书集解卷四十上校补》，见王先谦：《后汉书集解》，中华书局，1984年，第477页。

⑨ 萧统编、李善注：《文选》第一册，第11—12、53页；萧统编、李善注：《文选》第二册，上海古籍出版社，1986年，第533页；王先谦：《后汉书集解》，第473页。

⑩ 许慎撰，徐铉校定，愚若注音：《注音版说文解字》，第248、116页。

⑪ 按：③中"左墄右平"的"墄"不能以"国"解释，不过李善这样训释应该还是反映了他认为"墄"与或声系字有密切关系。

段玉裁(段玉裁认为"蹙"本当作"戚")、胡承珙《仪礼古今文疏义》、胡培翚《仪礼正义》(接受段氏"蹙"当作"戚"的意见)认为"阈"与"蹙/戚"是音近通用。[1] 他们的意见可能是正确的。同样,"城"(清母觉部)与"域"(云母职部)的异文也可能是音近通用。那么,"阈"与"蹙/戚"、"域"与"城"的音近通用可以用来支持"就"从"尤"声。

2. "就"与"逨"[2]"述""詻"通用

(1) 传抄古文以"逨"表示"就"。陈剑将西周金文中的"逨"字读为"仇"(群母幽部),并指出传抄古文中表示"就"的"遒"(《汗简》卷上之一辵部,出自贝丘长碑)及"𢕳""𢕳"(以上两形见《古文四声韵》第四卷《宥韵》,出自《籀韵》)[3]等形可能由金文的"逨"讹变而来,不过对"仇""就"的声母差异感到难以解释[4]。张富海又提到了石经古文"𤔔",指出它用为《急就篇》首句"急就奇觚与众异"的"就",即西周金文中读为"仇"的"逨"。[5] 上述陈剑、张富海的意见可从。"逨"既可表示"仇",又可表示"就",二者的声母差异问题详见下文。

(2) "述""就"通用。上博二《民之父母》简 11 云:"亡膿(体)之豊(礼),日述月相。"此句今本《礼记·孔子闲居》作"无体之礼,日就月将"。[6] 另外,"日就月将"又见于《诗经·周颂·敬之》、清华简《周公之琴舞》简 3(作"日臺月牆")、史惠鼎(《铭图》2304)(作"日遹月匠")。[7] 关于简文的"述"(群母幽部)是否应直接读为今本的"就",学者们有不同的意见。[8] 季旭昇、刘洪涛、范常喜等学者举出了一些可以证明"述""就"音近的证据,不过季旭昇、范常喜仍不认为"述"应该直接读为"就"。[9] 张富海在解释"夅"声系涉及的"祷""仇""就"这些音之间的语音关系时,除了引用这里的"述""就"通用,又援引陈剑已经指出的金文中"曹"姓之"曹"(从母幽部)所从的声符以及"枣"(精母幽部)字也是从"夅"变来的来与"就"这一音印证。[10] 前者的例子如杞伯每亡簋(《集成》3898)[11]"邿曹"之"曹"作"嫨"。以上这两点也可与"述""就"通用相互印证。[12] 总之,我们赞同张富海、刘洪涛的观点,认为"述""就"是音近通用。

(3) "詻"读为"就"。包山简中有一个"詻"字,辞例如"车戟,戟羽一詻"(简 269)。李家浩认为这种"詻"意义与重、匝相当,应读为"就"。另外,简 269 又有"詻"字,辞例为"绅缙七詻",李家浩认为"詻"可能是"詻"的讹字,可能性更大的是"詻"所从的"各"是"咎"字的省写,"咎""舀"都是群母幽部

① 段玉裁:《说文解字注》,上海古籍出版社,1981 年,第 588 页;段玉裁:《仪礼汉读考》,阮元编:《清经解》第四册,上海书店,1988 年,第 225 页;胡承珙:《仪礼古今文疏义》,第 498—499 页;胡培翚:《仪礼正义》,《儒藏》精华编第四七册,北京大学出版社,2016 年,第 27 页。

② 此字除辶旁所从陈剑认为是由"夅"分化出来的,参陈剑:《据郭店简释读西周金文一例》,《甲骨金文考释论集》,线装书局,2007 年,第 20—34 页。这里的隶定可参看张富海:《汉人所谓古文之研究》,线装书局,2007 年,第 93 页。

③ 郭忠恕、夏竦编,李零、刘新光整理:《汗简 古文四声韵》,中华书局,2010 年,第 7、128 页。

④ 参陈剑:《据郭店简释读西周金文一例》,第 20—30、37—38 页。

⑤ 孙海波:《魏三字石经集录》,北平虎坊桥大业印刷局,1937 年,附录第 9 页;张富海:《汉人所谓古文之研究》,第 93 页。

⑥ 马承源主编:《上海博物馆藏战国楚竹书(二)》,上海古籍出版社,2002 年,第 27 页;十三经注疏整理委员会:《礼记正义》,北京大学出版社,2000 年,第 1629 页。

⑦ 十三经注疏整理委员会:《毛诗正义》,北京大学出版社,2000 年,第 1584 页;清华大学出土文献研究与保护中心编,李学勤主编:《清华大学藏战国竹简(三)》,中西书局,2012 年,第 56 页;吴镇烽编著:《商周青铜器铭文暨图像集成(第五卷)》,上海古籍出版社,2012 年,第 53 页;范常喜:《成语"日就月将"新诠》,《文献语言学》第四辑,中华书局,2017 年,第 142—148 页。

⑧ 参范常喜:《成语"日就月将"新诠》,第 146—147、148—150 页。

⑨ 季旭昇:《〈民之父母〉译释》,《〈上海博物馆藏战国楚竹书(二)〉读本》,万卷楼图书股份有限公司,2003 年,第 20—21 页;刘洪涛:《上博竹书〈民之父母〉研究》,硕士学位论文,北京大学,2008 年,第 24 页;范常喜:《成语"日就月将"新诠》,第 148—150 页。

⑩ 张富海:《汉人所谓古文之研究》,第 93—94 页。又可参陈剑:《据郭店简释读西周金文一例》,第 31、35—36 页。

⑪ 中国社会科学院考古研究所编:《殷周金文集成(修订增补本)》第 3 册,中华书局,2007 年,第 2095—2096 页。

⑫ 《出土战国文献字词集释》卷十二辵部"裰裰"字头下按语不赞同陈剑的"𤓰""枣"均由用作祈求义之"夅"分化而出的意见,按语认为"𤓰""枣""夅"三者的早期形体均有较严格的区别,将它们联系起来的理由不充分。此说如确,以上两点就无法印证"仇""述"与"就"之间的语音联系了。见曾宪通、陈伟武主编:《出土战国文献字词集释》(卷十二),中华书局,2018 年,第 6292 页。

字,可以通用。① 参考(1)、(2)所述"就"与"仇""述"的密切关系,"習"读为"就"可从。②

上述"就"的通用现象有如下一个特点值得注意:与"就"通用的"述"是群母字,"遒"(取"仇"音)、"習"(取"台"音)也可算作群母字,或者至少是与群母字有密切关系。安大简《诗经》中"甾"声字的用法也反映出群母幽部字与齿音字的密切关系,可以与上述现象相互印证。安大简《诗经·周南·兔置》"施于中逵"的"逵"(群母幽部)作"戠"(简13),《侯·伐檀》"不稼不穑"的"穑"(山母职部)作"歶"(简77、79)或"歶"(简78)。③ 徐在国将"戠""歶""歶"都分析作从"甾"(庄母之部)声,认为"甾"与"穑""逵"均音近可通。④ 其说可从。就声母来看,群母幽部的"逵"与之职部的齿音字"甾""穑"的密切关系可以与"遒"(取"仇"音)、"述""習"(取"台"音)与"就"的密切关系相印证。另外,前者还反映了幽部与之职部的密切关系,这也有助于证明"就"从"尤"声。总之,安大简《诗经》中的上述现象可以从语音上佐证"就"与"遒""述""習"音近通用。

在讨论了(1)、(2)两则材料后,张富海指出"就"字在上古基本声母是舌根音,变作精组字大概是较晚的事。⑤ 根据(3),叶玉英将"就"构拟为*sgu。⑥ 这些意见都很有道理。上述三条材料所反映的关于"就"的语音现象涉及两个层面。第一是词的层面。⑦ 如根据(3)可以说重、匝义的"就"这个词在早期有基本声母是舌根音或声母为*sg-的读音,后来这个词的声母才变作从母。"急就奇觚与众异"的"就"(也就是《急就篇》的"就")很可能是成就义⑧,则(1)所述以可读为"仇"的"遒"表示此"就"很可能说明成就义的"就"这个词也有上述早期读音,后来发生了音变。第二是字("就"和其他"豪"声系字)所表示的音的层面。也就是说,是否有"豪"声系字表示上述早期读音的例证。我们认为(2)提到的史惠鼎的"遗"字可能表示的是与上博简《民之父母》的"述"相近的读音,也就是早期读音。假设西周时代的史惠鼎的"遗"字表示从母的读音,而战国楚简的"述"表示群母或接近群母的读音,根据上文张富

① 湖北省荆沙铁路考古队:《包山楚简》,文物出版社,1991年,图版一一六;李家浩:《包山楚简的旌旆及其他》,《著名中年语言学家自选集·李家浩卷》,安徽教育出版社,2002年,第263—264页。

② 不过,我们认为李家浩用来论证二者音近的证据《诗·秦风·小戎》"厹矛鋈镎"的"厹(群母幽部)矛"或作"酋(从母幽部)矛"本身是否成立仍有待进一步证明。对《小戎》的"厹矛",毛传云:"厹,三隅矛也。"《周礼·考工记》:"庐人为庐器,戈秘六尺有六寸,殳长寻有四尺,车戟常,酋矛常有四尺,夷矛三寻。"郑玄注:"秘犹柄也。八尺曰寻,倍寻曰常。酋、夷,长短名。酋之言遒也。酋近夷长矣。"《考工记》又云:"酋矛常有四尺,崇于戟四尺,谓之六等。"郑玄引郑司农云:"酋发声,直谓之矛。"根据《辞通》,李家浩认为"厹矛"或作"仇矛""酋矛""槽矛"。马瑞辰也提出"厹矛"即见于《周礼·考工记》的"酋矛"。胡承珙云:"《释名·用器》《兵器》两言'仇矛'。《兵器篇》云'仇矛,头有三叉,言可以讨仇敌之乎也。'其下即言夷矛云云。刘意盖以仇矛当《考工记》之酋矛,亦即《毛诗》之厹矛。"如果胡承珙的推测不错,则东汉刘熙已将"酋矛"等同于"厹矛"了。参考上述"就"与"仇""述"的密切关系,"酋""厹"从语音上看有可能音近,不过参考上引毛传、《周礼》及注释,认为"厹矛""酋矛"为一物证据还不充分,二者关系有待进一步研究。上引文献见十三经注疏整理委员会:《毛诗正义》,第490页;十三经注疏整理委员会:《周礼注疏》,北京大学出版社,2000年,第1340、1249页;朱起凤:《辞通》上册,长春古籍书店,1982年,第1046页;马瑞辰:《毛诗传笺通释》,中华书局,1989年,第379页;胡承珙:《毛诗后笺》,《续修四库全书》第67册,上海古籍出版社,2002年,第277页。另外,《释名》中出现的两次"仇矛"见王先谦:《释名疏证补》,《续修四库全书》第190册,上海古籍出版社,2002年,第121、127页。

③ 安徽大学汉字发展与应用研究中心编,黄德宽、徐在国主编:《安徽大学藏战国竹简(一)》,中西书局,2019年,第11,79,80,41—42,120,121页。

④ 徐在国:《谈安大简〈诗经〉从"甾"的相关字》,徐在国主编:《安大简〈诗经〉研究》,中西书局,2022年,第97—99页。

⑤ 张富海:《汉人所谓古文之研究》,第94页。

⑥ 叶玉英:《据秦楚用字之异考察复声母在战国秦楚方言中的留存》,《出土文献与汉语史研究论集》,中西书局,2022年,第236页。按:郑张尚芳将"就"的韵尾拟作*-gs,我们倾向于这种拟音。不过这里主要讨论"就"的声母,对韵尾就不做详细讨论了。见郑张尚芳:《上古音系(第二版)》,第397页。

⑦ 根据叶玉英的解释,她拟作*sgu的"就"是语言中"就"这个词的读音,这是将"词"和"字"区分开来。这对于准确地讨论问题很重要。见叶玉英:《据秦楚用字之异考察复声母在战国秦楚方言中的留存》,第231页。

⑧ 王应麟《急就篇补注》、于省吾《急就篇新证》都训此"就"为"成也"。见张传官:《急就篇校理》,中华书局,2017年,第13页;于省吾:《急就篇新证》,《辽海引年集》,北京和记印书馆,1947年,第2页。除了这种意见,颜师古《急就篇注》、晁公武《郡斋读书志》将"就"理解为"趋向、往……去"义。见张传官:《急就篇校理》,第15页;晁公武:《郡斋读书志》,李学勤主编:《中华汉语工具书书库》第八十三册,安徽教育出版社,2002年,第288页。

海对类似音变的方向的认识(叶玉英的认识应相同,复辅音*sg-生成从母,详见下文),这就是时代较早的史惠鼎的"遹"字表示较晚的读音,时代较晚的战国楚简的"述"字表示较早的读音。这似乎不很合理。如果认为"遹"字读与"述"接近的音,这个问题也就不存在了。见于相对较晚的文献的"臺"(清华简《周公之琴舞》)、"就"(传世文献)当然可以认为它们与"遹"一样本来读与"述"近,不过它们在流传、传抄的过程中可能被读为从母的读音。总之,我们倾向于"遹"本来是应读与"述"接近的音的,也就是说"臺"声系字可以表示上述较早的读音。对于论证"就"从"尤"声来说,这一点是很重要的。为避免繁琐,下面我们对上述词和字所表示的音这两个层面就不再详细区分了。

如果"就"的基本声母是舌根音,它的声母就与云母的"尤"相去不远了。上文已述"就"与群母字"述"及与群母关系密切的"遹""召"音近通用,若依叶玉英所拟声母,"就"的声干为*g-,与群母相同。云母字与群母字有谐声、通用之例。如① "裘"(群母之部)在金文中既有以"求"(群母幽部)为声符的形体,又有以"又"(云母之部)为声符的。前者见九年卫鼎(《集成》2831)、五祀卫鼎(《集成》2832)等器,后者见廿七年卫簋(《集成》4256)、次卣(《集成》5405)等器。① "又"与群母字"裘"音近,它与"就"的声母也应相近,所以我们上文说"又"有资格充当"就"的声符。② "狂(狂)"(群母阳部)从"坒"声,"坒"为"往来"之"往"(云母阳部)的早期形体。③ "圜"(王权切,云母元部)从"睘"(渠营切,群母耕部)声。④ "蓥"(群母耕部)从"荣"(云母耕部)声。⑤ 潘悟云认为《诗经》之"鸱鸮"与《说文》之"鸱旧"是不同方言对猫头鹰的不同称呼,并且对"鸮"(云母宵部)、"旧"(群母之部,按:潘悟云注为幽部)的声母关系进行了解释。其说如确,则"鸮"又作"旧"也反映了云母、群母的密切关系。② 参考上述这些例证,尤其是①,云母的"尤"应有资格作"就"的声符。

尤其值得注意的是"紑"字的读音。杨雄《蜀都赋》:"紑缤缒緥"。《古文苑》章樵注:"紑,巨周反。"梅膺祚《字汇》也收有此字此音,并注曰"音求"。③ 章樵是南宋时人,他的注音可能有较早的来源。据此读音"紑"为群母字。"尤"与"紑"的声母关系正可类比①所述"又"与"裘"的声母关系。既然"尤"可作群母字的声符,那么它也应该可以作"就"的声符。另外,有的学者认为"尤"与"肱"(见母蒸部)音近。郭店简《六德》简16读为"股肱"的"肱"的字作 🐾 ,上博简《周易》简51的"肱"作 🐾 。④ 苏建洲认为上述两"肱"字均从"尤"声,后者是将"厷"的"又"旁变形音化作"尤"。⑤ 季旭昇在苏建洲的意见的基础上进一步推论,认为"尤"字应该是从"厷"字分化出来的,并且进一步论证了"尤"字与"厷(肱)"字上古音非常接近。⑥ 以上意见如果成立,则"尤"的声母与属牙音的见母相近,也就应该与群母接近,这对于证明"尤"可作"就"的声符也有积极作用。不过,《六德》的"肱"字从"尤"似乎仍不能完全排除属字形讹混,《周易》的"肱"字中的所谓"尤"形谢明文认为是"又"的变体,与变形声化无关。⑦ "尤"是否由"厷"分化也还有待进一步研究⑧,因此"尤"与"肱"音近也还不宜看作定论。

---

① 中国社会科学院考古研究所编:《殷周金文集成(修订增补本)》第2册,第1504—1507页;中国社会科学院考古研究所编:《殷周金文集成(修订增补本)》第3册,第2478—2479页;中国社会科学院考古研究所编:《殷周金文集成(修订增补本)》第4册,第3375页。

② 潘悟云:《喉音考》,《著名中年语言学家自选集·潘悟云卷》,安徽教育出版社,2002年,第229页。另外,胡敕瑞也认为"鸱鸮"又作"鸱旧","鸮""旧"音近,见胡敕瑞:《清华简〈四告〉校读札记》,《语言学论丛》第六十四辑,商务印书馆,2021年,第160页。

③ 章樵注,钱熙祚校:《古文苑》,商务印书馆,1937年,第109页;梅膺祚:《字汇》,李学勤主编:《中华汉语工具书库》第六册,安徽教育出版社,2002年,第19页。

④ 武汉大学简帛研究中心、荆门市博物馆编著:《楚地出土战国简册合集(一)郭店楚墓竹书》,文物出版社,2011年,图版第89页;马承源主编:《上海博物馆藏战国楚竹书(三)》,上海古籍出版社,2003年,第63页。

⑤ 苏建洲:《释楚竹书几个从"尤"的字形》,复旦大学出土文献与古文字研究中心网2008年1月1日。

⑥ 季旭昇:《从战国楚简中的"尤"字谈到殷代一个消失的氏族》,第759—766页。

⑦ 谢明文:《说尚及相关诸字》,第17页。

⑧ 谢明文认为"尤"也许是从"又"分化出的一个字,当然二者也可能本没有关系。刘钊也认为"尤"字由"又"字分化而出。见谢明文:《说尚及相关诸字》,第17页;刘钊:《"稽"字考论》,第356页。

3."郵"可能本从"夆"声

李桂森、刘洪涛指出"郵"本从"夆"声①,这对证明"就"从"尤"声也很有积极作用。李桂森、刘洪涛先说明了"夆"字古音属群母幽部或与之相近的音②,再根据"夆"的群母幽部之音论证它与"郵"(云母之部)音近。他们也举了上文提及的金文中"裘"或从"求"声,或从"又"声的例子,来论证"夆""郵"音近。他们的意见很可能是正确的。结合上文所述传抄古文以"遱"表示"就"这一现象,可以发现"夆"声系的"郵""遱"分别可以表示"郵"和"就"。"郵""就"都由"夆"声系的字表示,说明它们都与"夆"音近,而它们之间也很可能是音近的。③ "尤""郵"同音,且古书中多有通用之例。④ 因此,"郵""就"音近可以证明"就"从"尤"声。总之,若"郵"从"夆"声成立,则这一结论对证明"就"从"尤"声有积极作用。

除了上述证据,还有两个证据可能也对论证"就"从"尤"声有帮助。1. 一例一般认为是"就""幽"(影母幽部)通用的例证。《左传·襄公十七年》:"遂幽其妻"。"幽",《汉书·五行志》作"就"。⑤ 联系上文涉及的"夆"字声系,"就""幽"音近通用似乎也是可能的。《说文》所载"墺"(影母觉部)字古文作"𡎝",《汗简》卷下之二第六《土部》《古文四声韵》卷第五《屋韵》也载有此古文⑥,字形与上引形体稍有不同。《汗简》卷中之二第四《火部》载"燠"(影母觉部)字古文作"𤆍",此字又见《古文四声韵》卷第五《屋韵》。⑦ 陈剑指出"墺""燠"的古文形体是从"遱"字的声旁(陈剑认为由"夆"分化而来)得声。⑧ 其说可从。据此则"墺""燠"与"遱"音近,"遱"又可表示"就",那么"就"与影母字"墺""燠"也就很可能音近了。这样看来,"就"应该可以与影母字"幽"音近通用。不过,此例中的"幽"和"就"除了音近通用或许还有其他理解的可能,就不作为主要证据了。2. "嗽"的曷阁切之音。《集韵》合韵合小韵有"嗽"字,音曷阁切,训作"柔",帀小韵又收"嗽"字作为"帀"字的异体,音作苔切。⑨ 关于"就"与"帀""集"这些缉部字的密切关系,刘钊已有详细讨论。⑩ 这些现象可以解释"嗽"有合韵的读音。据曷阁切一读,"嗽"字可读匣母,与云母的"尤"声母相近。因此,"嗽"的曷阁切一读可能也有助于论证"就"从"尤"声。不过,我们对"嗽"的此音表示的训作"柔"的词的情况不太了解,因此对此例也不是很有把握。

综上所述,"就"与"遱""述""習"通用,其基本声母在较早的时代是舌根音,与"尤"的声母相去不远,这为证明"就"从"尤"声提供了积极的证据。同时,如果"阈""爨"音近通用、"郵"从"夆"声成立,它们也可作为"就"从"尤"声的佐证。

(二)对"就"与"尤"声母关系的解释

从母与云母很少发生关系,学者们认为"就""尤"声母相远的意见是值得重视的。不过,二者发生

① 李桂森、刘洪涛:《释"华"及相关诸字》,《出土文献》第五辑,中西书局,2014 年,第 169—172 页。以下所引李桂森、刘洪涛意见皆见此文,不再详细注明。

② 相关论证又可参陈剑:《据郭店简释读西周金文一例》,第 20—24 页。

③ 李桂森、刘洪涛根据冀小军、陈剑的研究,提到古文字中跟"夆"有关的字声母有端组、见组、精组三种读音,又说"这三个读音未必是同一个字",似乎对三种读音之间是否有联系存在疑问。见组与精组读音之间的联系上文已经讨论了,据此,我们认为"郵"(与见组相近)、"就"的声母是相近的。

④ 张儒、刘毓庆:《汉字通用声素研究》,第 50 页。

⑤ 杨伯峻:《春秋左传注(修订本)》第三册,中华书局,2009 年,第 1032 页;班固撰,王先谦补注:《汉书补注》第四册,上海古籍出版社,2008 年,第 1994 页。可参张儒、刘毓庆:《汉字通用声素研究》,第 173 页;黄焯:《古今声类通转表》,第 113 页。

⑥ 许慎撰,徐铉校定,愚若注音:《注音版说文解字》,第 287 页;郭忠恕、夏竦编,李零、刘新光整理:《汗简 古文四声韵》,第 39、132 页。

⑦ 郭忠恕、夏竦编,李零、刘新光整理:《汗简 古文四声韵》,第 30、132 页。

⑧ 陈剑:《据郭店简释读西周金文一例》,第 36—37 页。按:陈剑所引"墺"字古文字形与我们上文所引稍有不同。

⑨ 赵振铎:《集韵校本》,上海辞书出版社,2012 年,第 1590、1593 页。此例参黄焯:《古今声类通转表》,第 138 页。此书所引为《类篇》,我们所引为《集韵》。

⑩ 刘钊:《"集"字的形音义》,《中国语文》2018 年第 1 期。

关系的例子也是存在的。如《玉篇·木部》"槽"字下载其有为缀、才芮二切①,前者读云母,后者读从母。另外,一些类似的现象也值得注意。如《集韵》准韵笋小韵收有"笋"字,音此忍切,训作"笭",碩小韵也收有"笋"字,音羽敏切,义同。② 前一音为清母,后一音为云母。又如《广韵》祭韵毳小韵收有"轊"字,音此芮切,又音遂③,前一音声母为清母,而其声符"惠"是匣母字④。总之,从母与云母发生关系及类似现象应该还是存在的,这样就不能从声母关系上完全排除"就"从"尤"声的可能。而且,考虑到上文所述"就"与"遶""述""孯"的通用,这种较为特殊的现象应该是可以得到解释的。

郑张尚芳对与牙喉音相关的精组字的来源做过如下解释:(1)*s-冠音在塞音前能生成后来的一部分精、清、从母字(这部分除了涉及*k-、*kh-、*g-这些舌根塞音,还涉及其他塞音)。(2)*s-冠音在喉擦音前则清音入心母,浊音入邪母。除此以外,他还认为*s-与*h-可以交替。⑤ 由(1)、(2)来看,郑张尚芳对精、清、从三母与心、邪两母的来源做了明确的区分,前者声干为塞音,后者声干为喉擦音。"尤"拟音为*ɢʷɯ⑥,其声母会发生*ɢ->*ɦ-的音变,音变后其声母是喉擦音。设想"就"从"尤"声,将"就"的声干也拟为*ɢ-(后变为喉擦音*ɦ-)是较直接的。可是一旦如此构拟,按照上述规律(2),"就"的声母就应该是邪母。但是"就"的声母却是从母,这就与规律(1)、(2)不合了。郑张尚芳认为"就""决非尤声",这或许是一个原因。

结合上文讨论的"就"与"遶""述""孯"通用的现象,以上问题应该是可以解释的。上文已提到,"述"是群母字,"遶"(取"仇"音)、"孯"(取"台"音)也可算作群母字,或者至少是与群母字有密切关系。这样看来,"就"与群母,也就是塞音*g-关系密切。从另一方面看,"就"为从母字,据郑张尚芳的生成规律,复声母*sg-正应生成从母。也就是说,上文提到的叶玉英将"就"的声母构拟作*sg-一方面符合"就"的通用现象,另一方面也符合郑张尚芳的生成规律,即*s-冠音在塞音*g-声干前生成从母。这样看来,上述解释、构拟应该可从,而"就"从"尤"声从声母上看是由于*g-与*ɢ-音近。实际上,将云母构拟作*ɢ-就已经考虑到了云母字与舌根塞音的谐声、互读现象,*ɢ-是一个与*g-很接近的浊塞音。⑦ 上文我们已经列举了一些群母字与云母字谐声、通用之例(上文提到的"郵"可能本从"奉"声也涉及二者的相通),将云母字拟作与*g-接近的*ɢ-符合这些现象反映的二者的密切关系。也就是说,从拟音上讲,"尤"的声母*ɢ-与"就"的声母*sg-是可以认为相近的。上举"統"音巨周反的例子可以为二者音近提供证据。"統"音巨周反直接证明了读群母的字可以云母的"尤"为声符,也就是说,"尤"的声母与群母音近,而"就"的声母在较早的时代也与群母接近,所以"尤""就"的声母也应该是接近的。另外,如果苏建洲、季旭昇关于"尤"与"肱"*kʷɯɯŋ音近的意见成立,它也能说明"尤"的声母与舌根塞音音近,也能作为证明"尤"的声母*ɢ-与群母*g-音近的证据。总之,"就"的声母可构拟为*sg-,"尤"的声母*ɢ-与它相近,"就"从"尤"声在声母方面是可以讲通的。

而且,郑张尚芳的构拟处理中有与"就""尤"的声母关系类似的情况。如音七忍切(即上文所引此忍切)的"笋"*skhin? 从"匀"*ɢʷin 声,音此芮切的"轊"*skhʷeds 从"惠"*ɢʷiids 声。这两例上文已经涉及,它们都是声母*skh-与*ɢ-音近,与"就"*sg-和"尤"*ɢ-声母音近是类似的。

下面再对"就"的其他通用现象做一些说明。在出土文献中,"就"及"𩏩"声系字还有与"戚"(清母

---

① 顾野王:《宋本玉篇》,中国书店,1983 年,第 239—240 页。参黄焯:《古今声类通转表》,第 126 页。

② 小韵也收有"笋"字,音拟切切,注云"笭谓之笋。通作听",此"听"应为同音拟切切、训为"大口谓之听"的"听"。"笋"的拟切切应是"听"的读音。见赵振铎:《集韵校本》,第 740、745 页。参黄焯:《古今声类通转表》,第 138 页。此书所引为《类篇》反切,我们所引为《集韵》。

③ 余迺永:《新校互注宋本广韵》,上海辞书出版社,2000 年,第 375 页。

④ 此例又可参黄焯:《古今声类通转表》,第 138 页。

⑤ 郑张尚芳:《上古音系(第二版)》,第 146—148 页。

⑥ 郑张尚芳:《上古音系(第二版)》,第 553 页。以下引用拟音如无特别说明均据此书。

⑦ 潘悟云:《喉音考》,第 225 页。

觉部）、“造”（昨早切，从母幽部；七到切，清母幽部）通用的情况。① “戚”郑张尚芳拟音为*shlɯɯwɢ，并无牙喉音成分。“造”拟音为*skhuugs（七到切）、*sguu?（昨早切），有舌根音声干*kh-、*g-。不过，这种构拟的根据是“造”从“告”*kuugs（古到切）、*kuug（古沃切）声。② 郑妩接受陈剑等学者的意见，认为“造”字所从声符并非“告知、告人”之“告”，并结合“造”字的通用情况等现象，指出“造”读齿音最晚春秋已然。③ 由此可知，并无可靠证据证明“造”含有牙喉音成分。上文已述“就”的声母可构拟作*sg-，具有*g-声干。这样看来，“就”在声母读作*sg-时是不能与“戚”“造”直接音近通用的，它们的通用可能是在“就”变作从母之后。

最后解释一下上文所举“阈”与“蹙”、“域”与“城”通用的现象。“蹙”“城”为清母字，如果认为它们直接与“阈”*qhʷrɯg（况逼切）、“域”*gʷrɯg 音近通用就需将它们的声母构拟作*skh-，这可以类比上文提到过的“险”*qhram? 从“佥”*skhlam 声、“笒”*skhin? 从“勼”*gʷin 声之例。不过，这样构拟的证据并不充分。可能“蹙”“城”并无*kh-声干，而是“阈”“域”又有声母读作*skh-的读音，而*skh-后来演变为清母，这种变为清母之后的读音用“蹙”“城”字表示。这样理解则“阈”与“蹙”、“域”与“城”并非直接音近或具有直接的演变关系，它们的语音联系是间接的。由于缺乏证明“阈”“域”又有声母为*skh-的读法的证据，上述解释还是难以证实的。

结论

本文的观点可总结为：“就”字是在早期“就”字“亭”上加注“尤”声而来，后“亭”讹变、简化为“京”。根据“就”与“遒”“述”“碧”通用的现象，其基本声母在较早的时代是舌根音，与“尤”的声母相去不远，因此“尤”有资格作“就”的声符。

附记：在本文的写作过程中承蒙纪帅同学提供意见和帮助，谨致谢忱！

The Supplement of You(尤)'s Being Jiu(就)'s Phonetic Sign

He Mingfei

(School of Archaeology, Jilin University, Changchun 130012)

Abstract： Based on some previous opinions of some scholars, this article proves that Jiu（就）is formed by adding phonetic sign You（尤）to “就”'s primitive form “亭” which becomes “京” afterwards. Moreover, based on “就”'s being able to interchange with “遒”“述”“碧” and some other phenomena, this article proves that “就”'s initial consonant is very close to “尤”'s in earlier times and “尤” is qualified to be “就”'s phonetic sign.

Key words： Jiu(就)；You(尤)；Ancient Chinese phonology；initial consonant

① 白于蓝编著：《简帛古书通假字大系》，第 638、639 页。
② 郑张尚芳：《上古音系（第二版）》，第 147 页。
③ 郑妩：《上古齿音特殊谐声字考辨举隅——兼论上古*s-复辅音构拟》，《励耘语言学刊》总第三十五辑，中华书局，2021 年，第 61—63 页。

从秦楚文字论"鼠"字上古声母构拟[*]

郑　伟

【摘　要】 对于中古书母字的上古来源,学界按各字所属谐声系列的不同特点,基本上主张其部分跟塞音相关,部分跟流音相关。至于具体到"鼠"字的上古声母,因缺少汉语内部更多确切的证据,故而只能作出大致推测。随着近年来安徽大学藏战国竹简等出土文献资料的整理出版,可以看到"鼠"字有增加流音声符"予"或"吕"等多种异体字,再结合秦简、连绵词等其他证据,由此说明"鼠"字的上古声母确实可以拟作带流音的*hlj-。

【关键词】 鼠;安大简;秦简;流音声母;上古音

【作者简介】 华东师范大学中国语言文学系教授,博士生导师。研究方向为汉语历史音系学、南方少数民族语言古文献与古文字、现代汉语方言等。(上海 200241)

一　中古书母字的上古来源

瑞典汉学家高本汉(B. Karlgren)的贡献之一,是首次全面系统、条分缕析地提出了上古汉语的谐声原则。高氏《中日汉字分析字典》(Karlgren 1923;以下简称《分析字典》)[①]一书中列出了十条谐声原则,难得的是,他还注意到同一声母系列中塞音、塞擦音与擦音之间在谐声行为上的异同。例如第(7)条"舌面前塞擦音(章昌禅)与舌面前浊擦音(船)可以互谐",第(8)条"舌面前清擦音(书)与章昌禅船大都不互谐",第(10)条"端透定不但可以与知彻澄互谐,而且可以跟章昌禅船互谐,但不可以跟书母互谐"。后两条皆涉及中古书母(审₃)在上古音阶段的谐声特点。李方桂先生(1971:8)指出"谐声字有许多复杂的现象,暂时不能规律化",但是有两条原则应当谨慎而严格地运用,"也许对于上古音的拟测上有帮助"。其中之一,便是"上古的舌尖塞擦音或擦音互谐,不跟舌尖塞音相谐"。

高本汉(1940)将出现在韵图三等及三四等同韵、在-i-介音之前的审母字(即书母)上古音拟作卷舌的*ṣ-。周祖谟(1941/1957:140)根据汉语内部谐声、声训、异文、又音等材料,认为"审母二三等之古音一读*s-、*ṣ-,一读*t̂h-、*ŝ-","至后世*s-变为ṣ-,*t̂h-变为ŝ-,ṣ-、ŝ-发音方法相同,音亦相近,故晋宋以下或以此为双声"。高本汉(1957)给"鼠"字构拟的上古音是*ɕio,并注明通"癙"。《诗经·正月》:"癙忧以痒。"至于"鼠"字,与其同在一个谐声系列的只有"癙"字。在清华大学、安徽大学所藏战国楚简等材料公布之前,已有研究表明,《诗经》的各种异文、通假、声训等材料,并没有提示"鼠"在上古音阶段的其他语音信息(程燕 2010:161-162)。

与之相关的,是关于要不要给中古三等韵字的上古音构拟-j-介音的问题。海内外学者大致分作两派,高本汉(1923)、王力(1957)、李方桂(1971)等学者为一派,蒲立本(Pulleyblank 1962)、严学宭(1963)、包拟古(Bodman 1980)、郑张尚芳(1987)、斯塔罗斯金(Starostin 1989)等为另一派。后者主

---

　* 本文是国家社科基金重大项目(18ZDA296)、上海市教育委员会科研创新计划人文社科重大项目(2019-01-07-00-05-E00049)、华东师范大学新文科创新平台建设项目(第二轮)(2022ECNU-XWK-XK005)的阶段性成果。写作过程中沈奇石同学提供参考资料,并多有讨论,以志感谢。尚存疏漏,当由笔者负责。

　① 《分析字典》涉及谐声原则的部分,赵元任先生将其译作"高本汉的谐声说",发表于《国学论丛》第1卷第2号,商务印书馆,1927年,第23—65页。

张以韵母主元音的长短来区分三等韵与非三等韵字。特殊之处在于，"章系字应都是带-j-介音的，因为本系为三等所独有"（郑张尚芳 1987：75），亦即包括书母字在内的章系字带有原生性介音-r-，以区别于中古音阶段三等韵的次生性介音-j-。

李方桂（1971：20）根据谐声关系，提出了从上古到中古的如下演变条例：OC.*skhj->MC. tśh-①（"枢杆车赤出"等，中古昌母），或*skhj->ś-（如"赦翅收烧"等，中古书母）。李先生还在此处审慎地注明"〔如此演变的〕原因不详"。到了 1976 年，李先生对包括书母在内的章组字的上古音作了重新构拟，即：*krj->tś-（章）、*khrj->tśh-（昌）、*grj->dź-（禅）、ź-（船）或 ji-（喻四），*hrj->ś-（书）。提出此种构拟的理由包括三点：第一，与之前所拟*grj-相平行，应有*krj-、*khrj-等，从而清浊相配。第二，-r-具有央化作用②，可以促使 k-等舌根音声母部位前移，成为中古的舌面前音。第三，李方桂（1976）放弃了在《研究》中所提出的章组字上古有 s 词头来源的假设，改为"从 s 词头来的只有《切韵》的齿音字，s-、tsh-（少数），dz-（少数），z-等母的字"的观点。因此，以下书母字的演变条例便应该是：收*hrjəgw>śjəu、守*hrjəgwx>śjəu、烧*hrjagw（<*hngrjagw?）>śjäu、赦*hrjigh>śja、声*hrjing>śjäng、著*hrjid>śji、歙*hrjiep>śjäp、湿*hrjəp>śjəp③。

李方桂先生（1971：10－11）对书母字的重新构拟，以其提出的中古喻四来自上古流音*r-、来母来自*l-为重要前提（以及三等字上古带-j-介音）。龚煌城（Gong 1994）根据许思莱（Schuessler 1974）、雅洪托夫（Yakhotov 1986）等西方学者的研究，认为更可能的情形应该是喻四上古为*l-、来母为*r-。既然如此，那么与喻四有谐声关系的书母字，上古音阶段的读音则为*hlj-。如：式*hljək>śjək、饰*hljək>śjək。在此之前，郑张尚芳（1987：75）在尚未读到欧美学者相关研究的情况下，已经提议将李方桂先生的*r-改作*l-，理由是"李氏*cr-表二等，据 2.3 节（引者按：即郑张先生这篇论文的章节，下同），二等字多与来母相通，章系却不通来母，而通以母。我们改来为*r-，以为*l-（详 2.5 节），因此相应把章系这类声母改拟为*klj-等（*klj-章、*khlj-昌、*glj-禅、*hlj-书、*ɦlj-船、*ŋlj-日），这样才能容易解释下面这些字之关系：'赤'*khljag 谐'郝'*hlag、'赫'*hrag；'奭'*hljag 音诗亦切，读若'郝'*hlag；'樏'*leu 谐'𤎩'（火招切）*hlɛu 读若'烧'*hljeu；'粥'*kljug 又通'育'*lug，又读居六切*klŭg"。

郑张尚芳（2013：126）论及中古书母的上古来源时说："书母来自喉音系列*qhl-（'收、矞'）、*qhlj-（'饷、春'）（后都变 hj-）、*qhwj-（'儴'），及冠 h 的清边音*hlj-（'输、始、世、烁'）、清鼻音*hnj-（'恕、手'）、*hmj-（'少'）、*hnj-（'烧、势'）系列。其中最多的应是*hlj-。"可见，作不同类型的声母构拟，都是基于不同字所在的谐声系列的不同。该书将"鼠"字上古音拟作*hljaʔ（郑张尚芳 2013：470），但并未给出确切的理由，想必也是类推的结果。

二 安大简及其他战国文字材料里的"鼠"字

《安徽大学藏战国竹简（一）》（以下简称"安大简"）存《诗经·硕鼠》篇，可以和传世《毛诗》对读。简文有"𥑩（硕）𪕲（鼠）𥑩（硕）𪕲（鼠），母（毋）飤（食）我藜（麦）"（简 80）、"石（硕）𪕲（鼠）石（硕）𪕲（鼠），毋飤（食）我苗"（简 81—82）两处，涉及"鼠"字的不同字形。整理者注："𥑩 ＝𪕲 ＝：《毛诗》作'硕鼠硕

---

① 此处的 OC、MC 分别代表上古音（Old Chinese，或译作 Archaic Chinese）和中古音（Middle Chinese，或译作 Ancient Chinese）。加星号的拟音即为上古拟音，未加星号的则为中古拟音（如无特别说明，下文皆同此例）。

② 此点李方桂先生（1971：18）亦曾述及。

③ 这一改动的好处，正如郑张尚芳（1987：69）所评述的："李〔方桂〕氏在《上古音研究》54 面拟'施'字二读（施支切及以豉切）为*sthjiar>sjĕ、*rarh>sjĕ，我们看不出*sthj-跟*r-有什么联系，它们怎么会是从一个字音分化开的，李氏的构拟就解释不了这个字的异读问题。后来李氏在另一篇文章中把*sthj-改为*hrj-，*hrj-跟*r-的关系就明显了，能够解释这一异读现象。可信性也就比原来的构拟增强了。"

鼠'。'硈',从'口','石'声,疑表贪食的专字,系新字形。'硈''硕'谐声可通。'䶄',简本作 ,从'鼠',增加'予'声,为'鼠'字异体(参李鹏辉《清华简(陆)笔记二则》,《中国文字学报》第八辑,商务印书馆 2017 年;以下简称"李文")"(安徽大学汉字发展与应用研究中心 2019:122-123)。

清华大学藏战国竹简《郑文公问太伯》甲、乙本有两个从鼠从予的字形,分别是 (甲 09)、(乙 08)。整理者注:"䶄,读为'鼠'。《春秋》言'鼷鼠食郊牛',是牢闲中有之。《汉书·杨恽传》有'鼠不容穴'语。戜戜,读为'斗阋'。《诗·常棣》'兄弟阋于墙,外御其务',毛传:'很也'。逸,训为放失。"(清华大学出土文献研究与保护中心 2022:123)上引李鹏辉(2017:126)亦征引了此则材料,并认为"原书对'䶄'字的解释是可信的,但此字并非读'鼠',而应该是'鼠'字的异体"。"䶄"字还见于《包山楚简》(简 98、162、180)宋䶄、尹䶄、阳䶄等人名。何琳仪等先生主张将此字分析为从鼠、予声(何琳仪 1998:569)。李鹏辉(2017:126)表示赞同,还指出"'予'和'鼠'的位置可以互换,古文字中这种情况常见";在字形上,"《清华简(陆)》中的'䶄''䶄'字所从予或者省去八形,可分析为从鼠吕声和从鼠予声。……'予'字或在'吕'上加'八'形或在相叠的两口下都增加笔画来与'吕'字相区别"。

再检《里耶秦简(壹)》,其中有一版木方(第八层简牍,461 正),载"□如故更予□"(AXIII)一句,有两个字整理者以未识字标出(湖南省文物考古研究所 2012,图版 68 页、释文 33 页)。后来的相关研究将该句释作"鼠如故,更予人"(田炜 2018:95)①。从"吏如故,更事""酉如故,更酒""灋如故,更废官"等上下文的文例来看,前半句的"鼠"字一定是跟后半句的"予"字语音相通的。

睡虎地秦简《日书·诘》有"鬼婴儿恒为人号曰:'鼠我食'","人毋(无)故而鬼有鼠","鬼恒胃(谓)人:'鼠'我而女"等句,其中"鼠"字皆通"予"(吴小强 2000:132-133)。

至于 (《清华简(叁)·祝辞》)之类字形是"吕"字还是"予"字,学界还有不同意见。可以注意的是,如周祖谟先生(1957)所言,就书母与流音语音相关的基本规律来看,反而是以母字更近书母,而非来母。因为字形较为接近,不太容易判定。从音韵来看,以母字"予"和来母字"吕"都属流音,而"鼠"为书母,上文已经指出。

目前学界大都赞成书母的上古来源包括了*hlj-,但具体哪些字与流音相关,哪些与塞音相关,则需要逐字分析。最近野原将挥、秋谷裕幸(2014)针对白一平(2010)所提出的书母至少有*s.t 或*s-t-、*l-、*n-和*ŋ-四种不同来源的观点(即塞音与清响音两大类),利用闽语白读和楚简通假字等证据,证明了书母有*ST-的看法可以成立。需要说明的是,白一平(2010)所讨论几个书母字的上古音,进而假设书母有清鼻音与清流音的来源,是在李方桂、郑张尚芳等学者所提出的书母字来自上古*hlj-的基础上的进一步思考,是有启发意义的。张富海(2022)在此基础上进一步指出,中古书母有多种上古来源,除清鼻流音以外,还有软腭塞音及齿龈塞音的来源。

"鼠"字本身既表音又表意,楚简则再加上声符"吕"或"予"。吴振武先生(2002)将此类现象称之为"注音形声字",并举了近四十例以证明之,材料涵盖甲金文及各类战国文字。刘钊先生(2006:85)归纳为"追加声符",即"形声字上再叠加声符的音化现象"。近来许锬辉(2012)、陈梦兮(2017)等亦涉及此。由此观之,"䶄""䶄"均可以视作"双声字"。来国龙(2017)曾谈及《上海博物馆藏战国竹简(四)·柬大王泊旱》、《上海博物馆藏战国竹简(七)·凡物流形》和战国中山王青铜壶均出现的从鼠从一的字形(释作"一"),并指出从声韵对应来看,以"鼠"为声符并表示数词{一}在音理上解释不通,而应该是以"兔"为声,读如"逸"。这样"一""逸"同为质部,声母虽有差异,但都属喉音。

另一语音现象,此处也应提及,可以作为"鼠"字声母须与流音相关的旁证。即一组连绵词"首鼠、犹豫、踌躇"之间的声韵对应关系。《史记·吕太后本纪》:"欲待灌婴兵与齐合而发,犹豫未决。"司马贞《索隐》:"犹,邹音以兽反。与音预,又作豫。"《战国策·赵策三》:"平原君犹豫未有所决。"《左传·

---

① 该页脚注①详细罗列了与该木方有关的各家研究,可参看。

庄公二十二年》注："《曲礼》曰：'卜筮者，先圣王之所以使民决嫌疑，定犹与也。'"陆德明《释文》："豫，音预，本亦作预。"《汉书·外戚传》："何灵魂之纷纷兮，哀裴回以踌躇。"颜师古注："踌躇，住足也。踌音畴，躇合韵音丈预反。"《玉篇·足部》："踌，直留切。踌躇也。"同部又云："躇，直於切。踌躇，犹犹豫也。"《史记·灌夫传》："武安已罢朝，出止车门，召韩御史大夫载，怒曰：'与长孺共一老秃翁，何为首鼠两端？'"裴骃《集解》："《汉书》音义曰：'……首鼠，一前一却也。'"《三国志·吴书·诸葛滕二孙濮阳传》："山越恃阻，不宾历世。缓则首鼠，急则狼顾。"①

　　明朱谋㙔《骈雅·释训》："逡巡、首施、首鼠、夷犹、尤豫、犹豫、虚徐、莎随、依违、罔养、潓㴸、斟椹、趑趄、迟疑也。"从音义关系来看，"犹豫""首鼠""踌躇"三者不但都是双声字，且音近义通（韵母上，前字和后字分别为幽部和鱼部），可视为同个词族（word family）。李彬（2018：142）亦持此观点。其古音可分别拟作：犹(*lu)豫(*las)、首(*hljuʔ)鼠(*hljaʔ)、踌(*du)躇(*da)（郑张尚芳2013：468、470、538、541、563）。其中"踌躇"虽然二字中古为澄母，属塞音，但谐声系列中也不乏来自上古流音声母的字（如"奢暑书绪"）。

　　蒲立本（1962/1999：73－75、203）的重要发现之一，是指出"除了舌面塞擦音和卷舌塞音以外，还有些中古声母经常与舌齿塞音发生关系。其中特别包括舌面持续音以母 j- 和书母 ɕ-，还有邪母 z-（只出现在-i-前），有时还有心母 s-。……这种谐声系列的特征是，其中的塞音差不多都是浊音 d-、ɖ-和送气清音 th-、ʈh-。不送气的清塞音几乎不出现，舌面塞擦音也很少见，这跟带舌齿音的谐声系列形成了鲜明的对照"，于是将此类谐声系列中的定母字拟作与以母字相同的*ð-，后来又遵从许思莱、雅洪托夫等学者的建议，将以母的上古音改拟为*l-（见上文）。"躇"所在谐声系列便属此类，所以其声母与流音相关，是可以判定的。至于"踌"所在谐声系列也相类似，大都为定、澄、禅母字，即便有少数端母字（禧禱懤），同时又有定、禅母的异读，可见"踌"字也即蒲立本所说的与流音相关的类型。照此分析，可将其上古音改拟作踌(*lu)躇(*la)或踌(*l'u)躇(*l'a)②。同时也能间接证明，"首鼠"的"鼠"字上古声母作*hlj-是合理的。王国维《〈尔雅草木虫鱼鸟兽释例〉自序》（2001：879－880）所举"权舆""虇蕍""蠸舆"一例，正与之相类，"即以《尔雅》'权舆'二字言，《释诂》之'权舆，始也'。《释草》之'其萌虇蕍'，《释虫》之'蠸舆父守瓜'，三实一名。又《释草》之'权黄华'，《释木》之'权黄英'，其义亦与此相关，故谓'权舆'谓'虇蕍'之引伸可也，谓'蠸舆'、'虇蕍'即用'权舆'之义以名之可也，谓此五者同出于一不可知之音原而皆非其本义亦无不可也。"

结语

　　黄德宽先生（2018）谈及安大楚简《诗经》异文的价值时归纳了四点：第一，有助于某些诗篇疑难字词的准确理解；第二，有助于纠正因文本流传而导致的误释误读；第三，有助于解决古文字考释的一些疑难问题；第四，有助于《诗经》文本形成、流传及《毛诗》来源的研究。笔者认为还可再附一条，即有助于某些用字的声母性质或韵部归属的考察。

　　对于古文字学界而言，在秦、楚文字中出现与"鼠"字有关的通假字新材料，从字形及辞例来看，读作{鼠}自然是确切无疑的。对于上古音研究而言，却有更加重要的意义。以往关于"鼠"字的上古声母拟音，除了就书母字的整体性观察之外（包括就不同谐声行为再加以分类），对此并没有可用以窥其

---

　　① "犹豫""踌躇""首鼠"的词例，可参看符定一编：《联绵字典》，中华书局，1954年，"巳集"第420—422页，"酉集"第277页，"戌集"第346页。

　　② 前一种方案来自蒲立本（1962）的观点，即一二四等韵前的声母*l-变作中古定母 d-。后一种方案为郑张尚芳（2013）的观点，即塞化流音声母*l'-变作中古 d-。

特点的直接证据。现在借助于出土文献,我们就能断定"鼠"字上古与流音相关,从而也证明了为书母字构拟*hlj-这样的声母,是有"同时性"材料可以证明的。

朱德熙先生(1984:20)曾在1983年10月的一次"上古音学术讨论会"上说:"我觉得研究上古音,除了汉藏语比较的资料以外,汉语文献资料并没有用完,古文字就是一大宗。我总希望研究上古音的人能注意一下古文字。当然,古文字材料是比较零碎的,拿谐声字来讲,有很古的,也有后起的,但如果细加甄别,有时是可以解决一些问题的。"就笔者浅见,古文字材料的特点,确如朱先生所说,"是比较零碎的",同时用古文字材料来考订古音,势必也是"零碎的",这是由研究材料与研究对象本身决定的。如果在语言学范围的"系统推演"(顾炎武所用"离析唐韵"与现代语言学的结构主义方法暗合,就是此种方法)和结合古文字资料的单独考证两者指向一致,则说明这种"二重证据"法是适切的,同时也是可以相得益彰的。

本文考察秦楚出土文献材料中"鼠"字的音韵信息,证明与来母或以母字有关的书母字上古可以拟作*hlj-,是一次小小的尝试。随着更多、更新鲜的古文字材料问世,相信这样的研究工作将会愈加丰富。

【参考文献】

[1] 安徽大学汉字发展与应用研究中心编.安徽大学藏战国竹简(一)[M].上海:中西书局,2019.

[2] 白一平."埶"、"势"、"设"等字的构拟和中古sy-(书母=审三)的来源[C].简帛(5).上海:上海古籍出版社,2010:161-178.

[3] 陈梦兮.楚简"一词多形"现象研究[D].浙江大学博士学位论文,2017.

[4] 程燕.诗经异文辑考[M].合肥:安徽大学出版社,2010.

[5] 符定一编.联绵字典[M].北京:中华书局,1954.

[6] 何琳仪.战国古文字典——战国文字声系[M].北京:中华书局,1998.

[7] 湖南省文物考古研究所.里耶秦简(壹)[M].北京:文物出版社,2012.

[8] 黄德宽.略论新出战国楚简《诗经》异文及其价值[J].安徽大学学报(哲学社会科学版),2018(3):71-77.

[9] 来国龙.从楚简中"兔"和"鼠"字的混淆谈古楚语与雅言的接触和影响[C].朴慧莉、程少轩编.古文字与汉语历史比较音韵学.上海:复旦大学出版社,2017:179-192.

[10] 李彬.汉语双音同源词的衍生和发展[D].南京师范大学博士学位论文,2018.

[11] 李方桂.上古音研究[J].清华学报,新9(1-2):1-61,1971.

[12] 李方桂.几个上古声母问题[C].蒋公逝世周年纪念论文集.台北:"中研院",1976:1143-1150.

[13] 刘钊.古文字构形学[M].福州:福建人民出版社,2006.

[14] 清华大学出土文献研究与保护中心编.清华大学藏战国竹简(陆)[M].上海:中西书局,2016.

[15] 田炜.从秦"书同文字"的角度看秦印时代的划分和秦楚之际古文官印的判定[C].田炜印稿·论文.上海:中西书局,2018:94-114.

[16] 王国维.观堂集林(上下册)[M].石家庄:河北教育出版社,2001.

[17] 王力.汉语史稿(上册)[M].北京:科学出版社,1957.

[18] 吴小强.秦简日书集释[M].长沙:岳麓书社,2000.

[19] 吴振武.古文字中的注音形声字[C].古文字与商周文明.台北:"中研院",2002:223-226.

[20] 谢·叶·雅洪托夫.上古汉语的起首辅音L和R[C].雅洪托夫著.唐作藩,胡双宝编选.汉语史论集.北京:北京大学出版社,1986:156-165.

[21] 许锬辉.古文字中的注音形声字研究[M].新北:花木兰出版社,2012.

[22] 严学宭.上古汉语韵母结构体系初探[J].武汉大学学报,1963(2):63-83.

[23] 野原将挥、秋谷裕幸.也谈来自上古*ST-的书母字[J].中国语文,2014(4):340-350.

［24］　张富海.试说书母的塞音来源［C］.语言研究集刊(29).上海：上海辞书出版社,2022：371－377.

［25］　郑张尚芳.上古韵母系统和四等、介音、声调的发源问题［J］.温州师范学院学报,1987(4)：67－90.

［26］　周祖谟.审母古音考［C］.周祖谟著.汉语音韵论文集.上海：商务印书馆,1957：130－140.

［27］　朱德熙：上古音学术讨论会上的发言［C］.语言学论丛(14).北京：商务印书馆,1984：20.

［28］　Bodman, N. C. Proto-Chinese and Sino-Tibetan: Data towards establishing the nature of the relationship［C］. Contributions to Historical Linguistics: Issues and Materials, ed. by Frans van Coetsem and Linda R. Waugh, Ledein: E. J. Brill, 1980.

［29］　Gong, Hwang-cherng. The First Palatalization of Velars in Late Old Chinese［C］. In Honor of William S.-Y. Wang: Interdisciplinary Studies on Language and Language Change, 131-142. Taipei: Pyramid Press,1994.

［30］　Karlgren, Berhnard. Analytic Dictionary of Chinese and Sino-Japanese［M］. Paris: Librairie Orientaliste Paul Geuthner, 1923.

［31］　Karlgren, Berhnard. Grammata Serica［J］. Bulletin of the Museum of Far Eastern Antiquities, 1940(12)：1－471.

［32］　Pulleyblank, Edwin G. The consonantal system of Old Chinese［J］. Asia Major, New Series, 1962(9)：58－144. 蒲立本.上古汉语的辅音系统［M］.潘悟云,徐文堪译.北京：中华书局,1999.

［33］　Schuessler, Axel. R and L in Archaic Chinese［J］. Journal of Chinese Linguistics 2.2：186－199, 1974.

［34］　Starostin, S. A. Rekonstrukcija drevnekitajskoj fonologičeskoj sistemy［A Reconstruction of the Old Chinese Phonological System］［M］. Moscow: Nauka,1989.

The Reconstruction of Old Chinese Shu(书) Initial Based on the Character Shu(鼠) in Qin and Chu Excavated Documents

Zheng Wei

(Department of Chinese Language and literature, East China Normal University, Shanghai 200241)

Abstract: For the discussion of the Old Chinses origins of Middle Chinese Shu(书) initial, the academic community generally advocates that it is partly related to plosive and partly related to liquid, according to the different characteristics of homophones to which each character belongs. As for the Old Chinses initial of Shu(鼠), due to the lack of more precise evidence within the Chinese, we can only make a rough speculation. With the organization and publication of excavated documents such as Anhui University Slips in recent years, we can see that this character has multiple variant characters with added phonetic sign Yu(予) or Lv(吕). Combined with other evidence, such as Qin manuscripts in bamboo and stretch words, we think that the Old Chinses initial of Shu(鼠) can be reconstructed as ＊hlj-.

Key words: Shu(鼠); Anhui University Slips; Qin Slips; Liquid; Archaic Chinese

释楚简中用为"契""窃""察"之字*

——兼谈"离""兮"的来源

刘 云

【摘 要】 学者或将上博简《子羔》中表示商先祖"契"的字,与楚文字中用为"窃""察"之字所从的声旁认同。本文同意这一观点,并进一步认为,这些用为"契""窃""察"之字,都是从"子"字异体演变而来。本文还讨论了"离""兮"的来源,认为它们也是从"子"字异体演变而来。

【关键词】 契;窃;察;离;兮;子

【作者简介】 刘云,河南大学文学院讲师,研究方向为古文字学与训诂学。(河南 开封 475001)

上博简《子羔》10、12 中的 A 作:

A 在简文中表示的是商的先祖"契"。整理者将 A 与"离"字古文"离"认同,并将 A 释为"离"①。商的先祖"契"在古书中又作"偰""离"。《说文》"内"部云"离"读与偰同。《说文》"离"字古文作离,与 A 在形体上有些相似。由于以上原因,整理者的这一释读很快得到大家的认同。

李零先生将楚文字中用为"窃""察"之字所从的声旁与 A 认同,也释为"离"②。需要指出的是,学界一般将楚文字中用为"窃""察"之字的声旁,与用为"浅"之字的声旁认同,李先生不同意这一意见,所以仅将楚文字中用为"窃""察"之字所从的声旁释为"离"。我们认为李先生将两者区分开的意见是正确的。苏建洲先生亦赞同李先生这一意见,并作了补释③。

楚文字中用为"窃""察"之字,比较典型的形体作:

1. (郭店简《语丛四》8,用为"窃")

   (包山简 121,用为"窃")

   (包山简 157,用为"察")

2. (郭店简《穷达以时》1,用为"察")

   (包山简 27,用为"察")

上揭诸字的基本声符可以分为两类,前三个形体比较相似,为一类,可以 为代表,下文用 B 来表

---

* 本文为"古文字与中华文明传承发展工程"资助项目"河南古文字资源调查研究"(项目号:G1426)、国家社科基金重大项目《汉语大字典》修订研究"(项目号:21&ZD300)的阶段性成果。

① 马承源主编:《上海博物馆藏战国楚竹书(二)》,上海古籍出版社,2002 年,第 195 页。

② 李零:《读清华简笔记:离与窃》,《清华简研究》第一辑,中西书局,2012 年,第 330—334 页。

③ 苏建洲:《试论"离"字源流及其相关问题》,《古文字与古代史》第五辑,台北"中研院"历史语言研究所,2017 年,第 552—557 页。

示;后两个形体比较相似,为另一类,可以 为代表,下文用C来表示。一般认为B、C是同一字。B与A比较相似,再考虑到《说文》小篆"窃"从"禼"声,而以B、C为声的字或用为"窃",那么将B、C释为"禼",似乎是很好的选择。

上述考释意见,平心而论,的确有比较大的说服力,至少将A、B联系起来是没有问题的。但认真考察相关字形,我们也会发现,在字形演变上,上述考释还有难以解释之处。《说文》"禼"字古文的下部为"内",A、B下部的主体部分为"大",两者差异比较明显,而且根据古文字演变规律,两者很难沟通①。还有,虽然将B与C认同有比较大的合理性,但两者之间的形体关系并不明晰。苏建洲先生认为C是由B的上部形体演变而来②。C与B的上部形体有一定差距,这一说法恐不确。可见,上述诸字能否释为"禼",其实还是有疑问的。学界对上揭诸字也有很多不同的考释意见③。很多文章都对这些考释意见有很好的综述,为避免不必要的繁琐,我们此处对这些考释意见不再一一评述,而是直接阐述我们自己的观点。

《说文》"子"字籀文作 。籀文"子"字与下列金文中的"子"字显然为一类:

（六年琱生簋,《集成》4293）

（子车銮铃,《集成》12009）

（偏旁,戭钟,《集成》260.1）

籀文"子"字一般隶定为"巤",下文我们就用"巤"来代表这一类"子"字。我们认为A、B就是从"巤"演变而来。A、B的上部与"巤"的上部比较相似,只不过A、B的上部中间是空的,而"巤"的上部中间有"×"形。其实A、B的上部中间也可以有"×"形,如清华简《系年》79中的"窃"字作 ,其中间形体,即其声旁,与A、B显然为一类字,而该"窃"字声旁的上部中间就有"×"形。A、B的下部像正立人形,"巤"的下部也略似正立人形。

甲骨文中有一类"子"字作:

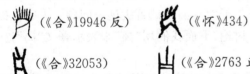

（《合》19946反）　　（《怀》434）

（《合》32053）　　（《合》2763正）

我们认为C就是从这类"子"字演变而来。C的上部与这类"子"字的上部的联系是显而易见的,两者的区别主要是下部形体,而两者的下部形体是可以沟通的。甲骨文中的"歺"字作 （《合》19933）、 （《合》22135）,这类"子"字的下部形体,与甲骨文中"歺"字的下部形体比较相似。战国文字中的"死"字作 （包山简32）,其所从"歺"旁的下部形体,与C的下部形体基本相同。相似的形体往往有相似的演变过程,上述"歺"字的演变过程,可以证明C是从上揭"子"字演变而来的。

A用为"契（偰、禼）"。上古音"子"属精母之部,"偰"属心母月部。"子"与"偰"的声母都是齿音,关系密切;韵部一个是之部,一个是月部,看似远隔,实际上两者也有一定的关联。

① 苏建洲先生提出了几种可能的演变过程,但都推测成分太多,难以令人信服。参苏建洲:《〈上博楚竹书〉文字及相关问题研究》,万卷楼图书股份有限公司,2008年,第23—28页;苏建洲:《试论"禼"字源流及其相关问题》,第568—573页。

② 苏建洲:《试论"禼"字源流及其相关问题》,第557—564页。

③ 刘钊:《利用郭店楚简字形考释金文一例》,《古文字研究》第二十四辑,中华书局,2002年,第277—281页;刘洪涛:《谈古文字中用作"察"、"浅"、"窃"之字的考释》,《古文字研究》第三十辑,中华书局,2014年,第315—319页;张峰、谭生力:《论古文字中戈字变体及相关诸字形音义》,《江汉考古》2016年第4期;韩厚明:《谈"辛"与"铲"字的初文》,《中国文字研究》第二十五辑,上海书店出版社,2017年,第15—20页;俞绍宏:《"禼"字源流考》,《中国文字学报》第九辑,商务印书馆,2018年,第98—107页。

《左传》僖公八年"以败狄于采桑",《史记·晋世家》"采桑"作"啮桑"。"采"属之部,"啮"属月部。①
《左传》昭公二十年"齐侯疥,遂痁",《经典释文》:"疥,梁元帝音该,依字则当作痎。""该""痎"属之部,
"疥"属月部。《公羊传》隐公五年"登来之也",《礼记·大学》郑注引"来"作"戾"。"来"属之部,"戾"属
月部。《史记·高祖功臣侯者年表》"功比戴侯彭祖",《汉书·高惠高后文功臣表》"戴"作"軑"。"戴"
属之部,"軑"属月部。《广雅·释草》"棓、芨,根也",王念孙《疏证》:"棓、芨,声之转。根之名芨又名
棓,犹杖之名枝又名棓也。"②"棓"属之部,"芨"属月部。

以上是传世文献中之部与月部相通的例子,出土文献中之部与月部有时也表现出比较密切的关
系。西周金文中的"辞"或从"司"声,或从"肴"声;甲骨文中"司虫父工"之"司"又作"肴"③。"司"属之
部,"肴"属月部。上博简《吴命》1"马将遳"之"遳",读为"骇"④。"骇"属之部,"遳"属月部。

之部的入声职部,与月部也有关系。《周礼·考工记·匠人》"置槷以县",郑玄注:"故书槷或作
弋。""弋"属职部,"槷"属月部。北大汉简《堪舆》41中的神名"缭力",整理者认为就是后世堪舆家所言
的神名"缭戾"⑤。"力"属职部,"戾"属月部。金文中的"北子"之"北",楚简中的"北子""北宗"之"北",
都应读为"别"⑥。"北"属职部,"别"属月部。

而且"子"与"契"还可以辗转相通。"疑"从"子"声,"疑"声字与"亥"声字可通。《玉篇》:"礙,亦作
阂。"《广雅·释言》"礙,阂也",王念孙《疏证》:"礙与阂同声而通用。《说文》:'礙,止也。'《小尔雅》:
'阂,限也。'《列子·黄帝》篇云:'云雾不硋其视。'又云:'物无得伤阂者。'《力命》篇云:'孰能礙之。'
《太玄·难》次六云:'上輆于山,下触于川。'并字异而义同。"⑦朱骏声《说文通训定声》:"礙,字亦作硋,
作輆。"⑧王力先生根据"刻"与"契(丰、韧、锲)"比较密切的音义关系,指出"刻"与"契(丰、韧、锲)"是同
源字⑨。

总之,A与"子"在语音上是可以沟通的。B、C与A语音关系极为密切,既然A与"子"在语音上
可以沟通,那么B、C当然也可以与"子"在语音上沟通。

以上考证不仅将关系十分密切的A、B、C都与"子"字联系了起来,而且还合理解释了A、B与C
形体之间的差异,这说明我们的考释是合理的。

既知A、B、C为"子"字,不是"卤"字,那么"卤"字的形体该怎么理解呢?这一问题不解决,大概很
难完全去除大家心中释A、B、C为"卤"的旧有认识。下面我们尝试解决这一问题。大家在提到"卤"
字时,往往兼指篆文与古文"卤"这两系字。为便于讨论,下面我们用"卤"来表示篆文"卤"这一系字,
用"嵒"来表示古文"卤"这一系字。

刘钊先生曾指出,先秦古文字中没有"卤"字,直到东汉文字中"卤"才作为偏旁出现于"窃"字中,
而汉初帛书文字中的"窃"字都从"萬","卤"应是从"萬"演变出来的一个字⑩。在当时出土材料尚不丰
富的情况下,刘先生的说法有其道理。但随着古文字材料的大量出土,这一说法有重新审视的必要。

---

① 匿名审稿专家指出:根据"啮(齧)"与"采"相通的情况,"啮(齧)"为"齿"字在"之"声基础上添加"韧"声而成。"之"属之部,"韧"属月部。此亦为之部与月部相通的例子。

② 王念孙著,张其昀点校:《广雅疏证》,中华书局,2019年,第788页。

③ 参裘锡圭:《说"妸"(提纲)》,《裘锡圭学术文集·甲骨文卷》,复旦大学出版社,2012年,第524页。

④ 刘云:《说〈上博七·吴命〉中所谓的"走"字》,复旦大学出土文献与古文字研究中心网站2009年1月16日。

⑤ 北京大学出土文献研究所编:《北京大学藏西汉竹书[五]》,上海古籍出版社,2014年,第138页。

⑥ 宋华强:《由楚简"北子"、"北宗"说到甲骨金文"丁宗"、"啻宗"》,中国简帛学国际论坛2008,美国芝加哥,2008年。宋先生该文后来正式发表时,删掉了"北"读为"别"的意见,很是遗憾。参宋华强:《由楚简"北子"、"北宗"说到甲骨金文"丁宗"、"啻宗"》,《简帛》第四辑,上海古籍出版社,2009年,第123—134页。

⑦ 王念孙著,张其昀点校:《广雅疏证》,第387页。

⑧ 朱骏声:《说文通训定声》,中华书局,2016年,第171页。

⑨ 王力:《同源字典》,商务印书馆,1982年,第483—484页。

⑩ 刘钊:《说"卤""皇"二字来源并谈楚帛书"万""儿"二字的读法》,《江汉考古》1992年第1期。

近些年出土的里耶秦简中出现了如下写法的"窃"字：

（9—517 正）　　（9—2299）

这类"窃"字与汉初帛书文字中的"窃"字略有不同，其右下部所从偏旁虽与"萬"字很相似，但仔细观察，也能发现两者的差异，"萬"字上部是"艸"形，而这类"窃"字右下部所从偏旁的上部是"亠"形。在秦汉文字中，"亠"形有一部分是由"巛"形演变而来的，如"列"字的声旁"歺"，在甲骨文中作（《合集》21016），西周文字中的"列"字作（晋侯苏钟，《铭图》15298），楚文字中的"列"字作（清华简《祷辞》18），秦汉文字中的"列"字作（马王堆帛书《天文气象杂占》7.62）[①]、（马王堆帛书《经法》49.37），"列"字声旁"歺"的上部形体，由早期的"巛"形，演变为秦汉文字中的"亠"形。如此看来，上揭里耶秦简"窃"字的右下部并不从"萬"，而是从"嵩"。可能由于"嵩"字不常见，后来遂演变为形体相似的"萬"。这样看来，东汉文字中"窃"字所从的"离"，可能并不是从"萬"演变而来，而是从"嵩"演变而来。"嵩"与"离"整体比较相似，两者的区别仅在于字形上部一作"巛"，一作"卜"，而这两种形体在古文字中存在演变关系，如上文提到的古文字中"列"字的声旁"歺"，其上部为"巛"，东汉文字中"列"字的声旁或演变为"歺"（如张景碑中的"列"字），其上部为"卜"。说到这里，可见刘钊先生说"离"源自"萬"可能是有问题的，但说"离"字是东汉才产生的，现在看来还是合理的。至于小篆"离"字，那应该是据东汉隶书臆造出来的。小篆"离"不可靠，但上文的论述却证明《说文》"离"字下收录的古文"嵩"是可靠的。

那么"嵩"的形体来源是什么呢？我们认为"嵩"可能来源于古文字中"子"字的另一种异体。甲骨文中的"子"字或作：

（《合》21889）

《说文》"子"字古文与一脉相承。这类"子"字一般隶定为"孚"。将（孚）与（嵩）做一对比，不难发现两者在形体上的联系。两者上部形体都是带有毛发的人首之形，只不过一个人首中间是空的，一个人首中间有"×"，而这种区别往往不具有区别意义，上文我们也已指出这一点。两者下部形体不是太相似，但演变关系却十分明晰，显然是由"孚"的下部形体，演变为"嵩"的下部形体，类似演变现象在古文字中比较常见，如大家所熟知的"萬""禽"等字的演变，此不赘述。上文已指出，A 即"子"字异体"巏"，表示商的先祖"契"，"契"在古书中又作"离"，"离"由"嵩"演变而来，那么"嵩"由"子"字异体"孚"演变而来，就很容易理解了。

另外，苏建洲先生认为 C 就是"歺"字[②]。将 C 与"歺"联系起来，是很有道理的。甲骨文中的"歺"字作（《合》20959）、（《合》21016）[③]，与上文提及的 C 所从出的甲骨文中的"子"字（《怀》434）、（《合》32053）的联系是十分明显的。我们认为"歺"就是从这类"子"字分化出来的一个字。苏先生对"歺"与"离"的语音关系有很好的沟通[④]，而"离（嵩）"就是从"子"字异体"孚"演变而来的，那么"歺"与"子"的语音显然也是可以沟通的。由于"歺"字所从出的这类"子"字后世不传，我们不妨用"歺（子）"来代指这类"子"字。

---

① 《天文气象杂占》用古隶写成，据学者研究，可能撰成于秦楚之际（参魏启鹏：《帛书〈天文气象杂占〉的性质和纂辑年代》，《马王堆汉墓研究文集——1992 年马王堆汉墓国际学术讨论会论文选》，湖南出版社，1994 年，第 80—85 页；刘乐贤：《马王堆天文书考释》，中山大学出版社，2004 年，第 20—22 页）。所以从文字学角度而言，将其视为秦文字亦无不可。

② 苏建洲：《试论"离"字源流及其相关问题》，第 557—564 页。

③ 参蒋玉斌：《释甲骨文"烈风"——兼说"歺"形来源》，《出土文献与古文字研究》第六辑，上海古籍出版社，2015 年，第 87—92 页。

④ 苏建洲：《试论"离"字源流及其相关问题》，第 561 页。

最后,再对上文提到的各类"子"字做一梳理。

"歺(子)"字在商代文字中还有异体作:

（寝尹鼎,《铭图》2295）　　（《合》38004）

（《合》31655）　　（《合补》11616）

不难看出,这类异体相对比较原始一些,而尤以字形下部双钩的寝尹鼎"歺(子)"字最为原始。

寝尹鼎"歺(子)"字可以与金文中常见的"子"字"兾"沟通。所从的"兾",显然就是将寝尹鼎"歺(子)"字的下部形体中的弯曲笔画拉直后形成的。其他形体的"兾"字又是在该"兾"字的基础上略加变化形成的。也就是说,"歺(子)"与"兾"其实是一字之分化。

"歺(子)"与"兾"的关系搞清楚了,那么,它们与古文字中另一个"子"字"孚"的关系是什么呢?"歺(子)""兾"与"孚"明显没有形体上的演变关系,要探讨它们之间的关系,必须回到它们的造字本义上来。

"孚"与后世常见的"子"字,在形体上的关系最为密切。"孚"与"子"字相比,只是在表示婴儿头部的笔画上部,多出了几笔表示头发的笔画,显然是一字之异体。"子"字像腿部包裹起来,只露出上臂和头部的婴儿形。"孚"的造字本义,当然与"子"字的造字本义相同。

"歺(子)"与"孚"的上部大体相同,但下部不同,那么该如何理解两者之间的差别呢?"孚"下部像包裹起来的婴儿腿部之形,我们认为"歺(子)"下部像没有包裹起来的婴儿腿部之形。婴儿的腿部有一个比较显著的特点,就是总是处于踡曲的状态,而且当婴儿仰卧时,踡曲的腿部还会向两侧分开。古人在造"子"字时,自然会联想到婴儿的这一特点。"歺(子)"就像一个仰卧的腿部踡曲的婴儿之形。

综上所述,我们将上博简《子羔》中所谓的"离"字,楚简中用为"窃""察"之字的声旁,古文"嵩",以及"歺",都与"子"字联系了起来。将它们联系起来,不仅合理解释了它们的形体,还弄清楚了"子"字各种异体的源流,两者可以互证。

The Study of Characters Used in Chu Bamboo Slips as Qi(契) Qie(窃) Cha(察) — And the Discussion of the Sources of Xie(嵩) Lie(歺)

Liu Yun

(School of Chinese Language and Literature, Henan University, Kaifeng 475001)

Abstract: Some scholars believe that the character Qi(契) in the *Zi Gao* on the Shangbo bamboo slips which represents the ancestor of the Shang Dynasty, is the same as the sound side of the characters which are used as Qie(窃) and Cha(察) in the Chu script. This article agrees with this viewpoint and believes that these characters used as Qi(契) Qie(窃) and Cha(察) all evolved from variants of the Zi(子) character. This article also discusses the sources of Xie(嵩) and Lie(歺), believing that they also evolved from the variants of the Zi(子) character.

Key words: Qi(契); Qie(窃); Cha(察); Xie(嵩); Lie(歺); Zi(子)

楚文字"以"及相关诸字用字研究*

曹雨杨

【摘　要】本文详细梳理了战国楚文字中的"以"字以及从其得声诸字的字形及用法。运用全面计量统计的方式总结了"以"字及相关字的字词关系，明晰了诸字记词的主次关系，并将其区分为两个层级。还校读了出土文献中的相关字词。

【关键词】战国；楚文字；用字；以

【作者简介】曹雨杨，清华大学人文学院、清华大学出土文献研究与保护中心博士生，研究方向为出土文献与古文字学。（北京 100084）

一　"以"字字形

"以"字是一个古老的文字，西周时期就已出现。它是由"台""彐（司）"两个声符组成的双声字。关于其构形，学者已作了充分的研究。① 因此这里仅在已有研究的基础上对其形体演变作一简单梳理。

该字西周金文中作（《铭图》②4777）、（《铭图》5168）形，该时期各个构件都是分散开的。春秋战国时期构件之间则更加紧密，如（《铭图》15632）。战国楚文字中有承之作（上博简《性情论》16）形者。战国楚文字中更加常见的写法则是将"彐"旁穿插到"台"旁之中。一开始"台"旁仍然完整书写，而将"彐"旁横折竖画之横插于"台"旁的圆弧之中，作形，如（上博简《凡物流形（乙）》7）。后来"台"旁两笔之间不再相接，加之"彐"旁穿插其中，其字上部则形成了类似"牙"字的形体，如（清华简《系年》8），其中的四个横画又可省略为三横：、，如（上博简《中弓》8）、（清华简《治政之道》24）。在从"以"得声的字中，又可进一步省略为两横，形成了类似"屮"字的形体、、，如（"訂"郭店简《老子（甲）》20）、（"紿"郭店简《老子（乙）》1）、（"諰"上博简《凡物流形（甲）》25）、（"恩"安大简《曹沫之陈》40），此时的加上底部所从"口"，很容易与"句"字混同。

二　楚文字"以"及相关字用法分类

2.1　"以"

楚文字中，"以"字用法可以分为九类：

（一）记录｛始｝。（1）开始。如上博简《性情论》2："道以（始）于情＝（情，情）生于眚（性）。"上博简《性情论》2："以（始）者屰（近）情，杲（终）者屰（近）义。"（2）副词，才，刚。如上博简《昭王毁室》2："君王以（始）内（入）室。"上博简《容成氏》36："虐（虐）疾以（始）生。"

---

* 基金项目：本文为国家社科基金重大项目"楚文字综合整理与楚文字学的构建"（编号18ZDA304）的阶段性成果。

① 朱德熙：《战国时代的"料"和秦汉时代的"半"》，《朱德熙古文字论集》，中华书局，1995年，第115—120页，原载《文史》第八辑，中华书局，1980年，第1—4页；裘锡圭：《说"以"》，《古文字论集》，中华书局，1992年，第106—110页；施谢捷：《说"旬（以彐囟）"及相关诸字（上）》，《出土文献与传世典籍的诠释——纪念谭朴森先生逝世两周年国际学术研讨会论文集》，上海古籍出版社，2010年，第47—66页。

② 吴镇烽编著：《商周青铜器铭文暨图像集成》，上海古籍出版社，2012年。（以下简称《铭图》）

（二）记录{辞}。（1）言辞。如上博简《性情论》37—38：“人之［考（巧）］言利訇（辞）者。”上博简《孔子见季桓子》3：“而粲（敷）｛專｝聏（闻）亓（其）訇（辞）于徫（逸）人虗（乎）?”（2）推辞。如上博简《容成氏》22：“顕（夏）不敢吕（以）晁（暑）訇（辞）。”上博简《中弓》26：“恶（愿）因虗（吾）子而訇（辞）。”

（三）记录{治}，治理。如上博简《交交鸣鸟》3：“阕（间）丬（关）愍（谋）訇（治）。”

（四）记录{怡}，喜悦，快乐。如清华简《越公其事》45：“王见亓（其）执事人则訇（怡）念（豫）憙（喜）也。”上博简《三德》8：“上帝乃訇（怡）。”

（五）记录{怠}，轻慢，懒惰。如清华简《汤处于汤丘》9：“夫人母（毋）以我为訇（怠）于亓（其）事虗（乎）?”清华简《管仲》19：“既訇（怠）于正（政），或（又）以民戏。”

（六）记录{殆}。（1）危险。如清华简《命训》10：“凡乎（厥）六者，正（政）之所訇（殆）。”（2）副词，大概。如郭店简《性自命出》27：“亓（其）出内（入）也训（顺），訇（殆）亓（其）惪（德）也。”

（七）记录{迨}，及。如安大简《诗经》34：“訇（迨）亓（其）吉也。”安大简《诗经》34：“訇（迨）亓（其）今也。”

（八）记录{贻}，传遗，给予。如上博简《季康子问于孔子》1：“售（唯）子之訇（贻）脂（羞）。”

（九）记录{台}，第一人称代词“我”，如上博简《周易》55：“非訇（台）所思。”

2.2 “綯”

“綯”字从“糸”“訇”声，楚文字字形一般作 （清华简《皇门》8），字又可作 （“綯”清华简《治政之道》14），分析为从“糸”“訇”省声，当为其异体，“糸”旁又可省作“幺”形作 （“幻”郭店简《唐虞之道》10），不过这种省作“幺”形的写法仅见于郭店简《唐虞之道》，很可能是受齐系文字影响。楚文字还有 （“綯”上博简《恒先》8)字，从“糸”“訇”声，及 （“綯”上博简《从政（乙）》3)字，从“糸”“訇”声，皆当为异体，兹一并讨论。

楚文字中，“綯”字用法可以分为六类：

（一）记录{治}，治理，管理。如上博简《子羔》1：“古（故）能綯（治）天下。”上博简《君子为礼》11：“夫子綯（治）十室之邑亦乐。”

（二）记录{怠}，轻慢，懒惰。如清华简《周公之琴舞》13：“考（孝）敬肥（非）綯（怠）亢（荒）。”

（三）记录{殆}，副词，大概。如上博简《性情论》16：“亓（其）出内（入）也训（顺），綯（殆）亓（其）惪（德）［也］。”

（四）记录{怡}，喜悦，快乐。如上博简《容成氏》19：“夫是吕（以）逐（迩）者敓（悦）綯（怡），而远者自至。”

（五）记录{始}，开始。如郭店简《语丛一》49：“又终又綯（始）。”

（六）记录{事}，侍奉。如郭店简《唐虞之道》23：“昏（闻）垒（舜）弟（悌），智（知）亓（其）能綯（事）天下之长也。”

2.3 “詢”

“詢”字从“言”“訇”声，楚文字一般作 （清华简《皇门》8），或从“訇”省声作 （“訇”清华简《廼命二》14），当为异体。又有 （“諰”上博简《凡物流形（乙）》3)字。从“言”“惥”声， （“詢”上博简《凡物流形（乙）》18)字，从“言”“訇”声，当为异体字①，兹一并讨论。

楚文字中，“詢（訇、諰、詢）”字用法可以分为五类：

（一）记录{辞}。（1）言辞。如清华简《皇门》8：“不肎（肯）惠圣（听）亡（无）辠（罪）之詢（辞）。”郭店简《性自命出》45—46：“人之考（巧）言利訇（词）者。”（2）推辞。如上博简《缁衣》4：“不訇（辞）亓（其）

---

① 当然这两字或亦可分析为从“心”“詢”声及从“心”“訇”声，不过从字形上看，“心”旁多从“訇”旁书写于一隅，且“惥”又可省写为“訇”，显然“心”与“訇”联系更加紧密，作为一个整体。

所能。"上博简《邦人不称》11—12："命之为命(令)尹，訇(辞)。"

(二) 记录{始}。(1) 开始。如郭店简《性自命出》26—27："亓(其)反善遑(复)訇(始)也訫(慎)。"上博简《凡物流形(甲)》25："终则或(又)訒(始)。"(2) 副词，才，刚。如上博简《史蒥问于夫子》4："訇(始)旻(得)可人而与(举)之。"

(三) 记录{治}，治理。如上博简《柬大王泊旱》14："一人不能訆(治)正(政)。"郭店简《成之闻之》32—33："君子訇(治)人仑(伦)吕(以)川(顺)天悳(德)。"

(四) 记录{殆}，危险。如郭店简《老子(甲)》20："智(知)坒(止)所吕(以)不訇(殆)。"

(五) 记录{怠}，轻慢，懒惰。如清华简《成人》29："暑(恪)挐(哉)毋訫(怠)。"

2.4 "悹"

"悹"字从"心""訇"声，春秋金文中作(《铭图》2348)，(《铭图》10657)，从"心""訇"省声。战国楚文字中，既有从"心""訇"省声的("訇"清华简《子产》18)，亦有不省声的("悹"上博简《三德》2A)。上博简《武王践阼》3、4 有两字作、，或释为"悹"①，恐非。施谢捷先生将其置于"悹"字下②，当确。其亦为"悹"字变体，是在(清华简《治政之道》24)、(上博简《性情论》2)这类字形的基础上，将底部的"口"旁以及其上之横画连接到了一起，因而形成了类似"日"旁之形，楚文字中未见"怠"字。类似平行的演变又如"晉"字，其一般作(清华简《赤鸠之集汤之屋》9)，其"口"旁也可与"巫"旁底部之横画连接成"日"旁之形，如(清华简《赤鸠之集汤之屋》7)。楚文字同时还有("悹"上博简《武王践阼》14)字，从"心""俉"声，当为异体字，兹一并讨论。

楚文字中，"悹"字用法可以分为八类：

(一) 记录{怠}，轻慢，懒惰。如清华简《管仲》9："民人陵(惰)訇(怠)。"上博简《曹沫之陈》49—33："戒翏(胜)訇(怠)，果翏(胜)矣(疑)。"

(二) 记录{台}，疑问代词，何，主要用于"如訇"，相当于典籍中的"如台"。《书·汤誓》："夏罪其如台。"如清华简《尹至》3—4："今亓(其)女(如)訇(台)▁?"清华简《周公之琴舞》14："良悳(德)亓(其)女(如)訇(台)?"

(三) 记录{辞}，推辞。如上博简《季康子问于孔子》11B—18A："孔=(孔子)訇(辞)曰。"上博简《庄王既成》2："酓(沈)尹固訇(辞)。"

(四) 记录{殆}。(1) 危险。如上博简《从政(甲)》9："凸(凡)此七者，正(政)斋=(之所)訇(殆)也。"(2) 将近。如清华简《命训》8："訇(殆)于曏(乱)矣。"

(五) 记录{治}，治理。如清华简《邦家处位》9："贛(贡)吕(以)悹(治)疾亚(恶)。"上博简《曹沫之陈》41："可吕(以)又(有)訇(治)邦。"

(六) 记录{始}，开始。如郭店简《老子(甲)》11："訫(慎)各(终)女(如)訇(始)。"郭店简《老子(甲)》17："万勿(物)俋(作)而弗訇(始)也。"

(七) 记录{贻}，传遗，给予。如上博简《中弓》26："忑(恐)悹(贻)虗(吾)子惖(羞)。"

(八) 记录{怡}，喜悦，快乐。如葛陵简乙四 110、117："公子见君王，尚訇(怡)怿。"

2.5 "鞝"

"鞝"字从"辛(亏)""訇"双声，"訇"或省声，楚文字字形作(清华简《参不韦》101)、(清华简《参不韦》121)，其又有异体作(清华简《四告》3)、(清华简《参不韦》21)，兹一并讨论。

楚文字中，"鞝"字用法可以分为三类：

① 饶宗颐主编：《上博藏战国楚竹书字汇》，安徽大学出版社，2012 年，第 551 页。黄德宽主编：《战国文字字形表》，上海古籍出版社，2017 年，第 1476 页。

② 施谢捷：《说"訇(訇与訇)"及相关诸字(上)》，第 47—66 页。

（一）记录｛嗣｝，继承，后嗣等。如清华简《参不韦》101："圣（及）乃羿（嗣）遂（后）。"清华简《参不韦》121—122："遂（后）羿（嗣）之央（殃）。"

（二）记录｛辞｝，言辞。如清华简《四告》3："烦羿（辞）不延（正）。"

（三）记录｛怡｝，喜悦，快乐。如清华简《四告》49："远于不羿（怡）。"

2.6 "祠"

"祠"字从"示""旬"声。楚文字中该字或作左右结构""（葛陵简乙四53），或作上下结构""（上博简《三德》3），又有异体从示以声，作（清华简《五纪》87）、（清华简《五纪》91），从示以声，兹一并讨论。

楚文字中，"祠"字用法可以分为三类：

（一）记录｛祠｝，《周礼·春官·小宗伯》"大裁，及执事祷祠于上下神示"，郑玄注："求福曰祷，得求曰祠。"孙诒让《周礼正义》："《女祝》注云：'祠，报福也。'谓既得所求，则祠以报之也。"如葛陵简乙四53："襘（祷）祠（祠）。"《九店》M56.26："以为卡＝（上下）之祷祠（祠）。"

（二）记录｛殆｝，危殆。如上博简《三德》3："天乃隆（降）祠（殆）。"

（三）记录｛嗣｝，记录｛嗣｝，继承，后嗣等。如清华简《五纪》91："祟（嗣）子用此。"

2.7 "侚"

"侚"字从"亻""旬"声，殷商甲骨文，西周春秋金文皆未见，楚文字字形一般作（上博简《鲍叔牙与隰朋之谏》2）。楚文字中，"侚"凡4见，上博简《鲍叔牙与隰朋之谏》2："迵侚者史（使）。""忘亓（其）迵侚也。""募（寡）人牺（将）迵侚。"皆用于"迵侚"，显然是指同一事物，然该词尚不能确解，阙疑待考。另有1例记录｛殆｝，清华简《治邦之道》2："是吕（以）不侚（殆）。"

2.8 "貟"

"貟"字从"贝""旬"省声。楚文字字形一般作（清华简《保训》9）。楚文字中，"貟"字用法单一，仅记录｛贻｝，传遗，给予。如清华简《保训》9："逴（传）貟（贻）孙＝（子孙）。"据我们统计，楚文字"貟"用例共4例，皆记录｛贻｝，当为｛贻｝所造字。

2.9 "綛"

"綛"字从"林""旬"声，楚文字作（上博简《鹠鹆》1）。楚文字"綛"仅一见，即上博简《鹠鹆》1："欲衣而亚（恶）綛（枲）吟（今）可（兮）。"记录｛枲｝，枲麻，粗麻，句中当指粗麻编织的衣服。

2.10 "胸"

"胸"字从"肉""旬"声，楚文字作（郭店简《穷达以时》2）。楚文字中，"胸"仅一见，即郭店简《穷达以时》2："咎（皋）繇（陶）衣胸（枲）盖。"一般认为此处"胸"记录｛枲｝，即枲麻，麻布。

2.11 "叟""敂"

"叟"字从"戈""旬"声，字或作左右结构（上博简《弟子问》10），或作上下结构（上博简《三德》3）。"敂"字从"攴""旬"声，一般作（郭店简《语丛一》52），"戈"与"攴"表意相近，多见通用，两字从构形上看，极有可能是异体字。简文中，"叟"字用法单一，用以记录｛治｝，治理，管理。如上博简《弟子问》10："士叟（治）吕（以）力则。"郭店简《语丛三》31："智（知）叟（治）者霄（寡）悬（悔）。""敂"亦用为｛治｝，如郭店简《语丛一》50："厺（容）皃（色），目敂（治）也。"郭店简《语丛一》50—51："圣（声），耳敂（治）也。"

三　楚文字"旬"及相关字用法研究

以往关于字词关系或者用字习惯的研究常常止步于此，即胪列出每个字不同的用法，然后将相关的字词关系进行对应，从而形成一个关系网络。

但这非但不能真正明晰楚文字用字系统的规律，反而会给人造成一种错觉，似乎楚文字的字词对应关系是相当庞杂且混乱的。例如上文我们全面梳理了楚文字中“⿰㠯司”及相关诸字的用法，如果仅仅从字词关系的角度来看，他们之间的对应关系是十分错综复杂的，可参图一。

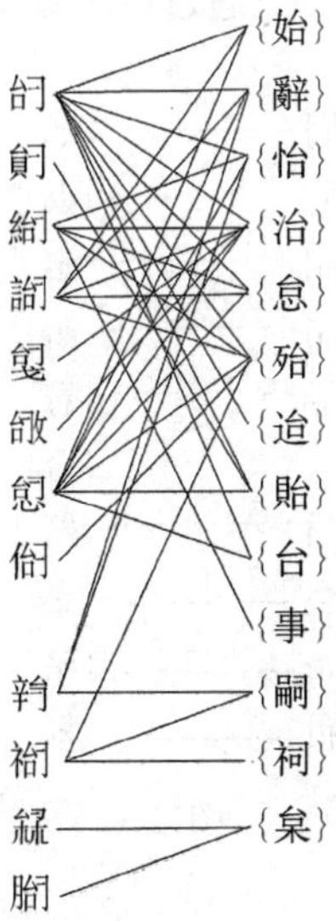

图一

文字是用于沟通的交际工具，实际上作为同时期、地域的一种用字系统，一定是要求字词对应关系稳定、协调且呈规律的，否则就达不到有效传递信息的目的，从而造成诸多歧义与混乱。

因此想要真正深入了解楚文字用字系统的字词关系和用字规律，一定要运用全面计量统计的方法，考虑到文字记词的频率。

下面就将“⿰㠯司”及相关诸字的用法统计数据进行说明①：

楚文字“⿰㠯司”共见 119 例，其中记录{始}85 例，记录{辞}6 例，记录{治}5 例，记录{怡}5 例，记录{怠}4 例，记录{殆}4 例，记录{詒}3 例，记录{贻}1 例，记录{台}(第一人称代词)1 例，还有《古玺汇编》1 例为人名，另有 4 例残辞阙疑待考。除专名及阙疑例，记录{始}占比达到 75%，其他各种用法占比则均不超过 5%，可见记录{始}是其最主要用法。此外，记录{詒}目前所见仅用“⿰㠯司”。记录{怡}一词的字中，“⿰㠯司”频次最高，故{詒}{怡}也是“⿰㠯司”的重要用法。

“⿰糸⿰㠯司(⿰糸㠯、⿰幺㠯、⿰糸⿱⿰㠯司心、⿰糸⿰㠯⿱心司)”共见 67 例，其中记录{治}58 例，记录{怠}2 例，记录{殆}1 例，记录{怡}1 例，记录{始}1 例，记录{事}1 例，还有 1 例为人名，阙疑待考 2 例。记录{事}仅有 1 例，出自郭店简《唐虞之道》，疑其受齐鲁系文字影响，并非楚文字用字系统。除专名及阙疑例，记录{治}占比达到 91%，其他各种用法占比则均不超过 5%，可见记录{治}是其最主要用法。从其构形及用法两方面推测，其大概是为{治}所造字，由治丝推及对一般事物的治理。

“⿰言⿰㠯司(⿰⿱㠯言司、⿰言⿱⿰㠯司心、⿰言⿰㠯⿱心司)”共见 77 例，其中记录{辞}38 例，记录{始}18 例，记录{治}17 例，记录{殆}1 例，记录{怠}1 例，专名 1 例，用为古国名，“又⿰⿱㠯言司是”即“有邰氏”，《史记 · 周本纪》：“周后稷，名弃，其母有邰氏女，曰姜原。”另有 1 例残辞阙疑待考。除专名及阙疑例，记录{辞}占比达到 51%，可见记录{辞}是其最主要用法。其字从“言”，当为言辞之{辞/词}而造字，同时使用时，记录{始}与{治}亦数量较多。

“⿱⿰㠯司心(⿰糸司、⿰忄⿰㠯司)”共见 37 例，其中记录{怠}18 例，记录{台}8 例，记录{辞}3 例，记录{殆}3 例，记录{治}2 例，记录{始}2 例，记录{贻}1 例，记录{怡}1 例，专名共 6 例，其中两例“奠(郑)白(伯)⿰糸司”为人名，即典籍中的“郑繻公骀”，另有 4 例亦为人名，阙疑待考 1 例为葛陵简残辞。除专名及阙疑例，记录{怠}占比 47%，记录{台}占比 21%，两者合计占比 68%，可见记录{怠}{台}是其最主要用法，以往对该字仅从构形分析，一般认为其或为{怡}所造，或为{怠}所造，今结合用法来看，当为后者。

“⿰豸司”共见 5 例，记录{嗣}3 例，记录{辞}1 例，记录{怡}1 例。记录{嗣}为“⿰豸司”字主要用法。

“⿰礻⿰㠯司”共见 5 例，其中记录{祠}3 例，记录{殆}1 例，记录{嗣}1 例。记录{祠}是其主要用法，从其构形看，应当也是为{祠}所造。

“⿰亻⿰㠯司”共见 4 例，其中记录{殆}1 例，另 3 例阙疑待考。

“⿰貝⿰㠯司”共见 4 例，皆记录{贻}，当为{贻}所造字。

“⿰糸⿱㠯木”共见 1 例，记录{枲}。

“⿰月⿰㠯司”共见 1 例，亦记录{枲}。

“⿱⿰㠯司又”共见 7 例，“⿰⿰㠯司攵”共见 6 例，皆记录{治}。“⿱⿰㠯司又”字主要见于郭店简《语丛三》，“⿰⿰㠯司攵”则仅见于郭

① 本文统计数据为 2023 年 1 月 1 日前公布的所有战国楚文字材料。

店简《语丛一》，两字或反映了齐系文字的特点。

通过以上统计可以明显发现，每个字记录的各个词的地位是不平等的，有明显的主次之分。每个字基本只有一个主要用法，其占比超过 50%，有时也有两个主要用法，即频次最高的两种用法，两者共同占比超过 50%。这是该字用法的主流。如"訋"记录{始}占比 75%，"紿"记录{治}占比 91%，"謂"记录{辞}占比 51%，"怠"记录{怠}占比 37%，记录{台}占比 21，两者合计占比 68%，"裪"记录{祠}占比 60%，"貽"则皆记录{贻}，"橤"记录{枲}。此外还要排除掉其他系别文字因素的影响，"叟"与"敄"基本都出现于郭店简的《语丛一》和《语丛三》，可能反映了齐系文字的因素，故暂排除。据此我们可以作出仅展现主要用法的字词关系图，见图二。

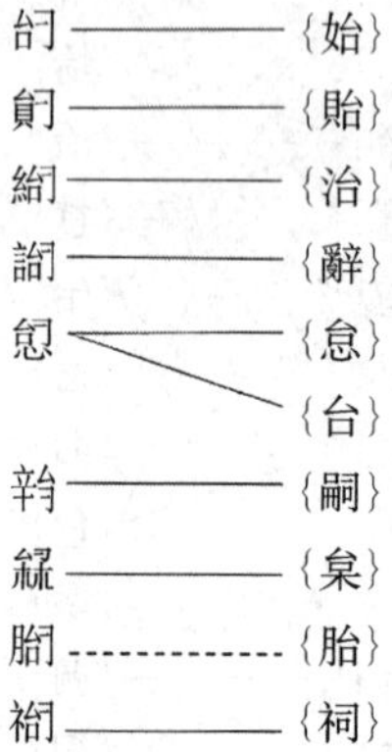

图二

由此可以发现其楚文字主要用法的字词对应关系是非常简洁清晰的。其中"腒"字材料不足，仅见 1 例，记录{枲}，不过已有楚文字已有"橤"字记录{枲}，字从"林"记录{枲}是很合理的，而"腒"字从"肉"，推测其可能是为{胎}所造字，使用中也很有可能是主要记录{胎}，因此图中以虚线连接{胎}，详情仍有待新材料进一步揭示。

每个单字除了上文说的主要用法和重要用法，一般都还有一些次要用法，这些次要用法或多或少，数量不等，但总占比均不高。"訋"的次要用法有{辞}{治}{怠}{殆}{贻}{台}，"紿"的次要用法有{怠}{殆}{怡}{始}{事}，"謂"的次要用法有{始}{治}{殆}{怠}，"怠"的次要用法有{辞}{殆}{治}{始}{贻}{怡}，"羿"的次要用法有{辞}{怡}，"裪"的次要用法有{殆}{嗣}。其中"紿"记录{事}仅 1 例出现在郭店简《唐虞之道》，当与齐系文字因素有关，暂时排除。这样可以发现这些次要用法其实也是有一个范围的，即都是楚文字"訋"与从"訋"得声的字的主要用法与重要用法。其并不能仅仅依其声韵任意"通假"。

综合以上所述，可以对其作一个总结。楚文字中"訋"与从"訋"得声的字，它们的主要用法一般有一到两个，是基本稳定的。而次要用法则数量不一，具有一定的不稳定性，随着新材料的不断发现与公布，这些字可能还会发现新的次要用法，但其范畴则是基本确定的。

进而还可以将"訋"及相关字记录语言的情况分为两个层级。第一个层级就是单字与词的对应，即每个单字都对应一到两种主要用法。第二个层级就是声符与词的对应，即从该声符得声的所有字（或该声符本身）亦对应一个记词的范畴。楚文字中"訋"与从"訋"得声的"紿""謂""怠""羿""橤""裪""俏""腒""貽"一系列字不论主要用法还是次要用法，其记录的词都基本限定在{始}{辞}{治}{怡}{怠}{殆}{迨}{贻}{台}{嗣}{祠}{枲}这些词的范畴之内①。楚文字用字系统的这种主次用法以及分层级的现象也并不是孤例，而是带有一定普遍性的（详另文）。

可见，通过这种方式，即既总结一个字有哪些用法，又统计每种用法的频次，一方面可以深化对楚文字用字系统的认识，明晰楚文字记录语言的主次关系和层级性。另一方面，归纳的结果可以直接帮助我们释读楚文献材料，还能进一步解决当前楚文字文献释读混乱、"乱讲通假"的问题，在阅读楚文字文献时，文字首选的理解方向是其主要用法，即第一层级。其次再考虑第二层级，除了要考虑该字本身的次要用法，还要考虑所有从该声符得声的字（或该声符本身）所记录的词的范围。

四 相关出土文献校释

上博简《成王为城濮之行（甲）》3:"子{=}叟（文）塱（举）肱（胁）💠白（伯）珵（嬴）曰。"其中"💠"字，

---

① 可能还包含上文述及尚阙疑的"俏"字所记录的词，以及全新未见的用法。

整理者释为"贾"，又有释"贻""宾""责"诸说①，王宁先生释为"售"读为"酬"②，王保成先生释为"赐"③，冯胜君先生释为"购"读为"诟"④。按，该字下部从"贝"，上部从"丩"形，冯胜君先生释为"购"在字形上有可能性，原文论述说：

> 整篇简文大意是说子文因善于治兵，得到楚王的礼遇（"王归，客于子文"）。子文甚喜，大宴宾客（"合邦以饮酒"）。白理年幼，但在赴宴时却姗姗来迟（"远白理犹弱，须，迟于饮酒"），并且将宴会上提供的馈食胁，丢弃在地上（"食是胁而弃"）。子文非常生气，举着白理所丢弃的胁斥骂白理（"子文举胁🔠白理"），说他无礼而不哀怜老人之心（"不思老人之心"）。而白理之所以做出如此举动，就是要故意激怒子文，以便有机会劝谏子文。因此从简文文义考虑，"胁"后面的动词，即子文针对白理所发出的动作，应该有詈骂、斥责一类含义。我们怀疑此字"贝"旁上部的笔划，或许是"丩"旁的误摹。……如此则🔠可释为"购"，在简文中读为"诟"。"句"声与"后"声相通，典籍习见，例至多。古文字材料中王后、君后之"后"亦多作"句"。诟，辱骂、詈骂。⑤

可以看出，对后文"飤（食）是脁（胁）而弃（弃）不思老人之心。"一句，冯胜君先生在"弃（弃）"字后断读，将动词"弃（弃）"之宾语理解为"脁（胁）"。我们以为该句不断读在语法和语义上更加通顺，"不思老人之心"为"弃（弃）"之宾语，王宁先生对语意的理解当可从："伯嬴年龄最小而最迟向子文敬酒，子文认为他不知道尊重长者，很不满，所以说让伯嬴喝了这榼酒之后，改正不尊重老人的思想。"⑥而该字也实不必向"詈骂、斥责"一类的语义倾靠。

该字上部之🔠当为"𠤎"旁之省变，前文提到"訇"字之"𠤎"部分可演化为🔠、🔠这种"丩"形，如🔠（"訇"郭店简《老子（甲）》20）、🔠（"絢"《郭店·老乙》1）、🔠（"諰"上博简《凡物流形（甲）》25）、🔠（"恖"安大简《曹沫之陈》40），🔠、🔠的"丩"形又进一步演变为🔠之🔠，只是横折竖画写短且冲出简外。故该字与清华简《保训》9的🔠（"飤"）当同字，皆用为"贻"。简文语意亦甚简明，就是子文对白理的行为有所不满，因此在宴会上给予白理"脁（胁）"并告诉他吃完这块"脁（胁）"然后丢弃不顾念老人（子文自指）的心思。另外，清华简《廼命一》11有🔠，清华简《廼命二》5有🔠，两字表层结构从曰从贝，皆用为{贻}，这类字形应该就是上述🔠字，其上之"曰"形为"𠤎"演化为"丩"形之后的进一步演变。还可参考真正的"丩"旁，也很容易演变作"曰"形，如🔠（"迥"安大简《诗经》106）、🔠（"纠"安大简《诗经》12），其"丩"形亦演变得与"曰"形十分接近。还有上文提到的上博简《武王践阼》3、4的两字🔠、🔠，其也是在🔠（清华简《治政之道》24）形体基础上，"𠤎"底部横画与其下的口旁形成"日"形之后，原本应该剩余的"丩"形演变成了"曰"形。

据此我们可以将"𠤎"旁的演变过程梳理如下：🔠→🔠→🔠→🔠、🔠→🔠、🔠、🔠→🔠→🔠。这一类的变化还有郭店简《语丛三》多见的"𦦙"字，在文中皆记录{治}，其本作🔠（郭店简《语丛三》28）、🔠（郭店简《语丛三》30），"𠤎"旁或讹省为"曰"形，作🔠（郭店简《语丛三》26）、🔠（郭店简《语丛三》32）。⑦据此还可以对其他相关字进行考察。

---

① 参见海天游踪《读〈成王为城濮之行〉札记》文后评论，武汉大学简帛研究中心网站2013年1月5日。

② 王宁：《上博九〈成王为城濮之行〉释文校读》，武汉大学简帛研究中心网站2013年1月10日。

③ 王保成：《读上博九〈成王为城濮之行〉献疑三则》，复旦大学出土文献与古文字研究中心网站2013年5月3日。

④ 冯胜君：《上博九〈成王为城濮之行〉补释》，《出土文献与古文字研究（第六辑）——复旦大学出土文献与古文字研究中心成立十周年纪念文集》，上海古籍出版社，2015年，第359—364页。

⑤ 冯胜君：《上博九〈成王为城濮之行〉补释》，第359—364页。

⑥ 王宁：《上博九〈成王为城濮之行〉释文校读》。

⑦ 蒙匿名审稿专家指出：该演变序列并不严密，清华简《廼命一》🔠《廼命二》🔠从"曰"声读为"贻"并没有问题，又楚简中多有同语境重见字词避复之例，而避复多用不同的字来记录同一词，所以郭店简《语丛三》🔠为🔠省写的说法并不确定无疑。按我们确实无法完全否定本来相关字即从"曰"得声的可能性，只是作为一种解释，我们认为这种字形演变序列较为连贯，并且从文字符号的系统性以及文字记录语言的系统性角度考虑，这种解释更加协调且成体系，例如下文的"台"等字。

郭店简《缁衣》20—21:“邦豪(家)之不寍(宁)也,则大臣不而執(亵)臣恁(托)也。”其中“”学者皆隶定作“台”,然楚文字中“台”字为“㠯(以)”字繁构,皆用为{以},张富海先生就认为此处“台”读为“以”①,也应当是考虑到楚文字用字系统,然读“以”与今本不合。整理者则从“通假”的角度,并依据今本,将“台”读为“治”②,然与楚文字用字系统不合。我们认为该字就是“𠳿”字,只是其“𠃌”旁演变作了“㠯”形。可依今本读为“治”,合于楚文字用字系统。

郭店简《老子(甲)》36:“智(知)峕(止)不。”“”字整理者直接释为“怠”读为“殆”③,可见整理者是将其结构理解为从心台省声的,其后学者多从之,然字下部所从并非“心”,当为口之变形,只是横画穿出,其例甚多,故该字表层结构为“台”,实亦为“𠳿”字省变,用为{殆}合于楚文字用字系统。

上博简《李颂》1:“桐虘(且)可(兮)。”“”字整理者隶定作“㤅”,认为其从心㠯声,即“怡”字④,按字亦当为“𠳿”之省变,读为“怡”,简文大概是说桐树让人喜欢。

郭店简《语丛一》59:“正(政)亓(其)肰(然)而行安(焉)尔也。”郭店简《语丛一》67:“政亓(其)肰(然)而行女(焉)。”“”整理者直接释为“怠”,是将其理解为从心台省声。按字上部之“㠯”形为“𠃌”形之变,字当释为“𢘓”,与(清华简《厚父》4)、(上博简《平王问郑寿》2)同字,用为“怠”。

郭店简《性自命出》45:“不又(有)夫死(恒)志(之志)则缦(慢)。”“”字整理者直接释为“怡”⑤,理解为从心台省声。按字亦当释为“𢘓”,用为{殆},句意大概是说人如果没有危殆的忧患意识就会怠慢。

清华简《治邦之道》2:“古(故)昔之盟(明)者,曩(早)智(知)此卷(患)而远之,是㠯(以)不。”“”字整理者隶定为“佁”读为“殆”,按字右部表层结构为“台”,亦为“𠳿”字之变,故其当与(上博简《鲍叔牙与隰朋之谏》2)、(上博简《鲍叔牙与隰朋之谏》2)同字,释为“㑥”。

将这类“㠯”与“台”形视为“𠃌”与“𠳿”的省变,不论是从楚文字记录语言的系统性角度还是从文字符号的系统性角度看都是十分合适的。

但也有个别字形有古早的来源,其本身即从“㠯”,如“䄬”字异体作(清华简《四告》3)、(清华简《参不韦》21),其字已见于殷商甲骨文(《合补》⑥7480)、(《合集》⑦8282)、(《合集》248 正),西周金文中作(《铭图》4716),春秋金文作(《铭图》15239)。还有“䄬”字异体作(清华简《五纪》87),楚文字中单独使用的“以”皆已演变为“㠯”,而该字仍从“以”。由于文字符号发展的不平衡性,使用频率高的字比使用频率低的字字形演变要更快,故字中反而固化保留了较为原始的写法,可见其字的来源应该也是比较早的。

综上,应当是文字字形的演变以及较早来源的从“以/㠯”的异体字两方面的原因共同造成了原本从“𠳿/𠃌”的字演变产生了从“台/㠯”的变体。

清华简《治政之道》23—24:“𠳿亡獸(守)之嚣(器),几(岂)亓(其)可静(争)于獸(守)虖(乎)?”整理者将“𠳿”括注为“殆”,未注释⑧。张新俊先生释为“句(苟)”字之误⑨。按,读为“殆”或是理解为副词“大概”,然其后为反问句,句意扞格。当读为“始”,该句前文提到国君贪于争,而作者想要论证否定这种行为,因而前文论述说国君必有重要的“器”,守护好才能长久,然后接该句,谓如果一开始没有所

① 张富海:《郭店楚简〈缁衣〉篇研究》,硕士学位论文,北京大学,2002 年,第 19 页。
② 荆门市博物馆编:《郭店楚墓竹简》,文物出版社,1998 年,第 130 页。
③ 荆门市博物馆编:《郭店楚墓竹简》,第 113 页。
④ 马承源主编:《上海博物馆藏战国楚竹书(八)》,上海古籍出版社,2011 年,第 232 页。
⑤ 荆门市博物馆编:《郭店楚墓竹简》,第 181 页。
⑥ 中国社科院历史研究所编:《甲骨文合集补编》,语文出版社,1999 年。(简称《合补》)
⑦ 郭沫若主编:《甲骨文合集》,中华书局,1978—1983 年。(以下简称《合集》)
⑧ 清华大学出土文献研究与保护中心编,李学勤主编:《清华大学藏战国竹简(玖)》,中西书局,2019 年,第 128 页。
⑨ 张新俊:《清华简〈治政之道〉字词札记二则》,《中国文字研究》第三十六辑,华东师范大学出版社,2022 年,第 67—72 页。

守之器，又岂能争来所守之器？从而否定"贪于争"的必要性。

上博简《命》6："先夫＝(大夫)訇命(令)尹，受司马。"此处所说显然与《左传·哀公十六年》："沈诸梁兼二事，国宁，乃使宁为令尹，使宽为司马，而老于叶。"记载相合，广濑熏雄先生将"訇"读为"辞"，"受"读为"授"，认为子高平定白公胜之乱后，兼任令尹、司马，而"先大夫辞令尹，授司马"就是楚国安定，把令尹、司马都让给别人[1]。但从后文"治楚邦之政，黔首万民莫不欣喜，四海之内莫弗闻。"的表述看，这里明显是指子高任职当政，而非其致仕归隐，整理者则读"治"或"司"，并引《周礼·地官·乡师》郑玄注"治，谓监督其事"，"司"，为各人职掌部分事务，在此指职掌令尹之职。陈伟先生读为"司"，指主持[2]。按，从下文"緶(治)楚邦之正(政)，黔首万民，莫不忻(欣)憙(喜)；四海之内莫弗闻"的语境看，这里语义应当是指子高担任令尹一职，并非"监督其事"，而读"司"则楚文字用字系统未见其例，而以"司""嗣"等记录｛司｝，且文献中"司"后所接职官皆为所掌管的对象，而不是所任官职，刘云先生则提出读为"嗣"[3]，"嗣"作为继承之意，语境中常常强调或包含继承前人之位，于此亦不甚妥帖。我们认为这里直接读为"始"即可，此为楚文字"訇"之主要用法，简文"先大夫始令尹"也并不需要求之过深，可以将名词"令尹"直接理解为谓语，也可以说省略甚至漏抄了"为"或"任"之类的动词。细审文义，因为子高"开始"兼任令尹与司马，所以百姓莫不欣喜且无人不知，也可以体会出行文逻辑上是强调"始"的。

A Study on the Usage of Chu Character "訇" and Related Characters

Cao Yuyang

(School of Humanities, Tsinghua University; Research and Conservation Center for Excavated Texts, Tsinghua University, Beijing 100084)

Abstract: This article provides a detailed overview of the character "訇" in the Chu script of the Warring States period, as well as the forms and usage of various phonetic characters derived from it. The comprehensive quantitative statistics method was used to summarize the relationship between the words and the character "訇" and related characters, clarify the primary and secondary relationships of the recorded words of each character, and distinguish them into two levels. The relevant words and characters in the unearthed literature have also been proofread in this article.

Key words: Warring States period; Chu script; usage; 訇

---

[1] 参见广濑熏雄在复旦吉大古文字专业研究生联合读书会《上博八〈命〉校读》文后的评论，复旦大学出土文献与古文字研究中心网站 2011 年 7 月 17 日。

[2] 陈伟：《上博八〈命〉篇剩义》，武汉大学简帛研究中心网站 2011 年 7 月 19 日。

[3] 参见刘云在复旦吉大古文字专业研究生联合读书会《上博八〈命〉校读》文后的评论，复旦大学出土文献与古文字研究中心网站 2011 年 7 月 17 日。

清华简《成人》篇"助"字发微*

杨蒙生

【摘 要】古文"助"字有两种写法,其一是虽有所讹变,但基本保留甲骨文中近似"更"的原始形态;其二是顺应汉字形声化趋势,在赘加表助力的"力"或"月(肉)"旁之后发展出的,以"助"字表意初文为声符的形声写法。前者多见于商周甲骨、金文,后者则被保留在以清华简为代表的东周古文字资料当中。楚文字中用为"助"的从文、膚声之字多半是"扶"字异体,出现这种情况的原因可能与楚文字中的"道"字又被写成从行、从人之形类似,属同义替换。

【关键词】清华简;助;更;膚

【作者简介】杨蒙生,北京语言大学文献语言学研究所、北京文献语言与文化传承研究基地副教授,"古文字与中华文明传承发展工程"清华大学协同攻关创新平台外聘专家,硕士研究生导师,清华大学出土文献研究与保护中心博士,研究方向为汉语言文字学(古文字学)和中国史(历史文献学)。(北京 100083)

新近公布的《清华大学藏战国竹简》第九辑中收录一篇名为《成人》的先秦古书,书中以"成人"的口吻向君王讲述了以刑罚为主要内容的治国理念和相关注意事项,呈现出明显的仿古倾向;其中个别语句可以同《书·吕刑》相对读,思想上亦与之一脉相承,体现出浓厚的法治思想。这些内容对于今天的治国理政仍具有十分重要的指导意义。篇中引起笔者特别注意的,是如下一段文字:

> 成【4】人曰:"呜呼!我后!古天氏降下民,作之后王、君公,正之以四辅:祝、宗、史、师,乃有司【5】正、典狱,惟曰:助上帝乱治四方之有罪无罪,惟民纲纪,以永化天命。"【6】

其中"助"字作如下之形:

通观辞例和《孟子·梁惠王下》"《书》曰:'天降下民,作之君,作之师,惟曰其助上帝宠之四方有罪无罪。惟我在,天下曷敢有越厥志?'"及下引清华五《厚父》"古天降下民,设万邦,作之君,作之师,惟曰其勤(助)上帝乱下民。"两段文字,可知整理报告意见确不可易。① 然而,由于整理者未对此字的构形做出详细说明,而古文字中尚有相关字形可以据此释读,因此,笔者不揣浅陋,草成此文,敬请方家雅正。

已知近年公布的清华简中尚有如下形体(下文用△表示②):

(1-1)■清华一·皇门3 ■清华一·皇门4 ■清华一·皇门5

■清华一·皇门9 ■清华一·皇门12

公若曰:呜呼!……我闻昔在二有国之哲王则不共于恤,乃惟大门宗子迩臣,懋扬嘉德,迄有宝,以【2】△毕辟,勤恤王邦王家。乃方求选【,】③择元武圣夫,羞于王所。【3】

是人斯△王恭明祀,敷明刑。王用有监,多宪政命,用克和有成,王用能承天之鲁命。百姓万

---

* 本成果得到国家社会科学基金"清华大学藏战国竹简所见东周人物人名用字及其族系诸问题研究"(22BYY105)项目资助,同时也是北京语言大学一流学科团队支持计划和"古文字与中华文明传承发展工程"规划项目"清华简与儒家经典的形成发展研究"(G3458)的阶段性研究成果。

① 黄德宽主编,清华大学出土文献研究与保护中心编:《清华大学藏战国竹简(玖)》,中西书局,2019年,第75—89,153—169页。
② 为行文简便,下文所引此字的各种异写在具体辞例中也用△表示。
③ 引者案,除了数字之外,用【】号括注的内容为笔者管见,涉及断句、破读等内容,特此说明。

民用【4】无不扰【，】比在王廷。

先王用有劝，以宾佑于上。是人斯【（其）】①既△卑辟，勤劳王邦王家。【5】

我王访良言于是【8】人，斯乃非休德以应。乃维诈诂以答，俾王之无依无△。【9】

呜呼！敬哉！监于兹。朕遗父兄眔朕荩臣，夫明尔德，以△余一人忧，毋【12】惟尔身之懔，皆恤尔邦，假余宪。【13】②

（1-2）🦋清华五·厚父5

厚【4】父拜手稽首，曰："者鲁！天子！古天降下民，设万邦，作之君，作之师，惟曰其△上帝乱下民。"【5】③

（1-3）🦋清华六·子产17　🦋清华六·子产26

子【15】产傅于六正，与善为徒，以恚事不善，毋兹违拂其事。劳惠【（助）】邦政，端使【16】于四邻。怠觉懈缓，更则任之，善则为人，勖勉求善，以△上牧民。④【17】

野三分，粟三分，兵三分，是谓持固，以△【26】政德之固。固以自守，不用民于兵甲战斗，曰武爱，以成政德之爱。【27】⑤

（1-4）🦋清华十·四告13

惟作立正【12】立事，百尹庶师，俾△相我邦国，和我庶狱庶慎，阱用中型，以光周民，懋我王国，万世勿奸，文子【13】文孙，保兹下土。【14】⑥

对比可知，上引《皇门》诸形是《厚父》《子产》和《四告》两类形体的繁化写法。

在清华简第一辑发布之初，整理者主要是根据《孟子·梁惠王下》所引《书》中文句，将前文所列《皇门》诸形与"助"字相对应。⑦ 之后，有学者根据安徽六安九里沟所出春秋晚期楚系铜器襄△子汤鼎（《铭图》2039）铭文中的人名用字🦋之摹写形体🦋⑧，将简文"蠹"字分析为从力、🦋声，指为"助"字异体，并云：因🦋、🦋与"助"字古音接近，故得如此⑨。又有学者综合诸说，将《皇门》篇"助"字形体同相关铜器铭文和甲骨文字形体串联，把甲骨文🦋（《合集》27736）、🦋（《合集》57588）、🦋（《合集》8855）、🦋（《合集》827）、🦋（《合集》27990）、🦋（《合集》2799）等形体释为"助"之本字的会意写法，并认定下引何尊、卫鼎、彔伯或簋、毛公鼎、禹鼎等铜器铭文中对应字形左右两侧的"中"形是以前引甲骨文形体为基础添加饰笔而成。⑩ 此说被之后发表的清华简第五辑《厚父》篇和第六辑《子产》篇整理报告吸收⑪，其正确性也得到进一步印证。清华简第十辑《四告》篇的"助"字释读亦受此影响，且通过与《书·立政》的文本对读可以确认，后者篇中出现在"助"字位置上的"勤"形实为"助"字讹误。⑫ 虽然如此，学界对此字的构形本义并未作出根本性解释。

---

① 简文"斯"从其得声，疑可破读为其，是对"是人"的复指。

② 李学勤主编，清华大学出土文献研究与保护中心编：《清华大学藏战国竹简（壹）》，中西书局，2010年，第87—96，163—171页。

③ 李学勤主编，清华大学出土文献研究与保护中心编：《清华大学藏战国竹简（伍）》，中西书局，2015年，第27—36，109—116页。

④ 关于本段简文的具体论述参见清华大学出土文献研究与保护中心即将推出的清华简校释系列丛书中的子类文献部分，下引"持固"一段的情况亦如此，均不赘述。

⑤ 李学勤主编，清华大学出土文献研究与保护中心编：《清华大学藏战国竹简（陆）》，中西书局，2016年，第85—99，136—145页。

⑥ 黄德宽主编，清华大学出土文献研究与保护中心编：《清华大学藏战国竹简（拾）》，中西书局，2020年，第27—33，109—116页。

⑦ 李学勤主编，清华大学出土文献研究与保护中心编：《清华大学藏战国竹简（壹）》，第66页。

⑧ 此字所在辞例为："襄△子汤之□，子子孙孙永宝用之。"由此拓本字形判断，其右下多半也是"力"旁，如此，可知摹本🦋失真。

⑨ 参见复旦大学出土文献与古文字研究中心研究生读书会《清华简〈皇门〉研读札记》（复旦大学出土文献与古文字研究中心网2011年1月5日）文下评论，2011年1月10日。

⑩ 杨安：《"助"字补说》，复旦大学出土文献与古文字研究中心网2011年4月26日。

⑪ 李学勤主编，清华大学出土文献研究与保护中心编：《清华大学藏战国竹简（伍）》，第113页；《清华大学藏战国竹简（陆）》，第138页。

⑫ 赵平安：《清华简〈四告〉的文本形态及其意义》，《文物》2020年第9期；黄德宽主编，清华大学出土文献研究与保护中心编：《清华大学藏战国竹简（拾）》，第115页。

本文认为，前引甲骨文形体上部左右两侧的短笔尚未繁化为"中"形，将之解作"助"字的表意初文似乎更为准确，它可能是会纺线时两侧旋转之丝线辅助纺轮保持平衡之意。如此，颇疑它与源自纺砖的象形字"叀"同源分化，是故二者在形体和声音上都很接近，《说文》"惠"字声符叀在古文中被"助"的表意初文替换，整体字形写作🜚可以为此旁证。虽然二字在区别特征上表现为一个的圈形内部写作"×"形，并且"×"形上部两头向外延伸，最终繁化为"中"形，另一个则作"＋"形，且未有延伸①，但这并不妨碍对二者关系的认定。

通观现有古文字资料，可知"助"字的表意初文在甲骨文时代即已出现🜚、🜚（《甲骨文编》4.19）②这类繁化形体。在铜器铭文当中，它和繁化之前的表意初文被一同保留下来，典型例证如被用作族徽的下引诸形：

（2-1）🜚《集成》1360△册鼎（商代晚期器）

△册

（2-2）🜚《集成》2260亚△鼎（西周早期器）

亚△

被用作人名的下引诸形：

（2-3）🜚、🜚《集成》5277△卣（西周早期器）

△作父戊宝旅彝。

（2-4）🜚《集成》5952△尊（西周中期前段器）

△肇其为御，作父甲旅尊。

（2-5）🜚、🜚、🜚《集成》2418无△鼎（西周晚期器）

司徒南仲右无△入门，立中廷，王呼史翏册命无△……无△敢对扬天子丕显鲁休……

被用作动词的下引诸形③：

（2-6）🜚《集成》6014何尊（西周前期早段器）

唯珷王既克大邑商，则廷告于天，曰："余其宅兹中国，自兹辥民，呜呼！尔有虽小子亡识，视于公氏，有爵于天，叀令：敬享哉！△王恭德裕天，训我不敏。"

（2-7）🜚《集成》2831九年卫鼎（西周中期前段器）

履付裘卫林孤里，则乃成封四封，颜小子具△封，寿商勴。

（2-8）🜚《集成》4302彔伯威簋（西周中期前段器）

王若曰："彔伯威，繇自乃祖考有爵于周邦，佑辟四方，△襄④（长）天命，汝肇不象……"。

（2-9）🜚《集成》4342师訇簋（西周中期后段器）

王曰："师訇（询）……今余唯申就乃命，命汝△雍我邦小大猷，邦弘遘辥，敬明乃心，率以乃友捍御王身，欲汝弗以乃辟陷于艰……"。

（2-10）🜚《集成》2841毛公鼎（西周晚期器）

王曰："父厝，今余唯肇经先王命，命汝辥我邦我家内外……汝毋敢荒宁，虔夙夕△我一人，雍

---

① 杨安先生在区别这两个字时认为，上部没有两个爪形且中间框内写"＋"形的是"叀"字，有两个爪形、中间框内写作"×"形且和爪形相连的是"助"字，在表达上异于拙说。再者，由清华简《成人》篇所见"助"字形体和后文所释师訇鼎铭文字形判断，此说显然只适合于"助"字的最早期形体。

② 甲骨文中貌似还有一个所谓"惠"字之形🜚，由于未见原拓，亦无辞例，故此存疑。参见李圃主编：《古文字诂林》第4册，上海教育出版社，2001年，第318页。

③ 李学勤：《试论董家村青铜器群》，《新出青铜器研究》，文物出版社，1990年，第105页；杨安："助"字补说。

④ 杨树达：《彔伯戎簋三跋》，《积微居金文说》，科学出版社，1959年，第274页。杨树达先生释出此字，并读之为当合之当。案，从文义看，也可将此字读为长，训其所在文句为助长天命，亦即指长久保有周邦。

我邦小大猷，毋质绒，告余先王若德，用仰昭皇天，申固大命，康能四国，欲我弗作先王忧。"

（2-11）《集成》2833 禹鼎（西周晚期器）

肆武公乃遣禹率公戎车百乘、厮驭二百、徒千，曰："于匡朕肃慕，△西六师、殷八师伐鄂侯驭方，勿遗寿幼。"

以及偶尔发生词性转移的下引之形：

（2-12）《集成》3555 叔佚父簋（西周晚期器）①

叔佚父作△簋。

对比可知，它们同清华九《成人》篇"助"字形内部写法一致性。考虑到这一类写法同"惠"字上部所从比较相近，以及如"鬼"头、"思"上形体内部的"×"形常常被写作"十"形等现实，我们怀疑长久以来被归在"叀"字条下的下引铜器铭文多半也是"助"字：

（3-1）《集成》2830 师訇鼎（西周中期前段器）

王曰："师訇！汝克荩乃身，臣朕皇考穆穆王，用乃孔德逊纯，乃用心引正乃辟安德，△余小子肇淑先王德……用型乃圣祖考，隣明令辟前王，事余一人。"

此形较《成人》篇"助"字形体少了一个"中"形，且余下的那个"中"形可能是出于对称美感的考虑被倒接在了已经同"叀"发生讹混的主体字形底部。对比前引毛公鼎铭文"虔夙夕△我一人"，可知"△余小子肇淑先王德"表述了周王勉励师訇，要其帮助自己继续淑善先王圣德的意思。

对比前引铜器铭文诸"助"字形体，可知叔佚父簋铭文"助"字摹本形可信度较高。若字右侧原本没有"中"形，则可视之为由《成人》篇类形体向师訇鼎类形体过渡的中间环节。

（3-2）《集成》130 者汈钟（战国早期器）

汝其用兹，绥安乃寿，△逸康乐。

虽然此字原始形体不甚清晰，但依其摹本形并结合辞例判断，它在钟铭此处显然也有"佑助"一类的意思。如此，颇疑它也是"助"字异写，钟铭"汝其用兹，绥安乃寿，助逸康乐"的大意是说：（者汈啊，）你要用这钟来祈求绥安长寿，安助康乐。由此出发，结合前引《说文》"惠"字古文形体判断，我们怀疑前引清华简《子产》"劳惠邦政"中的"惠"字似宜破读为"助"，"劳助邦政"即勤劳助力国君治国理政，可谓文从字顺。

通过上揭形体可知，"助"字写法在楚系文字中呈现出两种不同的发展轨迹：其中一种是在保存"助"字外部形体轮廓的基础上，受到同时代"惠"字所从"叀"旁及其他相类字形内部写法的类化影响，把中间"×"形变为"十"形，又将"叀"形两侧的"中"形同主体字形割裂作《成人》类写法，再将之省写作师訇鼎铭文类形体，最后脱去下部"中"形而与"叀"完全混形，若进一步浓缩简化②并省去下部圈形，便形成了者汈钟铭文的类写法。

另外一种写法是顺应汉字形声化发展趋势，在赘加表助力的形符"力"旁或"月（肉）"旁③之后，逐步发展出前引《厚父》及其省形《子产》、，和《四告》、《皇门》、襄△子汤鼎铭文那种以"助"字表意初文为声符的形声结构写法。这些形体的典型特点是它们都无一例外地保留了"助"字早期形态的区别特征。此类写法中单纯从力的那些形体虽然在后世被保留下来，但已发生讹变，如因左侧与"萬"相混而出现的"勘"（《书·立政》）形④，因构形不明而隶定有差的勱（《玉篇》力部）、勤（《龙龛

---

① 此处"助簋"一词为铜器铭文所仅见，盖指此器专为助祭之器，其结构当与铜器铭文习见的"旅鼎/簋/彝/尊/甗""行鬲"特别是"盥盘"相似。

② 杨蒙生：《战国文字简化研究》，硕士学位论文，安徽大学，2012年，第25—35页。

③ 至于字形中的"月（肉）"旁表示何义，又是在具体何时被赘加上去这两个问题，由于缺乏相关资料，尚且不得而知。赵平安先生以为是声符繁化，杨安先生以为可能与人体有关。参见赵平安：《谈谈战国文字中值得注意的一些现象——以清华简〈厚父〉为例》，《出土文献与古文字研究》第六辑，上海古籍出版社，2015年，第307页；杨安：《"助"字补说》。

④ 赵平安：《清华简〈四告〉的文本形态及其意义》。

手鉴》力部·去声)、▨(《集篆古文韵海》去声·御韵)诸形①等。

　　需要特别指出的是,对比《厚父》《子产》中的"助"字形体,可知《厚父》▨形"力"旁之外的"助"字形体在书写笔法上已出现连笔简化,即位于两侧的"屮"形直接由弯折的笔锋和连写直下的竖笔或侧笔完成,而《子产》▨、▨二形显示的简化方式则是省去下部圈形之后,连笔与借形手法的结合——就前一形体而言,位于两侧的"屮"形均是借用"助"字主体字形两侧的上部弧形笔画完成;就后者而言,位于左侧的"屮"形是在连笔基础上,通过借用"助"字主体字形左上部的内弧笔完成构形,位于右侧的"屮"形虽然构形方式与左侧相似,却可能出于字形内部空间布局方面的考虑,而在借用"助"字主体字形右上部内弧笔成形的同时,呈现出两次落笔的形态。这是我们在观察和研究此字形体发展演变脉络时需要留意的。

　　此外,楚文字中还有一个被认为是"助"的从攴(或力)、膚(或卢、虍)声之字,其形体作▨(上博二·容成氏 50)、▨(上博二·容成氏 53),传抄古文作▨(《说文》力部)、勴(《尔雅·释诂》)、勴(《集韵》去声·御韵)、▨、▨(《六书通》去声·御韵)诸形。② 我们认为,除了置换声符造成"助"字异体的可能③以外,从攴(或从力)、膚声之字也可能是扶助之"扶"的异写;"助"之所以能用"扶"字表示,其原因或与学界熟知的楚文字中"道"之被写成从行、从人之形的情况④类似,属于同义替换。

　　对比而言,久居周人故地的秦人所用▨(睡虎地·为吏 9)形之"助",多半是袭用《皇门》▨类形体过程中省去"助"字初文后的讹变写法,宜分析为从力、▨(助)省声,而非《说文》所说的"从力、且声",因此,后来出现的"鉏"字宜分析为从力、鉏声,而非从金、助声。

　　《说文》又有"耡"字,其文曰:"耡,'殷人七十而耡'。耡,藉税也,从耒、助声。《周礼》曰:'以兴耡利萌。'"文出《孟子》。今本《孟子·滕文公上》曰:"夏后氏五十而贡,殷人七十而助,周人百亩而彻,其实皆什一也。……助者,藉也。"⑤段玉裁《说文解字注》云:耡,"今《孟子》作助,《周礼》注引作菑。""藉者,借也,犹人相借力助之也。……藉税者,借民力以食税也。"《周礼·地官·里宰》"以岁时合耦于耡"⑥,段玉裁《说文解字注》云:"郑大夫读耡为藉,杜子春读耡为助,谓起民人,令相佐助。"⑦

　　案,一般认为"菑"是一种草名,然而结合前文所论"助"字古写"▨"诸形,颇疑它是后者的另一种简化、讹变形态:其字形早期当作"菑",后来上部形体与艸旁讹混,就出现了今天的"菑"形,且既知"助"形晚出,则以之为声的"耡"字不会出现太早。我们因此怀疑,"耡"是受"鉏"之类化影响产生的后起形声专字,用来指称殷时税制,"粗"字是其对应的异体字,文献中写作"助",如《孟子·公孙丑上》"耕者助而不税"、《滕文公上》"殷人七十而助""治地莫善于助"等,其具体实施方式"是八家合作,而上收其公田之入,无烦更出敛法"。⑧

　　要之,为便于读者观览,可将"助"字形体的发展脉络初步梳理如下:

　　▨亚△鼎→▨《合集》27736、2799→(1)▨、▨《甲骨文编》4.19(内有美笔)

　　　　　　　　　　→(2)▨△册鼎→▨无△鼎→①/②/③

　　　　　　　　　　→①▨△卣(两侧屮形连笔)

　　　　　　　　　　→②▨毛公鼎(顶部讹写)

　　　　　　　　　　→③▨禹鼎 →A/B/C

---

① 冯胜君先生将前二形视为前引清华简《厚父》篇中"助"字形体的讹变,将第三形视为反推所造形体。参见冯胜君:《"勴"字小考》,中国文字学会第九届学术年会论文,贵州贵阳,2017 年。

② 冯胜君:《"勴"字小考》。

③ 冯胜君:《"勴"字小考》。

④ 李学勤:《说郭店简"道"字》,《重写学术史》,河北教育出版社,2002 年,第 138—143 页。

⑤ 焦循撰,沈文倬点校:《孟子正义》卷十,中华书局,1987 年,第 334 页。

⑥ 孙诒让撰,王文锦、陈玉霞点校:《周礼正义》卷三十,中华书局,2013 年,第 1160 页。

⑦ 郑大夫即郑玄,他曾为《周礼》作注。段玉裁:《说文解字注》,洪业文化事业有限公司,2016 年,第 186 页。

⑧ 焦循撰,沈文倬点校:《孟子正义》卷十,第 230、334、338 页。

A. 清华九·成人 6→……→ 师毄鼎→……→者汈钟

B. 清华五·厚父 5→ 、 清华六·子产 17、26→a. 勮《书·立政》

→b. 勮《玉篇》、勮《龙龛手鉴》

→c.【莇】→莇《周礼》注

C. 清华十·四告 13

B+C→ 清华一·皇门 9、 襄△子汤鼎→……→ 睡虎地·为吏 9

借助对"助"字形体的考察，我们推测清华简本《皇门》可能是直接来源于西周王室文献的楚地抄本。在抄写过程中，原本中的个别古字被保留或繁化为楚地特有的地域形体。由此出发，结合之前的政治局势，知其可能是王子朝作乱不成、携入楚地的周初文献。简文中绝多用"于"而少用"於"（仅简1、8、12 三见）的情况可以从侧面支持本说。

2019 年 4 月 15 日初稿

2023 年 10 月 14 日改定

附记：小文初稿曾蒙沈培先生提出宝贵意见，谨致谢意。

Exploring the Origin of Chinese Character Zhu(助) from Tsinghua Bamboo Slips Named *Cheng-Ren*(《成人》)

Yang Mengsheng

(Beijing Literature Language and Cultural Heritage Research Base；Beijing Language and Culture University；"Paleography and Chinese Civilization Inheritance and Development Program" Collaborative Innovation Platform，Beijing 100083)

Abstract：For Chinese ancient character Zhu(助)，there were two kinds of writing. One form was often found in inscriptions on oracle bones，and was familiar with Zhuan(叀) which reserved its original meaning. Another common term had added a symbol to indicate its essential meaning，such as li(力) or rou(月/肉)，and the original form was kept as the new form's phonetic symbol. By analyzing unearthed materials，people could find that the former writing usually appeared in Shang-Chou Bronze inscriptions，while the latter was largely preserved in Tsinghua bamboo slips. As for the Chu(楚) character composited by pu(支) and fu(膚)，it was actually another term of Fu(扶)，not Zhu(助).The reason for the situation may be similar to the word Dao(道) is written in the form of xing(行) and ren(人) in Chu manuscripts，which belongs to the synonymous substitution.

Key words：Tsinghua bamboo slips；Zhu(助)；Zhuan(叀)；fu(膚)

清华简《四时》"俊风"考

柯 晨

【摘 要】清华简《四时》有"俊风"一词。"俊风"亦见于《山海经》,其名与甲骨文四方风之东风名"劦"相合,皆为东方之风。然而在《夏小正》中,俊风被解释为"合冰必于南风、解冰必于南风"之"南风"。笔者认为在不同语境中,俊风一词内涵的理解有不同角度。对于《夏小正》及清华简《四时》文本中俊风内涵的阐释,宜置于数术理论框架下。排列清华简《四时》在先秦秦汉时令文献中的序列,与《四时》时期相近的文献可资参考。俊风所反映的"顺天应时"思想,体现了先秦时期古人对自然的观察、探索和尊重,对现代人与自然和谐共生,有启发作用。

【关键词】俊风;清华简;《四时》;时令

【作者简介】柯晨,女,浙江大学艺术与考古学院博士研究生,研究方向为先秦秦汉出土文献。(浙江 杭州 310028)

清华简《四时》中有"俊风"一词,出现于简3及简27,现摘录如下:

> 孟旾(春)受舒(序)……十七日二寺(时),夋(俊)风乍(作),四维□□,□□之云(云)宾。(简3)

> 季眯(秋),内(入)月四日……廿(二十)旹=(七日)廿=(二十)七寺(时)乍(作)女(焉),青钧旦章,夋(俊)风㝰(藏)。(简27)

清华简《四时》整理者:夋,读为"俊"。俊风,大风,孟春十七日作,季秋二十七日藏。《夏小正》:"(正月)时有俊风。"《传》曰:"俊者,大也。大风,南风也。何大于南风也?曰:合冰必于南风,解冰必于南风,生必于南风,收必于南风,故大之也。"①

"俊风"一词还见于《山海经》,《山海经·大荒东经》:"东方曰析,来风曰俊,处东极以出入风。"胡厚宣认为《山海经》中的"俊风"与甲骨文四方风名之东风名相合。②盖因《山海经》所言"来风曰俊"与两片甲骨文中所言"凤(风)曰劦"可互相印证,且"俊"与"劦"义可相通。庐江刘体智善斋所藏甲骨:"东方曰析,凤(风)曰劦"。1936年中央研究院第十三次发掘殷墟所得武丁时甲骨:"贞帝(禘)于东方曰析,凤(风)曰劦。"《说文》:"劦,同力也,从三力。"又"俊,材过千人也。"《尚书·尧典》:"克明俊德。"郑注:"俊德,才兼人者。"盖必同心合力,其材乃可以兼人。杨树达、陈邦怀、于省吾③等皆赞同此观点。杨树达指出"协风"与"谷风"名异而义同,皆以和为义。④《国语·周语》讲耕籍之礼:"先时五日,瞽告有协风至",韦昭注:"协,和也"。又《国语·郑语》:"虞幕能听协风",韦昭注:"协,和也"。《尔雅·释天》:"东风谓之谷风",《诗经·邶风·谷风》:"习习谷风",毛传:"习习,和舒貌。东风谓之谷风。阴阳和而谷风至"。陈邦怀同意"协风"之"协"以和为义。⑤《礼记·月令》:"孟春之月,天气下降,地气上腾,天地和同",天地和同,与"协风"之"协"训和相合。

从以上可见,《山海经》中"俊风"与甲骨文中"劦风"相合,两者皆为东方之风。另外,与"劦风"名

---

① 清华大学出土文献研究与保护中心编:《清华大学藏战国竹简(拾)》,中西书局,2022年,第127—142页。
② 胡厚宣:《甲骨文四方风名考证》,《甲骨学商史论丛初集》,河北教育出版社,2002年,第265—276页。
③ 于省吾:《释四方和四方风的两个问题》,《甲骨文字释林》,中华书局,1979年,第123—129页。
④ 杨树达:《甲骨文中之四方风名与神话》,《积微居甲文说》,上海古籍出版社,1986年,第77—84页。
⑤ 陈邦怀:《四方风名》,《殷代社会史料征存》,天津人民出版社,1959年,第1—5页。

异而义同的"谷风",也是自东而来。然而在《夏小正》中,"俊风"被解释为"合冰必于南风、解冰必于南风"之"南风"。对于此处俊风被解释为南风,清人孔广森早有注意,《夏小正》孔广森补注:"此传似失其义。《山海经》曰'东方曰折,来风曰俊',然则'俊风'者,东风也。《月令》所谓东风解冻。"[①]今人黄怀信认同孔广森的说法:"此'俊风'宜如《山海经》义解为东风,传失其义,孔说是也。"[②]那么,《夏小正》中的这一解释是怎么产生的?清华简《四时》中俊风的含义又是什么?笔者以为对于其内涵的阐述,可能放置在数术理论框架下进行解释是较为合理的。

一　清华简《四时》中的四方风

胡厚宣曾指出,甲骨文中的"四方风"后逐渐演变为"八风"。[③]庐江刘体智善斋所藏甲骨:"东方曰析,凤(风)曰劦。南方曰夹,凤(风)曰岂。西方曰𬀪,凤(风)曰彝。□(北)□(方)□(曰)□、凤(风)曰段。"四方风还见于《山海经》以及《尚书·尧典》。《山海经》:"东方曰折,来风曰俊,处东极以出入风(《大荒东经》)","南方曰因乎,夸风曰乎民,处南极以出入风(《大荒南经》)","有人名曰石夷,来风曰韦,处西北隅以司日月长短(《大荒西经》)","北方曰鳧,来之风曰狻,是处东极隅以止日月,使无相间出没,司其短长(《大荒东经》)。"

《淮南子·天文训》《黄帝内经·灵枢·九宫八风》《吕氏春秋·有始览》皆有关于八风记载。《吕氏春秋·有始览》:"何谓八风?东北曰炎风,东方曰滔风,东南曰熏风,南方曰巨风,西南曰凄风,西方曰飂风,西北曰厉风,北方曰寒风。"汉人魏鲜能决八风,《史记·天官书》:"而汉魏鲜集腊明正月旦决八风。风从南方来,大旱;西南,小旱;西方,有兵;西北,戎菽为,小雨,趣兵;北方,为中岁;东北,为上岁;东方,大水;东南,民有疾疫,岁恶。"《开元占经》记录有魏鲜的著作《汉魏鲜正月朔旦八风占》。

同时,由于商代的一年为春秋两季制,所以甲骨文中没有四时与四方的相配。四时是直至西周后期分化出夏冬才具备的。因此,四时概念的出现是晚于四方的,先有四方,其后才有四时。清华简《四时》中的四方风应处于四方风向八风演变的中间过渡阶段,其四方风与四时已经有明确的对应关系。另外,清华简《四时》四方风直接称为"东风""南风""西风""北风"。摘录如下[④]:

1. (孟春之月)内(入)月四日,东风,青云(云),亚冻,寒门乃輐(睆),奴(如)不至,玄维乃需。(简2)

2. (孟春之月)廿=(二十)日四门皆癹(发)(29),东风乍(作)。(简4)

3. (孟夏之月)十寺(时)乍(作)女(焉),南风攸(启)孟。(简10—11)

4. (孟夏之月)廿=(二十)日玄芯(帮)旦绅(陈),玄水乃滐(竭),南风乍(作)。(简12)

5. (孟秋之月)廿=(二十)日帛(白)芠(帮)旦雟(奋)(95),大茾(井)用曷(竭),西风启。(简22)

6. (孟冬之月)旨=(七日)廿=(二十)八寺(时)乍(作)女(焉),玄离(辖)乃繻(需),北风启寒。(简28)

从以上可见,清华简《四时》中已有较为明确的四方风风名。因此,"俊风"作为某种风的专名,与四方风应该是有一定区别的。以表格的形式将文中的四方风及出现的时间摘录如下(表1),可以清楚地看到其分别对应四孟之月,对于分辨季节更替起到标志性的作用。

---

① 孔广森撰,王丰先点校:《大戴礼记补注》,中华书局,2013年,第41页。
② 黄怀信:《大戴礼记汇校集注》,中华书局,2005年,第166页。
③ 胡厚宣:《甲骨文四方风名考证》,《甲骨学商史论丛初集》,河北教育出版社,2002年,第265—276页。
④ 清华大学出土文献研究与保护中心编:《清华大学藏战国竹简(拾)》,中西书局,2022年,第127—142页。

表1　清华简《四时》"四方风"所出时间及其与"四时"的对应

四方风	月	日
东风	孟春	4日
东风作	孟春	20日
南风启孟	孟夏	7日10时
南风作	孟夏	20日
西风启	孟秋	20日
北风启寒	孟冬	7日28时

二　清华简《四时》在先秦秦汉时令类文献中的序列

时令类文献通过"以时系事"的方式说明物候、星象,安排生产与生活。我国古代的时令主要分为"四时"与"五行"两种类型,两者的区别在于对"岁"的划分不同。"四时时令"将一年四分、八分、十二分、二十四分;而"五行时令"则将一年五分、三十分。此外还有一种四时八节令,数量相对较少。本节拟对先秦秦汉的时令类文献(传世文献与出土文献)按时令类型进行分类,并探讨清华简《四时》在其中的序列。

(一)四时时令

涉及四时时令的传世文献有《夏小正》《管子·四时》《吕氏春秋·十二纪》《淮南子·时则训》《礼记·月令》《逸周书·时训解》《淮南子·天文训》。《夏小正》分别记载十二月的物候、星象和农事,已经有节气的萌芽。《管子·四时》关于节气名称的涉及较少。文中"四时"与"五方",以及"五德"相配。张富祥指出其是"在五行说的框架内安排的"。① 这个论述非常正确,然而究其本质,《管子·四时》依然属于四时时令。因为其"中央土"是虚置于夏的,并不占实际的天数。《吕氏春秋·十二纪》已经有部分节气名,此时还未形成完备的体系。张富祥认为其使用的是"五行时令"②,春三月"其日甲乙",夏三月"其日丙丁",中央土"其日戊己",秋三月"其日庚辛",冬三月"其日壬癸"。然而《十二纪》只是把五行作为点缀,本质上还是严格以月相配,当属于四时时令。《礼记·月令》《淮南子·时则训》所记与《十二纪》大致相同。《逸周书·时训解》《淮南子·天文训》出现了完整的二十四节气。

出土文献中涉及到四时时令的有孔家坡汉简《日书·岁》,银雀山汉简《禁》《迎四时》《四时令》《不时之应》,以及《敦煌悬泉月令诏条》。湖南长沙子弹库出土《楚帛书》中的第三篇《月忌》在性质上和月令类文献有相似之处,但并非属于月令,李零认为其属于"历忌之书"③,因此不收于本文。孔家坡汉简《日书·岁》全篇共分三部分。其第二部分提到"五时":"于是令东方生,令南方长,令西方杀,令北方臧(藏),令中央兼收,是胃(谓)五时"。然而在第三部分分别论述十二个月的气候及时令时,使用的依旧是四时时令。银雀山汉简《禁》按春夏秋冬四时分别论述。银雀山汉简《四时令》以"正月朔日""四月朔日""七月朔日""十月朔日"依次论述。银雀山汉简《不时之应》以"春三月""夏三月""秋三月""冬

① 张富祥:《〈管子〉书中的"幼官"和有关节气问题》,《民俗研究》2012年第5期,第33—40页。
② 张富祥:《〈管子〉书中的"幼官"和有关节气问题》,第33—40页。
③ 李零:《长沙子弹库战国楚帛书研究》,中华书局,1985年,第34页。

三月"依次论述。《敦煌悬泉月令诏条》由王莽在元始五年颁布，是从《月令》中抽选出与基层及百姓有关的内容制定成条文。每月各有月令若干条，数目不等。

（二）五行时令

涉及五行时令的有《管子·幼官》《管子·幼官图》①《管子·五行》，此外还有银雀山汉墓竹简《三十时》《五令》。《管子·幼官》《管子·幼官图》为三十时节。《管子·幼官》以四时配五行，一年360日，与太阳年的准确长度差了约5.242 2天，因此误差不断累积，四时就会失序。银雀山汉简《五令》中的"五令"分别指"德令者""义令者""惠令者""威令者""罚令者"。银雀山汉简《三十时》将一岁分为三十时，"十二日一时，六日一节"。其属于五行系统，却未配五行，应该是因为年代较早，可能早于《幼官》《幼官图》。

（三）四时八节令

除了四时时令和五行时令，另有一种四时八节令，见于《管子·轻重己》，把一年368日按每节46日而八分。《管子·轻重己》："以冬日至始，数四十六日，冬尽而春始""以冬日至始，数九十二日，谓之春至""以春日至始，数四十六日，春尽而夏始""以春日至始，数九十二日，谓之夏至""以夏日至始，数四十六日，夏尽而秋始""以夏日至始，数九十二日，谓之秋至""以秋日至始，数四十六日，秋尽而冬始""以秋日至始，数九十二日"③。这种分法，与安徽阜阳汉墓出土太一九宫式盘（图1），以及《黄帝内经·灵枢》卷十一《九宫八风》中太一（北极星）在一岁中九宫游行的分配方法一致，张富祥认为这种划分可能是二十四节气的来源。④

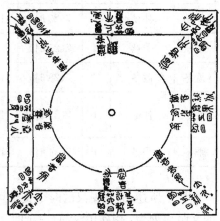

图1　安徽阜阳汉墓出土太
一九宫式盘地盘②

（四）清华简《四时》的时令类型

清华简《四时》的时令类型是什么呢？清华简《四时》逐月记载了一年十二月每月第1、4、7、10、14、17、20、24、27日的星象和物候（详细时间点见表2），其当为四时时令。它将每年分为37时，每时分别位于每月的第7、17、27天，第36时位于岁末，第37时位于岁初，两者之间相差十日。因此，虽然是37时，但一年的周期是10 * 36，为360日。清华简《四时》的文本应该是比较早期的时令文献，文字古奥，有较多关于星象的描写。它的星象系统的星象名称也与传统的二十八宿系统星象名称不同，可证其年代较早。

表2　清华简《四时》十二月中每月记录星象及物候的日期，以及一年中的"三十七时"

月									
孟春	孟春受序	4	7（1时）	8⑤	14	17（2时）	20	24	27（3时）
仲春	仲春受序	4	7（4时）	10	14（日月分⑥）	17（5时）	20	24	27（6时）
季春	季春朔	4	7（7时）	10	14	17（8时）	20	24	27（9时）

---

① 《幼官》《幼官图》原作《玄宫》《玄宫图》。

② 王襄天、韩自强：《阜阳双古堆西汉汝阴侯墓发掘简报》，《文物》1978年第8期，第12—33页。

③ 以秋日至始，数九十二日，此时为冬至。

④ 张富祥：《〈管子〉书中的"幼官"和有关节气问题》，第33—40页。

⑤ 整理者认为此处"八日"为衍文。

⑥ 即春分。

续　表

月									
孟春	孟夏朔	4	7(10时)	10	14	17(11时)	20	24	26(12时)
仲夏	仲夏	4	7(13时)	10	14	17(14时,日至于北极①)	20	24	27(15时)
季夏	季夏	4	7(16时)	10	14	17(17时)	20	24	27(18时)
孟秋	孟秋	4	7(19时)	10	14	17(20时)	20	24	27(21时)
仲秋	仲秋	4	7(22时)	10	14(日月分②)	17(23时)	20	24	27(24时)
季秋	季秋	4	7(25时)	10	14	17(26时)	20	24	27(27时)
孟冬	孟冬	/	7(28时)	10	14	17(29时)	20	24	27(30时)
仲冬	仲冬	4	7(31时)	10	14	17(32时,日至于南极③)	20	24	27(33时)
季冬	季冬	4	7(34时)	10	14	17(35时)	20	24	27(36时)	37时④

综上所述,先秦秦汉的时令文献可分为三类:"四时时令""五行时令""四时八节令"。"五行时令"的文献序列为:银雀山汉简《三十时》《五令》——《管子·幼官》《管子幼官图》《管子·五行》。"四时八节令"文献序列为:《管子·轻重己》——安徽阜阳出土太一九宫式盘——《黄帝内经·灵枢》卷十一《九宫八风》太一九宫游行图。"四时时令"的文献序列稍显复杂,按文献的成书年代、行文风格,以及四时与五行的相配情况综合考虑,大致为:《夏小正》《管子·四时》《逸周书·时训解》清华简《四时》(先秦)——《吕氏春秋·十二纪》(秦)——《淮南子·天文训》《淮南子·时则训》孔家坡汉简《日书·岁》银雀山汉简时令占候类文献(《禁》《迎四时》《不时之应》《四时令》)《礼记·月令》《敦煌悬泉月令诏条》(西汉)。

三　数术框架下"俊风"的内涵阐释

在清华简《四时》中,四方风之东方风直接称为"东风",可见"俊风"与作为四方风的"东风"当有一定区别。《四时》是天文数术类文献,其文本的生成与数术理论有关。参看上节所列其在先秦秦汉时令类文献中的序列,与它同属四时时令,且时间上较为接近的有《夏小正》《管子·四时》《逸周书·时训解》。因此,从东方之风到"解冰必于南风"之南风,俊风的内涵何以发生嬗变,清华简《四时》文本中的俊风又是什么含义,将这些问题放在数术理论框架下阐释是较为合理的。

(一)时令类文献中的"应天顺时"

学界已有共识,时令类文献很有可能起源于战国阴阳家。《史记·太史公自序》司马谈论六家要旨谈阴阳家说道:"尝窃观阴阳之术,大祥而众忌讳,使人拘而多所畏;然其序四时之大顺,不可失也",

---

① 即夏至。
② 即秋分。
③ 即冬至。
④ 37时日乃受序,乃复常。

又说道："夫阴阳四时、八位、十二度、二十四节各有教令，顺之者昌，逆之者不死则亡。未必然也，故曰'使人拘而多畏'。夫春生夏长，秋收冬藏，此天道之大经也，弗顺则无以为天下纲纪，故曰'四时之大顺，不可失也'"。可见时令类文献的思想内涵包括两个层次：一是对自然规律摸索和掌握。孔家坡汉简《日书·岁》："于是令东方生，令南方长，令西方杀，令北方臧（藏），令中央兼收，是胃（谓）五时。"二是在掌握基本规律的基础上合理安排生产生活，尊重自然，顺应天时。《敦煌悬泉月令诏条》："往者阴阳不调，风雨不时，降农自安，不董作【劳】，是以数被菑害，恻然伤之。惟□帝明王，靡不躬天之磨数，信执厥中，钦顺阴阳，敬授民时，□劝耕种，以丰年□，盖重百姓之命也。"①《周书·大明武》："应天顺时，时有寒暑。"若是违反了这些规律，则会对生产生活造成不良后果，严重的甚至会影响到国家的存亡。银雀山汉简《五令》："故德令失则羽虫（蟲）为菑（灾），义令失则毛虫（蟲）为菑（灾），惠令失则赢〈裸〉虫（蟲）为菑（灾），威令失则界（介）虫（蟲）为菑（灾），罚【令失则鳞虫（蟲）为灾】。"②《管子·四时》："不知四时，乃失国之基。"

（二）时节变化与阴阳消长，以及气动生风

在数术理论中，季节的更替、物候的变化与阴阳二气的消长有莫大关系。《管子·乘马》："春秋冬夏，阴阳之推移也。时之短长，阴阳之利用也。日夜之易，阴阳之化也。"《夏小正》："日冬至，阳气至始动。"银雀山汉简《三十时》："四时，卅八日，凉风，杀气也。"③孔家坡汉简《日书·岁》详细描述了一岁中不同季节"气"的变化："正月并居寅，以谋春事"，"二月发春气于丑，是胃（谓）五（吾）已生矣"，"三月止寒于戌，是胃（谓）吾已成矣"，"四月并居卯，以受夏气"，"五月治虫于辰巳，是胃（谓）吾已长矣"，"六月止云翯（雾）于亥，是胃（谓）吾已长矣"，"七月并居申，以行秋气"，"八月止阳气于未，是胃（谓）吾已杀矣"，"九月为计于卯"，"十月称臧（藏）于子"，"十月④屇（廪）事于酉"，"十二月置、免于午"。⑤

《管子·四时》："东方曰星，其时曰春，其气曰风，风生木与骨"，"南方曰日，其时曰夏，其气曰阳，阳生火与气"，"西方曰辰，其时曰秋，其气曰阴，阴生金与甲"，"北方曰月，其时曰冬，其气曰寒，寒生水与血"。从这段文献中可见，每一个方位的"气"是不同的。其实，不同方向即对应不同季节，不同方位"气"的不同实际是由不同气候引起的。《黄帝内经·灵枢·九宫八风》中的八风之气亦有不同属性。在中医病因学理论中，南宋医家陈言在《三因极一病证方论》提出了"三因学说"，首次明确将病因划分为三类，外感六淫，内伤七情，以及不内外因⑥。其实这种思想自《黄帝内经》开始即一脉相承。《黄帝内经·灵枢·口问》："夫百病之始生也，皆生于风雨寒暑，阴阳喜怒，饮食居处，大惊卒恐。"其中外界气候变化所带来的寒暑燥湿风热即是"外感"，其气可致病。《黄帝内经·素问·生气通天论》："是以春伤于风，邪气留连，夏乃为洞泄；夏伤于暑，秋为痎疟；秋伤于湿，冬逆而咳，发为痿厥；冬伤于寒，春必病温。四时之气，更伤五藏。"八风之气其实与四时之气有一定的对应关系，亦会致病。《黄帝内经·灵枢·九宫八风》："风从南方来，名曰大弱风。其伤人也，内舍于心，外在于脉，其气主为热。风从西南方来，名曰谋风。其伤人也，内舍于脾，外在于肌，其气主为弱。风从西方来，名曰刚风。其伤人也，内舍于肺，外在于皮肤，其气主为燥。风从西北方来，名曰折风。其伤人也，内舍于小肠，外在于手太阳脉，脉绝则溢，脉闭则结不通，善暴死。风从北方来，名曰大刚风。其伤人也，内舍于肾，外在于骨与肩背之膂筋，其气主为寒也。风从东北方来，名曰凶风。其伤人也，内舍于大肠，外在于两胁腋下

---

① 中国文物研究所编：《敦煌悬泉月令诏条》，中华书局，2001年，第4页。
② 银雀山汉墓竹简整理小组编：《银雀山汉墓竹简（贰）》，文物出版社，2010年，第226页。
③ 银雀山汉墓竹简整理小组编：《银雀山汉墓竹简（贰）》，第212页。
④ 简文此处漏字，当为"十一月"。
⑤ 湖北省文物考古研究所、随州市考古队编：《随州孔家坡汉墓简牍》，文物出版社，2006年，第185页。
⑥ "不内外因"主要指饮食起居失宜，劳逸过度，外伤虫毒等。陈言《三因极一病证方论》："其如饮食饥饱，叫呼伤气，尽神度量，疲极筋力，阴阳违逆，乃至虎野狼毒虫，金疮折，痓忤附着，畏压溺等，有悖常理，为不内外因。"

及肢节。风从东方来,名曰婴儿风。其伤人也,内舍于肝,外在于筋纽,其气主为湿。风从东南方来,名曰弱风。其伤人也,内舍于胃,外在肌肉,其气主体重。"在八风之气中北方风"其气主寒",而四时之气"冬伤于寒",可见北方之气与冬季之气相对,皆为"寒"。

同时,气动又生风,《吕氏春秋·季夏纪》:"天地之气,合而生风。"《吕氏春秋·有始览》:"何谓八风? 东北曰炎风(高诱注:炎风,艮气所生),东方曰滔风(高诱注:震气所生),东南曰熏风(高诱注:巽气所生),南方曰巨风(高诱注:离气所生),西南曰凄风(高诱注:坤气所生),西方曰飂风(高诱注:兑气所生),西北曰厉风(高诱注:乾气所生),北方曰寒风(高诱注:坎气所生)。"现代气象科学认为风是流动的空气,流动的空气称为气流或风。可见古人"气动生风"的认识有一定的科学性。

(三) 阳气所生之风

阳气始生,万物生长,冰冻消释,因此《夏小正》说"生必于南风""解冰必于南风";阳气衰竭,万物收藏,冰始冻,故《夏小正》有"收必于南风""合冰必于南风"。南方之气曰"阳",阳生"火与气",而气又生风。俊风既是南方之阳气所生之风,那么就解释为"南风"了。清人王聘珍也表达了类似的观点,《夏小正》王聘珍解诂:"云'合冰必于南风解冰必于南风'者,《白虎通》云:'南者,任也。'十月纯阴用事,阳凝于阴,任成其功,故有风以合冰。正月阴气渐消,阳薄乎阴,任散其德,故有风以解冰。云'生必于南风收必于南风'者,任养万物故曰生,任成万物故曰收也。"①

在清华简《四时》中,俊风共出现了在两处。一处是孟春之月:"十七日二寺(时),夋(俊)风乍(作),四维□□,□□之云(云)宾。"另一处是季秋之月:"廿=(二十)旹=(七日)廿=(二十)七寺(时)乍(作)女(焉),青钩旦章,夋(俊)风瘇(藏)。"其中,孟春之月"俊风作"对应的即是《夏小正》"解冰必于南风,生必于南风";孟秋之月"俊风藏",对应"合冰必于南风""收必于南风"。因此,清华简《四时》"俊风"与《夏小正》"俊风"内涵相类,指南方阳气所生之风。

《淮南子·天文训》将"八风"与"四立"以及"二分""二至"关联起来,以不同风的出现作为节气到来的标志。《淮南子·天文训》:"何谓八风? 距日冬至四十五日,条风至;条风至四十五日,明庶风至;明庶风至四十五日,清明风至;清明风至四十五日,景风至;景风至四十五日,凉风至;凉风至四十五日,闾阖风至;闾阖风至四十五日,不周风至;不周风至四十五日,广莫风至。"这一段中所体现的时令类型当为四时八节令,不同类型的风对应不同的节气。此外,人们亦在不同节气安排不同的生产生活,《淮南子·天文训》在说明何谓八风后,进一步叙述了不同节气下人们的行为:"条风至则出轻系,去稽留。明庶风至则正封疆,修田畴。清明风至则出币帛,使诸侯。景风至则爵有位,赏有功。凉风至则报地德,祀四郊。闾阖风至则收县垂,琴瑟不张。不周风至则修宫室,缮边城。广莫风至则闭关梁,决刑罚。"这说明了我们的先人对风的重视。在气候转变所引起的一系列气象及物候变化中,风是作为最先的那个变化被人们感知到的。它是季节转变的标志性气象现象,相当于一种抽象化的时间刻度。因此,清华简《四时》中的俊风,它是春季到来的一个敏感信号,也是"解冰"与"合冰"的关键。春季阳气生发,东风解冻;秋季阳气衰退,水始冰。《礼记·月令》:"(孟春之月)东风解冻,蛰虫始振,鱼上冰。"《周书·时训解》:"立冬之日水始冰。"

清华简《四时》中除了俊风,还出现了四方风,以及其他类型的风。其虽不似《淮南子·天文训》中的八方风一样与具体某一节气有明确对应关系,但也都作为标志性的气象现象,提示气候的转变。摘录如下②:

> 1. (仲夏之月)廿=(二十)日玄维旦𱗼(伏),亟(期)风乍(作)。(简 16)
> 2. (季夏之月)廿=(二十)日㣙目旦亟=(极,期)风至。(简 19)

---

① 王聘珍:《大戴礼记解诂》,中华书局,1983 年,第 27 页。
② 清华大学出土文献研究与保护中心编:《清华大学藏战国竹简(拾)》,中西书局,2022 年,第 127—142 页。

3.（仲秋之月）古＝（十日）西门昏正，亘（期）风至。（简 23—24）

4.（仲秋之月）廿＝（二十）日白维旦遟（逾），亘（期）风乍（作）。（简 24）

5.（季秋之月）廿＝（二十）日赤目旦绅（陈），亘（期）风至。（简 27）

6.（孟冬之月）廿＝（二十）日赤苍（帝）旦绅（陈），亘（期）风至。（简 29）

7.（仲冬之月）廿＝（二十）日需（灵）星旦章，亘（期）风乍（作）。（简 32）

8.（季冬之月）廿＝（二十）日，亟（期）风至。（简 34）

9.（孟春之月）合＝（八日），延（征）风戉（启）南（21）。（简 3）

10.（仲春之月）廿＝（二十）日，四闢（关）皆正，殷风乍（作）。（简 6）

11.（季春之月）廿＝（二十）日臂（毕）风乍（作）。（简 9）

其中期风共出现了 8 次，其特点是几乎都出现在所在之月的第 20 日。《清华简》四时整理者认为期风乃时风："期风，时风。《管子·幼官》：'十二期风至，戒秋事。'《书·洪范》：'曰谋，时寒若；曰圣，时风若'。"①此外，清华简《四时》在记录四方风时，提到了"（孟夏之月）南风启孟""（孟秋之月）西风启"，以及"（孟冬之月）北风启寒"。《说文》："启，开也"，一个"启"字说明了在我们先民的观念中，风就像带来气候转变信号的使者。气候的转变，最先即体现在风的属性变化上。

综上所述，甲骨文中的"劦风"以及《山海经》中的"俊风"时代较早，与数术并无关联。清华简《四时》中的"俊风"以及《夏小正》中的"俊风"在数术理论框架下指南方阳气所生之风。它其实是由季节变化引起，带有暖意。虽然在甲骨文中"四方"并未与"四时"相配，但在后出的文献中，"东风"常与"春季"相配。可见，无论在甲骨文中作为四方风之东风的"劦风"，还是在其后的时令文献中解释为"解冰必于南风"的"俊风"，其与春季相关，有和舒之义。只是在不同语境中，其内涵的理解有不同角度。

结论

甲骨文中的"劦风"以及《山海经》中的"俊风"为"四方风"之"东风"。清华简《四时》及《夏小正》中的"俊风"在数术理论框架下为南方阳气所生之风，有和舒之义。它由季节变化引起，带有暖意。它的到来生发万物，它的衰退敛肃万物。一叶落而知秋，俊风所带来的"解冰"与"合冰"是具有标志性的物候现象，意味着季节的转变，正是从这些对自然现象点滴的观察开始，先秦古人从殷商时期不断积累，才最终在西汉形成了稳定的节气系统。其中蕴含的顺天应时、敬天保民的思想，也为现代人与自然和谐共生提供了宝贵经验。

On the Term Junfeng(俊风) in the Chapter *Sishi*(《四时》) of Tsinghua Bamboo Slips

Ke Chen

(School of Art and Archaeology, Zhejiang University, Hangzhou 310028)

Abstract：The term Junfeng(俊风) is used in the Chapter *Sishi*(《四时》) of Tsinghua Bamboo Slips. The term Junfeng in *Shanhaijing*(《山海经》) is consistent with the term Xie(劦) in oracle bone inscription，both of which refer to the East wind. But it is explained as South wind in *Xiaxiaozheng*(《夏小正》). The author believes that there are different connotation of the term Junfeng in different

---

① 清华大学出土文献研究与保护中心编：《清华大学藏战国竹简(拾)》，中西书局，2022 年，第 138 页。

contexts. The interpretation of Junfeng in the texts of *Xiaxiaozheng* and *Sishi* should be placed within the framework of mathematics. Literature whose period is similar to *Sishi* could be used as reference. The idea of conforming to the times reflects the ancient people's observation, exploration, and respects for nature during pre-Qin period, which has an enlightenment on the coexistence between modern people and nature.

Key words: Junfeng(俊风); Tsinghua bamboo slips; *Sishi*(《四时》); Shiling(时令)

左冢棋局文字释读札记*

任龙龙

【摘　要】左冢棋局"愸窬"读为"剌很",执拗乖戾。"康缅"读为"康湎",倒读为"湎康"说不可从。"民晉"读为"民僭",指民犯上。"民恭"读为"民倦",与"民穷""民患"义近。"民匐"似可读为"民聋"。"民勅"读为"民饰",指民掩饰、藏匿。

【关键词】左冢棋局;楚文字;字词考释

【作者简介】任龙龙,中山大学中国语言文学系博士生,研究方向为出土文献与古文字。(广东 广州 510275)

　　左冢棋局 2003 年由黄凤春、刘国胜二先生发表于第四届国际中国古文字研究会,收入会议论文集。① 2006 年出版的《左冢楚墓》收入二人前文的修改版,附有清晰图版和文字摹本。② 此后研究者有刘信芳、董珊、陈伟武、高佑仁、朱晓雪、傅修才、王凯博等等。棋局文字以二字词组和单字词为主,许多字形、词义缺乏考释线索,相互之间的联系更难以确知。此前学者在文字释读方面已取得较多成果,增加了我们从整体把握棋局文意的可能性。在对棋局通盘研究之后,有些遗留问题似乎可以得到解决。为便于征引,下面先附上需要参照的原文,然后重点对一些问题进行讨论。

左冢棋局方框文字

（一）第一栏

A边　夲（决）棠（常），学本，豫畱（陈），愸（剌）窬（很），荒念（淫），吁溢

B边　康缅（湎），困土（杜），鑫（散）惐（越），肯（怨）箴，肝亢，襄（攘）敓（夺）

C边　虑枓，寻（得）惛（闻），余（徐）忽（忍），迲（狭）解，互（极/恒）恭（期），息（疾）毁

D边　怀（倍）劓（断），恻（贼）念（贪），溺逸，狅（猛）刚，行慎，虐暴

（二）第二栏

A边　民乩，民凶，民綕（禁），民晉（僭）

B边　民扁，民匐（聋），民龂（昏/惛），民悃

C边　民穷，民绍，民恭（倦），民患

D边　民恻（贼），民勅（饰），民童，民柔

（三）第四栏

A边　纪,缲（绳），吁（虚）匆（聪），统（纲）

B边　宬（闭），樑，智罤（疏），局

C边　训（顺），桯（权），恭斫（慎），逆

---

　　* 基金项目:本文为国家社会科学基金重大项目"战国文字研究大数据云平台建设"(21&ZD307)、"古文字与中华文明传承发展工程"规划项目"出土战国文献分类辑注"(G1423)的阶段性研究成果。

　　① 黄凤春、刘国胜:《记荆门左塚楚墓漆梮》,《第四届国际中国古文字学研讨会论文集:新世纪的古文字学与经典诠释》,香港中文大学,2003 年,第 493—501 页。

　　② 黄凤春、刘国胜:《左塚三号楚墓出土的棋局文字及其用途初考》,《荆门左塚楚墓》,文物出版社,2006 年,第 227—232 页。

D边　统（纲），，圣裕，经

（四）第五栏

A边　毁（臧）①民，吾（五）□（弱）

B边　民盍（害），三□（强）

C边　人（仁）善，吾（五）□（强）

D边　辻（朴）速（素），三□（弱）

（五）第六栏

A边　型（刑），瀘

B边　信，典

C边　羕（永），常

D边　义，恻（则）

一　剌很

第一栏 A 边"剌魯"，"剌"，黄凤春、刘国胜《记荆门左塚楚墓漆桐》未释，刘信芳《荆门左冢漆桐文字补释》读为"烈"②，黄凤春、刘国胜《左冢三号楚墓出土的棋局文字及其用途初考》从之③，董珊《荆门左冢楚栻漆书初考》读为"戾"④。按：刘信芳未作词义解释，只通过用字习惯判断，未必可信。黄、刘后文盖从其说。上古音剌为来母月部，可构拟为 * ra：d，戾为来母物部，可构拟为 * ruː ds，二者虽声母相同，但主要元音有别（前者为舌面前低元音，后者为舌面后高元音），且出土文献中未见相通之例，董珊说亦不可从。此字当作何解释，且先考察其后一字。

"魯"，原形作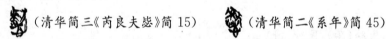，疑为"犛"之省。"犛"，《说文》无，古文字所见字形如下：

　（犛卣　西周早期　《殷周金文集成》5254）

　（南公有嗣鼎　西周中期　《集成》2631）

　（包山简 16　战国中期）

清华简又有加心旁者：

　（清华简三《芮良夫毖》简 15）　　　（清华简二《系年》简 45）

犛卣铭文为"犛乍□⑤宝尊彝"，"犛"为作器者名。南公有嗣鼎云"南公有嗣犛乍障鼎"，亦作人名。《芮良夫毖》"萬民俱犛"、《系年》"晋人以不犛"为甘心喜悦义。

"狋"见于《说文》，当分析为从犬来声。《说文》："狋，犬张断怒也。从犬来声。读又若银（引者注：段玉裁《说文解字注》指出"又"字衍，可从）。"段注认为"声"字衍，郑张尚芳认为"来"可作声符，"狋"构拟为 * ŋruns，"来"构拟为 * ruː⑥。"来"，上古音来母之部，"狋"上古音疑母文部，来母和疑母、之部

---

① 董珊《荆门左冢楚栻漆书初考》（未刊稿，2007 年）认为"'毁'从'死'、'止'、'支'，应是'葬'字"，"臧民"与"民害"意思相反。按：从文意看，"毁民"应与"仁善"意思相反，与"民害"接近（相反、接近都是从词义感情色彩上言），颇以为当释为"奴"，即残，"残民"用在这里是合适的。"奴"作为单字或偏旁甲骨金文多见，古文字又、支常常混用，棋局文或即其异体。

② 刘信芳：《荆门左冢漆桐文字补释》，《江汉考古》2005 年第 1 期。

③ 黄凤春、刘国胜：《左冢三号楚墓出土的棋局文字及其用途初考》，第 230 页。

④ 董珊：《荆门左冢楚栻漆书初考》，未刊稿，2007 年。

⑤ 中间漫漶不清，未能确知字数。

⑥ 郑张尚芳：《上古音系（第二版）》，上海教育出版社，2013 年，第 396 页。

和文部在通假、异文等方面有比较密切的关系，"来"作声符应该是可信的。"鳌"从狱从齿（与臼同形），"犬张断怒"的意思更加明显。棋局文当为省去义符"犬"只保留声符"来"之形。① 《说文》"狱"经传不见，可能是截取自"鳌"。《说文·卷十下》训为"问也……一曰悦也"的"懋"，从上引《系年》《芮良夫毖》之字看，当本作"懋"，乃"鳌"加心旁分化，后来"鳌"原本的臼形则被吞并或省略了。②

再说"懃鳌"的训读。结合棋局总体文意以及二字相关读音、训释来看，我们认为"懃鳌"当读为"刺很"。"刺"为"懃"之声符。"狱"，上引《说文》云"读若银"，"银""很"上古音都是疑母文部，读音相近可通。"刺"，《说文》"戾也"。《玉篇·彳部》《广韵·很韵》："很，很戾也。"可见，"刺很"为同义并列复合词。"刺很"犹传世古书常见之"很戾"，意为执拗乖戾。此词引申而有"凶暴残忍"之义，似与D边"虐暴"义近。A边"本""陈""狠""淫"文侵合韵，这说明读为"很"是合适的。

二　康缅

第一栏B边"康缅"，高佑仁发表于简帛网的《〈荆门左冢楚墓〉漆棋局文字补释》将"缅"读为"湎"，他同时认为"康湎"不辞，当倒读为"湎康"，主要依据是马王堆帛书《经法·六分》"知王术者，驱骋驰猎而不禽芒（荒），饮食喜乐而不湎康"。③ 陈伟武《荆门左冢楚墓漆棋桐文字释补》读为"康湎"④，傅修才《左冢漆桐文字考释（七则）》⑤也把第一栏A边的"荒念"倒读为"念（禽）荒"。按：高氏将"缅"读为"湎"，正确可从，但他把"康湎"倒读却值得商榷。参上引《经法》文，马王堆帛书《十六经·三禁》云"康沈而流面（湎）者亡"⑥，说明"湎康"抑或"康湎"并非固定不变。此处不必倒读，而应依照棋局文总体顺序读之。"康湎"并非"不辞"，康，荒也，《周礼·天官·大宰》"三曰丧荒之式"，孙诒让《正义》："康、荒古字通"。荒，《尚书·盘庚》"非予自荒兹德"，蔡沉《集传》："荒，废也。"湎，《说文》："沈于酒也。"上古多单音节词，康、湎二字含义接近，沉湎于酒色声乐即废弃正事，"康湎"为近义复合词。从上引帛书辞例看，这一短语的结构尚未稳定。至于"荒念"，亦不能违背文字总体顺序倒读为"禽荒"。退一步说，即使可以倒读，"禽荒"在古书中显然不如"荒淫"多见。在本栏中，"荒淫""康湎""溺逸"含义接近，用在此处文义允洽，绝不能因为马王堆帛书"湎康"的存在就否定"荒淫"的可能性。总体来看，遍查棋局文字，也很难看出含有耽于狩猎的意思。

---

① 古文字省略形旁（义符）参看孙合肥：《战国文字形体研究》第一章，中华书局，2020年。

② 林义光《文源》以为"懋"字"心"旁为"臼"之讹（林义光：《文源》，中西书局，2012年，第163页），按：古文字此二形易讹，林说具有启发性。不过这两个字的关系似乎不那么简单。包山简简15有此字[字形]，用为形容人的心理状态，从心是很合适的。简172有从目从懋用作人名的字[字形]，说明"懋"可以作为整体充当声旁，已经是一个比较固定的形体了。上引《系年》《芮良夫毖》从鳌从心则直接说明心旁为叠加义符。

③ 高佑仁：《〈荆门左冢楚墓〉漆棋局文字补释》，简帛网2007年11月24日；又见高佑仁：《〈荆门左冢楚墓〉漆棋局文字补释》，《第十九届中国文字学全国学术研讨会论文集》，新文京开发出版有限公司，2009年，第182—183页。

④ 陈伟武：《荆门左冢楚墓漆桐文字释补》，复旦大学出土文献与古文字研究中心网站2009年7月21日。陈先生此文认为"康缅"犹《尚书·酒诰》"惟荒腆于酒"之"荒腆"，荒废沉溺。按：康、荒读音相近可通，然则"缅"上古音明母元2部，可构拟为＊men?，"腆"上古音透母文部，可构拟为＊thuu：n?，声母有唇音和舌音之别，韵部也不相同，二者关系不近，因此不必和"荒腆"牵扯。陈文正式发表时已将此条删去，参看陈伟武：《荆门左冢楚墓漆桐文字释补》，《出土文献与传世典籍的诠释——纪念谭朴森先生逝世两周年国际学术研讨会论文集》，上海古籍出版社，2010年。不过，"康湎""荒腆"意思上应该是接近的。湎，《说文》："沈于酒也。"《尚书·酒诰》："罔敢湎于酒。""荒腆于酒"与之正合，而统治者的缺点之一就是酗酒，自古以来屡见不鲜，棋局以之作为占卜统治者的性格之一是合适的。这也印证了棋局文不当倒读。《国语·越语下》："吾年既少，未有恒常，出则禽荒，入则酒荒。"上引马王堆帛书《经法·六分》"知王术者，驱骋驰猎而不禽芒（荒），饮食喜乐而不湎康"可与此对应。"驱骋驰猎"即"出"，"饮食喜乐"即"入"，知"湎康"或者"康湎"所指就是耽于"酒"。

⑤ 傅修才：《古文字考释（三篇）》，硕士学位论文，中山大学，2012年，第13页。

⑥ 裘锡圭主编，湖南省博物馆、复旦大学出土文献与古文字研究中心编：《长沙马王堆汉墓简帛集成（四）》，中华书局，2014年，第166页。

三 晉

第二栏 A 边"民晉"之"晉"，黄凤春、刘国胜，刘信芳读为"僭"①，董珊读为"僭"②。按：《说文》："僭，痛也。"与同栏文意不合。A 边"民縢"，陈伟武读为"禁"，未作解释。③《战国策·赵策一》"韩乃西师以禁秦国"，鲍彪注："禁，闭拒"。"民凶、民縢（禁）"皆应指民作乱，"晉"当读为"僭"。"僭"，《谷梁传·隐公五年》"始僭乐矣"，范宁注："下犯上谓之僭。""民僭"指民犯上，亦即民作乱。"晉"与"僭"处于同一谐声系列，可以通假。《尚书·大诰》"不敢晉④上帝命"，《汉书·翟方进传》载王莽仿作《大诰》作"予不敢僭上帝命"。上博简六《用曰》11 号简"□恶猷慨，乱节晉行"，整理者读为"僭"。⑤

四 聋

第二栏 B 边"民匐"，匐原形作𧶛，摹本作𧶛。黄凤春、刘国胜《记荆门左冢楚墓漆桐》隶定"膏"，释为"俞"，读为"喻"，至《左冢三号楚墓出土的棋局文字及其用途初考》改隶为"膏"。刘信芳亦释为"俞"，但读为"偷"，训为苟且。⑥ 或隶定为"肹"，以为中间 ⋃ 形乃残存之斑点。⑦ 按："荒念""恻念"之念作𧶛、𧶛，所从今旁与之不类。其实所谓斑点之形尚能看清为两撇笔，试比较楚简龍字所从"立"形𧶛（郭店简《性自命出》简 28），在整体字形的限制下，绝不能说是不存在的斑点。棋局此字之形应为立形下部与月形上部共用一笔所致，清华简《系年》简 77"彝"字作𧶛，正是合用之形。楚文字勹、宀常混，本篇"民穷"作𧶛，所从穴省作宀，与此字所从不同。我们倾向于认为当释勹。释"肹"、释"俞"都是难以信从的。值得注意的是，傅修才《左冢漆桐文字考释（七则）》认为其从龍省。⑧ 目前第二栏除了"民童"与"民柔"可能不押韵，"民匙"与"民凶"不能确定以外，其他相邻两组之间都是押韵的。由于"匐"的韵部限制，释为龍省声的可能性更大。古文字龍省声之字如"屑"（《夏商周青铜器研究·西周篇》⑨234 保员簋）、"龖"（《古玺汇编》3390）、"龖"（《古玺汇编》3615）、"劏"（郾客问量，《集成》10373）。⑩ 第二栏 B 边、C 边文字突出民困的状态，A 边、D 边文字指向民作乱的行为。疑此字在棋局文中似当读为"聋"。古书多见统治者因塞听而得不到外来信息之聋，如《说苑·政理》："公叔子曰：'严则下暗，下暗则上聋，聋暗不能相通，何国之治也？'"又《反质》："黔首匮竭，民力单尽，尚不自知，又急诽谤，严威克下，下暗上聋，臣等故去。"《文子·上德》："阳不下阴，则万物不成，君不下臣，德化不行，故君下臣则聪明，不下臣则暗聋。""民聋"意即百姓接受信息受阻，如聋人一般，犹如今之因为不识字而成为文盲。"匐"，闭也。《淮南子·俶真》："处小隘而不塞，横匐天地之间而不窕。"高诱注："匐，犹闭也。""民匐"即民闭塞。"昏""聋"意思有相似之处，民闭塞或可解释为导致"民昏""民聋"的原因。

---

① 刘信芳：《荆门左冢漆桐文字补释》；黄凤春、刘国胜：《左冢三号楚墓出土的棋局文字及其用途初考》，第 230 页。
② 董珊：《荆门左冢楚栻漆书初考》。
③ 陈伟武：《荆门左冢楚墓漆桐文字释补》，第 198 页。
④ 原作"替"，魏三体石经作"晉"，据改。
⑤ 马承源主编：《上海博物馆藏战国楚竹书（六）》，上海古籍出版社，2007 年，第 297 页。
⑥ 刘信芳：《荆门左冢漆桐文字补释》，第 85—86 页。
⑦ 高佑仁 2007 年发表在简帛网的《〈荆门左冢楚墓〉漆棋局文字补释》曾有此说，参看朱晓雪：《左冢漆桐文字汇释》，《中国文字》新 36 期，2011 年，第 151 页。高氏在正式发表于《第十九届中国文字学全国学术研讨会论文集》时已删去。
⑧ 傅修才：《古文字考释（三篇）》，第 17—18 页。
⑨ 陈佩芬：《夏商周青铜器研究》，上海古籍出版社，2004 年。此字原作𧶛，或隶定为从人，误。
⑩ 参看黄德宽主编：《古文字谱系疏证》，商务印书馆，2007 年，第 1207—1214 页。

五　倦

第二栏 C 边"民惫"，黄凤春、刘国胜《记荆门左塚楚墓漆桐》《左冢三号楚墓出土的棋局文字及其用途初考》俱读为"惓"[①]，刘信芳亦读为"惓"，认为"'惓''患'音义皆近"，并认为"惓"与"患"含义各有侧重[②]。按：读"惓"说恐不可从。"惓"字《说文》无，《淮南子·人间》"患至而后忧之，是犹病者已惓而索良医也"，实当训为剧。楚简"惓"字多读为"患"，如上博藏楚简《性情论》简 31："凡忧惓之事欲任"，简 35："用智之疾者，惓为甚。"上博藏楚简《孔子诗论》简 4："民之有戚惓也，上下之不合者。"皆当读为"患"。但这并不意味着它有患义。而且棋局已有"民患"，"民惫"为什么一定要再表示有区别的患意呢？这就是说，此处的"惫"既不能读为"患"，意思也与患没有关系。徐在国《楚漆桐札记》释为"惫民"，读为"倦民"，意即"使百姓疲倦"。[③]"民 X"的结构已为多数学者接受，徐文释法虽不可从，但解为疲倦则是正确的。倦，《说文》训"罢（疲）也"，"民疲倦"与"民穷""民患"义近。

六　勑

第二栏 D 边"民勑"，原形作，黄凤春、刘国胜读为"民厉"[④]，徐在国认为此字当分析为从"攴""枣"省声，救字异体。"救民"义为助民。[⑤] 按：战国文字来、枣、棗易混，徐说有值得参考之处，辨析请参看陈剑《据郭店简释读西周金文一例》[⑥]。楚简"勑"字如清华简六《子产》简 7 "不勑（饰）美车马衣裘"，简 23 "勑（饰）美宫室衣裘"，在简文中读为"饰"，无疑当分析为从来从力（二者皆声，勑为双声符字[⑦]）。棋局此字右半既从力，左半构件没有理由不释为来。"民勑"在文中当读为"民饰"。"勑"有异体字"饬"，古书"饬""饰"形音俱近易讹，贾谊《新书·时变》"诸侯设谄而相饬"（或作"相輭"，误），孙诒让《札迻》指出"饬，当为饰"。[⑧]"勑""放"可通，清华简《芮良夫毖》简 10—11"寇戎方晋（臻），谋猷惟戒。和劓（拊）同心，毋有相放"，"放"，邬可晶《读清华简〈芮良夫毖〉札记三则》读为"饰"，并指出《芮良夫毖》此句大意是说："在'寇戎方臻'的形势下，'厥辟'与'御事'、诸'御事'之间要协力同心，不要相互饰匿。"[⑨]"勑"当然也可以读为"饰"。"饰"与"匿"义近，《礼记·缁衣》"言从而行之，则言不可饰也"，郭店简《缁衣》简 34 作"言从行之，则行不可匿"。"民匿"即掩饰、藏匿（奸邪之事），与"民贼""民凶""民禁""民僭"都是指民"作乱"、不服从统治的行为。

最后简单谈谈棋局的性质。棋局文字总体分为两组，包含两个对象，一为表现"统治者"行为品质（方框第一栏），一为表现"民"之困苦与作乱（方框第二栏），在这两个对象之间，棋局采用的是一种以法治民的思想（第四栏"楔、绳、权、""纪、纲、闭、扃、经"）。推测这应该是带有明显法家思想的占卜、博戏两用棋盘，可以占在位统治者、可以占民，亦可以占治民之术。博弈者则可在统治者与民之间各占一方，各选战术。

---

① 黄凤春、刘国胜《记荆门左塚楚墓漆桐》，第 497 页；黄凤春、刘国胜：《左冢三号楚墓出土的棋局文字及其用途初考》，第 230 页。
② 刘信芳：《荆门左冢漆桐文字补释》。
③ 徐在国：《楚漆桐札记》，《文物研究》第十四辑，黄山书社，2005 年，第 429—430 页。
④ 黄凤春、刘国胜：《左冢三号楚墓出土的棋局文字及其用途初考》，第 230 页。
⑤ 徐在国：《楚漆桐札记》，第 429—430 页。
⑥ 收入陈剑：《甲骨金文考释论集》，线装书局，2007 年，第 20—38 页。
⑦ 参看下引邬可晶文，邬文对此有详细引证。
⑧ 孙诒让撰，雪克、陈野校点：《札迻》，齐鲁书社，1989 年，第 222 页。
⑨ 邬可晶：《战国秦汉文字与文献论稿》，上海古籍出版社，2020 年，第 203—207 页。

附识：本文蒙邹可晶师、陈伟武师审阅指正，写作过程中曾向李豪先生请教相关问题，陈先生时尚在病中，作者对他们的帮助表示深深的谢意！

Interpretation Notes of the Zuozhong Qiju(左冢棋局) Characters

Ren Longlong

(Department of Chinese language and literature, Sun Yat-Sen University, Guangzhou 510275)

Abstract：Zuozhong Qiju（左冢棋局） characters "恝畚" could be interpreted as "la hen（剌很）", referring to stubborn and surly. "康缅" could be interpreted as "kang mian（康湎）" and the proposal that reading it backwards as "mian kang（湎康）" cannot be followed. The term "民朁" could be interpreted as "min jian（民僭）", referring to people rebellion. "民忿" could be interpreted as "min juan（民倦）" and it is synonymous with "min qiong 民穷" and "min huan（民患）". "民匐" might be read as "min long（民聋）". "民赖" could be interpreted as "min shi（民饰）", referring to disguising and concealment.

Key words：Zuozhong Qiju（左冢棋局）；the characters of Chu；the interpretation of characters and words

悬泉汉简人名校订十五则*

黄艳萍　黄晨洲

【摘　要】新近出版的《悬泉汉简（壹）》至《悬泉汉简（叁）》共辑录了 7186 枚简牍，其中人名简 1957 枚，是研究汉代姓名文化的宝贵资料。我们在对这些简牍中的人名进行整理时发现部分人名的文字隶定或需要再斟酌，文章共整理出 15 条人名进行校订。

【关键词】悬泉汉简；人名；校订

【作者简介】黄艳萍，女，江南大学人文学院副教授，硕士生导师，研究方向为出土文献与古文字学。黄晨洲，江南大学人文学院硕士研究生，研究方向为出土文献与古文字学。（江苏 无锡 214122）

2017 年至今，悬泉汉简已经整理出版了三卷，共收录 7186 枚简牍。我们在做《西北屯戍汉简人名索引》时对《悬泉汉简》壹至叁卷中的人名做了穷尽性地梳理，共统计得 1957 枚人名简，包括姓名齐全的人名，只有名字没有姓氏的人名等，其中少数民族人名在悬泉汉简中有较多的体现。我们就人名整理过程中遇到的部分存疑人名列举了十五则，并对其进行校订，以就教于方家。

　　1. 破胡里辛文田一顷卅五亩　　□□　　　　　　　　　　Ⅰ90DXT0109S：182A

　　按：人名"辛文"中"文"字原图版字形作，末笔为横笔，是汉代隶书横笔波画典型的蚕头燕尾写法，此字或当隶定作"立"。Ⅰ90DXT0110③：8A 简中的"文"字写作[1]，《肩水金关汉简》73EJT3：77 简中"文"字写作等[2]，本简中的该字与"文"字的写法有差异。而"立"的写法如Ⅰ90DXT0109S：259 简中"立"字写作[3]，《肩水金关汉简》73EJF3：118A 简中"立"字写作[4]，与本简中的字形相同，因此该字当释作"立"。"立"作为人名用字，在悬泉汉简中比较常见，如Ⅰ90DXT0111②：85 简的"掾立"[5]、Ⅰ90DXT0112①：8 简的"寿亲里董立"[6]，Ⅰ90DXT0114①：161 简的"遮要佐立"[7]等，其他西北汉简中"立"字人名也十分常见，且秦汉封泥印章中"立"字姓名印也很多，如"陈立""杜立""任立""廖立""石立""黄立"[8]等印。

　　2. 寿亲里蔥方☐　　　　　　　　　　　　　　　　　　　Ⅰ90DXT0109S：19

　　按：人名"蔥方"中的"蔥"字原图版字形作，在这枚简文中该字应该是姓氏。若隶定作"蔥"，现行罕见姓氏，今甘肃、四川等地有此姓，《姓氏大全》等姓氏书中收载此姓。但尚未见古代姓氏书收录此姓。秦汉简中与此字写法相同的简文有：《悬泉汉简（壹）》Ⅰ90DXT0112②：1 简中人名"莊惠"的"惠"字写作[9]、《居延汉简》345.3＋345.2＋345.4 简"蔥小翁"中的"蔥"字写作[10]、《敦煌汉简》1121

---

　　* 基金项目：本文为国家社科基金青年项目"西北屯戍汉简分类集成及简册复原研究"（编号 19CZS008）的阶段性成果。
　　① 甘肃简牍博物馆等编：《悬泉汉简（壹）》（下），中西书局，2017 年，第 384 页。
　　② 甘肃简牍保护中心等编：《肩水金关汉简（壹）》（中），中西书局，2011 年，第 71 页。
　　③ 甘肃简牍博物馆等编：《悬泉汉简（壹）》（下），第 351 页。
　　④ 甘肃简牍保护中心等编：《肩水金关汉简（肆）》（中），中西书局，2015 年，第 25 页。
　　⑤ 甘肃简牍博物馆等编：《悬泉汉简（壹）》（下），第 403 页。
　　⑥ 甘肃简牍博物馆等编：《悬泉汉简（壹）》（下），第 417 页。
　　⑦ 甘肃简牍博物馆等编：《悬泉汉简（壹）》（下），第 504 页。
　　⑧ 赵平安、李婧、石小力编：《秦汉印章封泥文字编》，中西书局，2019 年，第 937 页。
　　⑨ 甘肃简牍博物馆等编：《悬泉汉简（壹）》（下），第 432 页。
　　⑩ 简牍整理小组编：《居延汉简（肆）》，台北"中研院"历史语言研究所，2016 年，第 47 页。

简"庄子蕙"中"蕙"字写作![img]①等,上述三简中除"蕙小翁"中的"蕙"为姓氏外,其他两简中释作"蕙"或"惠"的字均为名字。整理者隶定有别,或作"蕙",或作"惠"。但实际上,上述字形均应作"惠"字,"蕙"乃"惠"的讹别字。"惠"讹作"蕙"在马王堆汉简中也有,如:《1号墓竹简遣册》158简"蕙一笥","蕙"字原简图版字形作![img]②,《集成》直接隶定作"惠(蕙)",同时指出"蕙"乃"蕙"字的讹别③。对此,郑曙斌也指出"蕙乃蕙的讹别字",并引王贵元的说法"此字也当是'惠'字"。④"蕙"乃香草。《马王堆帛书·战国策纵横家书》249简"秦孝王死,公孙鞅杀;蕙王死,襄子杀。"其"蕙"字原图版字形作![img]⑤,这里"蕙"字也是"惠"的讹字,指秦惠王,《集成》直接隶定作"惠"字⑥。因此,前述西北汉简中原简写作"蕙"的字,均当是"惠"的讹别字。汉简中"惠"作名字也很常见,如《悬泉汉简》Ⅰ90DXT0112②:1简中的"庄惠"⑦、Ⅱ90DXT0111①:169简中的"姚惠"⑧、《居延汉简》130.11简中的"邓惠"⑨等,秦汉封泥印章中有人名"杜惠""王惠""孙惠""郭惠""赵惠""綦毋惠"⑩,等等。"惠"作为姓氏,《郑通志·氏族略》:"惠氏。姬姓。周惠王支孙,以谥为氏。战国有惠施为梁伯。汉有交趾太守惠乘,太仆惠根。宋惠演,举进士第。望出扶风、琅邪。又有惠敷,惠柔时,常州人。惠厚下,耀州人。"⑪惠姓是古代比较常见的姓氏。综上,前述Ⅰ90DXT0109S:190简、Ⅰ90DXT0112②:1简、345.3+345.2+345.4简,1121简,这四简中原简字形均写作"蕙",均是"惠"的讹字。

3. ☐☐年译骑熹付县泉译骑奇　　　　　　　　　　　　　　Ⅰ90DXT0111②:24

按:译骑名"熹"原简图版字形作![img],从喜从心,当隶定作"意"。Ⅰ90DXT0112③:4简"进意里"中的"意"字原简写作![img]⑫,Ⅱ90DXT0111①:168简"官使奴吴意"中的"意"原简写作![img]⑬,均与本简的"意"字形相同。此外,"意"字作为人名还有Ⅰ90DXT0112②:1简中"郭承意"⑭,Ⅰ90DXT0114②:7中有"长史奉意"⑮等,秦汉封泥印章中也有"王意""陈意""刘意""郭意""江意""朱意"⑯等印章。

4. 县泉译小史敦煌乐世里☐长生行大守上书一封到万年译瓛蹢　Ⅰ90DXT0114③:51

按:人名"☐长生"中首字缺释,原简图版字形作![img],据此或可隶定作"令"。与此字形相同的如Ⅰ90DXT0108②:5简中"令"字写作![img]⑰,《肩水金关汉简》73EJT8:9简中"令"字写作![img]⑱,73EJT10:120A简中"令"字写作![img]⑲等。本简中"令"作姓氏,"令"姓较为罕见,《汉书·百官公卿表》中有"大司农令惠"⑳,《后汉书》有载"青衣道夷邑长令田"㉑。秦汉封泥印章中有"令嬛""令

① 甘肃省文物考古研究所等编:《敦煌汉简》,中华书局,1991年,第103页。
② 裘锡圭等主编:《长沙马王堆汉墓简帛集成(贰)》,中华书局,2014年,第235页。
③ 裘锡圭等主编:《长沙马王堆汉墓简帛集成(陆)》,中华书局,2014年,第196页。
④ 郑曙斌:《马王堆汉墓遣策整理与研究》,中华书局,2023年,第31页。
⑤ 裘锡圭等主编:《长沙马王堆汉墓简帛集成(壹)》,中华书局,2014年,第90页。
⑥ 裘锡圭等主编:《长沙马王堆汉墓简帛集成(叁)》,中华书局,2014年,第254页。
⑦ 甘肃简牍博物馆等编:《悬泉汉简(壹)》(下),第432页。
⑧ 甘肃简牍博物馆等编:《悬泉汉简(贰)》(下),中西书局,2019年,第450页。
⑨ 简牍整理小组:《居延汉简(贰)》,台北"中研院"历史语言研究所,2015年,第69页。
⑩ 赵平安、李婧、石小力编:《秦汉印章封泥文字编》,第337页。
⑪ 郑樵:《通志·氏族略》,中华书局,1995年,第163页。
⑫ 甘肃简牍博物馆等编:《悬泉汉简(壹)》(下),第454页。
⑬ 甘肃简牍博物馆等编:《悬泉汉简(贰)》(下),第450页。
⑭ 甘肃简牍博物馆等编:《悬泉汉简(壹)》(下),第432页。
⑮ 甘肃简牍博物馆等编:《悬泉汉简(壹)》(下),第516页。
⑯ 赵平安、李婧、石小力编:《秦汉印章封泥文字编》,第395页。
⑰ 甘肃简牍博物馆等编:《悬泉汉简(壹)》,第306页。
⑱ 甘肃简牍保护中心编:《肩水金关汉简(壹)》(中),中西书局,2011年,第179页。
⑲ 甘肃简牍保护中心编:《肩水金关汉简(壹)》(中),第257页。
⑳ 班固:《汉书》,浙江古籍出版社,2000年,第287页。
㉑ 范晔撰,李贤等注:《后汉书》,中华书局,1997年,第739页。

钟"①等姓名印章。

5.□县泉置守啬夫□丹佐张□□　　　　　　　　　　　　　　Ⅰ90DXT0310③：2B＋5B

按：该简左残，简中人名"□丹"的前一字缺释，原简图版字形作▩，依其右部笔画我们推测该字或为"孟"。《悬泉汉简》Ⅰ90DXT0109S：120简中"孟"字写作▩②，Ⅰ90DXT0112②：21简中"孟"字写作▩③，《肩水金关汉简》73EJT6：20简中"孟"字写作▩④，73EJF3：88简中"孟"字写作▩⑤等，本简该字残存字形与这四简中"孟"字右边笔画相似。"孟"是汉代比较常见的姓氏，《悬泉汉简》Ⅰ90DXT0111②：62简中的"啬夫孟庆"⑥、Ⅰ90DXT0112②：21简中的"啬夫孟敞"⑦、《肩水金关汉简》73EJF3：444简中的"隧卒孟利"⑧、73EJF3：88简中的"隧卒孟崇"⑨，等等。

6.狼田卅三亩

出　　　　　建始二年十二月乙卯仓啬夫辅付广汉里孙庭

糴粟十七石　　　　　　　　　　　　　　　　　　　　　　Ⅱ90DXT0111②：123

按：人名"孙庭"的后一字原简图版字形作▩，该字上部构件右边延伸出钩画，似构件"宀"，整字或当隶定作"定"字。"庭"字的写法如：▩（73EJD：6）、▩（73EJD：205）等⑩，与本简中的字形均有较大差异。西北汉简中取名"孙定"的还有《肩水金关汉简》73EJT29：84简"鄣（障）卒孙定"⑪，"定"字写作▩。"定"字作为人名用字在汉简中十分常见，如《悬泉汉简》Ⅰ90DXT0111②：120B中的"张定"⑫、Ⅰ90DXT0112①：15中的"广大里王定"⑬、《肩水金关汉简》73EJT1：78中的"延寿里张定"⑭73EJT1：162中的"安定里刑定"⑮，等等。

7.张掖大守赵□□　　　　　　　　　　　　　　　　　　　Ⅱ90DXT0114①：85

按：该简下端和右边均残损，人名"赵□"中后一字未释，图版作▩，结合其字形和汉代历任张掖太守人名，我们认为该字当为"充"字，完整人名或为张掖太守"赵充国"。悬泉汉简Ⅱ90DXT0114③：523简中"充"字写作▩⑯、《肩水金关汉简》73EJT4：88简中"充"字写作▩⑰，可证该字或为"充"，其下部"儿"形及右部缺失，仅残存了上部构件的部分字形。

8.出还绫钱二百五十　　元寿二年十月丙辰效谷梁武付令史杨政　Ⅱ90DXT0114②：184

按：人名"梁武"中姓氏"梁"当隶定作"梁"，该字原简图版字形作▩，下部构件"木"讹作"米"，西北汉简中这类讹混比较常见。"梁"，《郑通志·氏族略》郑樵注云："（梁）嬴姓，伯爵，伯益之后。"⑱

① 赵平安、李婧、石小力编：《秦汉印章封泥文字编》，第793、795页。
② 甘肃简牍博物馆等编：《悬泉汉简（壹）》（下），第336页。
③ 甘肃简牍博物馆等编：《悬泉汉简（壹）》（下），第437页。
④ 甘肃简牍保护中心编：《肩水金关汉简（壹）》（中），第125页。
⑤ 甘肃省文物考古研究所等编：《肩水金关汉简（伍）》（中），中西书局，2016年，第19页。
⑥ 甘肃简牍博物馆等编：《悬泉汉简（壹）》（下），第400页。
⑦ 甘肃简牍博物馆等编：《悬泉汉简（壹）》（下），第437页。
⑧ 甘肃省文物考古研究所等编：《肩水金关汉简（伍）》（下），中西书局，2016年，第87页。
⑨ 甘肃省文物考古研究所等编：《肩水金关汉简（伍）》（下），第19页。
⑩ 黄艳萍、张再兴：《肩水金关汉简字形编》，学苑出版社，2018年，第1583页。
⑪ 甘肃省文物考古研究所等编：《肩水金关汉简（叁）》（下），中西书局，2016年，第97页。
⑫ 甘肃简牍博物馆等编：《悬泉汉简（壹）》（下），第407页。
⑬ 甘肃简牍博物馆等编：《悬泉汉简（壹）》（下），第418页。
⑭ 甘肃省文物考古研究所等编：《肩水金关汉简（壹）》（下），中西书局，2011年，第6页。
⑮ 甘肃省文物考古研究所等编：《肩水金关汉简（壹）》（下），第11页。
⑯ 甘肃简牍博物馆等编：《悬泉汉简（叁）》（下），中西书局，2023年，第463页。
⑰ 甘肃省文物考古研究所等编：《肩水金关汉简（壹）》（中），第88页。
⑱ 郑樵：《通志·氏族略》，第59页。

梁是古今常见姓氏。《悬泉汉简》中"梁"姓人名还有：Ⅰ90DXT0112①：60 简中的"啬夫梁并"①，Ⅱ90DXT0114③：279 简中的"候丞梁护"②，等等。

9.　☑□路□年卅七　……　二年四月凡四　……　　　　　　　　Ⅱ90DXT0114③：26

按：人名"路"后一字缺释，其图版字形作 图，似从凡从鸟，或可隶定作"凤"。《肩水金关汉简》73EJT37：940 简中"凤"字写作 图③，《居延汉简》310.19 简中"凤"字写作 图④，均与本简该字形相似。本简人名补作"路凤"当确，《敦煌汉简》DB：146 简有"安乐候长路凤"⑤，是为证。"凤"亦为秦汉人名常用字，例如Ⅰ90DXT0110①：7 简中有"卒史李凤"⑥、Ⅱ90DXTT0114③：9 简中有"厨啬夫纪凤"⑦，秦汉封泥印章中也有"苏凤""王凤""李凤""赵凤"⑧等私印，此外，历史上有西汉末年的外戚王凤。《说文》："凤，神鸟也。"⑨《礼记·礼运》："麟、凤、龟、龙，谓之四灵。"⑩作为中国古代传说中的神鸟和百鸟之王，"凤"常常被古人用以象征祥瑞，乃至于比喻为帝王和有圣德之人，因此古人习以"凤"字为名，从而寄予祥瑞和富贵显荣的美好愿望，"龙""昌""富""贵"等此类字词同样常见于古代人名。

10.　大穰里赵悍年卅一　丿　□　　　　　　　　　　　　　　　Ⅱ90DXT0114③：46

按：整理释文"赵"字原简图版字形作 图，仔细辨认似有二次书痕迹，覆盖在上面的字形似从衣从者，当为"褚"字。《悬泉汉简》Ⅱ90DXT0114②：246 简中的"褚"字写作 图⑪，《肩水金关汉简》73EJT27：20 简中的"褚"字写作 图⑫，二者字形均与上述本简图版字形中墨迹较深的笔画相合，故本简人名或当为"褚悍"。简文中"褚"姓人名还有悬泉汉简Ⅰ90DXT0112②：21 简中的"佐褚章"⑬，Ⅱ90DXT0114③：268 简中的"褚友"⑭等。秦汉封泥印章中有"褚意""褚延年""褚丰""褚农"⑮等人名印章。历史上有褚少孙、褚亮、褚遂良等以"褚"为氏的人名。

11.　甘露四年七月丙午朔丁巳张掖大守饒库令汤行丞事谓过所遣文学卒史稟安汉送诏所

八月乙酉东

□□护所调买□敦煌郡当舍传舍从者如律令　七月己巳西

又一石六斗八升

Ⅱ90DXT0114③：239＋308

按：张掖太守人名"饒"，原简图版字形作 图，或当改释作"饒"。Ⅱ90DXT0114③：173＋④：364 简："甘露二年十二月丙辰朔壬戌张掖大守饒长史遣丞勖"⑯，该简中"饒"字原简图版字形作 图，与本简中 图字字形十分接近，两简纪年均为甘露年间，仅隔两年，且两人均为张掖太守，故两简所述"张掖大守"当为同一人，因此本简原释人名"饒"当改释作"饒"。《说文》："饒，饱也。"⑰"饒"有多、富裕、丰

---

① 甘肃简牍博物馆等编：《悬泉汉简（壹）》（下），第 425 页。
② 甘肃简牍博物馆等编：《悬泉汉简（叁）》（下），第 426 页。
③ 甘肃省文物考古研究所等编：《肩水金关汉简（肆）》（中），第 146 页。
④ 简牍整理小组编：《居延汉简（叁）》，台北"中研院"历史语言研究所，2016 年，第 272 页。
⑤ 甘肃省文物考古研究所等编：《敦煌汉简》，第 15 页。
⑥ 甘肃简牍博物馆等编：《悬泉汉简（壹）》（下），第 357 页。
⑦ 甘肃简牍博物馆等编：《悬泉汉简（叁）》（下），第 393 页。
⑧ 赵平安、李婧、石小力编：《秦汉印章封泥文字编》，第 330 页。
⑨ 许慎撰，段玉裁注：《说文解字注》，上海古籍出版社，2012 年，第 148 页。
⑩ 王云五、朱经农主编：《礼记》，商务印书馆，1947 年，第 48 页。
⑪ 甘肃简牍博物馆等编：《悬泉汉简（叁）》（下），第 383 页。
⑫ 甘肃省文物考古研究所等编：《肩水金关汉简（叁）》（中），中西书局，2013 年，第 111 页。
⑬ 甘肃简牍博物馆等编：《悬泉汉简（壹）》（下），第 437 页。
⑭ 甘肃简牍博物馆等编：《悬泉汉简（叁）》（下），第 425 页。
⑮ 赵平安、李婧、石小力编：《秦汉印章封泥文字编》，第 745 页。
⑯ 甘肃简牍博物馆等编：《悬泉汉简（叁）》（下），第 413 页。
⑰ 许慎撰，段玉裁注：《说文解字注》，第 221 页。

足、肥沃等义，故而常常被古人用以命名，例如《居延汉简》191.8简中有"荣饶"①，秦汉封泥印章中有"徐饶""纪饶""王饶""孟饶""温饶"②等印。

12.　　　　　　　　　　　　　　　　　　　　　青辟上造□年十　　青辟子大女□

　　常乐里户人籍襄石青辟年五十五户一口六

　　　　　　　　　　　　　　　　　　　　　　　　　　青辟子上造常贤年三

　　官牛二　　　訾并直万九千二百　　　□□

　　牛车一两　　　　　　　　　　　　　　　　　　　Ⅱ90DXT0114④：307

按：人名"石青辟"中"辟"字原简图版字形作 ，右残，似"臂"字。《悬泉汉简》Ⅱ90DXT0114④：106简中"辟"字写作 ③，《肩水金关汉简》73EJT4：63A简中"辟"字写作 ④。而本简该字与"辟"字相较，其下部似有残存"月"字笔画。"青臂"为汉人常见名字，如《肩水金关汉简》73EJT23：320中的"陈青臂"⑤，《居延汉简》63.32简中的"青臂，年廿二，字池"⑥，秦汉封泥印章中亦有"苏青臂""田青臂"⑦之印。古人取名有以"青"字加人体某一部位作为名字者，除"青臂"外，还有"青肩""青首""青背""青肱""青跗""青拳"等等。刘钊先生认为此处的"青"大概是指小儿时的胎记⑧，古代人名中还有"黑"加人体部位属于同一情况，例如晋成公黑臀、鲁成公黑肱、周桓公黑肩等等。

13. 年伏地再拜请子实足下善毋恙良苦事

　　良善事　　　　　　　　　　　　　　　　　　Ⅱ90DXT0114④：329A

按：人名"子实"中"实"字原简图版字形作 ，当隶定作"宾"。"实"，从宀从贯，简文中写作 (73EJF1：33)、 (73EJF2：40)、 (73EJD：204)⑨等，无论是隶书还是草书字体，构件"贯"字的构件"毌"都没有完全省简掉。本简中该字形，"宀"字下非"贯"字，而是"宾"字"宀"下面构件的省简。"宾"字在简文中的写法如 (73EJT4：63A)、 (73EJH1：31A)⑩等，与本简中的字形 十分相近。《悬泉汉简》Ⅱ90DXT0114S：213简中的人名"功师长实"⑪其"实"字，原简图版字形写作 ，也当隶定作"宾"。任攀指出，"《汉书》所见以'长宾'为名字者如'唐长宾'、'张山拊字长宾'、'林尊字长宾'等，而无一例以'长买'、'长实'为名字者"⑫，白军鹏进一步指出"任文所谓以'长宾'为名字其实都是'实'字"⑬。除本简和Ⅱ90DXT0114S：213简所记"子宾"和"长宾"外，"宾"字人名还有"细宾""中宾""少宾""幼宾"⑭等。汉简中"实""宾"草写时二者字形容易讹混，释文隶定时要多加斟酌。

14.　　　　庚申复作李则载麦廿七石　　　□

　　　　十月

　　　　　　十一月余谷廿六石　　　　　□　　　　Ⅱ90DXT0114⑤：15

① 简牍整理小组编：《居延汉简（贰）》，第224页。

② 赵平安、李婧、石小力编：《秦汉印章封泥文字编》，第413页。

③ 甘肃简牍博物馆等编：《悬泉汉简（叁）》（下），第493页。

④ 甘肃省文物考古研究所等编：《肩水金关汉简（壹）》（中），第86页。

⑤ 甘肃省文物考古研究所等编：《肩水金关汉简（贰）》（中），中西书局，2013年，第157页。

⑥ 简牍整理小组编：《居延汉简（壹）》，台北"中研院"历史语言研究所，2014年，第34页。

⑦ 赵平安、李婧、石小力编：《秦汉印章封泥文字编》，第345页。

⑧ 刘钊：《古文字中的人名资料》，《吉林大学社会科学学报》1999年第1期，第63页。

⑨ 黄艳萍、张再兴：《肩水金关汉简字形编》，第1245页。

⑩ 黄艳萍、张再兴：《肩水金关汉简字形编》，第1003页。

⑪ 甘肃简牍博物馆等编：《悬泉汉简（叁）》（下），第571页。

⑫ 任攀：《居延汉简释文校订及相关问题研究（居延旧简部分）》，硕士学位论文，复旦大学，2012年，第248页。

⑬ 白军鹏：《汉人名字与汉简释读》，《简帛》2020年第2期，第238页。

⑭ 例如居延汉简T50：140B可见人名"张细宾"；居延汉简T59：679、T65：144B、T37：966等可见人名"中宾"；肩水金关汉简73EJD：204、居延新简E.P.T51：101等可见人名"少宾"；居延新简E.P.T51：416等可见人名"幼宾"。

按：人名"李则"中"则"字图版字形作，其右边构件不从"刀"，与汉简所见"则"字相差较大，如《悬泉汉简》Ⅱ90DXT0114③：261简中"则"字写作①，《肩水金关汉简》73EJT15：1A中"则"字写作②。本简该字从图版字形来看，左部从贝，右部似从易，或可释为"赐"字。《肩水金关汉简》73EJT30：259简中"赐"写作③，《居延汉简》145.37简中"赐"写作④，与本简字形写法相同，因此本简该字也当隶定作"赐"。"赐"有给予、恩惠等吉祥义，为汉代人名常用字，如《肩水金关汉简》73EJT2：77简中有"平曲里大夫石赐"⑤，73EJT7：10简中有"侯赐"⑥，《居延汉简》简118.27中有"□贝里孙赐"⑦，秦汉封泥印章中有"尹赐""陈赐""张赐""苏赐""孙赐""魏赐"⑧等私印。

15. □嗇夫竟佐襄　　　　　　　　　　　　　　　Ⅱ90DXT0114S：120

按：人名"竟"原简图版字形作，其下部构件应是"心"字，当隶定作"意"。汉简中"竟"字写法如《悬泉汉简》Ⅱ90DXT0114S：92简中"竟"字写作⑨，《肩水金关汉简》73EJT37：622简中"竟"字写作⑩等，与本简中的字形下部构件有别。"意"也是汉代常见的人名用字，如Ⅰ90DXT0112①：4简中的"定汉里王意"⑪，Ⅰ90DXT0116②：55简中的"渊泉仓嗇夫意"⑫，Ⅰ90DXT0116②：145简中的"乐世里范意"⑬等。

综上，小文校订的人名多为形近讹混字形的误释，或者残损疑难人名的补考。西北汉简中的人名资料还需要进一步的整理与研究，人名隶定准确，考证疑难人名是其重要工作之一。

【参考文献】
[1] 甘肃简牍博物馆等编.悬泉汉简(壹)[M].上海：中西书局,2019.
[2] 甘肃简牍保护研究中心等编.肩水金关汉简(壹)[M].上海：中西书局,2011.
[3] 甘肃简牍保护研究中心等编.肩水金关汉简(肆)[M].上海：中西书局,2015.
[4] 赵平安,李婧,石小力编.秦汉印章封泥文字编[M].上海：中西书局,2019.
[5] 简牍整理小组.居延汉简(1—4册)[M].台北："中研院"历史语言研究所,2014—2016.
[6] 甘肃省文物考古研究所等编.敦煌汉简[M].北京：中华书局,1991.
[7] 裘锡圭等主编.长沙马王堆汉墓简帛集成[M].北京：中华书局,2014.
[8] 郑曙斌.马王堆汉墓遣策整理与研究(湖南博物院编《湖南博物院藏品研究大系》)[M].北京：中华书局,2023.
[9] 甘肃简牍博物馆等编.悬泉汉简(贰)[M].上海：中西书局,2019.
[10] 郑樵.通志·氏族略[M].北京：中华书局,1995.
[11] 班固.汉书[M].杭州：浙江古籍出版社,2000.01.
[12] 范晔撰;(唐)李贤等注.后汉书[M].北京：中华书局,1997.
[13] 甘肃简牍保护研究中心等编.肩水金关汉简(伍)[M].上海：中西书局,2016.

---

① 甘肃简牍博物馆等编：《悬泉汉简(叁)》(下)，第424页。
② 甘肃省文物考古研究所等编：《肩水金关汉简(贰)》(中)，第16页。
③ 甘肃省文物考古研究所等编：《肩水金关汉简(叁)》(中)，第206页。
④ 简牍整理小组编：《居延汉简(贰)》，第111页。
⑤ 甘肃省文物考古研究所等编：《肩水金关汉简(壹)》(下)，第26页。
⑥ 甘肃省文物考古研究所等编：《肩水金关汉简(壹)》(下)，第78页。
⑦ 简牍整理小组编：《居延汉简(贰)》，第34页。
⑧ 赵平安、李婧、石小力：《秦汉印章封泥文字编》，第127、128页。
⑨ 甘肃简牍博物馆等编：《悬泉汉简(叁)》(下)，第562页。
⑩ 甘肃省文物考古研究所等编：《肩水金关汉简(肆)》(中)，第93页。
⑪ 甘肃简牍博物馆等编：《悬泉汉简(壹)》(下)，第416页。
⑫ 甘肃简牍博物馆等编：《悬泉汉简(壹)》(下)，第555页。
⑬ 甘肃简牍博物馆等编：《悬泉汉简(壹)》(下)，第568页。

[14]　黄艳萍,张再兴.肩水金关汉简字形编[M].北京：学苑出版社,2018.

[15]　甘肃简牍保护研究中心等编.肩水金关汉简(叁)[M].上海：中西书局,2013.

[16]　甘肃简牍博物馆等编.悬泉汉简(叁)[M].上海：中西书局,2023.

[17]　许慎撰;(清)段玉裁注.说文解字注[M].上海：上海古籍出版社,2012.

[18]　王云五,朱经农主编.礼记[M].上海：商务印书馆,1947.

[19]　甘肃简牍保护研究中心等编.肩水金关汉简(贰)[M].上海：中西书局,2013.

[20]　刘钊.古文字中的人名资料[J].吉林大学社会科学学报,1999(1),60-69.

[21]　任攀.居延汉简释文校订及相关问题研究(居延旧简部分)[D].复旦大学硕士学位论文,2012.

[22]　白军鹏.汉人名字与汉简释读[J].简帛,2020(2),235-243.

Fifteen Revisions to the Personal Names in Xuanquan Han Bamboo Slips

Huang Yanping　Huang Chenzhou

(School of Humanities, Jiangnan University, Wuxi 214122)

Abstract：The newly published *Xuanquan Han Bamboo Slips* Ⅰ to *Xuanquan Han Bamboo Slips* Ⅲ have compiled a total of 7186 bamboo slips, including 1957 name slips, which are valuable materials for studying the name culture of the Han Dynasty. When we sorted out the names in these bamboo slips, we found that some of the names were not properly interpreted or needed further consideration. The article has compiled a total of 15 names for revision.

Key words：Xuanquan Han Bamboo Slips; personal names; revision

北魏墓志校释举隅*

柳　洋　卫天琦

【摘　要】本文对《裴经墓志》《王遵墓志》《韩虎墓志》《宇文延墓志》等北魏墓志中涉及的“李夷罗”“乌〈乌〉石”“良磬”“钾胄”等词汇、人名字法进行了重新释读和解释，以方便正确理解墓志铭文含义。

【关键词】北魏墓志；释文

【作者简介】柳洋，广州美术学院中国画学院副教授，硕士生导师，中山大学古文字研究所博士。研究方向为古文字学、俗文字学、书法学。卫天琦，广州美术学院中国画学院硕士研究生，研究方向为俗文字学、书法学(广东 广州 510260；广东 广州 510260)

北魏墓志作为出土材料，其内容对于研究民族历史及金石文字皆有裨益。① 近来新公布了多方北魏墓志，对于墓志的释文也见诸各种论著。其中，部分释文还存在一些问题，影响了对于墓志的准确理解及对于古代墓志词汇的用法整理。我们通过梳理对比，希望可以对这些释文提出更为合理的隶定和释读。现以年代为序，将不同的墓志中释文存在的问题考证如下，还请诸位学者多多赐正。

1. 熙平元年《裴经墓志》：“妻赵郡李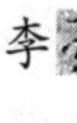罗之女。”　　（《简报》2021.02/21)②

“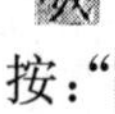”字《简报》释为“葳”。

按：“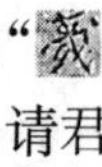”当为“夷”字俗字。该形北魏墓志习见，如《皇甫驎墓志》“延兴中，泾土夷民一万余家，诣京申诉，请君爲统酋。”(《校注》4/283)③之“夷”字作“”(《校注》4/282)，《张宜墓志》“每被礼召，委夷寇乱。”(《校注》4/335)之“夷”字作“”(《校注》4/334)，又见于敦煌写本之中，如“S.1086”中“夷”字作“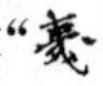”。④ 结合北魏墓志中所见“夷”字诸多构形，如《邓羡妻李椝兰墓志》中“”(《校注》4/384)、《元宝月墓志》中“”(《校注》5/376)、《奚真墓志》中“”(《校注》5/242)等，及“蔑”字构形如《元濬妻于仙姬墓志》中“”(《校注》6/8)，可构拟出“夷”字讹写过程为“夷→夷→夷→夷→夷”，讹写的最后一步明显是受了“蔑”字俗字下部的影响而类化所致。

2. 正光四年《王遵墓志》：“哀感天山，悲伤石。”　　（《集成》上/220)⑤

“”字《集成》释为“鸟”，未作其他说明。

按：“悲伤鸟石”中的“鸟石”表义不明，我们以为当为“乌石”之讹。“乌”在此当指颜色为黑色，亦见传世文献，如“北方尽乌骊马。(《史记·匈奴传》)”⑥唐代墓志中习见“根据志石的颜色给志石命名”者，“因此由‘翠’‘玄’‘青’‘绿’‘绀’为偏语素与‘版’‘础’‘碣’‘铭’‘琬’‘琰’‘石’等为正语素构成的新词，用来美称志石”⑦。此类情况北魏墓志亦见。“乌石”当在此同于北魏墓志中所习见“玄石”，如《元

* 本文为广东省哲学社会科学规划2021年度一般项目“基于汉字理据的文字讹写类化现象研究”(编号GD21CZY03)的阶段性成果。

① 刘连香：《民族史视野下的北魏墓志研究》，文物出版社，2017年，第2—4页。

② 山西省考古研究院：《山西侯马庞祁北魏墓(M1007)发掘简报》(简称《简报》)，“2021.02/21”代表《文物》2021年第2期，第21页。

③ 毛远明编著：《汉魏六朝碑刻校注》(简称《校注》)，“4/283”代表第4册第283页，下仿此。

④ 字形采自黄征：《敦煌俗字典》，上海教育出版社，2019年，第492页。

⑤ 王连龙编撰：《南北朝墓志集成》(简称《集成》)，“上/220”代表上册第220页，下仿此。

⑥ 汉司马迁撰，南朝宋裴骃集解，唐司马贞索引，唐张守节正义：《史记(全四册)》，上海古籍出版社，2016年，第2208页。

⑦ 姚美玲：《唐代墓志词汇研究》，华东师范大学出版社，2008年，第94页。

彬墓志》“敬勒玄石，式扬清尘。”(《校注》3/317)、《韩显宗墓志》“铭之玄石，以表其殊。”(《校注》3/322)、《元定墓志》“敬啚(图)玄石，以刊遐馨。”(《校注》3/337)等。此句“悲伤乌石”当言将悲痛铭于墓志铭之上以表哀思。

3. 正光五年《韩虎墓志》：“閟(闭)此良，白日徒明。”　　(《集成》上/250)

“”字《集成》释为“懿”。

按：“懿”字在刻石中多表“美”“大”之义①，若为“良懿”则为同义连用，当代指美德。上句言“悲松褢＝(褢褢)，墓门冥＝(冥冥)。”(《集成》上/250)已着手描写墓葬，此句不当返言其墓主美德。且未见“懿”字有此构形。细察此字，所从“石”下当为石花，非“心”，形当隶定为“磬”。北魏墓志中确见有“磬”“石”连用之例，如《乞伏曤墓志》“磬石承高，公侯继举。”(《集成》上/153)、《元邵墓志》“磬石命亲，寔膺维城之重。”(《校注》6/161)等。且北魏墓志中“闭”字多见，如《元澄妃李氏墓志》“輀(輀)旐孤返，松门已閟(闭)。”(《校注》3/345)、《杨琏墓志》“深诞掩途，松关永閇(闭)。”(《集成》上/164)、《元仙墓志》“泉门一閇(闭)，白日沦光。”(《校注》5/188)、《韩玫墓志》“松门一閟(闭)，化烈再光。”(《集成》上/235)等，多与“松门”“泉门”相关，此类词正是代指墓葬、墓石。据此可知“良磬”于此当表墓石，亦可补“磬”字引申义用法。五代“墓志的撰写者由于避讳心理的作用，一般不直接表述，往往采取种种委婉的手法”②，此曰墓石为“良磬”亦属此类。五代墓志已见以美玉来表示墓石之词，如“翠琰”“坚珉”“雕瑜”等③，此处以“良磬”来指代墓石，可补此类代指用法。

4. 孝昌二年《宇文延墓志》：“君躬镙胄，率先将士，广置威形，多设奇伏。”

(《集成》上/308)

“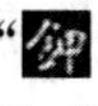”《集成》释为“钟”，《专题》(155)释为“钾”。④

按：“钟胄”词义不明，“钾胄”则可说通，知徐说可从。“钾胄”当指“铠甲”，又见《元遥墓志》“公躬擐钾(甲)胄，一鼓而推，勇夺三军，气振厎固。”(《校注》4/351)、《元暐墓志》“王案钾徐归，抽戈后殿，慨东隅之有缺，思改旦于后图。”(《校注》6/148)等，其中《元遥墓志》中“公躬擐钾(甲)胄”更可直接对读《宇文延墓志》此句。毛远明曾指出“钾”为“甲”的加形专字。⑤ 亦可理解为该字从上“镙”字类化叠加金旁所致。

5. 孝昌三年《张斌墓志》：“遂使夜犬止音，奸屏迹。”　　(《集成》上/327)

“”《集成》释为“吏”。

按：该字下残，释“吏”似词义可通，然字形显不确。察此字形，当释为“夫”。“奸夫”在此当指行恶之人，汉代传世文献中已见，如《汉书·卷九十一·货殖传第六十一》：“伪民背实而要名，奸夫犯害而求利。”⑥北魏墓志中该义或作“奸宄”“奸轨(宄)”，如《元寿安墓志》“乱离之后，饥馑荐臻，外连寇雠，内苞(包)奸宄，图城谋叛者，十室九焉。”(《校注》6/43)、《元朗墓志》“于是奸轨潜形，寇贼远迹，京西无苟吠之虞，周疆絶问鼎之客。”(《校注》6/75)等。北魏墓志中确见有“奸吏”一词，如《元渊墓志》“擥辔登车，褰帷望境，豪门即已敛手，奸吏望风解印〈印〉。”(《集成》上/333)，其“奸吏”与“豪门”对举，指官僚氏族。此处则“奸夫”与“夜犬”对举，指的是社会地位相对低下的人畜，若言“奸吏”则与文义不合。

---

① 参毛远明：《汉魏六朝碑刻异体字典》，中华书局，2014年，第1084页。

② 周阿根：《五代墓志词汇研究》，中国社会科学出版社，2015年，第190页。

③ 周阿根：《五代墓志词汇研究》，第191页；姚美玲：《唐代墓志词汇研究》，第101—102页。

④ 徐梅：《〈秦晋豫新出墓志搜佚续编〉(汉魏六朝部分)字词专题研究》(简称《专题》)，硕士学位论文，西南大学，2017年，“155”代表第155页，下仿此。

⑤ 毛远明：《汉魏六朝碑刻异体字典》，第393页。

⑥ 班固撰，颜师古注：《汉书》，中华书局，1962年，第3682页。

6. 太昌元年《元禹墓志》："道隆辛顿,德![图]龙云。" （《集成》上/430）

"![图]"《集成》、《专题》(166)皆释为"游"。

按:石刻中多见对举成文之句,此句中"道""德"对举,"隆"亦当与"游"字对举。"隆"在墓志中表示"宏大"或"丰盛"之义①,而"游"显不具备相关释义。且北魏石刻文字中,"游"字作"游""游""斿"三形,与此形显不合。察该字形,当释为"懋",义为"盛大、丰盛"②,可与"隆"对举。如《慧荣再造像记》"猗欤帝族,德懋扶桑。"(《校注》5/122)、《赫连悦墓志》"父以懋德,荣华后代。"(《校注》6/322)等,皆以"懋"喻德,未见以"游"喻德之例。传世文献中亦见以"懋"喻德之句,如《魏书·卷六十四·列传五第十二》:"积德懋于夏殷,富仁盛于周汉,泽教既周,武功亦匝。"③"懋"字于北魏石刻文字中确见右上作"攵"形之字,如上举《慧荣再造像记》中"![图]"、《赫连悦墓志》中"![图]"等,本墓志所见"懋"字与上举二例不同之处在于所从"心"置于文字右下,且"心"后两点书写连笔,为行书化所致,文字造型变化而已,与上举二例构件并无区别。

7. 永熙三年《尉陵妻贺示回墓志》:"名![图]世上,身沉泉曲。" （《集成》上/464）

"![图]"《集成》释为"渁",未作说解。

按:该字隶定无误,然未见其他北魏石刻文字中有"渁"字用法,此字即"飞"字。检"飞"字北魏墓志中有"扬、显扬"之义④,可与"沉"对言。北魏墓志中习见,如《杨阿难墓志》"身伏衡门,名飞帝阙"(《校注》4/183)、《裴敬墓志》"世流功在,人去名飞"(《集成》上/145)、《赵碑墓志》"名飞海岳,维官命氏"(《集成》上/216)等。张涌泉曾指出"汉字受上下文影响而偏旁发生类化的现象十分常见",并将此分为"类化变换偏旁"和"类化增加偏旁"两类,并分别举了"石榴"作"石磂","滋味"作"嗞味","排比"作"排批","菩提"作"菩蕏"等例。⑤ 北魏墓志多见对举成文,此字叠加"氵"旁当因下文中"身沉泉曲"的"沉"从"氵"类化所致,略同于上举张涌泉所言"类化增加偏旁"之例。

【参考文献】

[1] 黄征.敦煌俗字典[M].上海:上海教育出版社,2019.

[2] 梁春胜.六朝石刻丛考[M].北京:中华书局,2021.

[3] 刘秀梅.汉魏晋南北朝石刻文献语素研究[M].北京:中国社会科学出版社,2020.

[4] 罗维明.中古墓志词语研究[M].广州:暨南大学出版社,2003.

[5] 毛远明编著.汉魏六朝碑刻校注[M].北京:线装书局,2008.

[6] 毛远明.汉魏六朝碑刻异体字研究[M].北京:商务印书馆,2012.

[7] 毛远明.汉魏六朝碑刻异体字典[M].北京:中华书局,2014.

[8] 欧昌俊,李海霞.六朝唐五代石刻俗字研究[M].成都:巴蜀书社,2004.

[9] 山西省考古研究院.山西侯马虒祁北魏墓(M1007)发掘简报[J].文物,2021(2).

[10] 冉友侨编.汉语异体字大字典[M].成都:四川辞书出版社,2019.

[11] 荣宝斋出版社编.墓志书法精选(第七册):吕达墓志,元禹墓志[M].北京:荣宝斋出版社,2016.

[12] 王连龙编撰.南北朝墓志集成[M].上海:上海人民出版社,2021.

[13] 吴大敏编,吴钢辑.唐碑俗字录[M].西安:三秦出版社,2004.

[14] 徐志学.魏晋南北朝隋唐五代石刻用典研究[M].上海:上海交通大学出版社,2013.

① 毛远明:《汉魏六朝碑刻异体字典》,第557页。

② 参毛远明:《汉魏六朝碑刻异体字典》,第593页。

③ 魏收:《魏书》,中华书局,1974年,第1429页。

④ 参毛远明:《汉魏六朝碑刻异体字典》,第215页。

⑤ 参张涌泉:《汉语俗字研究(增订本)》,商务印书馆,2010年,第63—64页。

[15]　杨向奎.中国古代墓志义例研究[M].北京：中国社会科学出版社,2018.

[16]　姚美玲.唐代墓志词汇研究[M].上海：华东师范大学出版社,2008.

[17]　曾良.俗字及古籍文字通例研究[M].南昌：百花洲文艺出版社,2006.

[18]　张颖慧.魏晋南北朝碑刻文献疑难词语汇释[M].北京：中国社会科学出版社,2023.

[19]　张涌泉.汉语俗字研究(增订本)[M].北京：商务印书馆,2010.

[20]　张涌泉.汉语俗字丛考(修订本)[M].北京：中华书局,2020.

[21]　赵文成,赵君平编著.秦晋豫新出墓志搜佚续编[M].北京：国家图书馆出版社,2015.

[22]　周阿根.五代墓志汇考[M].合肥：黄山书社,2012.

[23]　周阿根.五代墓志词汇研究[M].北京：中国社会科学出版社,2015.

Nine Proofreading and Explainations of the Epitaphs of the Northern Wei Dynasty

Liu Yang　Wei Tianqi

(The Guangzhou Academy of Fine Arts, Guangzhou 510260)

Abstract: In this paper, there are nine proofreading and explainations to the words, names and directions such as "Yiluo Lee", "bird〈crow〉stone", "liangqing"and "jiazhou" involved in the epitaphs of the Northern Wei Dynasty, such as The Epitaph of Pei Jing, The Epitaph of Wang Zun, The Epitaph of Han Hu, and The Epitaph of YuWen yan, so as to correctly understand the meaning of the epitaph content.

Key words: epitaphs of the Northern Wei Dynasty; annotation

《新中国出土墓志·陕西肆》语词校释*

周永研

【摘　要】丛书《新中国出土墓志》代表了当今墓志整理的最高水平,具有引导示范功效。《新中国出土墓志·陕西肆》是陕西出土墓志整理的最新成果,它的出版为陕西历史文化研究提供了难得的第一手资料。我们运用词汇学、文字学、文献学等理论对该书进行了系统研读,发现该书在语词释读方面偶有疏误,兹提出我们的校释意见,以期学界更好地利用这批墓志,同时,也期待能为古籍整理和大型辞书编纂提供借鉴。

【关键词】《新中国出土墓志》;陕西;语词;校释

【作者简介】周永研,北京大学中文系博士生,主要研究方向为出土文献与古汉语语法。(北京 100871)

　　《新中国出土墓志》是在国家文物局、故宫博物院统一领导下,由全国各省、市、自治区文博考古及古籍整理单位合作编撰的大型墓志丛书,该丛书主要对 1949 年以后中国新出土墓志进行了系统整理与研究。《新中国出土墓志·陕西肆》①是该丛书的系列成果之一,该书收录墓志凡 330 方,其年代上自秦汉,下迄民国初年,涵盖了墓志产生、流行的整个历史时期,该书所收墓志均由陕西省考古研究院在田野工地发掘出土或采集所得,出土时间和地点明确,墓志原物收藏于该院,又保证了材料的真实性。该书具有重要的学术研究价值,是研究陕西地方历史文化的重要同时资料。我们在利用该书的过程中,发现该书在语词校释方面多有不足,兹就其要者,提出一己之见,以求教于学界同好及诸位方家。

　　1. 北周天和七年(572)《宇文通墓志》:"帝曰懿亲,锡兹茅土。比汉为梁,方周于鲁。爰升上将,连冲邵虎。金曜双龟,朱垂二组。"(11/7)②

　　"连冲"不辞。复审原拓,"冲(衝)"作**衙**,当为"衡"字,"衡""衝"形近而讹。"连衡"这里是"匹配,比肩"之义。"邵虎"亦作"召虎",指召穆公,姬姓召氏,名虎,召幽伯之子,召公奭次子的后代。召虎是周宣王时中兴的中流砥柱,被后人视为重臣名将的代表。"连衡邵虎"意思是说墓主宇文通可以和召穆公相提并论,极言其功绩之伟大。"连衡"一词,北朝以来墓志习见,北周建德元年(572)《杨绍墓志》:"天衢未享,公侯扞城。熊车屡驾,虎节仍征。优优德政,矗矗鸿名。羊刘接武,郭贾连衡。"③唐永淳元年(682)《马善墓志》:"父信,随任许长社县令。西门豹之奇操,讵可连衡;王稚子之柔明,岂能方驾。"④唐开元二年(714)《李器墓志》:"领军西府,羽林北落。上将骁雄,王臣謇谔。让封大树,讨虏沙漠。比迹甘陈,连衡卫霍。"⑤

　　2. 北周天和七年(572)《乌六浑显玉墓志》:"本支利建,应韩启土。外妇贵齐,成风重鲁。瞻彼棘心,言思劳苦。如何不吊,俱成万古。"(12/8)

　　* 基金项目:本文为国家社科基金项目"北朝墓志词汇研究及数据库建设"(22BYY109)、国家林业和草原局林业遗产与森林环境史研究中心重点项目"中国古代林业碑刻研究"(2021LYZD02)阶段性成果之一。

① 故宫博物院、陕西省考古研究院编:《新中国出土墓志·陕西肆》,文物出版社,2021 年。
② 括号内数字为文物出版社 2021 年版《新中国出土墓志·陕西肆》之页码,前为上册图版页码,后为下册录文页码,下同。
③ 赵文成、赵君平编:《秦晋豫新出墓志搜佚续编》,国家图书馆出版社,2015 年,第 150 页。
④ 毛阳光主编:《洛阳流散唐代墓志汇编续集》,国家图书馆出版社,2018 年,第 66 页。
⑤ 西安文物稽查队编:《西安新获墓志集萃》,文物出版社,2016 年,第 113 页。

"瞻彼棘心"一语费解。复审原拓，"瞻"作𦣝，从字形来看似无问题①。但碑刻俗书，"月""目"往往相混不别②，此处当为"瞻"字，"䀎""瞻"形近而讹。"瞻彼"一词，北朝以来墓志多有用例，北魏正光二年(521)《穆纂墓志》："瞻彼洛矣，其水汪汪；叔度百顷，君亦洋洋。方崇上爵，以副含章；如何如何，哲人其亡。"③隋大业六年(610)《胡岳墓志》："瞻彼太山，蓊郁其峰。陆浑良宰，车服有容。月迁上位，岁转名封。保身有节，慎知远同。"④唐神龙二年(706)《李温慎墓志》："瞻彼茂族，郁矣兴王。分枝仙树，演派天潢，荆限曜色，随岸摘光。纵壑斯远，抟风载扬。"⑤"棘心"，即棘木之心。语本《诗·邶风·凯风》："凯风自南，吹彼棘心。"朱熹《集传》："棘，小木，丛生，多刺，难长，而心又其稚弱，而未成者也……以凯风比母，棘心比子之幼时。"后世常以"棘心"喻指人子思亲之心。"瞻彼棘心，言思劳苦"极言后世之人对墓主的瞻仰思念之情。

3. 北周天和七年(572)《权白女墓志》："大祖文皇帝龙飞百二之始，虎据三分之初，选自良家，侍诏宫闱。衾裯备礼，仪形俱瞻，既留倚瑟之情，遂应授兰之梦。"(13/9)

"衾稠"不辞。复审原拓，"稠"作裯，从字形来看似无问题。但碑刻俗写，"禾""礻"往往相混不别⑥，这里"稠"实为"裯"之俗写。"衾裯"指被褥床帐等卧具。语出《诗·召南·小星》："肃肃宵征，抱衾与裯，寔命不犹。"毛传："衾，被也。裯，襌被也。"郑玄笺："裯，牀帐也。"《汉语大词典》"衾裯"条义项①释作"指被褥床帐等卧具"。首例为《宋史·赵君锡传》："母亡，事父良规，不违左右，夜则寝于傍。凡衾裯薄厚、衣服寒温……如《内则》所载者，无不亲之。"可知《汉语大词典》例证晚出。墓志文献，北朝墓志就已见用例，东魏兴和三年(541)《李挺妻元季聪墓志》："思媚诸姑，言齿同列。衾裯有序，中外胥悦。报善空传，辅仁虚说。轮光未远，芳翘已折。"⑦

4. 唐武德五年(622)《韦匡伯墓志》："鸣呼哀哉！恐山崩于朽坏，虑海变于桑田，庶沉碑而可固，遂勒石于幽泉。"(53/47)

"恐山崩于朽坏"一语费解。复审原拓，"坏"作壤，显然为"壤"字，"壤""坏"形近而讹。"朽壤"意思是腐烂的土壤。先秦传世文献已有用例，《左传·成公五年》："山有朽壤而崩。"《国语·晋语五》："山有朽壤而自崩。将若何，夫国主山川，故川涸山崩，君为之降服出次。"意思是说山有腐朽的土壤，不用外力挖掘，自然就会崩塌。"朽壤"一词，北朝以来墓志多有用例，北齐天保十年(559)《崔子直妻李幼芷墓志》："以齐天保十年十月乙酉朔十三日丁酉，永厝于常山之灵寿县临山之阳。松析为薪，事如瞬息，山含朽壤，未曰长存。是以图声夜台，贻实终古。"⑧唐贞观十五年(641)《梁凝达墓志》："哀子孝基等至孝过礼，殆将灭性，亲朋观请，枯急若存，海变桑田，山颓朽壤，式锡玄石。"⑨

5. 唐贞观四年(630)《韦津墓志》："十有二年，诏判民部尚书事。炀帝顾为代邸，省方淮甸，天驷南辕，云旗东指，京都留务，是用委焉。"(55/50)

"顾为"不辞。复审原拓，"为"作惟，显然是"惟"字。"惟"有"思考，思虑"义，《尔雅·释诂下》：

① 本文赞同墓志录文应和原拓字形尽量一致的原则。《新中国出土墓志·陕西肆》未在该字下出注，但是同形字是值得说明的，因此我们试图对"瞻"字及其组合词语进行合理阐释。
② 如"睹"睹(东魏 戎爱洛造像)，见臧克和主编《汉魏六朝隋唐五代字形表》，南方日报出版社，2011年，第1036页；"盼"朌(隋 成公氏墓志)，见《汉魏六朝隋唐五代字形表》，第1030页。
③ 王连龙编撰：《南北朝墓志集成》，上海人民出版社，2021年，第188页。
④ 周晓薇、王其祎：《贞石可凭：新见隋代墓志铭疏证》，科学出版社，2020年，第427页。
⑤ 刘文、杜镇编著：《陕西新见唐朝墓志》，三秦出版社，2022年，第126页。
⑥ 如"秾"秾(北魏 元暐墓志)，见《汉魏六朝隋唐五代字形表》，第1072页；"秩"袟(唐 毗伽特勤墓志)，见《汉魏六朝隋唐五代字形表》，第1073页。
⑦ 王连龙编撰：《南北朝墓志集成》，第534页。
⑧ 王连龙编撰：《南北朝墓志集成》，第688页。
⑨ 赵文成、赵君平选编：《新出唐墓志百种》，西泠印社出版社，2010年，第4页。

"惟,思也。"《说文·心部》:"惟,凡思也。"《诗·大雅·生民》:"载谋载惟,取萧祭脂。"郑玄笺:"惟,思也。""顾"有"思念"义,《汉书·宣帝纪》:"时掖庭令张贺尝事戾太子,思顾旧恩,哀曾孙,奉养甚谨。"颜师古注:"顾,念也。""顾惟"为同义复词,唐代墓志多有用例,唐总章二年(669)《贺若贞亮墓志》:"季长之博□技艺,玄度之纾怀风月,足为俦也。顾惟虚薄,早狎徽猷,义叶通家,道存虚室。我直尔谅,载深挥斫之情;丧善歼良,俄轸绝弦之痛。"①唐天宝三年(744)《刘元亨墓志》:"先夫人雁门田氏,早殒。偕老之义,虽则先凋;同穴之期,终当后会。则鲁之合,卫之离也,宜哉!顾惟蔽蒙,敢书明德于贞石。"②

6. 唐开元十一年(723)《王晖墓志》:"夫其神气疑邈,风骨孤竦,盖逸群之秀,实时髦之所宗仰也。"(130/118)

"神气疑邈"一语费解。"疑"原拓作![字],当为"凝"字。"凝"有端庄义,《淮南子·兵略》:"湫漻如秋,典凝如冬。"高诱注:"凝,正也。""邈"有远义,《广雅·释诂一》:"邈,远也。"《汉书·司马相如传》:"轩辕之前,遐哉邈乎,其详不可得闻也。"颜师古注:"遐、邈,皆远也。""凝邈"乃"端庄远大"之义,北朝以来墓志多有用例,北齐天保十年(559)《杜昌墓志》:"君即都尉公之弟子也。君幼则岐嶷,长而凝邈,学赡而道弘,才多而义胜。以父荫出身,授陪戎副。"③隋开皇十七年(597)《杨雄母兰胜蛮墓志》:"父润,魏安城太守、武卫将军。器宇凝邈,兼姿书剑。峰阳修干,孤生地险;渥洼骏骨,动合天机。"④唐显庆六年(661)《卢习善墓志》:"君江汉诞灵,风云吐秀。器宇凝邈,襟情峻远。符彩外照,蔽楚玉于方流;明润内融,掩随珠于圆折。"⑤"邈"有远义,故"凝邈"亦可作"凝远",《新唐书·宋璟传》:"璟风度凝远,人莫涯其量。"

7. 唐开元十一年(723)《王晖墓志》:"宦非得志,命遭艰险,恬然处顺,无所继怀,诚怛荡之高人,知命之君子。降年不永,春秋卌有二,开元十一年九月卅日。遘疾卒于浚仪。"(130/118)

"怛荡"不辞。复审原拓,"怛"作![字],字形不误,但词义却无法解释。这里"怛"当为"坦"之类化俗字,若识读为"坦荡"则言通意顺。因为"坦荡"常常用来形容人之心胸宽广,所以墓志中将"坦荡"之"坦"的构件"土"换为了"心(忄)",起到示义的作用。关于石刻文献中"类化字"的说明见董宪臣、毛远明(2012)以及周阿根、顾若言(2020)。《论语·述而》:"君子坦荡荡,小人长戚戚。"何晏集解引郑玄曰:"坦荡荡,宽广貌。""坦荡"一词,北朝以来墓志多有用例,北魏太昌元年(532)《杨津墓志》:"君禀河岳之气,资列宿之灵,学不师受,盖唯天性,加以心忘鄙悋,行存坦荡,积水为源,鸣琴以韵,九皋之响俞远,百倍之价日遒。"⑥武周长寿二年(693)《崔安敬墓志》:"君命舛中年,位居下邑,虽怀坦荡,终倦推迁。以载初元年七月五日卒于宁海之官舍,春秋六十有六。"

8. 唐开元十一年(723)《王晖墓志》:"将谓天道辅善,鬼神与仁,南啚之羽方传,北原之祸斯及。暐鸽原义切,实悲同气,缅寻恩念,痛贯心灵,辄寄斯文,少申悲结。"(130/118)

"南啚之羽方传"一语费解。复审原拓,"传"实作![字],当为"抟"字,"傳""搏"形近而讹。"抟"指鸟类向高空盘旋飞翔。"啚"为"图"之俗写。"南圖之羽"代指大鹏,"南图之羽方抟"表示即将飞向南方大海的大鹏正欲展翅高飞,语本《庄子·逍遥游》:"鹏之徙于南冥也,水击三千里,抟扶摇而上者九万里,去以六月息者也。"此处"南图"两句比喻墓主正欲施展才华而天不假年。此外,墓志文献中多见"南图"或"图南",武周大足元年(701)《元玄庆墓志》:"公累佐名藩,频临望邑,声实具美,威惠兼施。方

---

① 毛阳光、余扶危主编:《洛阳流散唐代墓志汇编》,国家图书馆出版社,2013年,第32页。
② 胡戟、荣新江主编:《大唐西市博物馆藏墓志》,北京大学出版社,2012年,第542页。
③ 西安文物稽查队编:《西安新获墓志集萃》,第144页。
④ 周晓薇、王其祎:《贞石可凭:新见隋代墓志铭疏证》,第260页。
⑤ 毛阳光主编:《洛阳流散唐代墓志汇编续集》,第18页。
⑥ 赵文成、赵君平编:《秦晋豫新出墓志搜佚续编》,第80页。

将整翰南图，指天池而息；岂期阆川东逝，瞻隙驷而难留。"①唐贞观廿三年(649)《杨敏墓志》："将欲刷翮邓林，回翥千里。濯鳞溟渤，图南九万。但以日驭不停，终惊于夜壑；川流不息，徒想于朝霞。"②

9. 唐开元二十四年(736)《侯莫陈妻李俚墓志》："夫人德茂琼源，芝统兰绪，生于盛邸，长自河间，柔顺禀于天心，礼约非于师训。"(139/126)

"芝统兰绪"一语费解。复审原拓。"芝"作▨，当为"芳"字。"统"作▨，虽然下半有磨泐，但左边的构件为"氵"而非"纟"，演绎其字形，疑为"流"字。"德茂琼源"与"芳流兰绪"正好相对成文，用来形容墓主家族世系优良，德行名声之美好，"德茂琼源"指德行卓著于先世，"芳流兰绪"指美名流传于后昆。"芳流"一词，唐代墓志多有用例，唐贞观十年(636)《宫惠墓志》："父国，齐广年县令、齐州长史，器标瑚琏，芳流后叶。君禀气温恭，率性仁孝，风度淹雅，器局凝深。"③唐龙朔三年(663)《王约墓志》："川宗南纪，峰仰西崐。簪情结慕，鼎胄攸尊。矧兹鸿伐，卓彼龙门。业光先轨，芳流后昆。"④而"芳统"则不见于同时期的墓志文献。

10. 唐天宝元年(742)《韦君妻胡氏墓志》："聿生懿淑，态必如神。婉顺闲雅，谐和吉人。开国立节，娣姒▨驯。何其一且，影没穷尘。"(146/132)

"何其一且"一语费解。复审原拓，"且"作▨，当为"旦"之俗写变异字。"一旦"意思是有朝一日，常用来预指人们不愿意见到的事情。《战国策·赵策四》："今媪尊长安君之位而封之以膏腴之地，多予之重器，而不及今令有功于国，一旦山陵崩，长安君何以自托于赵？"碑刻文献中，"一旦"常用来代指人的死亡。北朝以来墓志多有用例，北魏正光二年(521)《穆纂墓志》："长杨森耸，高松半云。荒丘芜没，寒隧无春。何其一旦，此地安君。墓门风噎，为是啼人。"⑤隋开皇九年(589)《王孝深墓志》："怀德佐时，和味助鼎。道加威惠，肃然清靖。朝廷楷模，缙绅袖领。如何一旦，降年不永。"⑥唐开成五年(840)《段氏墓记》："有女孙二人，数岁而孤，皆段氏养育成立。一旦亡没，不唯其女及孙号恸，予一家皆哭而惜之。"⑦

11. 唐大历十四年(779)《常清墓志》："故先人难夺其节，奏居此寺，佛感悬解，自然生知，律仪严整，闇与理合。青莲不染，独生于乏水中；日月孤圆，迥出于重昏之际。"(177/161)

"乏水"不辞。复审原拓，"乏"作▨，该字虽有磨泐，但细绎字形，当为"定"之草书楷化字。"定水"乃澄静之水，佛教上用来喻指禅定之心。"定水"一词，南北朝传世文献已见用例，南朝梁元帝《法宝联璧序》："熏戒香，沐定水。"北周庾信《陕西弘农郡五张寺经藏碑》："春园柳路，变入禅林；蚕月桑津，回成定水。"唐代墓志亦有用例，唐仪凤二年(677)《王君夫人康氏墓志》："夫人因申顶谒，幸沐法流。挂三毒于禅枝，荡六尘于定水。"⑧武周天册万岁二年(695)《李吉墓志》："旋加镇废，幸偶幽情，是以栖志家林，销声乡曲。去兹火宅，挹定水之波澜；来息化城，越耶山之险障。"⑨另"日月"之"日"，原拓作▨，显然是"白"字。"白月"与上文"青莲"相对成文。"白月"亦称"白半""白分"，古印度历法，指阴历每月的上半月。唐玄奘《大唐西域记·印度总述》："月盈至满，谓之白分，月亏至晦，谓之黑分。"宋永亨《搜采异闻录》卷二："日在月前，行至十五日，俱足圆满，是名白半。""白月"一词，唐代墓志多有用例，唐天宝十年(751)《明暹妻严挺之墓志》："鸣虖，代有更谢，非青春可留；法随没生，岂白月恒满。以天宝十

① 周绍良主编，赵超副主编：《唐代墓志汇编》，上海古籍出版社，1992年，第987页。
② 周绍良、赵超主编：《唐代墓志汇编续集》，上海古籍出版社，2001年，第46页。
③ 毛阳光主编：《洛阳流散唐代墓志汇编续集》，第2页。
④ 胡戟、荣新江主编：《大唐西市博物馆藏墓志》，第150页。
⑤ 王连龙编撰：《南北朝墓志集成》，第188页。
⑥ 周晓薇、王其祎：《贞石可凭：新见隋代墓志铭疏证》，第137页。
⑦ 刘文、杜镇编著：《陕西新见唐朝墓志》，第360页。
⑧ 胡戟、荣新江主编：《大唐西市博物馆藏墓志》，第208页。
⑨ 毛阳光、余扶危主编：《洛阳流散唐代墓志汇编》，第98页。

载六月十三日终于东京私第。"①唐永贞元年(805)《清悟墓志》："以其年十月廿六日祔葬于龙门南土村,次先茔之左,遵旧志也。呜呼！青松摧茂,白月亏圆。行路相悲,法门殄瘁。"②

12. 唐贞元二年(786)《韦向妻孙氏墓志》："嗣子前同官县主簿彭寿,子尔孤立,茕然在疾,才既府君之服,又执夫人之丧。"(184/166)

"子尔"不辞。复审原拓,"子"作𡥅,当为"孑"字。"孑"乃"孤单"之义。《广韵·薛韵》："孑,单也。""尔"作为形容词、副词的词尾,相当于"然"。故"孑尔"又可写作"孑然",唐代墓志多有用例。唐天宝元年(742)《阎晋墓志》："嗟乎,大茂必易凋,大光必易销。孑然一身,更无昆弟。邓攸无子,天道何知。"③唐建中四年(783)《崔崟墓志》："季弟岩,陈州参军,亦无嗣子。宏才蕴迈,词藻巨称,属国步艰难,名位非着。乾元中早夭即世,葬于龙门北山原,俯大茔之北。今公孑然,仁兄慈念,不忍离远,乃卜兆同域,封窆于季仲之次。"④

13. 唐元和九年(814)《牛僧虔墓志》："及大惭,僧孺泣请曰：'公自疾,妻与女都不知,今亟矣,请召以同侍。'"(199/179)

"大惭"不辞。复审原拓,"惭"作𣸪,当为"渐"字。"大渐"乃病危之义。《书·顾命》："王曰：呜呼！疾大渐,惟几。"《列子·力命》："季梁得病,七日大渐。"张湛注："渐,剧也。""大渐"一词,北朝以来墓志多有用例,北周天和六年(571)《宇文广墓志》："大渐之辰,春秋二十有九。四关罢市,三军行哭。言寻听讼,犹见寒棠。还顾空营,惟余衰柳。"⑤隋大业十年(614)《释童真墓志》："是知四节若驰,瞥逾隙马。百年如幻,脆甚藏舟。加以遘疾弥隆,遂登大渐。其月九日迁神于大禅定伽蓝。"⑥辽天庆二年(1112)《萧义墓志》："公虽屡移官次,而恒从乘舆。先皇大渐,与左右政臣奉承遗制,推戴圣人。"⑦

14. 唐大和九年(835)《杨高墓志》："府君之生,保仁守义；位虽不显,素风同坠。夫人华宗,德行全备；训子教女,闺壸无愧。"(222/204)

"素风同坠"一语费解。复审原拓,"同"作𡨄,当为"罔"字。"罔"有"不,无"义。《尔雅·释言》："罔,无也。"清王引之《经传释词》卷十："罔,犹不也。"该墓志中"罔"和上文"不"同义对举。碑刻文献中"罔坠"多用来指天理、道德、作风等不丧失、不败坏。西魏大统八年(542)《杨俭墓志》："故能探赜幽隐,窥察宫墙焉。是以文武之道,在躬罔坠；令闻之声,自家形国。"⑧后晋开运二年(945)《阎弘祚墓志》："昔在姬朝,命族爰兴于洪绪；下分晋室,疏封遂易于华宗。居汉魏之间,方崇祖德；历隋唐之际,罔坠家声。"⑨

15. 开成三年(838)《卢绶妻张氏墓志》："长子弘本,前右卫兵曹参军。次简知,次简悔,次简莘。咸以善性而能,知教称家,哀事有礼有时"(226/206)

"哀事"不辞。复审原拓,"哀"作裵,当为"襄"字。"襄事"本指成事。语本《左传·定公十五年》："葬定公,雨,不克襄事。"杜预注："雨而成事,若汲汲于欲葬。"唐代墓志用来指称下葬,乃唐代新义。唐开元二十年(732)《张说墓志》："诏葬先远,襄事有日,又特赐御辞表章琬琰,公义有忘身之勇,忠为社稷之卫,文武可宪之政,公侯作扞之勋,皆已昭昭于天文,虽与日月争光可矣。"⑩唐天宝九年

① 毛阳光主编：《洛阳流散唐代墓志汇编续集》,第362页。
② 毛阳光主编：《洛阳流散唐代墓志汇编续集》,第512页。
③ 毛阳光主编：《洛阳流散唐代墓志汇编续集》,第306页。
④ 赵君平、赵文成编：《秦晋豫新出墓志搜佚》,国家图书出版社,2012年,第794页。
⑤ 王连龙编撰：《南北朝墓志集成》,第899页。
⑥ 刘文编著：《陕西新见隋朝墓志》,三秦出版社,2018年,第97—98页。
⑦ 周阿根校注：《辽代墓志校注》,天津古籍出版社,2022年,第570页。
⑧ 张永华、赵文成、赵君平：《秦晋豫新出墓志搜佚三编》,国家图书馆出版社,2020年,第79页。
⑨ 周阿根：《五代墓志汇考》,黄山书社,2012年,第396页。
⑩ 赵文成、赵君平编：《新出唐墓志百种》,第142页。

（750）《郑彦凑墓志》："孝孙仪以天宝九载五月九日改葬于河南府河清县温泉之原,礼也。表厥襄事,率由铭功。"①唐贞元十五年（799）《常习墓志》："冢嗣曰伯儒,前宋州襄邑县尉,幼志于学,经明入士,且将远大,焯绍休绪;次曰次儒,郑州新郑县尉,誓奉襄训,罔敢失坠;叔曰复儒,童年业文,亦冀有立,号慕襄事,终天莫追。"②另原录文标点亦有误,当标点作："长子弘本,前右卫兵曹参军。次简知,次简悔,次简莘。咸以善性而能知教称家,襄事有礼有时,孝子之道备矣。"

16. 唐会昌六年（846）《弥文逸墓志》："如何哲人,奄从彫瘁。嗟乎! 上苍不整,歼我贤良。以会昌六年正月中寝疾,终于林元里之私第也,享年五十七。"（231/211）

"上苍不整"一语费解。复审原拓,"整"作📷,实为"愁"之俗写,臧克和《汉魏六朝隋唐五代字形表》③、毛远明《汉魏六朝碑刻异体字字典》④均收有"愁"俗写字形,可资比勘。"愁"有"愿意"义。《诗·小雅·十月之交》："不愁遗一老,俾守我王。"陆德明释文："愁,尔雅云愿也、强也。"又《左传·哀公十六年》："旻天不弔,不愁遗一老,俾屏余一人以在位,茕茕余在疚。""上苍不愁"墓志文献中亦作"上天不愁""天不愁遗",皆为对人逝世进行哀悼之辞。东魏兴和三年（541）《元鸷墓志》："而上天不愁,道丧奄及。春秋六十有九,寝疾不豫,兴和三年六月九日,王薨于京师。"⑤唐元和五年（810）《赵煊墓志》："上天不愁,大历十二年五月十一日先殁于阳翟县之私第,其年权厝于县之西隅。"⑥北魏延昌四年（515）《邢峦墓志》："方申陟台阶,振袭衮章,丕融帝道,大庇生民,天不愁遗,寝疾暴迫。春秋五十一,延昌三年三月九日丁巳薨于第。"⑦

17. 唐大中十四年（860）《李暨妻王玄之墓志》："夫人因自残其命,不在牖下。亲戚伤痛,听惊朝野。谇验手迹,知不胜丧,至于毁灭。"（244/221）

"谇验"不辞。复审原拓,"谇"作📷,当为"讯"。"讯"有问义,《说文·言部》："讯,问也。"《集韵·稕韵》："讯,问也。"《诗·小雅·正月》："召彼故老,讯之占梦。"毛亨传："讯,问也。""讯验"乃讯问检验之义。传世文献多有用例,《史记·淮南衡山列传》："是时上不许公卿请,而遣汉中尉宏即讯验王。"唐柳宗元《河间传》："河间命邑人告其夫召鬼祝诅,上下吏讯验,笞杀之。"

18. 明嘉靖十七年（1538）《焦淇妻朱氏墓志》："其女之夫承裕素以文为业,郡主之配仪宾君谓之曰:郡主今不可作矣,墓铭敢以为托。谨叙其事,而收泪为之铭。"（301/269）

"收泪为之铭"一语费解。复审原拓,"收"作📷,当为"抆"。"抆"有"拭擦"义。《广雅·释诂二》："抆,拭也。"《楚辞·九章·悲回风》："孤子唫而抆泪兮,放子出而不还。"洪兴祖补注："抆,拭也。""抆泪"一词,唐代以来,墓志文献多有用例,唐开元六年（718）《沈瓒墓志》："克明忝为昆季,志切宗祊。仰松剑而摧心,俯楹书而抆泪。"⑧"抆泪"一词,《新中国出土墓志·陕西肆》还有同时代用例,可资旁证,明隆庆二年（1568）《狄向化与妻郭氏合葬墓志》："卜以次年戊辰二月十日,启郭妇之墓而合窆焉。余裂衷抆泪为之志,且系以铭。"（283 页）明万历五年（1577）《郭淶墓志》："愚,先生门下士,乃奉先生易箦之命,故抆泪而谨识之如此。"（286 页）

19. 明万历四十一年（1613）《朱怀埇与妻李氏合葬墓志》："塾傅授以素王隽永蜩承,或试之联,如出宿构,王孙电异,当是其然。"（326/296）

① 毛阳光主编：《洛阳流散唐代墓志汇编续集》,第 356 页。
② 刘文、杜镇编著：《陕西新见唐朝墓志》,第 286 页。
③ 臧克和主编：《汉魏六朝隋唐五代字形表》,第 983 页。
④ 毛远明：《汉魏六朝碑刻异体字字典》,中华书局,2014 年,第 1093 页。
⑤ 王连龙编撰：《南北朝墓志集成》,第 524 页。
⑥ 毛阳光主编：《洛阳流散唐代墓志汇编续集》,第 538 页。
⑦ 王连龙编撰：《南北朝墓志集成》,第 121 页。
⑧ 毛阳光主编：《洛阳流散唐代墓志汇编续集》,第 162 页。

"电异"不辞。复审原拓,"电"作 ,当为"灵"之俗写。"灵异"有"神灵,神奇"之义。《文选·谢朓〈游敬亭山〉诗》:"隐沦既已托,灵异居然栖。"李周翰注:"灵异,灵仙也。""灵异"一词,历代墓志多有用例,隋大业十年(614)《姚太暨妻袁氏墓志》:"君生而灵异,长具礼则,孝弟温恭,信着州里。"①唐仪凤四年(679)《杜美墓志》:"惟君道洽时伦,行高先哲,生而灵异,奇节早闻,特达珪璋,神机英伟。遐迩称其善政,闾閈赞其仁明。"②后唐同光二年(924)《王审知墓志》:"夫二仪析理,英贤所以应乾坤;五岳参天,申甫所以钟灵异。降乎昭代,复验奇材。"③

《新中国出土墓志》是国内首次对1949年后新出墓志进行最大规模整理出版的一部大型丛书,具有"图版清晰,材料完整;释文精当,标点准确;整理规范,翻检方便"等特点,也具有重要的学术研究价值。该套丛书出版之后,先后荣获第二十五届(2009年)全国优秀古籍图书奖一等奖、第二届(2010年)中国出版政府奖图书奖、首届(2013年)向全国推荐优秀古籍整理图书等殊荣。该丛书的出版既为今后古籍与出土文献整理、出版树立了范本,又为石刻文献的研究提供了真实可靠的图文资料。但由于墓志原石多有磨泐,拓片存在翻拓不精等情况,导致文字形体相讹、文字难以辨识及缺失、特殊用字处理不当等问题时有发生,这或多或少会影响碑刻文献的利用。同时,由于汉语字词关系繁杂,字形与音义的错综关系主要表现为"一词多形"和"一形多音义",这又给碑刻文献的识读增加了难度。因此,对碑刻文献的准确释读,不仅需要文字学、词汇学的知识,还需要综合语言学、历史学、地理学等方面的知识,加强碑刻文献字词的释读与研究工作,将有助于墓志等石刻文献的整理与利用,进而有助于中华传统文化的继承发展与弘扬光大。

附记:本文蒙潘玉坤教授审阅指正,谨致谢忱!

【参考文献】
[1] 董宪臣,毛远明.汉字类化研究与碑刻文献整理[J].古籍整理研究学刊,2012(2):36-39.
[2] 故宫博物院,陕西省考古研究院编.新中国出土墓志·陕西肆[M].北京:文物出版社,2021.
[3] 胡戟,荣新江主编.大唐西市博物馆藏墓志[M].北京:北京大学出版社,2012.
[4] 刘文,杜镇编著.陕西新见唐朝墓志[M].西安:三秦出版社,2022.
[5] 毛阳光主编.洛阳流散唐代墓志汇编续集[M].北京:国家图书馆出版社,2018.
[6] 毛阳光,余扶危主编.洛阳流散唐代墓志汇编[M].北京:国家图书馆出版社,2013.
[7] 毛远明.汉魏六朝碑刻异体字典[M].北京:中华书局,2014.
[8] 裘锡圭.文字学概要[M].北京:商务印书馆,2013.
[9] 任昉.略谈《新中国出土墓志》的价值与意义[J].故宫博物院院刊,2016(1):114-119.
[10] 王连龙编撰.南北朝墓志集成[M].上海:上海人民出版社,2021.
[11] 王其祎,周晓薇.隋代墓志铭汇考[M].北京:线装书局,2007.
[12] 王庆昱.新见唐宰相元载墓志考释[J].书法,2018(2):44-51.
[13] 西安文物稽查队编.西安新获墓志集萃[M].北京:文物出版社,2016.
[14] 杨作龙.洛阳新出土墓志释录[M].北京:北京图书馆出版社,2004.
[15] 臧克和主编.汉魏六朝隋唐五代字形表[M].广州:南方日报出版社,2011.
[16] 张永华,赵文成,赵君平编.秦晋豫新出墓志搜佚三编[M].北京:国家图书馆出版社,2020.
[17] 赵文成,赵君平编.新出唐墓志百种[M].杭州:西泠印社出版社,2010.

① 王其祎、周晓薇:《隋代墓志铭汇考》,线装书局,2007年,第5—61页。
② 周绍良、赵超主编:《唐代墓志汇编续集》,第239页。
③ 周阿根:《五代墓志汇考》,第130页。

［18］周阿根,顾若言.石刻文献编辑过程中文字处理的思考［C］//中国文字研究（第三十一辑）.上海：华东师范大学出版社,2020.

［19］周阿根校注.辽代墓志校注［M］.天津：天津古籍出版社,2022.

［20］周阿根.五代墓志汇考［M］.合肥：黄山书社,2012.

［21］周绍良主编,赵超副主编.唐代墓志汇编［M］.上海：上海古籍出版社,1992.

［22］周绍良,赵超主编.唐代墓志汇编续集［M］.上海：上海古籍出版社,2001.

［23］周晓薇,王其祎.贞石可凭：新见隋代墓志铭疏证［M］.北京：科学出版社,2020.

Collation and Explanation of Phrases in *The Unearthed Epitaphs in China After 1949-Shaanxi* Ⅳ

Zhou Yongyan

(Department of Chinese language and Literature, Peking University, Beijing 100871)

Abstract：*The Unearthed Epitaphs in China After 1949* represents the highest level of epitaph arrangement at present, and has the effect of guiding and demonstrating. *The Unearthed Epitaphs in China After 1949-Shaanxi* Ⅳ is the latest achievement in the collation of unearthed epitaphs in Shaanxi province. Its publication provides valuable first-hand information for the study of Shaanxi's history and culture, which is a great good thing that contributes to the present and benefits the future. We have made a systematic study of this book by using the theories of lexicology and philology, and found that there are occasional mistakes in this book. Now we put forward our proofreading opinions in order to make better use of these epitaphs in academic circles, and at the same time, we hope to provide reference for the collation of ancient books and the compilation of large dictionaries.

Key words：*The Unearthed Epitaphs in China After 1949*；Shaanxi；phrases；collation and explanation

河南曹魏大墓出土石楬名物校释八则*

孙　涛

【摘　要】2008 年河南安阳曹操高陵二号墓以及 2015 至 2016 年河南洛阳西朱村曹魏一号墓皆出土记载随葬物品的石楬，目前相关研究方兴未艾。本文对石楬所记"当圹""白扁绢""枕兰""单虑机""晨辨""廉蘁""木墨敛""木軕机"等八例名物做出新解释。

【关键词】安阳曹操高陵；洛阳西朱村曹魏墓；石楬；名物考释

【作者简介】孙涛，中国石油大学（华东）文法学院讲师，研究方向为出土文献与训诂学研究。（山东 青岛 266580）

2008 年河南安阳曹操高陵二号墓出土 66 枚石楬①，因为该墓涉及曹操这一历史名人，所以对于石楬的真假一直存在争议；2015 至 2016 年河南洛阳西朱村曹魏一号墓又出土石楬 200 余枚②；两墓的时代、地域皆相近，而且石楬的形制一致、内容较多重合，这使得之前认为曹操高陵二号墓的石楬是造假的说法不攻自破。目前两墓石楬的整理和研究工作方兴未艾，我们对石楬所记名物的解释有不同的意见，以期求教于方家。

（1）当圹一。　　　　　　　　　　　　　　　　　　　（西朱村曹魏 M1：335）③

曹锦炎将"当圹"归入"葬仪类"，并注："圹，墓穴。《说文·土部》：'圹，堑穴也。''当圹'，似指位于从墓道进入墓室即墓门处的一件屏障物。"④

按："当圹"是镇墓神煞之一，唐宋等后世丧葬文书多见，常跟"当野""祖名""地轴"三神煞共见：

> 凡丧葬则供其明器之属……当圹、当野、祖明、地轴、鞁马、偶人，其高各一
> 　　　　　　　　　　　　　　　　　　　　　（唐《唐六典·将作都水监》）⑤

> □神木盟当圹等，并随柏人觅食。　　　　（唐《熊氏十七娘木俑背墨书地券》）⑥

> 当圹神、当野神各一尊，各立高三尺。祖司神、祖明神、天关神、地轴神、仰观神、仰面神、伏听神各一尊，各立高一尺二寸。　　　　　　　　　　　　（宋《中兴礼书·凶礼二十一》）⑦

> 宣祖衮冕，昭宪皇后花钗、翟衣、赠玉。十二神、当圹、当野、祖明、祖思、地轴及留陵刻漏等，并制如仪。（宋《文献通考·王礼》⑧、元《宋史·礼志·凶礼一》）

> 入坟有当圹、当野、祖思、祖明、地轴、十二时神、志石、券石、铁券各一。
> 　　　　　　　　　　　　　　　　　　　　　　（元《宋史·礼志·凶礼三》）

> 墓方圆九十步，坟高一丈八尺，明器九十事，石作六事……当圹、当野、祖明、祖思、地轴、十二

＊ 基金项目：教育部人文社会科学重点研究基地重大项目"古文字编码字符集研究（出土秦汉文字、民族古文字部分）"（22JJD740024）、中央高校基本科研业务费专项资金（23CX06050A）。

① 河南省文物考古研究院编著：《曹操高陵》，中国社会科学出版社，2016 年，第 231 页。
② 洛阳市文物考古研究院：《河南洛阳市西朱村曹魏墓葬》，《考古》2017 年第 7 期。
③ "西朱村曹魏石楬释文"皆来自史家珍等主编：《流昤洛川——洛阳曹魏大墓出土石楬》，上海书画出版社，2021 年，不出注。
④ 史家珍等主编：《流昤洛川——洛阳曹魏大墓出土石楬》，第 323 页。
⑤ 李林甫等撰，陈仲夫点校：《唐六典》，中华书局，1992 年，第 597 页。
⑥ 吴钢主编：《全唐文补遗》第七辑，三秦出版社，2000 年，第 430 页。
⑦ 礼部太常寺纂修，徐松辑：《中兴礼书》，《续修四库全书》第 823 册，上海古籍出版社，2002 年，第 228 页。
⑧ 马端临：《文献通考》，中华书局，2011 年，第 3887 页。

时神、蚊厨帐、暖帐各一。　　　　　　　　　　　　　　　　　　（元《宋史·礼志·凶礼三》）

另外，《永乐大典》卷八一九九《大汉原陵秘葬经·盟其神煞篇》记载了天子、亲王以至庶民各阶层的各种墓葬明器及其位置情况，其中记载道："埏道口安当圹、当野二人，长三尺五寸。"[①]对于"当圹"指何物，随着新考古发现才逐渐确定下来。二十世纪四十年代长沙战国楚墓出土过木雕怪兽，其形象有"人首蛇身，头戴鹿角"或"头戴角的龙形"等，杨宽将其跟汉唐出土的瓦质怪兽一起归为"当圹""祖名"一类神煞[②]；二十世纪五十年代，参与发掘过多座唐墓的王去非将唐墓神像跟文献记载相结合，指出："一般唐墓中都有两个'镇墓兽'和两个'镇墓俑'，'镇墓兽'一作兽头形，一作人头形，臂上有很多长翅，头上生角，足下多踏怪兽，一般都安放在墓室入口处，左右相对面向羡道，'镇墓俑'作天王形，分别放在两个'镇墓兽'的后边。这四件东西自成一组，应该就是'当圹、当野、祖明、地轴'四神。"并推测道："'当圹''当野'或即二'镇墓俑'；'祖名''地轴'或即二'镇墓兽'。"[③]徐苹芳根据《大汉原陵秘葬经》"当圹"的具体位置以及宋墓镇墓俑进一步补充了王去非的说法[④]；1986 年河南巩义康店镇砖厂以及 1991 年巩义黄冶村南岭两座唐墓并出土背部墨书"祖明"的镇墓兽[⑤]，这就直接肯定了王去非的观点。目前学界对于"当圹""当野"指天王形的"镇墓俑"几无异议。[⑥] 对于"当圹"的名义，王强结合秦汉简中的神煞"当路"指出："'当'也应理解为执掌、主管，圹为墓穴，野指墓葬所在的郊外之地。'当圹、当野'掌管整个墓葬，较之其他镇墓神物地位要高，所以各种文献在列举明器时总是把他们排在首位。"[⑦]西朱村曹魏一号墓经过历代盗掘，破坏严重，而且出土实物仍在整理中，我们从考古简报中未发现镇墓俑或兽的痕迹。此石楬所载"当圹"是目前所见最早的文献记载，对于研究镇墓神煞的发展有很高的价值。

（2）白扁绢、皁领、袖、缘，中单衣一领。　　　　　　　　　　（西朱村曹魏 M1：384）

白扁绢、皁[领、袖]、缘，中单衣[一领]。　　　　　　　　　　（西朱村曹魏 M1：5）

曹锦炎认为："扁，平而薄。《诗·小雅·白华》：'有扁斯石，履之卑兮。''白扁绢'指本色生丝织成的薄绢。"[⑧]

按：布帛用"扁"来修饰似不合常理。"扁"读为"编"，两字是同声符字，汉代文献多见其相通。[⑨]白编，一种古代杭州、越州出产的细绢。《唐六典·尚书户部》"江南道"："厥贡纱、编、绫、纶。"李林甫注"编"："杭、越二州白编。"[⑩]《通典·食货六·赋税下》："余杭郡，贡白编绫十疋(匹)……今杭州。""会稽郡，贡朱砂十两，白编绫十疋(匹)……今越州。"[⑪]《元和郡县图志·江南道一》"杭州"："元和贡：白编绫一十二匹。"[⑫]《新唐书·地理志五》："杭州余杭郡，上。土贡：白编绫。""越州会稽郡，中都督府。土贡：……白编、交梭、十样花纹等绫。"《玉篇·糸部》："编，编织也。"《玄应音义》"编椽(缘)"注引《苍颉篇》"编，织也"。[⑬] "白编"之"编"可能是编织之义。值得注意的是同墓石楬见"白越手巾一"(M1：229)，《后汉书·皇后纪·明德马皇后》"白越三千端"李贤注："白越，越布。"此"白编"与此类似，也属于地方特产布帛。

---

① 徐苹芳：《唐宋墓葬中的"明器神煞"与"墓仪"制度——读〈大汉原陵秘葬经〉札记》，《考古》1963 年第 2 期。
② 杨宽：《长沙出土的木雕怪神像》，《古史探微》，上海人民出版社，2016 年，第 443—446 页。
③ 王去非：《四神、巾子、高髻》，《考古通讯》1956 年第 5 期。
④ 徐苹芳：《唐宋墓葬中的"明器神煞"与"墓仪"制度——读〈大汉原陵秘葬经〉札记》。
⑤ 张松林主编，郑州市文物考古研究所编：《中国古代镇墓神物》，文物出版社，2004 年，第 24 页。
⑥ 张永珍：《唐墓地轴的再认识——兼谈唐代镇墓俑组合》，《四川文物》2022 年第 4 期。
⑦ 王强：《谈秦汉简所见"常行""尚行"与"当路"》，《古文字研究》第三十三辑，中华书局，2020 年，第 421 页。
⑧ 史家珍等主编：《流眄洛川——洛阳曹魏大墓出土石楬》，第 286 页。
⑨ 张再兴主编：《秦汉简帛文献断代用字谱》，上海辞书出版社，2021 年，西汉早期简帛卷第 242 页、西汉中晚期简牍卷第 176 页。
⑩ 李林甫等撰，陈仲夫点校：《唐六典》，第 70 页。
⑪ 杜佑撰，王文锦等点校：《通典》，中华书局，1988 年，第 123 页。
⑫ 李吉甫撰，贺次君点校：《元和郡县图志》，中华书局，1983 年，第 603 页。
⑬ 徐时仪校注：《一切经音义三种校本合刊(修订第二版)》，上海古籍出版社，2023 年，第 47 页。

（3）鎛鍾（钟）四，墨［漆画］枎兰自副，［鱼椎］□。　　　　　　　　（西朱村曹魏 M1：111）

冲鍾（钟）一，墨漆画枎兰自副，鱼椎一。　　　　　　　　　　　　（西朱村曹魏 M1：158）

冲鍾（钟）□，枎兰□。　　　　　　　　　　　　　　　　　　　　（西朱村曹魏 M1：330）

李零认为："枎兰：疑读扶栏，指钟簨。"① 曹锦炎认为："枎，大树枝柯四布貌，《说文·木部》：'枎，枎疏，四布也。'兰，读为'阑'，声同可通。阑，引申指围栏、栏架。石楬'枎兰（阑）'作为名词，指悬挂钟的木栏架，即钟虡。钟虡形似大树枝柯四布，又像栏架，故以此得名。'墨漆画枎兰（阑）自副'，自附悬挂钟的黑漆木虡。"②

按："枎"指树枝四布貌，这明显跟悬挂钟的架子形象不类。"枎"读为"柎"，文献中"夫""付"声符字相通例甚多③，又《集韵·虞韵》："柎，草木房为柎，一曰华下萼。或作枎。"这是异体字例。柎指钟鼓架之足。《说文·木部》："柎，阑足也。"又《虍部》："虞（虡），钟鼓之柎也。饰为猛兽，从虍，异象其下足。"段注："凡器之足皆曰柎。"朱骏声《通训定声》"柎"："谓钟鼓虞（虡）之足。"《广韵·虞韵》："柎，栏足也。"蔡梦麒校释："柎，钟鼓架的脚。"④ "枎（柎）""兰（栏）"分别指钟架座、钟架。从出土实物来看，古代钟鼓之架并非一个整体，而是分为上支架、下底座；根据汉代的考古实物，底座的形制可分为动物形、覆斗形或长方形、山形等多种类别，而且不同形制的底座体现出严格的等级差别。⑤ 总之，"枎（柎）兰（栏）自副"即自附钟架座、钟架。

（4）广八寸□□、高七寸墨漆画单虑机（几）一枚。　　　　　　　　（西朱村曹魏 M1：379）

曹锦炎认为："'单虑机'，一种几案的专名。单，读为'惮'，二字声同可通。惮，劳累。《诗·小雅·小明》：'心之忧矣，惮我不暇。'毛亨传：'惮，劳。'虑，思考。《尔雅·释诂下》：'虑，思也。''惮虑'，言思虑疲劳。《北堂书钞·服饰部二》'几'：'假物兴思，须以忘疲之于几。''惮虑机'之得名，疑或即其谓。"⑥

按：文献罕见"惮""虑"连用，此说可疑。"单"读为"殚"，尽也。文献中多见"殚""虑"连用，《墨子·非命下》："殚其思虑之知。"《非乐上》："士君子竭股肱之力，亶其思虑之智。"孙诒让案："亶、殚声近字通。《太玄经》范望注'亶，尽也'。"⑦《汉书·沟洫志》："浩浩洋洋，虑殚为河。"颜师古注引如淳曰："殚，尽也。"《晋书·儒林列传·范弘之》："思虑殚于机巧。"《宋史·河渠志一·黄河上》："虑殚困民力。""殚虑机"即尽虑几，义近"忘疲之于几"。

（5）锥画晨辨绥笥一，丹缋衣，裌沓自副。　　　　　　　　　　　（西朱村曹魏 M1：463）

曹锦炎认为："'晨辨'，图案名，不详。"⑧

按：《广雅·释器》："晨、辩、逗、戜、哆也。"徐复校记："《义疏》'辩'作'辨'。"研究者或如此句读，一般认为诸词义皆不详。⑨ 据石楬，可以确定"晨辨"是一个词，不应断开。"哆"见于《广雅·释器》，明显属于实物；而且其前后被训释词分别是"冠""帻""髻""帉"（"哆"）"巾""被巾""覆结""帴""帩头"等，诸词多是跟头相关的冠帻、头饰等意义，"哆"之义符"巾"也与此相符，因此"晨辨"最可能也属于同一类意义。如此则"晨辨绥笥"可句读作"晨辨、绥笥"指盛晨辨、绥带的笥。

---

① 李零：《洛阳曹魏大墓出土石牌铭文分类考释》，《博物院》2019 年第 5 期。

② 史家珍等主编：《流眄洛川——洛阳曹魏大墓出土石楬》，第 315 页；曹锦炎：《石楬铭文分类注释选》，《中国书法》2022 年第 3 期。

③ 高亨纂著，董治安整理：《古字通假会典》，齐鲁书社，1989 年，第 366、367、920 页。

④ 蔡梦麒校释：《广韵校释》，岳麓书社，2007 年，第 134 页。

⑤ 常乐：《汉代乐器架座的考古学研究》，《中原文物》2019 年第 5 期。

⑥ 史家珍等主编：《流眄洛川——洛阳曹魏大墓出土石楬》，第 302 页。

⑦ 孙诒让撰，孙启治点校：《墨子闲诂》，中华书局，2009 年，第 283、257 页。

⑧ 史家珍等主编：《流眄洛川——洛阳曹魏大墓出土石楬》，第 305 页。

⑨ 徐复主编：《广雅诂林》，江苏古籍出版社，1992 年，第 579 页。

（6）墨廉薑函一。　　　　　　　　　　　　　　　　　　　　　　（曹操高陵 M2：366）①

郑志刚认为："廉，边。《九章算术》：'边谓之廉，角谓之隅。'薑，同'姜'，多年生草本植物，呈不规则块状，味辛辣，可作蔬菜、调料、并供药用；函指匣、盒子。所谓'墨廉姜函一'，或为一只有着黑色边饰、贮放调料姜丝或姜末的盒子。"②

按："廉薑"即"莜"，本是一词，不可断开。《说文·艸部》："莜，薑（姜）属，可以香口。"《广雅·释草》："廉薑，莜也。"莜或作绥，《仪礼·既夕礼》："实绥泽焉。"郑玄注："绥，廉姜也；泽，泽兰也，皆取其香且御湿。"《太平御览》引刘桢《清虑赋》："俯拔廉姜。"又作葰，《文选》左思《吴都赋》刘逵注引《异物志》："葰，一名廉姜，生沙石中，姜类也。其累大，辛而香，削皮，以黑梅并盐汁渍之，则成也。始安有之。"《齐民要术·廉姜》引《吴录》曰："始安多廉姜。"又《食经》曰："藏姜法：蜜煮乌梅，去滓，以渍廉姜，再三宿，色黄赤如琥珀。多年不坏。"③

（7）木墨敛二合、八寸机（几）一。　　　　　　　　　　　　　　（曹操高陵 M2：104）

郑志刚认为："敛，《说文》：'收也。'合，旧时量粮食的器具，容量为一合，木或竹制，方形或圆筒形。《集韵》：'两龠为合。'《汉书》：'十合为升，十升为斗。'所谓'木墨敛二合'，或为一只容量为二合、髹漆过的木质粮具。"④

按：古汉语中"敛"并无粮具之义，上说实误。"敛"读为"籢"，汉晋等出土文献多见"敛"记"籢"，如西汉早期张家山汉墓遣册 30："缇敛（籢）一。"⑤西汉中晚期敦煌汉简《急就篇》残简 2356A："镜敛（籢）疎（梳）比（篦）各有工。"⑥传世本《急就篇》"敛"作"籢"。⑦　武威南郊东汉张德宗墓衣物疏背面 1 行："镜敛（籢）一枚。""幢敛（籢）一枚。"武威旱滩坡 19 号前凉墓木牍："故玉沫镜敛（籢）一具。"⑧同时，汉代还多见以"籤"或"检"记"籢"⑨，这说明当时记"籢"主要用"金"声字。"籢"可指镜籢，《说文·竹部》："籢，镜籢也。"段注："俗作奁。"《玉篇·竹部》："籢，器名也。镜籢也。《列女传》云：置镜籢中。"《急就篇》颜师古注："镜籢，盛镜之器，若今镜匣也。"值得注意的是西朱村曹魏一号墓石楬 M1：362："三升墨漆画籢。"M1：41："☐漆画饷籢。"李零指出"籢"："圆筒形，双耳，较大，内盛小盘、小卮。"⑩总之，"木墨敛二合"指木质的黑色籢（奁）二合。

（8）黄豆二斗、木轶机一。　　　　　　　　　　　　　　　　　　（曹操高陵 M2：293）

郑志刚认为："'轶'同'枳'，榨。木枳机，挤压出物体汁液的木质器具。所谓'黄豆二斗木枳机一'，或为一具欲将二斗黄豆榨作汁的木质豆浆机。"⑪

按：上说无据，"黄豆""木轶机"是两物，不一定相关，如例 7 即一个石楬记不相关的两物。"轶机"同"伏几"。"伏"指前倾依靠，《庄子·渔父》："孔子伏轼而叹。"《文选》张衡《西京赋》："伏棂槛而俯听。"薛综注："伏，犹凭也。"《史记·扁鹊仓公列传》："又久安坐，伏几而寐，故血下泄。"《法言·吾子》："入其门，升其堂，伏其几、袭其裳。"此"伏几""伏其几"，皆指前倾于案几之上，东汉画像石多见此类人物形象（见附图一）；同时该类"几"又可称作"伏几"，西汉早期张家山汉墓遣册 36"伏机（几）一"⑫、悬

---

① "曹操高陵石楬释文"皆来自河南省文物考古研究院编著《曹操高陵》附表三及附图，不出注。
② 郑志刚：《汉魏大墓石牌文字研究》，博士学位论文，南京大学，2019 年，第 43 页。
③ 徐复主编：《广雅诂林》，第 810 页。
④ 郑志刚：《汉魏大墓石牌文字研究》，第 40 页。
⑤ 张家山二四七号汉墓竹简整理小组编著：《张家山汉墓竹简〔二四七号墓〕（释文修订本）》，文物出版社，2006 年，第 190 页。
⑥ 中国简牍集成编辑委员会编：《中国简牍集成》第三册，敦煌文艺出版社，2001 年，第 325 页。
⑦ 张传官：《急就篇校理》，中华书局，2017 年，第 246 页。
⑧ 田河：《武威汉简集释》，甘肃文化出版社，2020 年，第 620、639 页。
⑨ 张再兴主编：《秦汉简帛文献断代用字谱》，西汉早期简帛卷第 385，498—500 页。
⑩ 李零：《洛阳曹魏大墓出土石牌铭文分类考释》。
⑪ 郑志刚：《汉魏大墓石牌文字研究》，第 57 页。
⑫ 张家山二四七号汉墓竹简整理小组编著：《张家山汉墓竹简〔二四七号墓〕（释文修订本）》，第 190 页。

泉汉简(贰)II90DXT0111①：91"第二传堂上毌(无)伏机(几)"、II90DXT0111②：111"漆伏机(几)一"①,是其证,例8"木轶(伏)机(几)"与之同类,指木制伏几。

附图一②

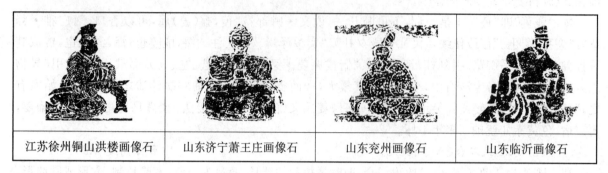

| 江苏徐州铜山洪楼画像石 | 山东济宁萧王庄画像石 | 山东兖州画像石 | 山东临沂画像石 |

Eight New Interpretations on Stone Carved Words Excavated from Tombs During the Cao Wei Period in Henan Province

Sun Tao

(School of Grammar and Law, China University of Petroleum [East China], Tsingtao 266580)

Abstract： In 2008, the No.2 tomb of Cao Cao Gaoling in Anyang, Henan Province, and in 2015 - 2016, the No.1 tomb of Cao Wei in Xizhu Village, Luoyang, Henan Province, both unearthed stone tablets recording burial objects. At present, relevant research is in the ascendant. This paper gives a new explanation to the eight terms recorded in the stone brand, such as *Dangkuang*, *Baibianjuan*, *Fulan*, *Danluji*, *Chenbian*, *Lianjiang*, *Mumolian*, and *Mufuji*.

Key words： Anyang Cao Cao Gaoling; Cao Wei's Tomb in Xizhu Village, Luoyang; stone tablets recording burial objects; new interpretation

---

① 甘肃简牍博物馆等编：《悬泉汉简(贰)》,中西书局,2021年,第440、498页。
② 来自顾森主编：《中国汉画大图典》第一卷,西北大学出版社,2022年,第303—305页。

《左传》"且虞能亲于桓庄乎其爱之也"辨释

潘玉坤　　白宇龙

【摘　要】正确理解"且虞能亲于桓庄乎其爱之也"的关键,是对"其爱之也"做出确切可靠的分析。主张:
一、"其爱之也"既不是假设分句,也不是倒装句或差比句的一部分,而是一个独立问句;二、"之"指代的不
是虞,而是桓庄之族;三、"其"非代词,而是语气副词。"其……也"形式的反诘句并非罕见。整体意思为:
再说虞与晋的关系能比桓庄之族与晋的关系更亲吗?(晋)爱桓庄之族了吗?

【关键词】其爱之也;反诘句;倒装句;比较句

【作者简介】潘玉坤,华东师范大学中国文字研究与应用中心教授,研究方向为古汉语语法、文字训诂。白
宇龙,华东师范大学中国文字研究与应用中心硕士研究生,研究方向为古汉语语法。(上海 200241)

1　鲁僖公五年(公元前 655),晋献公"复假道于虞以伐虢"(僖公二年已借过一次)。虞大夫宫之
奇持反对意见,在他看来,虢虞二国"辅车相依,唇亡齿寒","虢亡,虞必从之"。虞君则打算再次从晋
所请,理由之一:"晋,吾宗也,岂害我哉?"宫之奇对此的回应是,要说宗亲关系,虢君与晋君也是同宗,
晋献公"将虢是灭,何爱于虞?且虞能亲于桓庄乎(?)其爱之也(?)桓庄之族何罪,而以为戮?不唯偪
乎?亲以宠偪,犹尚害之,况以国乎?"

这里面,"且虞能亲于桓庄乎其爱之也"至今存在争议。它是一句还是两句?到底表达了什么意
思?该怎样标点处理?

2　笔者将不同意见约略概括为以下三种:

2.1　王力、岑麒祥、朱东润、徐中舒等多人处理成:"且虞能亲于桓庄乎,其爱之也?"王力注释可
为代表:"再说晋之爱虞,能比桓庄之族更亲吗?桓庄,桓叔与庄伯,这里指桓庄之族。桓叔是献公的
曾祖,庄伯是献公的祖父,桓庄之族是献公的同祖兄弟。这句话是一种特殊的倒装句法。其,指晋。
之,指虞。全句等于说:'晋之爱虞也,能亲于桓庄乎?'"①阴法鲁标点同王力,但未言倒装,译为:"再
说,它对虞国还能比对桓、庄的后代更亲呢吗?桓、庄的后代有什么罪?竟成了杀戮的对象。"②该译文
对"其爱之也"阙译,是一种有意思的做法。

2.2　杨伯峻标点为:"且虞能亲于桓、庄乎?其爱之也,桓、庄之族何罪?而以为戮,不唯偪乎?"
并在"其爱之也"下作注:"之指桓、庄之族,此句引起下文,前人多不了。"沈玉成相应译文:"而且虞国
能比桓叔、庄伯更加亲近吗?如果他们爱惜桓叔、庄伯……"③杨说可能受到过竹添光鸿的影响,《左传
会笺》:"其爱之也,向下三句而一气读。"④

2.3　裴学海:"我们认为'且虞能亲于桓庄乎?其爱之也?'是两个反问句,译为现代汉语就是
'再说虞国能够比桓庄亲近吗?晋国爱虞国吗?'按照这种解释,'其爱之也'的'其'字是全句的主

————————

① 王力主编:《古代汉语(校订重排本)》第一册,中华书局,1999 年,第 17、18 页。岑麒祥:《岑麒祥文选》,北京大学出版社,2010
年,第 104 页。朱东润主编:《中国历代文学作品选》上编第一册,上海古籍出版社,1979 年,第 63 页。徐中舒:《左传选》,中华书局,
2009 年,第 27 页。此外如潘允中:《汉语语法史概要》,中州书画社,1982 年,第 158 页;李维琦:《古汉语文选》上册,湖南大学出版社,
1986 年,第 7 页。

② 阴法鲁主编:《古文观止译注》,北京大学出版社,2001 年,第 33 页。

③ 杨伯峻:《春秋左传注(修订本)》,中华书局,1993 年,第 309 页。沈玉成:《左传译文》,中华书局,1997 年,第 76 页。

④ 〔日〕竹添光鸿:《左传会笺》,辽海出版社,2008 年,第 104 页。

语。"①薛正兴观点近同，但认为其同岂。② 此外，岳麓书社 1984 版《经传释词》、李梦生整理的《春秋经传集解》也断为两个独立问句。③

还有一些别的见解，此不具列。④

不难看出，分歧全由"其爱之也"引起：或认为应前属——是倒装的一部分，或认为应后属——是假设复句的一部分，或认为是一个独立问句。而"其"是代词还是语气副词，"之"究竟指代虞、桓庄之族抑或同宗，也是各执一端。正因"其爱之也"难以把握，阴法鲁翻译干脆直接跳过，耐人寻味的是，"其爱之也"不译，译文反倒似乎更谐和更流畅了。而《史记·晋世家》的文字就是这个样子的："将虢是灭，何爱于虞？ 且虞之亲能亲于桓、庄之族乎？ 桓、庄之族何罪，尽灭之？"

"其爱之也"四字似乎与上下文不协和，应是既有解释仍有未审、未洽，才让人觉得总有地方不够妥帖。下面作具体分析说明。

3 先看将"其爱之也"作为假设分句的问题。如果"其爱之也"是偏句，就要面对正句——"桓、庄之族何罪，而以为戮"——是一个复杂问句这样的事实。而据假设复句常例，正句本该直接叙写晋将会怎样作为。此不合理一。

《左传》的确也有假设句正句采用问句形式，但这类问句一般比较简洁，并且正句偏句的衔接十分自然：

　　1. 心苟无瑕，何恤乎无家？ （闵公元年）

　　2. 皮之不存，毛将安傅？ （僖公 14 年）

　　3. 公子若反晋国，则何以报不榖？ （僖公 23 年）

　　4. 既而文公见之，与之兰而御之。辞曰："妾不才，幸而有子，将不信，敢徵兰乎？"公曰："诺。"（宣公 3 年）

　　5. 楚之无恶，除备而盟，何损于好？ （宣公 12 年）

　　6. 子产而死，谁其嗣之？ （襄公 30 年）

　　7. 死如可逃，何远之有？ （昭公 21 年）

与它们相比，"其爱之也"若为假设，不仅语意上不能接续上句"虞能亲于桓庄乎"，更在语势、文气上与下文"桓庄之族何罪而以为戮"扞格不入。此不合理二。试读一下据以拟写的译文，会看得更清楚："再说虞与晋的关系能比桓、庄之族更亲吗？ 如果晋爱桓庄之族的话，桓庄之族犯了什么罪，竟成为杀戮的对象？"

4 再看倒装说的问题。倒装说影响较大，有必要多讲几句。

4.1 这一派认为，不倒装的话，应该说成"晋之爱虞也，能亲于桓庄乎？"其同义陈述句为："晋之爱虞，（不能）亲于桓庄。"这属于比较句中的差比句，主语由子句充任。马建忠曰："差比者，两端相较有差也。"⑤上句比较意义由谓语中心语"亲"加介词"于"表达。《左传》另有一例用"亲于"：

　　1. 郤犨曰："苟去仲孙蔑而止季孙行父，吾与子国，亲于公室。"（成公 16 年）

① 裴学海等：《〈古代汉语〉上册（第一分册）中语法、训诂问题的商榷》，《河北大学学报（哲学社会科学版）》1963 年第 1 期，第 128 页。杨树达的意见也比较接近："宫之奇语意谓'晋已灭桓庄之族，虞岂较桓庄之族为亲而晋将爱之乎？'此顺释之则可通，否则不可通。"见杨树达：《马氏文通刊误》，商务印书馆，1931 年，第 175 页。

② 薛正兴：《〈古代汉语〉注释疑义讨论》，《南京大学学报（哲学社会科学版）》1981 年第 1 期。

③ 王引之著，湖南师范学院中文系古汉语研究室校点：《经传释词（黄侃杨树达批本）》，岳麓书社，1984 年，第 89 页。杜预集解，李梦生整理：《春秋经传集解》上册，凤凰出版社，2020 年，第 133 页。

④ 比如王维堤《左传讲读》："且虞能亲于桓、庄之族乎？ 其爱之也。桓、庄之族何罪，而以为戮？"（华东师范大学出版社，2011 年，第 187 页）主张对"桓、庄"与"桓、庄之族"作区分，前者指曲沃桓叔和曲沃庄伯，后者指桓叔和庄伯的小宗子孙即群公子；"其爱之也"句谓晋献公是爱他的曾祖父桓叔和祖父庄伯的。笔者觉得，这种解读很难被接受。

⑤ 吕叔湘、王海棻：《〈马氏文通〉读本》，上海教育出版社，2005 年，第 189 页。

这是晋鲁谈判中郤犨对鲁使子叔声伯开出的条件。所谓"亲于公室"，就是我郤犨"亲子叔声伯甚于鲁公室"。① 显然，它与"晋之爱虞，不能亲于桓庄"是不一样的。

先秦差比句多用"于"字，《左传》就有不少。它们能否为倒装说提供支持呢？笔者对《左传》作了穷尽调查，例句有（"于"前之词相同者一般只选一例）：

2. 孟孺子语人曰："我不如颜羽，而贤于邴泄。"（哀公 11 年）

3. 君富于季氏，而大于鲁国，兹阳虎所欲倾覆也。（定公 9 年）

4. 齐惠栾、高氏皆耆酒，信内多怨，强于陈、鲍氏而恶之。（昭公 10 年）

5. 于是晋侯侈，赵宣子为政，骤谏而不入，故不竞于楚。（宣公元年 杜预注"竞，强也"）

6. 楚弱于晋。（襄公 11 年）

7. 鲁之群室众于齐之兵车。（哀公 11 年）

8. 九月，晋侯逆秦师，使韩简视师。复曰："师少于我，斗士倍我。"（僖公 15 年）

9. 宫之奇之为人也，懦而不能强谏，且少长于君。君昵之，虽谏，将不听。（僖公 2 年）

10. 范匄少于中行偃而上之，使佐中军。（襄公 9 年）

11. 亡愈于死。（昭公 20 年）

12. 敝邑之职贡于吴，有丰于晋，无不及焉。（哀公 13 年）

13. 声子曰："今又有甚于此。"（襄公 26 年）

14. （楚灵王）曰："人之爱其子也亦如余乎？"侍者曰："甚焉。"（昭公 13 年）

15. 管夷吾治于高溪，使相可也。（庄公 9 年 杜预注"言管仲治理政事之才多于敬仲"）

16. 桀克有缗，以丧其国；纣克东夷，而陨其身。楚小位下，而亟暴于二王，能无咎乎？（昭公 11 年 孔颖达疏"数行暴虐甚于桀纣二王"）

通观以上诸例，我们看不到如王力等主张的那种"倒装"的差比句；除了"晋之爱虞，（不能）亲于桓庄"这一拟写句，也看不到一例"甲爱乙，亲于……"之类句子（主语为子句）。放宽条件，例 14 算是比较接近，"甚焉"即"甚于是"。侍者语不省的话就是："人之爱其子，甚于王（之爱子）。"显而易见，"甚于"不同于"亲于"。

4.2　"爱"是一个常用心理动词。如果着眼于由谓词"爱"和介词"于"所构成的差比句，我们发现《左传》之外有几个句子值得注意：

17. 巫马子谓子墨子曰："我与子异，我不能兼爱。我爱邹人于越人，爱鲁人于邹人，爱我乡人于鲁人，爱我家人于乡人，爱我亲于我家人，爱我身于吾亲，以为近我也。"（墨子·耕柱）

巫马子的话，表达的是"爱由近始，爱有差等"。"爱甲于乙"，意即"爱甲胜过爱乙"。

18. 夫人郑袖知王悦爱之也，亦悦爱之，甚于王。（韩非子·内储说下）

19. 太后曰："丈夫亦爱怜其少子乎？"对曰："甚于妇人。"太后笑曰："妇人异甚。"对曰："老臣窃以为媪之爱燕后贤于长安君。"曰："君过矣！不若长安君之甚。"（战国策·赵四）

这两例中有多个主语为子句的差比句。①"郑袖悦爱之（按指美人）甚于王"。②"丈夫爱怜其少子甚于妇人。"③"媪之爱燕后贤于（爱）长安君。"这些都是"于"字差比句。下一差比句不用"于"：④"老妇之爱燕后不若（爱）长安君之甚。"该句也可以变换为"老妇之爱长安君甚于/贤于燕后"。这种可变换关系，可以从《晏子春秋·内篇·谏下》得到支持："小事之成，不若大事之废；君子之非，贤于小人之是也。"与"（某人）爱甲于乙"相比，"（某人）爱甲甚于/贤于乙"因为有了带比较义的"甚""贤"，表意更加清楚明确。"贤于"还可与"亲"字相配：《吕氏春秋·去宥》："唐姑果恐王之亲谢子贤于己也，对曰……。"

---

① 杨伯峻：《春秋左传注（修订本）》，第 893 页。

由此可知：例1"亲于公室"既可拟写为"吾亲子于公室"，也可拟写为"吾亲子甚于公室"（杨伯峻注语即为"亲子叔声伯甚于鲁公室"）、"吾亲子贤于公室"（比较"王之亲谢子贤于己"）。就是说，古人要借助"于"来表达"爱甲胜过爱乙"，有时是"爱"与"于"搭配，有时是与"甚于/贤于"搭配。

有必要补充强调，表达爱有差等，并非一定要有"于"字参与，前文"（老妇之爱燕后）不若（爱）长安君之甚"一例已很明显，又比如《韩非子·五蠹》："今先王之爱民，不过父母之爱子。"

4.3　倒装说之不能成立，一个非常重要的原因在于："某人爱甲亲于乙"这种搭配是不合习惯、于古无据的。"且虞能亲于桓庄乎其爱之也"要成为合格倒装句，必须解决"爱"与"亲"的配合、协调问题：原文到底是说晋爱桓庄胜过爱虞呢，还是说晋对桓庄和虞哪一个更亲呢？前引王力译语"晋之爱虞，能比桓庄之族更亲吗"，实际隐含了"爱""亲"拼凑之误；这种偏误，在《中国历代文学作品选》译语中更是显露无遗："晋献公的爱虞，还能比他对桓叔、庄伯的后人更亲近吗？"据笔者考察，比较意义的"亲于"，通常是与"亲"连用的，《晋世家》"且虞之亲能亲于桓、庄之族乎"一语对此已有所示。其他如：《孙子兵法·用间》："故三军之亲[1]，莫亲于间，赏莫厚于间，事莫密于间。"《淮南子·说林训》："亲莫亲于骨肉，节族之属连也。"

所以在笔者看来，"其爱之也，能亲于桓庄乎？"或"晋之爱虞也，能亲于桓庄乎？"之类诠解，严格说是两个句子的杂糅。"某人爱甲亲于乙"是一个不曾存在过的句式。[2]　而这一误解所以发生，应与"爱""亲"词义联系紧密、古书中常常同现有关。看几个实例。1）"爱"前"亲"后例：《大戴礼记·曾子立事》："观其所爱亲，可以知其人矣。"《韩诗外传·卷六》："遇贤者则爱亲而敬之。"《郭店楚墓竹简·尊德义》："不爱则不亲。"2）"亲"前"爱"后例：《管子·形势解》："莅民如父母，则民亲爱之。"《荀子·君道》："故有社稷者而不能爱民，不能利民，而求民之亲爱己，不可得也。"《孟子·万章上》："仁人之于弟也，不藏怒焉，不宿怨焉，亲爱之而已矣。……身为天子，弟为匹夫，可谓亲爱之乎？"《礼记·大学》："所谓齐其家在修其身者，人之其所亲爱而辟焉，之其所贱恶而辟焉。"

有一个句子需要提及。《墨子·大取》："大人之爱小人也，薄于小人之爱大人也；其利小人也，厚于小人之利大人也。"此与"其爱之也，能亲于桓庄乎？"有几分形似，实际却是不一样的。要表达一个人"爱"别人的程度，自可用"薄""厚""深"等词。"大人""小人"相互间不对等的爱，可以说"薄于"，换位后也可以说"厚于"，然而却既不说"疏于"，也不说"亲于"。

5　既然"其爱之也"作假设分句或倒装句的一部分均不合适，剩下的选项就只有单独成句了。

5.1　笔者认为，裴学海、薛正兴等的标点——"且虞能亲于桓、庄乎？其爱之也？"——是正确的。但要论对句意的理解，笔者认为他们犹有未达。

从成句条件看，"虞能亲于桓庄乎"独立成句毫无问题。这是一个疑问形式的比较句，非常规范，意思是：相较于虞，晋与桓庄更亲。亦即，晋亲桓庄甚于虞。"其爱之也"之后，"桓庄之族何罪，而以为戮？不唯偪乎？"也都是不存异议的完整句子。而且，如前文所揭，《晋世家》不录"其爱之也"，表意完整性也无明显缺失；阴法鲁阙译"其爱之也"，译文反倒似乎更顺。这反证了"其爱之也"不会是倒装句的一部分。司马迁也不会将一个完整的句子砍去一半。既如此，那么这个只能独立成句的"其爱之也"，到底表达了什么意思？在语段中又起什么作用呢？

笔者认为，"其爱之也"是一个表意方向与前后文完全一致、衔接也很自然的句子。几乎没什么疑问，它是个反诘句，要表达、要强调的是这样一层意思：丝毫不爱！

① 亲，今本作"事"。李零校释："事：《简本》卷151、《长短经·五间》、《御览》卷292引作'亲'，义较今本为胜。"李零：《〈孙子〉十三篇综合研究》，中华书局，2006年，第90页。杨丙安校记："以作'亲'为是，如作'事'，则与下句'事莫密于间'重复，故当据改。"杨丙安：《十一家注孙子校理》，中华书局，1999年，第304页。

② 有学者认为"且虞"二句依正常语序，当作："其爱之也，且虞能亲于桓庄乎？"让人很难接受。马建忠：《马氏文通》，商务印书馆，1988年，第425页。陈世铙：《左传选译》，凤凰出版社，2011年，第34页。

"也"作句末疑问语气词先秦典籍不少见:

1. 人尽夫也,父一而已,胡可比也?（左传·桓公 15 年）

2. 大国不以礼命于诸侯,苟不以礼,岂可量也?（左传·哀公 7 年）

3. 公宴于五梧,武伯为祝,恶郭重,曰:"何肥也?"（左传·哀公 25 年）

4. 民以此为教,则粟焉得无少,而兵焉得无弱也?（商君书·农战）

5. 今夫子累德、积义、怀美,行之日久矣,奚居之隐也?（荀子·宥坐）

尤可注意者,与"也"呼应使用的语气副词不仅有"胡""岂"之类,也有"其"——形成"其……也"句式:

6. 周谚有之:"匹夫无罪,怀璧其罪。"吾焉用此? 其以贾害也?（左传·桓公 10 年）

7. 余不能治余县,又焉用州? 其以徼祸也?（左传·昭公 3 年）

8. 吾子何爱于一环? 其以取憎于大国也?（左传·昭公 16 年）

9. 此谁非王之亲姻,其俘之也?（左传·僖公 25 年）

10. 彼无亦置其同类以服东夷,而大攘诸夏,将天下是王,而何德于君? 其予君也?（国语·鲁语下）

11. 仁者,虽告之曰"井有仁焉",其从之也?（论语·雍也）

12. 晏子曰:"婴岂其婢子也哉? 其缢而从之也?"（晏子春秋·内篇·杂上）

13. 阳不承获甸,而祗以魃武,臣是以惧。不然,其敢自爱也?（国语·周语中）

14. 盟以信礼也,有如卫君,其敢不唯礼是事而受此盟也?（左传·定公 8 年）

如此看来,"其爱之也"句算不上怎样特别。而且,有几例还与讨论句一样,问句连用。

5.2　那么,是谁(施爱者)不爱谁(受爱者)呢? 施爱者是晋,这没有争议。不过需要明确的是,施爱者在句中是隐含的——就像上句"且虞能亲于桓庄乎"中"晋"没有出现一样。"其"并非如王力、裴学海所认为的,是作主语的代词,而是一个语气副词,表反问。刚刚揭举的若干"也""其"呼应用例足可证明这一点。我们赞同"其"在先秦已可作独立句主语使用(功能与"名词+之"不同),如"其将来辞,何辱命焉?"(左传·襄公 3 年)但这种用法的语例当时还不多见,"其爱之也"的"其"明显不应归入。① 在这个问题上,薛正兴的说法——"其同岂"——基本是对的(不过严格讲,"其"作为语气副词,表反问乃其基本用法之一,无须言及岂)。至于受爱者,"之"的称代对象,笔者认为是桓庄之族。从语法层面看,上句末尾的介词宾语"桓庄(之族)",在下句动词宾语位置用"之"来复指,是极其自然的。从语意层面看,该句及上下句,宫之奇议论的都是晋献公和桓庄之族的关系。第一句说,晋献公与桓庄之族亲缘之近,远远超过虞;第二句,晋献公对桓庄之族怎么样,爱不爱(答案寓于问中——晋又何尝爱桓庄之族);第三句,用桓庄之族尽遭屠戮的事实坐实(也是提醒)晋献公是连桓庄之族也不爱的。三句全以问句形式出之,表意方向一致,一气贯注。宫之奇的逻辑是:既然桓庄之族都如此命运,虞现在还要借道给晋,那无异于自掘坟墓。事实是,晋军灭虢还师之际,顺带就将虞国给灭了。

很多人认为"之"是代虞(孔颖达疏"爱之谓爱虞也"已然),笔者认为不确。倒装说假设分句说既不成立,"之"代虞的基础便消解了大半。宫之奇论说晋献公和桓庄之族关系的句组中应该不会横插进一句岔开话题的"(晋)岂爱虞"来。而且,"且虞……"前一句刚说过"将虢是灭,何爱于虞"(即不爱虞——很明确),此处紧接着再来一个"岂爱虞"(还是不爱虞),这样做是很没有道理的。再有,前引阴法鲁译文不译"其爱之也",意思表达十分顺畅,也间接证明此句不应离开桓庄之族而言他。宫之奇讲同宗不可恃、虞国不独存有两个层次:1) 晋国正要去"灭"同祖同宗,而且始封君"勋在王室"的虢

---

① 黎锦熙则认为,"这是个表事由的同时从句,犹一般文言的'晋之爱虞也'"。整句的格局为,主句先说,从句后随。《〈宫之奇谏假道〉总图解》,《信阳师范学院学报(哲学社会科学版)》1982 年第 3 期。

国——此将虞国与虢国并置齐观;2) 晋献公甚至对亲缘极近的同祖兄弟也毫不手软,"尽杀群公子"(左传·庄公 25 年)——此以"亲"(桓庄之族)映"疏"(今之虞君):"亲"犹如此,"疏"其何如? 如果说虞和虢还可以同样看待,那么虞与桓庄之族则完全不能相提并论。两层意思,前以"将虢是灭,何爱于虞"收尾,后以"亲以宠逼,犹尚害之,况以国乎"结束,彼此呼应。杨伯峻、沈玉成虽然对"其爱之也"整句理解有偏,但认为"之"代桓庄之族则不误。就是说,在谁施爱、谁受爱这一点上,他们与笔者的看法是一致的。

6 总之,"且虞能亲于桓庄乎其爱之也"应断为两个独立的句子。"其爱之也"是诘问,意思是:"(晋)难道爱桓、庄之族了吗?"唯有这样解释,方能切理厌心,冰消涩滞。

Explanation of "Qie Yu Neng Qin Yu Huanzhuang Hu Qi Ai Zhi Ye" in *Zuozhuan*

Pan Yukun   Bai Yulong

(Center for the Study and Application of Chinese Characters, East China Normal University, Shanghai 200241)

Abstract: The key to a correct understanding of the phrase "Qie Yu Neng Qin Yu Huanzhuang Hu Qi Ai Zhi Ye" is to make an accurate and reliable analysis of the phrase "Qi Ai Zhi Ye". The main idea: firstly, "Qi Ai Zhi Ye" is neither a hypothetical clause nor a part of an inverted sentence or a comparative sentence, but an independent rhetorical question. Secondly, "Zhi" refers not to Yu but to Huanzhuang's clans. Thirdly, "Qi" is not a pronoun, but a modal adverb. The cross-examination sentence in the form of "Qi...Ye" is commonly seen. The overall meaning is: Besides, can the relationship between Yu and Jin be more intimate than that between the clans of Huanzhuang and Jin? Did Jin even love the clana of Huanzhuang?

Key words: Qi Ai Zhi Ye;rhetorical question;inverted sentence;comparative sentence

晋李彤《字指》佚文钩沉*

王　虎　张秀杰

【摘　要】《字指》是晋李彤撰写的一部字书,今已亡佚。目前我们所能见到的辑本共有 8 种,但诸家所辑佚文未经校勘,均有不同程度的讹误,且颇多重复。本文利用中土固有文献《经典释文》《文选注》《埤雅》以及域外传回文献《原本玉篇残卷》《一切经音义》《文选集注》《遊仙窟注》《倭名类聚抄》等的引用校勘佚文 38 条。按《说文》五百四十部首排录,并对前人所辑佚文进行辑校,以期还原更为准确、可靠的佚文材料。

【关键词】《字指》;佚文;辑校

【作者简介】王虎,辽宁师范大学文学院教授,博士生导师,研究方向为训诂学、文献学。张秀杰,女,辽宁师范大学文学院硕士研究生,研究方向为训诂学。(辽宁 大连 116081)

一　《字指》概貌及所存佚文

《字指》,晋朝议大夫李彤撰。书成之后,风行一时。《隋书·经籍志》载:"《字指》二卷,晋朝议大夫李彤撰。"①两《唐志》均未见著录,作者也不可考。唐陆德明《经典释文》、李善《文选注》、司马贞《史记索隐》、玄应《一切经音义》(以下简称《玄应音义》)、慧琳《一切经音义》(以下简称《慧琳音义》)、《原本玉篇残卷》(以下简称《残卷》)、宋陆佃《埤雅》、辽希麟《续一切经音义》(以下简称《希麟音义》)等尚引此书,之后亡佚,疑似毁于金元战火。

乾嘉之后,朴学昌盛,古籍整理蔚然成风。《字指》共出现八种辑本,清人任大椿(任本)据《经典释文》《文选注》《慧琳音义》《广韵》等书所引,辑录佚文 11 条,编入《小学钩沈》。② 陈鳣(陈本)据《文选注》《玄应音义》等书所引,辑录佚文 6 条,编入《古小学书钩沈》。③ 马国翰(马本)据《文选注》《玄应音义》《史记索隐》《经典释文》《汗简》《太平御览》《埤雅》等书所引,辑录佚文 20 条(含附录 3 条),编入《玉函山房辑佚书》。④ 黄奭(黄本)据《文选注》《经典释文》《史记索隐》《玄应音义》《慧琳音义》等书所引,辑录佚文 11 条,编入《黄氏逸书考》。⑤ 随着《残卷》《慧琳音义》《希麟音义》以及日本古辞书《倭名类聚抄》等海外新材料的传入,顾震福(顾本)遂据此续辑佚文 36 条,编入《小学钩沈续编》。⑥ 民国龙璋(龙本)辑录佚文 35 条,编入《小学搜逸》。⑦ 今人李增杰补辑佚文 16 条,编入《古代六种字书佚文补辑并注》。⑧ 日本学者新美宽、铃木隆一(新本)对日籍以及日藏汉籍中所存《字指》进行收集,据《残卷》

---

* 基金项目:本文为国家社科基金项目"唐宋俗语辞书编纂及其所录俗语词研究"(编号 20BYY138)的阶段性成果。

① 魏征:《隋书》,中华书局,1973 年,第 943 页。

② 见《小学钩沈》卷十三,光绪甲申(1884)龙氏重刊本。

③ 陈本见中国国家数字图书馆网站"中华古籍资源库"所收书影。

④ 马国翰:《玉函山房辑佚书·经编·小学类》,《续修四库全书》第 1203 册,上海古籍出版社,影印清光绪九年(1883)长沙嫏嬛馆刻本,2002 年,第 671—672 页。

⑤ 黄奭:《黄氏逸书考·汉学堂经解》,《续修四库全书》第 1208 册,上海古籍出版社,影印清道光黄氏刻、民国 23 年(1934)江都朱长圻补刊本,2002 年,第 4 页。

⑥ 顾震福:《小学钩沈续编》卷四,上海古籍出版社,2006 年。

⑦ 龙璋辑,龙绂祺、周怀霜校:《小学搜逸》上编,国家图书馆出版社,2013 年。

⑧ 李增杰:《古代六种字书佚文补辑并注》,广东高等教育出版社,1990 年,第 96—102 页。

《玄应音义》《慧琳音义》《石山寺本香字抄》《游仙窟注》《集注文选》《倭名类聚抄》《希麟音义》等书所引，辑录佚文 47 条(包含重复词头)，编入《本邦残存典籍による辑佚数据集成》[1]，是目前所辑条目最多的辑本。由于上述诸家所辑未经校勘，故难免有失辑误辑、失校误校之处。[2] 今据《玄应音义》辑得 3 条，《慧琳音义》辑得 20 条，又从《残卷》辑得 12 条，《经典释文》辑得 1 条，《文选注》辑得 3 条，《唐钞文选集注汇存》辑得 2 条，《日藏庆安本〈遊仙窟〉校注》辑得 1 条[3]。宋陆佃《埤雅》辑得 1 条，《倭名类聚抄》辑得 1 条，《希麟音义》辑得 2 条，除去重复后共计 38 条。下文按《说文》五百四十部首排录，首列字头及释文，次列佚文出处的书名及卷数；一条数见者，依次列出出处；同一条目记载有异，则随文作出校注。

艹部

1. 蕉，生交趾，子可食，叶如席，麄可纺绩为布，汁可以沤麻也。叶广二三尺，长七八尺。[4]（《慧琳音义》卷四《大般若经》卷三百五十"芭蕉"、卷七《大般若经》卷五百三十"芭蕉"、卷三十一《诸法无行经》上卷"芭蕉"）

言部

2. 謦欬，通咽喉气也。欬嗽声。[5]（《慧琳音义》卷十四《大宝积经》卷五十八"謦欬"）

羽部

3. 翡翠，南方取之，因其生子，渐下其巢，须可取之，皆取其羽也。[6]（《玄应音义》卷十六《善见律》卷六"翡翠"、《慧琳音义》卷六十五《善见律》卷六"翡翠"）

鸟部

4. 鹝鸪，鹝鸪鸟。其鸣自呼，飞徂南不北，形如雌雉也。[7]（《玄应音义》卷十六《善见律》卷二"鹝鸪"、《慧琳音义》卷六十五《善见律》卷二"鹝鸪"）

高部

5. 翰 ，牛马高脚。（《残卷·高部》"翰"）

木部

6. 梗，柰类也。梗木似豫章。[8]（《经典释文》卷十三"梗"、《希麟音义》卷九《根本破僧事》卷十八"梗树"）

7. 榰(櫅)，取香皆当预斫，久乃香出。[9]（《慧琳音义》卷三十八《金刚光焰止风雨陀罗尼经》"榰木"、卷三十九《不空羂索经》卷七"木榰"）

8. 椰子，南方果名也。出交趾，广州其名曰椰木，十丈，叶在其末，实如巨瓠，疗飢止渴。（《慧琳音义》卷八十一《大唐西域求法高僧传》下卷"椰子"）

---

① 〔日〕新美宽编、铃木隆一补：《本邦残存典籍による辑佚数据集成》，京都大学人文科学研究所，1968 年，第 153—154 页。

② 如龙本辑"幰，开张画缯也。"此条佚文引自《文字指归》，而非《字指》。《希麟音义》卷五《菩提场所说一字顶轮王经》卷三"为幰"条："下猪孟反。《文字指归》云：开张画缯也。"

③ 新本据《遊仙窟注》辑"冷，音良丁反。""颸，音焉密反。""飀，音所眄反。"此 3 条或非《字指》内容，今不辑入。《遊仙窟》卷四："清冷飀颸。"注曰："见宋玉《风赋》及《字指》。《说文》曰：冷，良丁反。飀，音所眄反。颸，音焉密反。"

④ 《慧琳音义》卷四《大般若经》卷三百五十"芭蕉"："《字指》云：蕉，生交趾，叶如席，麄可纺绩为布，汁可以沤麻也。"卷七《大般若经》卷五百三十"芭蕉"："《字指》云：子可食，叶如席，可以为布也。"今据此将释义增补完整。

⑤ 各本未辑"咳嗽声"，今据《慧琳音义》卷十四《大宝积经》卷五十八"謦欬"条补入。

⑥ 各本皆辑"顶"，"顶"为"须"之讹。高丽本《玄应音义》《慧琳音义》引《字指》均作"须"。此外，"须"有"等待"义，《篇海类编·身体类·须部》："须，待也。"此处释为"等待"更为准确。翡翠羽毛珍贵，人们常等待翡翠下作其巢时，取其羽毛作饰品。

⑦ 详见下文第二部分佚文辑校(一)。

⑧ 详见下文第二部分佚文辑校(二)。

⑨ 各本辑"榰(櫅)，取香皆当预斫，久乃香出。铭曰：櫅之爲木，其树甚大，取其香必弥年载。""铭曰"非《字指》内容，应删去。另外，顾本写作"櫅"，龙本写作"榰"。《玉篇·木部》："榰，同櫅。"二字为异体字。

126

日部

9. 映，不明也。① （《慧琳音义》卷二十三《新译大方广佛花严经》卷六十八"紫映"、卷九十八《广弘明集》卷十五"映蔚"）

米部

10. 粪，屎（屎）也。（《慧琳音义》卷二《大般若经》卷五十三"屎尿"）

欠部

11. 欼，驴鸣也。（《残卷·欠部》"欼"）

山部

12. 嶷峛，山峰皃。（按《字指》又作"崱嶷""巐嶷"，巐、崱一字。《慧琳音义》卷二十二《大方广佛花严经》卷三十九"嶷然住"、卷二十二《新译大方广佛花严经》卷四十三"嶷然高出"、《希麟音义》卷二《新花严经》卷十二"嶷然"）

13. 巐嶷，山高皃也。山峰貌也。（《慧琳音义》卷五十三《起世因本经》卷二"嶷然"、《慧琳音义》卷八十八《集沙门不应拜俗等事》卷四"嶷尔"）

14. 仡嶷，山峰貌也。（《慧琳音义》卷十三《大宝积经》卷四十三"嶷然"）

15. 峛崺，卑而长也。（《残卷·山部》"峛""崺"、《慧琳音义》卷九十九《广弘明集》卷二十九"峛崺"）

16. 礐，高大皃也。（《残卷·山部》"礐"）

17. 屼（兀），秃山也。② （《文选注·吴都赋》、《慧琳音义》卷九十九《广弘明集》卷二十九"嵽屼"）

18. 嶀，嶀屼，秃山也。（《残卷·山部》"嶀"）

19. 嵊，山不平也。（《残卷·山部》"嵊"）

20. 嵊嵥，不平也。（《慧琳音义》卷九十九《广弘明集》卷二十九"崄峭"）

21. 岖峿，山石相向也。③ （《残卷·山部》"岖"）

22. 嶒崚，小而不安也。（《残卷·山部》"嶒"）

23. 嵥业，美山皃。④ （《残卷·山部》"嵥"）

石部

24. 礚（磕、磕），礑礚，大声也。⑤ （按"礚"又作"磕""磕"。《文选注·藉田赋》"礚"、《慧琳音义》卷八十三《大唐三藏玄奘法师本传》卷七"訇礚"、《残卷·石部》"磕"）

25. 磤硠，雷大声也。（《残卷·石部》"磤"、《玄应音义》卷十五《僧祇经》卷三十五"硍硠"、《慧琳音义》卷五十八《僧祇律》卷三十五"硍硠"）

豸部

26. 貙，宠貙，人出公牛氏，能爲虎。（《慧琳音义》卷九十九《广弘明集》卷二十九"貙虎"）

马部

27. 驶，如澝流也。（《慧琳音义》卷八十一《大唐西域求法高僧传》下卷"风驶"）

火部

28. 爥，儵爥，电光皃也。（《文选注·西都赋》引《字指》："儵爥，电光也。"《慧琳音义》卷九十九《广弘明集》卷二十九"光爥"）

---

① 详见下文第二部分佚文辑校（三）。

② "屼"俗作"兀"。四库本《文选注》写作"兀"，胡刻宋本《文选注》写作"屼"。

③ 顾本辑"出石相向"。《残卷·山部》引《字指》："岖峿，不石相向也。""出""不"义不通，均为"山"之讹。《玉篇·山部》："岖，岖峿，山石相向。""山石相向"即"高崖山石相向、错落不平皃"。

④ 详见下文第二部分佚文辑校（五）。

⑤ "礚""磕""磕"三字俗字异体，不同文献征引《字指》用字不同，归为一个词条。

水部

29. 澡，盥也，洗也。（《慧琳音义》》卷十《新译仁王经序》"尝澡"）

30. 浸溦，小雨也。（《残卷·水部》卷十九"浸"）

鱼部

31. 鰡，鲹属。（宋·陆佃《埤雅》）

32. 鮋鱼，出汉中也。（《唐钞文选集注汇存》卷八）

33. 鰒，其头中有石，故亦名石首鱼也。（《倭名类聚抄》卷十九）

34. 鯔鱼，出北海，似鲩。土俗名曰两创，其肶为鮺，可唊也。（《日藏庆安本〈遊仙窟〉校注》）

手部

35. 毂，取牛羊乳也。（《慧琳音义》》卷五十三《起世因本经》卷一"毂将"）

风部

36. 飑，不调风也。（《唐钞文选集注汇存》卷八）

阜部

37. 陕，台也。（《残卷·阜部》"陕"）

38. 陜夷，深邃。（《残卷·阜部》"陜"）

二　《字指》佚文辑校

任大椿、马国翰、顾震福、龙璋等人的辑佚工作，对恢复《字指》原貌提供了一定的线索。由于各家辑佚方法的差异，使得所辑佚文略有出入，且均有不同程度的错讹。现择其要，为之辩证。

（一）鹧鸪，鹧鸪鸟。其鸣自呼，飞徂南不北，形如雌雉也。

黄本未辑此条佚文，其余各本均辑"鹧鸪，鹧鸪鸟。其鸣自呼，飞但南不北，形如雌雉也。"

"但"，不同版本《慧琳音义》用字不同。狮谷白莲社本作"但"，大正藏本作"徂"。徐时仪《一切经音义三种校本合刊》（以下简称《校本》）[①]既收"徂"，又收"但"，并在校勘记中说明"徂"，碛本作"但"。

按，"但"为"徂"之讹。《说文》："退，往也。从辵，且声。退，齐语。徂，退或从彳。"《玉篇·辵部》："退，往也。与徂字同。"如果作"徂，往义"，"鹧鸪"的释义为："鹧鸪鸟，飞往南方，不往北方飞"，比"但"义更合理。此外，"且"和"旦"在一些传世文献中也经常会有错讹现象，如王虎《〈北齐书〉校勘献疑》[②]中认为"旦占之曰"的"旦"是"且"字形讹。

（二）楩，枏类也。楩木似豫章。

任本、马本、黄本皆作"楩木，似豫章。"龙本、顾本作"楩，枏类。"

按，"枏类"为脱文，此条佚文应为"楩，枏类也。楩木似豫章。"《经典释文》卷三十《尔雅音义下》引《字指》云：楩木，似豫章。"《希麟音义》卷九《根本破僧事》卷十八"楩树"条："《字指》云：枏类。《尔雅》云：楩无疵。郭注云：楩属，似豫章。"

"楩"为木名，指高大的树木，似豫章一类。《玉篇·木部》："楩，楩木，似豫樟。"《广韵》平声仙韵房连切："楩，木名。"《集韵》平声仙韵毗连切："楩，木名，似豫樟。"《尚书·禹贡》："齿革羽毛惟木。"孔安国传曰："木，楩、梓、豫章。"孔颖达疏："直云惟木不言木者，故言楩、梓、豫章，此三者是扬州美木。故传举以言之。"《史记·司马相如传》："其北则有阴林巨树，楩柟豫章，桂椒木兰。"裴骃集解："郭璞曰：

---

① 徐时仪：《一切经音义三种校本合刊》，上海古籍出版社，2008年，第340、1661页。

② 王虎：《〈北齐书〉校勘献疑》，《古籍整理研究学刊》2014年第1期。

梗，杞也。似梓楸。叶似桑，豫章大木也。生七年。"据此，"梗"为高大的树木。

此外，"梗"属"桼类"。"桼类"为"桼树类"，树汁可为漆料，今字作"漆"。《说文·桼部》："桼，木汁，可以鬃物。"段玉裁注："桼，木汁名桼，因名其木曰桼。今字作'漆'，而'桼'废矣。"《玉篇·桼部》："桼，木汁，可以鬃物。今为漆。"《尔雅·释木》："栲，山樗。"郭璞注："栲似樗，色小白，生山中，因名云。亦类漆树。"又《山海经·西山经》："其木多漆椶。"郭璞注："漆树似樗也，沇曰当为桼。"《汉书·货殖传·巴寡妇清》："陈、夏千亩桼。"颜师古注："种桼树而取其汁。"清嵇璜《续通志·昆虫草木略三》："桼树高二三丈，以刚斧斫其皮，开以竹管承之，汁滴管中则桼矣。"因此，桼树、栲、樗、梗木、豫章皆为一类，指高大的树木。

（三）映，不明也。

任本、黄本、龙本皆作"映，半明也。"马本、顾本、陈本未辑此条。

按，"半"当为"不"字之误。《慧琳音义》卷二十三《新译大方广佛花严经音义》卷六十八"泉流荧映"："《字指》曰：映，不明也。"《慧琳音义》卷九十八《广弘明集》卷十五"映蔚"："《字指》：映，谓不明皃也。"《说文新附·日部》："映，隐也。"《通俗文》："日阴曰映。"《文选·颜延之〈应诏观北湖田收〉》："楼观眺丰颖，金驾映松山。"李善注："映，犹蔽也。""隐""日阴""遮蔽"等义与"不明"义有词义引申关系，更能证明此处应是"不"，而非"半"。

（四）水别流为（曰）派。

马本辑"水别流为派。"顾本辑"水别流曰派。"二者都注明《文选·吴都赋》引李彤《字说》。

按，此条佚文非《字指》内容，当删。且疑似非李彤《字说》内容。

《文选·吴都赋》："百川派别。归海而会。"李善注："流九派乎浔阳。《山海经》曰：岷山东北百四十里崃山，江水出焉，又东百五十里崌山，江水出焉，而东流注于大江。郭璞曰：崃山，中江所出也。崌山，北江所出也。水别流为派。"此处并未说明"水别流为派"引自李彤《字说》。又六臣注：刘（刘良）曰："《字说》曰：水别流为派。"亦未说明引自李彤《字说》。查阅历代史志目录亦未记载李彤《字说》一书。

又各辑本据《文选注》引李彤《字说》辑"搦，按也。""涛，大波也。"等条也应删去。《文选·魏都赋》："亲御监门，嗛嗛同轩。搦秦起赵。威振八蕃。"李善注："《周易》曰：谦谦君子，卑以自牧。嗛，古谦字。《说文》曰：搦，按也。"各辑本应是因点断错误而将《说文》内容误引为《字说》内容。

综上，并无李彤《字说》一书，也不应将此条佚文辑入《字指》。

（五）嵲业，美山皃。

顾本辑"嵲业，美□①皃也。"其他五本未辑此条。

按，此条佚文应为"嵲业，美山皃也。"《残卷·山部》引《字指》："嵲业，美小皃也。""小"疑"山"之讹。《篆隶万象名义·山部》："嵲，牛授反。美山。"《玉篇·山部》："嵲，才接切。山皃。"

"嵲业"又作"嵘嵘"，《集韵》入声叶韵疾叶切："嵘，山皃。或作'嵲'。"又《集韵》入声缉韵籍入切："嵘，嵘嵘，山皃。"《汉书·司马相如传》："盘石振崖，嵚岩倚倾，嵯峨嵘嵘，刻削峥嵘。"《史记》作"礛磼"，《史记·司马相如传》："崴磈礛磼，刻削峥嵘。"司马贞索隐："《埤苍》云：'礛磼，高皃也。'""嵲业"又作"嵲嵘（嶪）②"《文选·西京赋》："西有玉台，联以昆德，嵯峨嵲嵘，罔识所则。"李周翰注："言形状高峻不能识其法则。"《晋书·凉武昭王李玄盛传》："崇崖嵲嵘，重崄万寻。""嵲嵘"即"山高峻皃"。"峻"与"美"义相通，因此《字指》谓"美山皃"。

---

① 顾本此处缺字。

② "嵘"同"嶪"，偏旁易位而形成的俗字。《文选·西京赋》："疏龙首以抗殿，状巍峨以岌嶪。"李善注："《上林赋》曰：'嵯峨嵘嵘'此之谓也。"

三 《字指》之价值

《字指》虽条目不多,但残存佚文仍有较高的研究价值。通过对其佚文的钩沉与考辨,发现此书在承《说文》所释字词本义的基础上又进一步说解词的引申义,反映了当时语言发展的状貌,对辞书编纂和语言研究具有一定的参考价值。

（一）《字指》在辞书编纂方面的价值

《字指》对辞书编撰有一定的参考价值,一些字和词的训释为编撰辞书提供了释义依据,可据其提前书证、补苴词条、补苴辞书缺失义项以及纠正辞书中的失考之处。

1. 提前书证

《字指》一些字和词的训释为辞书编撰提供了释义依据,可供纠正一些辞书中书证滞后的问题。如表"咳嗽"义的"謦欬"一词,《大字典》首举《广韵·迥韵》:"謦,謦欬也。"《大词典》首举用例为唐朝文献《广弘明集》卷二十八下《六根忏文》:"得彼天聪,闻开塔关钥之声,弹指謦咳之响。"然据《字指》:"謦欬,通咽喉气也。咳嗽声。"则知至晚晋时即有此词。又可与魏晋时期《列子·皇帝》:"惠盎见宋康王,康王蹀足謦欬疾言。"相参证。

2. 补苴词条

《字指》中有部分《大词典》还未收释的词语,可以为《大词典》的修订与完善提供资料借鉴。如"嶘嶮,不平也。""岰隅,山石相向也。""嵥业,美山皃。"这三条《大词典》均未收录,可据《字指》在相应字头下补入。

3. 补苴辞书缺失义项及纠正辞书失考之处

字典辞书释义全面、准确是最为重要的。《字指》对一些字和词的训释为编纂辞书提供了释义依据,可供纠正一些辞书义项缺失及失考之处。如《大词典》"礚砎"仅一个义项"坚硬"。

"礚砎"字书中有三义,一为"坚、坚硬",汉服虔《通俗文》:"坚硬不消曰礚砎。"《残卷·石部》引《埤苍》:"礚,礚砎,坚也。"《玉篇·石部》:"礚,礚砎,坚也。"二为"小石、坚石",《广韵》入声黠韵莫八切:"礚,礚砎,小石。"三为"大雷声、雷大声",《字指》:"礚砎,大雷声也。"

"礚砎"文献用例罕见,宋代有一例为"小石、坚石"义。宋陈仁子《牧莱脞语》:"故于北见太行之礚砎,而岐阳之鼓磊磊乎,其孤以列也。于西见剑阁之碀磳,而成都之笋纤纤乎,其孤以卓也。于东见岱宗之魂硪,于南见灵壁之礲砢,而泰坛之礚艮岳之岫又棱棱乎,其孤以骞也。""礚砎""碀磳""魂硪""礲砢",皆山石皃。

"大雷声"与"坚硬、小石"义相差甚远。虽未找到文献例证,但日本释空海撰《篆隶万象名义》释"礚"为"雷声"义,《篆隶万象名义·石部》:"礚,雷声。"从介声字多有大义。《说文·大部》:"乔,大也。从大,介声。"《尔雅·释诂》:"介,大也。"又如"玠"字,《说文》:"玠,大圭也。从玉,介声。"《尔雅·释器》:"圭大尺二寸谓之玠。"或可通过"礚"之"雷声"义与从"介声"之"大"义探得一二。此外,文献中常用金石之声与雷霆之声相比,或"雷声"由"石相击声"引申而来。《吕氏春秋·仲夏记》:"为木革之声则若雷,为金石之声则若霆。"《汉书·司马相如传》:"礧石相击,琅琅礚礚,若雷霆之声,闻乎数百里外。"

《大词典》仅收"坚硬"义,应将"小石""雷大声"义补入。

（二）《字指》在语言研究上的价值

《字指》释义特点鲜明,除解释本义外,更侧重于说解词的引申义,这对词语考释、词义演变发展研究具有重要价值。如"爓"本义为"火光",《说文·火部》:"爓,火光也。"《史记·屈原贾生传》:"弥融爓以隐处兮。"张守节正义云:"爓,光也。没深藏以自珍,弥远明光以隐处也。"《文选·班固〈西都赋〉》:"震震爓爓,雷奔电激"中"震震爓爓"分指雷震震电爓爓,故《字指》:"爓,电光也。"施之于此正合。《字指》与《说文》的释义差异反映了词义的发展和变化。

《字指》保存了一些俗字异体，反映了文字演变的历时形态。如"穀"，《慧琳音义》卷五十三《起世因本经》卷一"穀捋"引《字指》云："穀，取牛羊乳也。""穀"罕见于文献用例，其异体"㲎""穀"多见于文献用例，多为取牛乳义。吴支谦译《佛说犊子经》："阿难往倩言：'婆罗门！为我穀取牛乳。'"西晋竺法护译《佛说乳光佛经》："虽尔，续当指授与弊恶牛，自令阿难穀取其乳。"东晋瞿昙僧伽提婆译《增壹阿含经》卷三十四："若有众生如㲎牛顷，信心不绝修行十念者；其福不可量，无有能量者。"

《玉篇》收"穀"字，专指取羊乳汁。《玉篇·羊部》："穀，公侯切。取羊乳汁也。"《慧琳音义》引《考声》释"穀"为"取牛羊乳"。《慧琳音义》卷二十四《方广大庄严经序品》卷七"穀其乳"引《考声》："穀，取牛羊乳也。"

"穀""穀""穀"或当由表"哺乳"义的"穀"改换偏旁而得，或为分化"穀"之"乳"义，而专字专用为取牛羊乳的"穀""穀"以及以手取乳的"穀"。《说文·子部》："穀，乳也。从子殸声。"段玉裁注："此乳者，谓既生而乳哺之也。"《荀子》卷十三："君子以倍叛之心接臧谷，犹且羞之，而况以事其所隆亲乎？"唐杨倞注引《音义》云："孺子曰：谷或曰穀，读为'斗穀于菟'之'穀'。穀，乳也，谓哺乳小儿也。"

由此可见，《字指》保存了"穀"的俗字写法，为探索字际关系提供线索。

四 总结

《字指》作为晋朝字书，广见于后世古籍征引。也正因如此，在原书的亡佚前提下，我们还能根据这些古籍进行佚文的辑佚与整理，略窥原书概貌。但众书在征引过程中，难免会出现缺、漏字、错字等讹误现象。因此，对佚文的辑校就显得尤为重要。如今随着新的文献资料的发现以及数据库检索等数字化手段的运用，辑佚工作有了极大的改善与便利，我们更应该充分利用这些有利资源，以严谨的态度对待前人留下来的宝贵财富，尽最大可能去还原古书面貌。

【参考文献】

[1] 曹小云.日藏庆安本《遊仙窟》校注[M].合肥：黄山书社，2014.

[2] 徐时仪.北朝字书《字统》佚文钩沉[J].中国文字研究，2013(1).

[3] 徐时仪校注.一切经音义三种校本合刊[M].上海：上海古籍出版社，2008.

[4] 佚名编选.唐钞文选集注汇存[M].上海：上海古籍出版社，2000.

The Collections and Discussions on the Lexicon of Li Tong *ZiZhi*(《字指》)in the Jin Dynasty

Wang Hu　Zhang Xiujie

(School of Chinese Language and Literature, Liaoning Normal University, Dalian 116081)

Abstract：*ZiZhi*(《字指》)is a lexicon written by Li Tong in the Jin Dynasty and it has not been preserved. At present, we can see eight collected versions, but the compilations have not been proofread. All of them have varying degrees of errors, and there are many duplicate entries. This paper uses the citations of existing literature to recollect 38 entries. According to the radicals of *Shuo Wen Jie Zi*(《说文解字》), and collate the entries collected by predecessors, in order to restore more accurate and reliable literature materials.

Key words：*ZiZhi*(《字指》); the literary composition that be lost; the lexicon

《战国策》异文考辨两则*
——兼谈俗写中偏旁增减与汉字音义关系

温晓萌

【摘　要】《战国策》不同版本间存在大量异文,前人校勘不尽一致,现拈出两则略作考辨:"以廥于齐"之"廥"有保卫义,异文"啬"是省旁所致;"四封不廉"之"廉"当是"兼"增旁而来,异文"侵"可证其义。两则异文均涉及汉字俗写中偏旁的增减,这一现象有时会导致同形字的产生,为文献阅读带来障碍。异文作为不同版本采用不同文字表达同一语义的产物,恰可为同形字的区分提供线索。

【关键词】《战国策》;异文;考辨;偏旁增减;同形字

【作者简介】温晓萌,女,四川大学文学与新闻学院博士研究生,主要研究方向为汉语词汇史、方言史。(四川　成都　610207)

异文是文字形成和使用过程中出现的一种不可忽略的现象。《简明古籍整理辞典》指出:"异文① 文字学名词。对'正字'而言。通假字和异体字的统称。如'乌乎''於戏'是'呜呼'的通假字,'跡''蹟'是'迹'的异体字。② 校勘学名词。凡同一书的不同版本,或不同的书记载同一事物,字句互异,包括通假字和异体字,都叫异文。如《左传·隐公元年》:'仲子生而有文在其手',《论衡·纪妖》作'在其掌';又'公及邾仪父盟于蔑',《公羊传》作'邾娄仪父'。"①本文所探究的是广义的异文,即校勘学中所谓的异文。其形成较为复杂,既有因同源、通假、异体所致,又有讹字、同义换用等原因。

《战国策》自西汉刘向编订以来,几经传抄、屡遭散逸。今本《战国策》由北宋曾巩重新整理定型,随后又分为姚宏续注本和鲍彪校注、吴师道重校本两大系统。不同版本间,遣词造句存在或多或少的差异,姚宏续校时便已搜集异文四百八十余条②,清黄丕烈又详列吴本、姚本异同,作《札记》三卷。前修时贤对《战国策》版本异文进行了详细的考辨,但难免有所遗漏,或存有争议。本文不揣谫陋,在对比姚、鲍、吴三个版本的基础上,参考前辈学者成果,选取与偏旁增减有关的两组异文再加考辨,推求异文产生的时代及原因,辨明正误,以期为相关学科阅读和研究这一著作提供帮助。同时一并探讨俗写中偏旁增减现象对汉字音义的影响,以期为大型辞书的修订提供参考。③

一　廥—啬

乃命大公事之韩,见公仲曰:"夫牛阑之事,马陵之难,亲王之所见也。王苟无以五国用兵,请效列城五。请悉楚国之众也,以廥于齐。"(姚本《楚一·五国约以伐齐》)④

---

* 基金项目:本文为国家社科基金重点项目"大型语文辞书编纂与修订研究"(项目批准号:17AYY018)的阶段性成果之一。

① 诸伟奇等编著:《简明古籍整理辞典》,黑龙江人民出版社,1990年,第128页。

② 姚宏《后叙》:"余萃诸本,校定离次之,总四百八十余条。"见范祥雍笺证:《战国策笺证》下册,上海古籍出版社,2006年,第1896页。

③ 高诱注,姚宏续注,黄丕烈札记:《新雕重校战国策》卷一四,清同治八年(1869)湖北崇文书局重雕本,宋志英辑:《〈战国策〉研究文献辑刊》第三册,国家图书馆出版社,2008年,第258页。

④ 高诱注,姚宏续注,黄丕烈札记:《新雕重校战国策》卷一四,第258页。

"廧"，鲍彪所据底本作"啬"，改作"图"①；吴本作"以啬于齐"，补曰："字讹，当作图，上有'图楚'。"②张清常、王延栋延续鲍说。③ 何建章则认为"廧"同"墙"，用作动词，抵御义，即和齐国共同抵御外敌④；范祥雍的观点与何说相同，认为"犹言为障蔽于齐"⑤。

该篇的背景是秦、魏、韩、赵、燕五国合谋进攻齐国。作为齐国南面的邻国，正如开篇昭阳对楚王所言的那样，"五国以破齐，秦必南图楚"，这场战争必将对楚国造成威胁。因此楚国从韩国入手，采用刚柔并济的策略进行游说，以破坏五国的攻齐联盟。楚国使者对韩国提及"牛阑之事，马陵之难"，便是为了从道义上阻止韩国参与对齐国的进攻。范祥雍注："牛阑事虽不可考，马陵之难则谓齐救韩败魏马陵之战，举之正以示齐之有德于韩，劝其勿与伐齐。"⑥可证。使者一方面承诺，如果韩国退出联盟不再攻齐，那么就会献出五座城池；同时也作出威胁，如果对方一再坚持，楚国将会举全国之力"以廧于齐"。

根据上下文，此处不当为"图"，"图齐"不符合楚国的立场。本文认同何、范二人的意见。前人论述较简，今详说如下。

啬，甲骨文作"畬"（《合集》5790）、"畬"（《合集》9633）等，像麦子与粮仓，本义为收谷物入仓。⑦ 引申为爱惜、吝惜、缺少、贪婪等义，均与《战国策》此篇的语境不合。因此鲍彪所据底本的"啬"并非本字。

再看"廧"字，该字亦作墙。《玉篇·啬部》："墙，疾将切，墙垣也。廧，同上。""廧""墙"汉代即见通用。《隶辨·平声下·十阳》收"廧"（《曹全碑》）、"墙"（《脩华岳碑》），曰："（廧）与墙同。《书·五子之歌》：'峻字彫墙'，古文《尚书》作'廧'。《诗·小雅·常棣》：'兄弟阋于墙'，《释文》云：'墙本或作廧'。"⑧"墙"从啬爿声，而"廧"从啬从广，《说文·广部》谓广"象对刺高屋之形"⑨，是改声符为意符。

故"以廧于齐"即"以墙于齐"。"廧""墙"作动词，同时期本有其例。《汉语大词典》"廧¹（qiáng）"❸"筑墙，屏蔽"，引《战国策·赵策一》："公宫之垣，皆以狄蒿苫楚廧之。"⑩又"墙"❷"筑墙"，首引《韩非子·十过》："臣闻董子之治晋阳也，公宫之垣皆以荻蒿楛楚墙之。"⑪《汉语大字典》"墙"❷"藩蔽"，引例同上。⑫

楚众之于齐，犹如一堵高墙。墙可以分隔内外，对外抵御敌方入侵，对内保卫一方安宁。《诗经·大雅·板》"价人维藩，大师维垣，大邦维屏，大宗维翰"毛传："藩，屏也；垣，墙也……翰，干也。"孔颖达疏："藩者，园圃之篱，可以屏蔽行者，故以藩为屏也。垣者，小墙之名，故云'垣，墙'，亦是屏蔽之义也。……传以藩、垣、屏皆防卫之名，干是施法之称，言以善人及三公诸侯郛蔽寇难，天子居内设法而抚安之。""藩、屏、垣"在先秦均有保卫义，如《风俗通义·十反》："干木息偃以藩魏，包胥重趼而存郢。"《国语·齐语》："以诛无道，以屏周室。"《释名·释宫室》："垣，援也。人所依阻以为援卫也。"则"墙"或"廧"在先秦理当亦然。后世沿用此义者，如隋灌顶《国清百录》卷二《述蒋州僧书》："修菩萨行，栋梁佛法，墙堑三宝，泽覃四海，风芳万代。"

① 鲍彪：《战国策注》卷五，宋绍熙二年（1191）刻本。
② 鲍彪校注，吴师道重校：《战国策校注》卷五，《四部丛刊》影印元至正十五年（1355）刊本，宋志英辑：《〈战国策〉研究文献辑刊》第一册，国家图书馆出版社，2008年，第450页。
③ 参见张清常、王延栋：《战国策笺注》，南开大学出版社，1993年，第330页。
④ 何建章注释：《战国策注释》，中华书局，1990年，第486页。
⑤ 范祥雍笺证：《战国策笺证》，第754页。
⑥ 范祥雍笺证：《战国策笺证》，第752页。
⑦ 参见李学勤主编：《字源》，天津古籍出版社，2013年，第480—481页。
⑧ 顾南原：《隶辨》卷二，中国书店，1982年，第234—235页。
⑨ 许慎撰，陶生魁点校：《说文解字》，中华书局，2020年，第297页。
⑩ 罗竹风主编：《汉语大词典》卷三，上海辞书出版社，2008年，第1284页。
⑪ 罗竹风主编：《汉语大词典》卷七，第812页。
⑫ 汉语大字典编辑委员会编：《汉语大字典》卷四，四川辞书出版社、崇文书局，2010年，第2546页。

"以廧于齐"之"于"乃介词,引出受事对象,译为对,也可不译。如《甲骨文合集》(以下简称《合集》)14188:"☐①帝弗缶于王?"缶,张玉金释为"保,保护"②,"缶于王"即保护国王。再如《汉书·王莽传》:"故赐嘉号曰安汉公,辅翼于帝。"故"以廧于齐"当谓像高墙一样来保卫齐国。从文义来看,楚兵保卫齐国,抵御韩国在内的五国入侵,对韩国来说是一种威胁,正与前文"我悉兵以临之,其心必惧"相照应。

"廧—嗇"异文当是俗书讹混所致。一方面,"廧"有通"嗇"的先例,《字汇补·广部》:"廧,又与嗇同。"③《汉语大字典》(下简称《大字典》)"廧"一音 sè,"通'嗇'"。④ 如《战国策·东周策》:"因令人谓相国御展子、廧夫空曰:'王类欲令若为之,此健士也,居中不便于相国。'"鲍彪注曰:"廧、嗇字同,小臣也。"另一方面,"嗇"亦有用同"廧(墙)"者,《四部丛刊》影宋本《管子·霸形》"东山之西,水深灭垠"房玄龄注:"垠,败嗇也。""嗇"即"墙",明刘绩补注本作"墙"。⑤ 在人物姓名中,也可见两字混用的情况,如《韩非子·显学》:"故善毛嗇、西施之美。"梁启雄注:"藏本、迁评本作'廧',赵本作'嫱',乾道本作'嗇'。"⑥《汉语大词典》谓"毛嗇(—qiáng)即毛嫱"。⑦

"嗇""廧(墙)"读音本异,据郭锡良《汉字古音手册》,上古"嗇"乃山母职韵,"墙"乃从母阳韵⑧,相差甚远。但是由于混用,后人以为两者读音相关,如慧琳《一切经音义》卷六七:"(墙)匠羊反……从爿嗇声。"又卷九八:"嫱,匠羊反……从女嗇声。"又如《宦者传论》"嫱媛、侍儿、歌童、舞女之玩,充备绮室",《山堂肆考·角集》卷三五注"嫱"音"嗇",即是认为"嗇"有从母阳韵一读。

总而言之,"廧"同"墙",宜释作"像围墙一样保卫";一本作"嗇",是"廧"俗书省旁所致。

二 侵—廉

昔者叶公子高,身获于表薄,而财于柱国;定白公之祸,宁楚国之事,恢先君以揜方城之外,四封不侵,名不挫于诸侯。(姚本《楚一·威王问于莫教子华》)⑨

"侵",鲍本作"廉",注:"廉,犹《礼》'六廉',言无事故不察治。"⑩吴本亦作"廉",正曰:"廉隅之廉,谓四竟完固,不见廉隅也。"⑪《册府元龟》卷七四三《陪臣部·规讽》作"廉"。

其后对"廉"的解释更是众说纷纭。孙诒让《札迻》卷三《战国策高诱注·楚一》:"'廉'当读为'谦',谓减少也。《礼记·乐记》云:'礼主其减'。《史记·乐书》'减'作'谦'。鲍、吴说并迂曲不可从。"⑫金其源《读书管见》:"此以《周礼·轮人》'揉牙之,外不廉而内不挫'为喻。《周礼》郑注:'廉,绝也。'疏云:'凡屈木多外廉绝理,内挫折,中用火之善,乃可圆而得所。'以揉牙之能内外得所,喻叶公治楚之能内顺而外宁也。"⑬

① ☐表示无法补出且字数不明的残缺字。
② 张玉金:《出土先秦文献虚词发展研究》,暨南大学出版社,2016年,第33页。
③ 吴任臣:《字汇补·寅集》,上海辞书出版社,1991年,第64页。
④ 汉语大字典编辑委员会编:《汉语大字典》卷二,第970页。
⑤ 刘绩补注,姜涛点校:《管子补注》卷九,凤凰出版社,2016年,第169页。
⑥ 梁启雄:《韩子浅解》,中华书局,2009年,第502页。藏本或指明正统十年(1445)《道藏》本,嘉靖、万历年间又有翻刻;迁评本即明万历十一年(1583)门无子《韩子迁评》;赵本即明万历十年(1582)赵用贤据近本改订补足本;乾道本即南宋乾道改元(1165年)中元日黄三八郎印本。
⑦ 罗竹风主编:《汉语大词典》卷六,第1003页。
⑧ 参见郭锡良:《汉字古音手册》,商务印书馆,2010年,第34、410页。
⑨ 宋志英辑:《〈战国策〉研究文献辑刊》第三册,第277页。
⑩ 鲍彪:《战国策注》卷五。
⑪ 宋志英辑:《〈战国策〉研究文献辑刊》第一册,第439页。
⑫ 孙诒让撰,梁运华点校:《札迻》卷三,中华书局,1989年,第72页。
⑬ 金其源:《读书管见》,商务印书馆,1957年,第319—320页。

鲍、吴、金三人均是从"廉"字本身出发，引经据典，结合原文语境，对其含义进行了探讨；孙氏则突破了字形的限制，从通假的角度进行解释。但这些对"四封不廉"含义的探讨，均未能妥善兼顾"四封不侵"这一版本的意义，因此以下从异文产生的角度再加分析。

"侵"表示进犯、侵占，如《韩非子·奸劫弑臣》："使强不陵弱，众不暴寡，耆老得遂，幼孤得长，边境不侵。"四封不侵，谓边境不受侵犯，"侵"用作被动。

同时，"兼""侵"近义，常可对举或连用，如《汉书·地理志》："八百余年至于赧王，乃为秦所兼……至襄王以河内赐晋文公，又为诸侯所侵。"《孟子·告子下》"徒取诸彼以与此，然且仁者不为，况于杀人以求之乎"赵岐注："后世兼侵小国，今鲁乃五百里矣。"因此，四封不兼，即谓边境不被吞并，"兼"亦作被动。

故"四封不侵"即"四封不兼"。鲍、吴本作"廉"，应当与古书"兼""廉"常相混用有关。

将"兼"写作"廉"者，如东汉刘珍等《东观汉记》卷二一《公孙述》："公孙述补清水长，太守以其能，使兼治五县政。"《北堂书钞》卷七八《设官部》"兼"引作"廉"，孔广陶注："陈本'廉'作'兼'，范《书》四十三亦作'兼'。"[①]又如胡聘之《山右石刻丛编》卷一一《龙泉禅院田土壁记》："碑末具原牒衔曰：'中书侍郎平章事卢右仆射廉门下侍郎平章事。'"自注："廉当作兼，字误。"[②]据碑文，此碑立于太平兴国七年，盖宋初亦有混用。

"廉"亦有讹作"兼"者。如《礼记·檀弓下》"行并植于晋国"，王引之《经义述闻》谓："郑注曰：'并犹专也，谓刚而专己。'吴澄《礼记纂言》曰：'并植，《国语》作廉直。疑并盖廉字缺损，植盖直字增多也。'家大人曰：'吴说是矣，而未尽也。廉与并形声皆不相近，廉字无缘误为并，盖廉字古通作兼。兼、并字相近，因误而为并。'"[③]"并—廉"异文，与"侵—廉"异文的成因相似，均是传抄者不知"廉""兼"相通，改用他字所致。

在偏旁部首中，同样存在"兼"与"廉"的混用。如钱大昕《潜研堂金石文跋尾》卷七《谦卦碑》："《说文》𥮊，古文'篮'字。《集韵》廉，古作'𥳟'。'廉'与'篮'声相近，故可借用。《碧落碑》'飞廉'之'廉'作'𥳟'，盖省一'中'。此碑以'言'旁'𥳟'为谦'，则借'廉'为'兼'也。"[④]可见，"兼""廉"混同已久。

由以上论述可知，"四封不廉"之"廉"通"兼"，侵占、吞并义；又由于"兼""侵"同义，故异文作"侵"。

三　偏旁增减与汉字音义关系

两组异文涉及到偏旁在书写过程中的增减问题，这与汉字的俗写习惯息息相关。据诸祖耿《战国策集注汇考·前言》，苏轼曾言"余犹及见老儒先生自言其少时欲求《史记》《汉书》而不可得，幸而得之，皆手自书"，故而非正史的《战国策》同样应处于未雕版的状态，在宋代之前以写本的方式流传。[⑤] 那么，后人整理本带有俗写的痕迹，也是不可避免的。宋代洪适便提到："汉人用字有假借者，有通用者，有奇古者，有变易偏旁及减省者。"[⑥]清王筠也曾说："古人用字尚音，或加偏旁，或省偏旁，皆

① 周心慧《影印〈北堂书钞〉序》云："此本先是清代学者孙星衍得影宋本，约严可均、王引之等分别校订，但有数十卷未校完。后南海孔广陶又约林国赓、孔昭熙、傅以礼等续校成书，镂版梓行，陈禹谟妄改之处，多加以更正，使本书大体复其旧貌。"（学苑出版社，1998年）陈本，即内府所藏明常熟陈禹谟校刊本，然此本删改颇多，清钱曾《读书敏求记》卷三《类家》云："今行《北堂书钞》，为吾乡陈抱中先生所刻，搀乱增改，惜无从订正。"（上海古籍出版社，2019年，第352页）范《书》四十三，即范晔《后汉书·公孙述传》。各家分卷有所差异，百衲本景宋绍熙刻本分帝纪十卷、志三十卷、列传八十卷，《公孙述传》在列传第三卷，故曰"四十三"。
② 胡聘之：《山右石刻丛编》卷一一，清光绪二十七年（1901）刻本。
③ 王引之撰，钱文忠等整理，朱维铮审阅：《经义述闻》卷一四，上海书店出版社，2012年，第338页。
④ 钱大昕：《潜研堂金石文跋尾》，凤凰出版社，2016年，第176—177页。
⑤ 诸祖耿：《战国策集注汇考》，凤凰出版社，2008年，第25页。
⑥ 洪适：《隶释》卷一三，《四部丛刊》影印上海涵芬楼本，第576页。

常事也。"①这种变化优点与缺点并存,张涌泉认为:"文字作为交流思想的工具,增加偏旁往往可以达到使字义更加明确的目的,是有它一定的积极意义的。……形声字往往一形一声,形旁倘或省去,也会发生与另一字同形的情况。"②

偏旁的增加,大多是有理据的,且前后读音相同。以"广"旁为例,从"广"者与房屋之义有关。"廷"本即有庭院义,林义光《文源》谓"古作⚮……乚象庭隅之形"。③《诗经·唐风·山有枢》:"子有廷内,弗洒弗扫。"后加"广"旁作"庭",所指更为明确。又如"郎"有宫殿廷廊之义,《韩非子·说疑》:"使郎中日闻道于郎门之外。"此义后作"廊"。

当然,无理据的增旁也是存在的,它往往会带来同形异义字的出现。如《周易·蒙卦》:"初六:发蒙,利用刑人。"发,启发义,马王堆本增"广"旁作"废",不知所据,与表示房屋倒塌、废弃的"废"字同形而义别。又如《史记·穰侯列传》:"夫秦何猒之有哉。"猒,满足义,《战国策·魏三》、马王堆《战国纵横家书·须贾说穰侯章》作"厌(厭)"④。"厂"指山崖,与"满足"并不相干,作"厭"无义可循。正如段玉裁《说文解字注》所言:"浅人多改猒为厭,厭专行而猒废矣。"俗写在后世反而占据了上风,成为通行字,乃至在上古传世文献中流传。

偏旁的省简往往是为了书写便利,以记音为主,常常不顾造字理据。如《周易·说卦》:"其于人也,为寡发,为广(廣)颡,为多白眼。"孔颖达疏:"为广(廣)颡,额阔为广(廣)颡。"即宽大的额头。《说文·广部》:"廣,殿之大屋也。从广,黄声。"引申为宽、大。郑玄注本作"黄",仅存"廣"之声符,失其造字义。又如郭店楚简《性自命出》:"或交之,或万之。"此处"万"为"厉"省,义为磨砺、勉励。⑤《说文·厂部》:"厉,旱石也。从厂,虿省声。""厉"作"万"亦仅存声符,丢弃了表示山石的意符"厂"。

更有甚者,部件省去后并未留下声旁,所余部分与原字读音迥然而别。如东汉《韩囗后碑》:"改画圣象如古啚。""啚"即"图(圖)"之省。又,三国吴月支优婆塞支谦译《梵摩渝经》:"博通众经星宿图书。"敦研102(1-1)"图"作"啚"。关于"图"的造字来由,现今学者多认为"啚"义为"边鄙、鄙邑",对于"囗"的释义大致有两种看法。其一以杨树达为代表,认为:"从囗者,许君于囗下云:'囗象国邑。'是也。……物具国邑,又有边鄙,非图而何哉?"⑥其二,如何琳仪认为,图字会"围绕鄙邑绘画地图之意"⑦。总之,"啚"为意符,而非声符。将"图"简写作"啚",与"啚"的本音有异,古人也对此提出了批评。如S.388《正名要录》:"图,大卢反。啚,音鄙,俗用作图字,非。"《广韵·模韵》:"啚,本音鄙。"然而俗写习非成是,"啚"遂增"图"音,如《龙龛手鉴·囗部》:"啚,音徒,与图同,谋计议度也。"

总之,从文字的使用来看,大多数情况下,偏旁的增减只是书写习惯造成的,这些俗字对表意影响不大,并不会造成误解;但有时偏旁增减造成的同形异义,尤其是语音的变化,为文意的理解带来了一定困难。

结语

由此反观前文所述后两组异文涉及的偏旁增减现象。若按照"啬""廉"的本义乃至引申义去理解原文,则难以琢磨清楚。实际上,它们并非本字,而是增加或减少了偏旁的俗写字。

---

① 王筠:《蒙友蛾术编》卷上,清咸丰十年(1860)刻本。
② 张涌泉:《汉语俗字研究》,商务印书馆,2010年,第48—49页。
③ 林义光:《文源》,中西书局,2012年,第78页。
④ 为了更好地说明字形之间的历史关联,必要时在括号中注出其繁体形式,下同。
⑤ 参见陈居渊:《周易今古文考证》,商务印书馆,2015年,第16页。
⑥ 杨树达:《积微居小学述林》,上海古籍出版社,2013年,第89页。
⑦ 何琳仪:《战国古文字典——战国文字声系》,中华书局,1998年,第539页。

"以啬于齐"之"啬",是由"廧"省"广"旁而来,当读同"廧(qiáng)"。《大字典》"啬"仅标出 sè 一种读音,而未言"啬"同"廧"。① 对比同类型的"图—啚",《大字典》"啚"分为两个读音:(一)bǐ❶ "啬。鄙吝",❷ "乡下或边远地区,与'都'相对"。(二)tú"同'图'"。② 注明了俗写的本字和读音。由前文可见,"啬"通"廧"由来已久,读音也随之增加,故"啬"下当补 qiáng 音,同"廧"。

"四封不廉"之"廉",乃"兼"增"广"旁而成。《大字典》"廉"仅注 lián 一音,未言通"兼"(jiān)。③ 上文所举"兼""廉"通用例,及钱大昕"借廉为兼"、王引之"盖廉字古通作兼",是为证。依照《大字典》体例,增旁前后声旁相同,但今读音不一致,往往也会注明。如"奄"增"广"旁作"庵",《大字典》"庵"除注明本音 ān 外,又标 yǎn 音,云:"同'奄'。副词。急遽;忽然。"④ 因此,依体例当补"廉"通"兼",音 jiān。

俗写的无理据性提醒我们,在阅读古籍乃至辞书的编纂与修订过程中,尤其应当注意同形字的音义关系,全方位多角度考察,以免发生混同。

附记:本文蒙导师蒋宗福教授审阅指正,谨致谢忱! 完稿后曾在世界汉字学会第九届年会上作小组报告,幸得刘志基教授、朱建军教授指点,在此一并致谢!

【参考文献】

[1] 宋志英辑.《战国策》研究文献辑刊[M].北京:国家图书馆出版社,2008.

[2] 何建章注释.战国策注释[M].北京:中华书局,1990.

[3] 范祥雍笺证.战国策笺证[M].上海:上海古籍出版社,2006.

[4] 罗竹风主编.汉语大词典[M].上海:上海辞书出版社,2008.

[5] 汉语大字典编辑委员会编.汉语大字典[M].成都:四川辞书出版社,武汉:崇文局,2010.

[6] 诸祖耿.战国策集注汇考[M].南京:凤凰出版社,2008.

[7] 张涌泉.汉语俗字研究[M].北京:商务印书馆,2010.

Textual Research on Two Different Texts in *Zhan'guo Ce*(《战国策》)
— The Relationship Between Radical Addition/Deletion and
Chinese Character Sound-Meaning

Wen Xiaomeng

(College of Literature and Journalism, Sichuan University, Chengdu 610207)

Abstract: There exist numerous variant texts among different versions of *Zhan'guo Ce*. Previous studies on these words have inconsistent conclusions. We have singled out two sets of words for investigation:"Qiang"(廧)in "Yi Qiang Yu Qi"(以廧于齐)means defend, and the different text "Qiang"(啬)is caused by the omission of radical. The "Lian"(廉)of "Si Feng Bu Lian"(四封不廉)is the result of adding radical to "Jian"(兼), the different text "Qin"(侵)confirms this meaning.

---

① 汉语大字典编辑委员会编:《汉语大字典》卷二,第 718 页。

② 汉语大字典编辑委员会编:《汉语大字典》卷二,第 687 页。

③ 汉语大字典编辑委员会编:《汉语大字典》卷二,第 961 页。

④ 汉语大字典编辑委员会编:《汉语大字典》卷二,第 952 页。

These two sets of different texts involve the addition or deletion of the radical of Chinese characters, which can lead to the homonyms, bringing obstacles to ancient books reading. The different texts, as products of different versions using different words to express the same meaning, can provide clues for distinguishing between homographs.

Key words: *Zhan'guo Ce*(《战国策》); different texts; textual research; radical addition/deletion; homographs

俗字探源献疑*

——兼论草书楷化在俗字探源中的作用

牛尚鹏

【摘 要】草书楷化是俗字形成的一个重要途径,在俗字研究中具有重要作用。为探讨俗字的来源提供了重要的突破口和思路,也有助于理清俗字的演变脉络。时贤著作中对一些俗字来源的解释颇有争议,实源自对草书楷化未给予充分重视。本文对这些俗字的理据进行了重新解释和论证,认为这些俗字皆由草书楷化形成。

【关键词】俗字;草书楷化;探源;简化字

【作者简介】牛尚鹏,天津外国语大学中文系副教授,硕士生导师,博士,研究方向为俗字学、古籍整理。(天津 300270)

草书楷化是一种汉字简化方法,是将汉字草书字形用楷书的笔法加以规范改写,使字形得以简省。草书楷化字是俗字特别是简化字的一个重要来源,历史上的很多简俗字都是用草书楷化的方法楷定而来。草书楷化在汉代已经普遍,现在常见的草书楷化字如"长""单""当""孙"等都出现于此时①,有的构件甚至肇端于先秦。"相当一部分简化字是在汉代草书中已经定形或接近定形再楷化而成。"②

草书不仅是书法领域的一类重要书体,也是汉字学特别是汉字字体学研究的重要内容。然而,在过去的研究中,人们更多的是把草书看作艺术范畴的东西,在文字学中没有给予足够重视。一些文字学著作在涉及相关问题时,往往论述不深,俗字学著作在草书楷化的章节亦措意未多,这对俗字研究是不利的。黄征先生的《敦煌俗字典》第二版增加了许多草体俗字,这不仅是材料的丰富,更是研究思路的扩展,颇值得称道。

草书字形变异程度较大,辨认颇为不易。忽略草书楷化的作用,在历史文字考据和现代文字溯源时就会碰到很大的问题。因为一些未释字或释读未确的字实际就是草书楷化(或部件草书楷化)的结果,所以对草书及草书楷化规律有所了解对考释疑难字大有助益。③ 我们不揣谫陋,就时贤几部著作中的一些俗字理据进行商兑,从草书楷化的角度或提出新解,或重加论证。不妥之处,请方家正之。

一 長—頭

《古本小说集成》清刊本《前明正德白牡丹传》第四回:"刘健在后面将長乱摇。"又:"张半仙看见许多银子,犹如一块大石压了心長。"曾良先生云:"頭俗作長,是由草书以讹变来的。"④

按:以讹变为長,费解。就字形而言,長当是"豆"字的草书楷化俗字。"豆"用作"头",是另一个层面的通假或省借问题。明清小说中"豆"用作"頭"例甚多,见《明清小说俗字典》,此不赘举。

---

* 基金项目:本文为国家哲学社会科学基金项目"《中华道藏》校正"(编号18CZJ018)的阶段性成果。

① 张书岩等编著:《简化字溯源》附录《简化字始见时代一览表》,语文出版社,2014年,第252页。
② 吴立业、陈双新:《草书楷化字研究》,《中国文字研究》第二十九辑,上海书店出版社,2019年,第158页。
③ 李洪智:《汉代草书研究》,北京师范大学出版社,2014年,第9页。
④ 曾良:《明清小说俗字研究》,商务印书馆,2017年,第143页。

"豆"字或"豆"旁草书形体与"镸"旁极似，兹举数例如下：

(1) "豆"字草书或作 云（见《淳化阁帖·唐太宗书》）、豆（见清吴昌硕《行书自作诗》）；"镸"旁草书如 套（"套"字，见清卢文弨《过云楼旧藏明贤书札》）、陰（"陰"字，见明董其昌《紫茄诗卷》）。

(2) "豆"字草书或作 至（见明文征明《致华氏手札》）、亘（见《崇本堂藏赵之谦翰札》）、豆（见《于右任书法全集》）等①。"豆"旁草书如 頭（"頭"字，见《白蕉与翁史烱先生信札》）②、頭（"頭"字，见明文征明《琵琶行》）、頭（"頭"字，见宋苏轼《治平帖》）等。"镸"旁草书如 陰（"陰"字，见《宝晋斋法帖》）陰（"陰"字，见《墨缘堂藏真》）。

(3) "豆"旁草书如 頭（"頭"字，见明王铎《赠郑公度草书诗卷》）、頭（"頭"字，见明王铎《杜陵秋兴诗卷》）、頭（"頭"字，见《于右任书法全集》）；"镸"旁草书如 髮（"髮"字，见元边武《草书千字文》）。

(4) "豆"旁草书如 頭（"頭"字，见《八大山人全集》卷一）、頭、頭、頭（"頭"字，均见《于右任书法全集》）；"镸"旁草书如 髮（"髮"字，见隋智永《真草千字文》）、髮、髮（"髮"字，均见明王宠《草书王昌龄诗》）、肆（"肆"字，见元边武《草书千字文》）。

(5) "豆"旁草书如 頭、頭（"頭"字，见《吴昌硕书法全集》）；"镸"旁草书如 肆（"肆"字，见唐怀素《大草千字文》）、肆（"肆"字，见元赵孟頫《急就章》）。

(6) "豆"旁草书如 頭（"頭"字，见白蕉《白蕉书法精选集》）、頭（"頭"字，见《名臣法帖·绛帖》）、頭（"頭"字，见明韩道亨《草书百韵歌》），以上"頭"字草体即今简体字"头"的来源。"豆"旁草体类似"言"之草体，"讠"即"言"之草书楷化符号。"镸"旁草书如 肆（"肆"字，见王世镗《稿诀集字》），肆（"肆"字，见宋王升《千字文》），亦类似"言"之草体。

	"豆"字草书形体	"豆"旁草书形体	"镸"旁草书形体
第1组	云、豆		套（套）、陰（陰）
第2组	至、亘、豆	頭（頭）、頭（頭）、頭（頭）	陰（陰）、陰（陰）
第3组		頭（頭）、頭（頭）、頭（頭）	髮（髮）
第4组		頭（頭）、頭（頭）、頭（頭）、頭（頭）	髮（髮）、髮（髮）、髮（髮）、肆（肆）
第5组		頭（頭）、頭（頭）	肆（肆）、肆（肆）
第6组		頭（頭）、頭（頭）、頭（頭）	肆（肆）、肆（肆）

二 塵—坴、坴、坴

《古本小说集成》高丽刊本《九云梦》卷二："流水入咽，虚亭独留，香 坴 已阕矣。"

坴 是"塵"之俗字，曾良先生云："坴 字从少从土，即塵的俗字，今作尘，古籍中'少''小'

---

① 钟明善主编：《于右任书法全集》，文物出版社，2014年，第231页。
② 上海书画出版社编：《白蕉与翁史烱先生信札选》，上海书画出版社，2019年，第176页。

通用。"①

[字]、[字]皆"塵"之俗字，《敦煌俗字典》（第二版）[字]条按语云："此字为'塵'俗字[字]（少土为塵）草化而来。"②

按：孤立地看，这种观点似乎可通。若全面考察"鹿"字及"鹿"旁的草书形体，则这种说法值得商榷。我们认为[字]、[字]乃"塵"之草书楷化俗字，上部的构件"少"来自草书楷化，非少、小通用所致，二俗字亦非从少、土另造。

"少"字行草书或作[字]（见司马彦行书）、[字]（见明徐渭书）③、[字]（见《唐许日光墓志》）、[字]（见《于右任书法全集》）、[字]（见清张照书）④、[字]（见《淳化阁帖·柳公权书》）、[字]（见《淳化阁帖·李邕书》）、[字]（见张旭《古诗四帖》）。

行草书中草头"艹"若与左下长撇拈连，则极类"少"字，如[字]（"花"字，见司马彦行书）、[字]（"苟"字，见明文征明《草书前赤壁赋》）、[字]（"茂"字，见《草韵汇编》）、[字]（"芳"字，见《草韵辨体》）、[字]（"荐"字，见《草韵辨体》）、[字]（"茌"字，见《草韵辨体》）、[字]（"苑"字，见《草韵汇编》）、[字]（"茅"字，见《草圣汇辨》）。

"鹿"字草书形体上部类似草头"艹"，"鹿"字或作[字]、[字]（均见文征明《草书前赤壁赋》）、[字]（见元赵孟頫《急就章》）、[字]（见明宋克《急就章》），"鹿"旁草书形体如[字]（"廡"字，见《草韵辨体》）。尤其是[字]字，若去掉草头下的短横，则作[字]，左上构件与"少"字无异。

"塵"的草书或作[字]（见明文征明《草堂诗》）、[字]（见明文征明《行书山静日长》）、[字]（见元赵孟頫《急就章》）、[字]（见《三希堂法帖·王守仁〈龙江留别诗〉》）、[字]（见《启功书法字汇》⑤）、[字]（见元赵孟頫《急就章》）、[字]（见明文征明《诗稿》）。[字]若去掉草头下的短横，则作[字]，左上构件亦与"少"字无异。

草头"艹"或断开作"卄"，如[字]（"花"字，见《邻苏园法帖·褚遂良》）、[字]（"花"字，见王羲之《兴福寺断碑》）。"少"行草书或作[字]（见唐张旭《古诗四帖》）、[字]（见欧阳通《道阴法师碑》）、[字]⑥，"塵"草书或作[字]（见王蘧常《草书急就章》）、[字]（见明宋克《急就章》）、[字]（见宋赵构《草书礼部韵宝》）、[字]（见明宋克《归田园居》），[字]写法与[字]尤其相似，只是草化的程度稍有轻重。

	"少"之行草书形体	草头"艹"或"卄"	"鹿"之行草书形体	"塵"之草书形体	少、土构成之俗体字
第1组	[草书形体]	[草书形体]	[草书形体]	[草书形体]	[草书形体]
第2组	[草书形体]	[草书形体]		[草书形体]	[草书形体]

三　妝—[字]

《古本小说集成》高丽刊本《九云梦》卷六："男子以女[字]瞒人者，必欠丈夫之气骨也。"

① 曾良：《明清小说俗字研究》，第 217 页。
② 黄征：《敦煌俗字典（第二版）》，上海教育出版社，2019 年，第 85 页。
③ 田其湜编：《六体书法大字典》，湖南人民出版社，2004 年，第 600 页。
④ 怡齐、沈乐平、王义骅编：《行书字典》，浙江古籍出版社，2005 年，第 256 页。
⑤ 秦永龙、倪文东主编：《启功书法字汇》，浙江古籍出版社，2002 年，第 310 页。
⑥ 陈斌主编：《楷书字典》，三秦出版社，2013 年，第 520 页。

〔图〕是"妆"之俗字，曾良先生云："〔图〕是'妆'的俗字，从米、从〔图〕，〔图〕即'尘'字。"①

按：〔图〕是'妆'之俗字，甚是。但为何从米从尘？颇为费解。我们认为这里的〔图〕不是"尘"字，当是"莊"之草书楷化字，只不过与从少从土之〔图〕偶然同形而已。〔图〕即"妆"之俗体"糚"之草书楷化字，"糚"或作"粧"，《集韵·阳韵》："妆，或作糚。"《俗书刊误·阳韵》："妆，俗作粧。"

"艹"头与"少"草书极其类似，故"艹"头草书楷化后可作"少"字，详参上条"麈"字之举例，兹再举数例。

（1）"莊"之草书或作〔图〕（见清赵之谦《正月所颁手书》）、〔图〕、〔图〕（均见宋郑清之《蔡行敕卷》）、〔图〕（见乾隆皇帝《离骚经》）、〔图〕（见清赵之谦《去腊蒙厚贶》）、〔图〕、〔图〕（均见《何绍基书法全集》）、〔图〕（见王蘧常《蘧草法帖》）、〔图〕（见清邓石如《四体书册之草书》）、〔图〕（见《启功书法字汇》）、〔图〕（见清王文治《化度寺碑》）、〔图〕（见《毛泽东书法字典》）②、〔图〕（见《草韵汇编》），这些草体上部的"艹"头与"少"常见的草书少基本无大的区别。

（2）"莊"有另外一种草体，或作〔图〕（见明董其昌《朱泗墓志铭》）、〔图〕（见苏轼《苏东坡书金刚经》）、〔图〕（见明王铎《弘文馆学士》）、〔图〕（见明邵宝《东庄杂咏诗卷》）、〔图〕（见《三希堂法帖·陈基书》）、〔图〕、〔图〕（均见明王铎《弘文馆学士》）、〔图〕（见《启功书法字汇》）、〔图〕③，这些草体上部的"艹"头与"少"另外一种草体少也无大区别。

以上"莊"之草体中的〔图〕、〔图〕、〔图〕、〔图〕、〔图〕等形体草化程度相对较高，草书楷化时很容易写成上少下土的〔图〕（尘）。草书楷化会减省掉一些可有可无的笔画，如果以上五种形体省掉个别笔画，稍作变化即可写作〔图〕、〔图〕、〔图〕、〔图〕、〔图〕，结体皆为上少下土，草书楷化时写作〔图〕（尘）也就不难理解了。

（3）"莊"之草书或作〔图〕、〔图〕，如草化程度高一些，有〔图〕、〔图〕、〔图〕等写法④，楷化后即"庄"字。陈光垚《简化汉字字体说明》："庄（莊），约定俗成的草书楷化字。"⑤易熙吾《简体字原》把"庄（莊）"列在"草书楷化"类⑥，《简化字溯源》："庄来源于草书。"⑦苏培成《汉字简化字与繁体字对照字典》："庄是草书楷化字。"⑧可资比参。

一个字有风格不同的草体，不同的草体楷化后会形成不同的草书楷化字，"莊"一般会楷化为今简化字"庄"，然而这只是"莊"草书楷化常见的一条路径。"庄""尘"都是"莊"之草书楷化字，可视为一字之异体，今通行"庄"字而已。

	"少"之行草书形体	"莊"之行草书形体	"莊"之草书楷化字体
第1组	〔图〕	〔图〕	〔图〕（尘）
第2组	〔图〕	〔图〕	
第3组		〔图〕	庄

① 曾良：《明清小说俗字研究》，第217页。
② 中央档案馆编：《毛泽东书法字典》，上海书店出版社，1993年，第276页。
③ 〔韩〕金荣华：《韩国俗字谱》，亚细亚文化社，1986年，第179页。
④ 洪钧陶编：《草字编》，文物出版社，1983年，第743页。
⑤ 陈光垚：《简化汉字字体说明》，中华书局，1956年，第23页。
⑥ 易熙吾编著：《简体字原》，中华书局，1955年，第20页。
⑦ 张书岩等编著：《简化字溯源》，第92页。
⑧ 苏培成编著：《汉字简化字与繁体字对照字典》，中信出版社，1992年，第268页。

四　隱—億

敦煌 S.2073《庐山远公话》："今拟访一名山，寻溪渡水，访道参僧，**億**钝于岩谷之边。"**億**为"隱"之俗字。黄征《敦煌俗字典》(第一版、第二版)在"涉上类化俗字"条举此例，云："'隱'字原卷作'亻'旁，即涉上'僧'字从'亻'旁而类化。"①

《敦煌变文集校注》"隱钝"条按语云："前一字(即**億**字)即'隱'之偏旁替代字。"②

按：以上观点可备一说，然非探本之论。"阝""亻"二旁在俗字系统中多相混，源自二旁草体相似，明代韩道亨《草诀百韵歌》"左阜贝丁反"即指此现象。"隱"的草书有作**隱**(见隋智永《草书千字文》)、**隱**(见元赵孟頫《六体千字文》)、**隱**(见鲜于枢《七绝六首》)等形体。"阝""亻"二旁相讹很普遍，"陟"俗作"徏"(见《集韵·职韵》)；"陷"俗作"偁"(见高丽本《龙龛手镜·人部》)。敦煌文献中例证更夥，"陳"作**陈**、"陸"作**陆**、"鄰"作**邻**、"階"作**阶**、"除"作**除**、"倦"作**港**③，例多不备举，这些都不能用类化或偏旁替代解释。

五　壇—坛、坅

清刊本《云钟雁三闹太平庄全传》第二十七回："寻到一个去处，地名叫做雷峰坛。"

明刊本《天妃妈传》第十五回："受命登**坅**，呼风唤雨，地覆天翻。"

"坛""坅"皆"壇"之俗字，关于"坛"字之来源，有以下五种观点：

（一）曾良《明清小说俗字研究》："盖'壇'字俗写改从'玄'声，均是山摄字，音近；而后来进一步讹变为'坛'，不然从'云'声则音不类，无法在声音上得到解释。演变过程是：由'壇'俗写为'坅'，由'坅'讹变为'坛'。"④

（二）李学勤《字源》："'坛'既是'壇'的简化字，又是'罎(罈)'的简化字，从土，从云。所从之云既非意符，也非声符，只是一个记号。其来源可能是'罎(罈)'字声符'曇'的简体'昙'的省写，'壇''罎(罈)'同音，故'壇'也简化为'坛'。"⑤

（三）陈光垚《简化汉字字体说明》："右旁'云'字疑是'云'的变形，'二'是'亶'的头，'厶'代'亶'的主要部分。又因陶器'罎'的异体作'壜'，所以'坛'也兼代'罎'。"⑥

（四）张书岩《简化字溯源》："'坛'本是'壇'的简化字，由于'罎'的异体字'壜'也是土字旁，所以《简化字总表》将'罎'也简化为'坛'。"⑦

（五）李乐毅《简化字源》："'坛'字首先是从'壇'字的草书楷化而成的简化字。在金代的《草书韵会》和明代祝允明和谢肇淛等人的草书中，这个字的右偏旁已经作比较大的简化。在此基础上，进一步简化并楷化，就成了'坛'字了。"⑧

按：第一种说法疑问有三：

---

① 黄征：《敦煌俗字典(第一版)》，上海教育出版社，2005 年，"前言"第 20 页。《敦煌俗字典(第二版)》，"前言"第 24 页。
② 张涌泉、黄征校注：《敦煌变文校注》，中华书局，1997 年，第 270 页。
③ 见《敦煌俗字典(第二版)》相关字形。
④ 曾良：《明清小说俗字研究》，第 133 页。
⑤ 李学勤主编：《字源》，天津古籍出版社、辽宁人民出版社，2012 年，第 1194 页。
⑥ 陈光垚：《简化汉字字体说明》，第 34 页。
⑦ 张书岩等编著：《简化字溯源》，第 107 页。
⑧ 李乐毅：《简化字源》，华语教学出版社，1996 年，第 236 页。

首先,"壇"《广韵》属寒韵,《中原音韵》属寒山韵,拟音为[t'an]。① "玄"《广韵》属先韵,《中原音韵》属先天韵,拟音为[xiuen]。② "壇""玄"只是同摄,而摄是最大的音韵单位,二字只是韵尾相同。今读音相近,然元明时代读音差距甚大。

其次,无独有偶,"坛"不但是"壇"之俗体,也可作为"墰(罎)"之俗体。明臧懋循编《元曲选》本元尚仲贤《单鞭夺槊》第四折:"探子,无甚事,赏你一只羊,两坛酒,一个月不打差你,回营中去罢。"③这个"坛"字又是怎么来的呢? 若按照这种观点类推,当是"曇"旁改写为音近的"玄",但《中原音韵》"曇"是监咸韵,属于闭口韵,拟音为[t'am]④,与"玄"读音差距更大。

再次,"坛"未必就是"坛"的讹变。"壇"有坛、坛二俗体,"擅"亦有抎、抎二俗体⑤,若说"壇→坛→坛""擅→抎→抎",尚可勉强。然"檀"或作**栒**,清刊本《双凤奇缘》第七回:"昭君一见这琵琶,到是紫**栒**香木造成的。""檀"俗体未见从木、从玄者,那么**栒**这一俗体又是如何演变来的呢? 缺少中间环节。若说是类推,尚鲜确证。

第二种观点,孤立地看,似乎有一定道理。因为"墰(罎)→壜→坛、**鈤**"的演变路径毕竟在古籍中是客观存在的。如《龙龛手鉴·土部》:"坎、壜,二俗,墰正。"清刊本《云钟雁三闹太平庄全传》第三十六回:"狠争万马千军内,恶战龙**壜**虎穴中。"此借"壜"作"潭"。清刊本《五美缘全传》第四十一回:"不一时,买了整猪头,抬了两三**鈤**酒。"清刊本《海公大红袍全传》第三十六回:"除了两坛绍酒的价银,余者你二人拿去,买些衣物。"清刊本《潜龙马再兴七姑传》:"羊肉三斤,猪肉五斤,馒首五价,好酒一坛。"

"墰(罎)→壜→坛"演变当是构件自然减省所致,然"壇"受同音的"墰"影响也简化为"坛"则未必可信。因为"擅""檀"俗字或作"抎""**栒**","擅""檀"又是受谁的影响产生了这两个俗体呢? 若说是类推,亦鲜确证。

第三种观点对"云"旁来源的解释,臆测不足信。第三、四种观点都认为"坛"本是"壇"之简俗体,后来"墰(罎)"亦作"坛",与第二种观点恰好相反。

第五种草书楷化的说法可足取信,但尚需进一步的论证。

我们认为,俗字演变的路径是复杂的,机制也是多元的,存在着异源同流的现象。"墰(罎)"字遵循如下的演变路径:墰(罎)→**壜**→坛、**鈤**→坛,这个路径是通过简省构件和讹变形成的,作为"墰(罎)"俗体的"坛""坛"是"父子"关系。而"壇→坛、坛""擅→抎、抎""檀→**栒**"是通过草书楷化的方式形成的,云、玄俗体相近,草书基本不分,故草书楷化或作云,或作玄,故作为"壇"俗体的"坛""坛"乃"兄弟"关系。古籍语料呈现给我们的是相同的"流",然其"源"及产生路径和产生机制并不相同。

构件"亶"能否草书楷化为"云""玄"? 我们可以从类似构件的草化情况来比较互证。"回"作构件草书可作"**⌒**",如"圖"草书作**圐**(见元鲜于枢《草书千字文》),如果草化程度更高些,就会变成一横,如**圂**(见《人帖·文征明书》)。"日"作构件草书往往作两点或两点连成一笔,也会变成一横,如"者"作**耂**、**耂**、**耂**⑥;"香"作**秂**、**秂**⑦。

"亶"中的"回""日"构件基本符合这一草化规律。"壇"草书或作**坛**、**坛**⑧、**坛**(见明蔡羽《临解缙诗》)、**坛**(见敦煌 P.3408《兵贼侵扰》);"擅"作**擅**、**擅**⑨,或作**捙**(见宋赵构《草书礼部韵宝》)、**捙**(见

---

① 杨耐思:《中原音韵音系》,中国社会科学出版社,1981年,第126页。
② 杨耐思:《中原音韵音系》,第134页。
③ 臧懋循:《元曲选》,中华书局,1979年,第1186页。
④ 杨耐思:《中原音韵音系》,第181页。
⑤ 曾良、陈敏编著:《明清小说俗字典》,广陵书社,2018年,第538页。
⑥ 洪钧陶编:《草字编》,第1969页。
⑦ 洪钧陶编:《草字编》,第4058页。
⑧ 《草书大字典》,中国书店,1983年,第333页。
⑨ 〔日〕渡边隆男:《大书源》,二玄社,2007年,第1184页。

清郑板桥《草书怀素自叙》）；"檀"作 （见唐怀素《自叙帖》）①、（见明王铎《拟山园帖》）、（见日人空海《金刚般若经》）②。

结合以上"回""日"二构件草书时都可以变成一横的事实，"亶"偏旁的草书就可能写成 类的形状，其实 （见日人空海《金刚般若经》）字形已经比较接近。如"壇"字草书或作 ③，如果 进一步简省草化，则可作 （见明王铎《不近严州地》）、（见王铎《临得信帖》），右部跟"玄"的草书 、、 或"云"的草书 、、（"曇"字，见《淳化阁帖·王昙首书》）非常相似。

简言之，"坛、垲"的演变路径可概述为：壇→→→→、→坛、垲。

另有一些旁证，"亶""曾（曾）"二旁构件类似，"曾"草书或作 ④，跟"云"字颇似；"憎"草书或作 ⑤，右边构件亦类"云"。

"會"草书作 （见晋索靖《月仪帖》）、（见《淳化阁帖·张芝书》）、（见《三希堂法帖·桂彦良书》）、（见《因宜堂法帖·孙过庭书》）、（见《淳化阁帖·索靖书》）、（见日人空海《金刚般若经》）⑥，楷化后即今简化字"会"。

"層"草书或作 （见《草书韵会》）、（见王铎《野寺有思》），或作 （见《郁冈斋墨妙法帖·王羲之书》），今简化字作"层"，乃草书楷化字形。⑦

"嘗"草书或作 （见明文征明《行书千字文》）、（见唐孙过庭《书谱》），或作 、（见《三希堂法帖·康里巎巎书》）、（见《停云馆法帖·魏了翁书》）、（见《淳化阁帖·王献之书》）、（见明王铎《永嘉比复患帖》），今简化字作"尝"，亦草书楷化字形。可资比参。

	草书形体1	草书形体2	草书形体3	草书楷化字
云		（雲）（雲）	（曇）	云
玄				玄
壇				坛、垲
會				会
層				层
嘗				尝

六　燭—灼、炻；獨—猜、犸

在俗字系统中，"灼"另是"燭"之俗字，关于其来源，曾良先生解释到：

---

① 田其湜编：《六体书法大字典》，第1054页。

② 〔日〕渡边隆男：《大书源》，第1456页。

③ 〔日〕伊藤松涛编：《王铎书法字典》，中国青年出版社，1992年，第142页。

④ 陈斌主编：《草书字典》，第419页。

⑤ 〔日〕渡边隆男：《大书源》，第1084页。

⑥ 〔日〕渡边隆男：《大书源》，第1337页。

⑦ 张书岩等编著：《简化字溯源》，第94页。陈光垚：《简化汉字字体说明》，第50页。

“燭”俗写为“灼”是可以解释的，如“觸”或作；……“獨”或作；……“屬”或作。……故“燭”字由“焒”再省略为“灼”。①

按：“燭→焒→灼”的演变脉络，不一定就是简省而来，“虫”旁为何会简化为一点呢？不好解释。“燭→焒”当由草书楷化所致。一个字的草书字形可以有多种，其草化程度亦有高下之别。一个字的不同俗体可能是由其不同的草书字形楷化而来，虽然楷化后有时差别不大，但它们是“兄弟”关系，而非“父子”关系。

燭	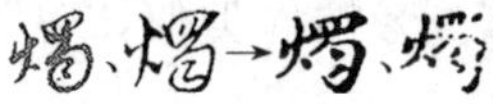
	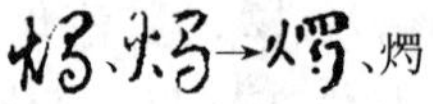
	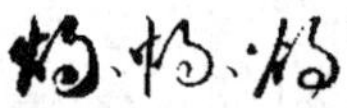③→灼

从上表可见，“灼”可能是由“燭”的草化程度比较高的第三类草书形体一步到位楷化而成的，“獨”草书作、、④，“觸”草书作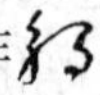⑤、⑥，都是草化程度高的草体，皆可比参。

“燭”俗字或作⑦，这个俗字也是草书楷化字。“屬”草书作、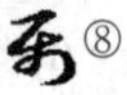⑧，“尸”对应草书构件，如“扁”草书作，“層”作。对应“屬”字“尸”构件之外的部分，主要是对应构件“蜀”，即“蜀”作构件时在某些字中可以草化为，而正是“市”的草体之一。“市”的草书或作（见元赵孟頫《真草千字文》）、（见隋智永《真草千字文》），或作、。⑨ 正是据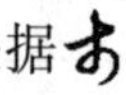楷化的结果。“獨”俗字或作⑩，机轴一也。宋本《玉篇·犬部》有“狏”字，谓“獨”之古文。不妥，该字不是“古文”，而是之讹变俗字。“弔”俗字作“吊”，草书作⑪，与“市”之草书几无别，故“市”“弔”互讹。

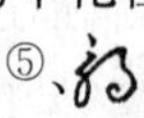

以上我们从草书楷化的角度对一些俗字的来源或演变脉络重新进行了解释或论证。本文的研究表明，草书楷化是俗字形成的一个重要途径，着眼于兹，一些简俗字的来源往往可以得到合理的解释；忽略了这一点，在俗字探源时容易出现一些疏失。草书楷化在俗字研究中应给予充分的重视，研究草书楷化字的形成和演变，对俗字探源及形成规律的总结都是有益的。

【参考文献】

[1] 吴澄渊，王岱珩编著.新编中国书法大字典[M].北京：世界图书出版公司，2001.

[2] 草书大字典[M].北京：中国书店，1983.

[3] 洪钧陶编.草字编[M].北京：文物出版社，1983.

① 曾良：《明清小说俗字研究》，第 83 页。
② 曾良、陈敏编著：《明清小说俗字典》，第 829 页。
③ 洪钧陶编：《草字编》，第 2524 页。
④ 洪钧陶编：《草字编》，第 1203 页。
⑤ 洪钧陶编：《草字编》，第 3663 页。
⑥《草书大字典》，第 1266 页。
⑦ 曾良、陈敏编著：《明清小说俗字典》，第 829 页。
⑧ 洪钧陶编：《草字编》，第 1793 页。
⑨ 洪钧陶编：《草字编》，第 430 页。
⑩ 曾良、陈敏编著：《明清小说俗字典》，第 143 页。
⑪ 洪钧陶编：《草字编》，第 966 页。

［4］ 臧克和主编.汉魏六朝隋唐五代字形表［M］.广州：南方日报出版社,2011.

［5］ 毛远明.汉魏六朝碑刻异体字典［M］.北京：中华书局,2014.

［6］ 韩小荆.《可洪音义》研究［M］.成都：巴蜀书社,2009.

［7］ 秦公、刘大新.广碑别字［M］.北京：国际文化出版公司,1995.

［8］ 曾良、陈敏编著.明清小说俗字典［M］.扬州：广陵书社,2018.

［9］ 曾良.俗字及古籍文字通例研究［M］.南昌：百花洲文艺出版社,2006.

［10］ 张涌泉.汉语俗字研究［M］.北京：商务印书馆,2010.

Question about the Explanations to the Origins of Folk Characters and the Value of Cursive Script in Research on Folk Characters

Niu Shangpeng

(Chinese Department of Tianjin Foreign Studies University, Tianjin 300270)

Abstract：Cursive script turn into regular script is an important way to form difficult characters, especially simplified characters, which plays an important role in the study of difficult characters. It is helpful to correctly explain the origin of vulgar words, to provide new ideas for exploring the origin of it, and to clarify the trace of the development. Some explanations of it is quite negligent. The problem lies in the insufficient attention paid to this phenomenon. This paper reinterprets and demonstrates the origin of these characters and holds that they are all formed by cursive script.

Key words：folk characters; Cursive script; Component; simplified character

大理国写本佛经文献《护国司南抄》疑难字考

杨春艳

【摘　要】《护国司南抄》是大理地区出土的珍贵写本佛经文献,为我们研究唐宋时代的文字、宗教、历史、文化等提供了不可多得的史料。本文针对其唯一的整理本选取了 7 个误释字作考释,认为"告罪"当作"吉罗","百"当作"恶","英"当作"荚","四"当作"衆","坏"当作"衰","加"当作"如"。

【关键词】写本佛经;《护国司南抄》;疑难字;考释

【作者简介】杨春艳,女,华东师范大学中国文字研究与应用中心博士研究生,丽江师范高等专科学校讲师,研究方向为汉字发展史,出土文献整理与研究。(上海 200241;云南 丽江 674199)

大理国写本佛经文献《护国司南抄》于 1956 年由费孝通先生带领的云南少数民族社会历史调查组在大理市凤仪镇北汤天村法藏寺的金銮宝刹内发现。它是大理国写经文献中最早的且有写定时间的一卷,纂集者为沙门玄鉴,纂集于安国圣治六载甲寅年,现存写本由释道常抄于保安八年,即公元 1052 年。现存《护国司南抄》写本一卷已断为三部分,首尾两段藏于云南省图书馆,中间一段藏于云南省社会科学院图书馆。因文物之珍贵,得见真物者不多,2008 年出版的《大理丛书·大藏经篇》影印了缀合完整的写本原件,为研究者提供了便利。

《护国司南抄》是大理国写经文献中为数不多的有写定年代的写本,无论从经卷内容上还是从文字书写上看都具有极高的研究价值。从内容上看,它为注疏良贲的《仁王般若波罗蜜多经疏》的文字,大量引述了汉地佛教经典及儒道两家要籍;从书写上看,《护国司南抄》正文用楷书,注疏用行草书,其书写洒脱恣意,颇有晋人笔意。但因其文字多为行草书写且有大量唐宋时代的异体俗字,释读难度大,所以业界对其研究尚不深,目前其唯一整理本辑录于《藏外佛教文献》第七辑,此整理本具有开创之功,为研究者提供了极大的便利,但如整理者所说:"由于现存的《护国司南抄》用行草乃至略书写就,且有不少字为抄者自造,颇不易识读……故整理者虽数次抄录辨识,但仍有一些字未能识别,有些字的辨认亦无十分把握。"①故本文择取了 7 个疑似误释的字加以考释,以期为该写本的进一步整理和研究提供参考。

一　吉罗②

一者佛意不度女人,由汝请开,以是正法衰五百年,汝应须 ![吉罗] 忏悔。(1-71③)

迦叶复言:正使水浊,佛有神力,能令大海水浊还清,汝何不取? 是汝之罪,应 ![吉罗] 忏悔。(1-72)

护度女人、不汲水、开修神足、足迹袈裟、以阴藏示诸女人五过,应须 ![吉罗] 忏悔。(1-72)

---

① 方广锠主编:《藏外佛教文献》第七辑,宗教文化出版社,2000 年,第 69 页。

② 为方便讨论字形,文中所涉及的考释文字均使用繁体,下同。

③ 文中《护国司南抄》中文字字形图片均来自大理白族自治州白族文化研究所编:《大理丛书·大藏经篇》,民族出版社,2008 年。"—"前的数字表卷数,"—"后的数字表页码。下皆同。

"吉罗""吉罗""吉罗"整理本释读为"告罪"（《藏外七》p107①），当为"吉罗"，释读为"告罪"看似文意通顺，但通过审辨字形和查检文献皆可证其是错误的。

审视字形，"吉""吉"是"吉"的俗写，"士"和"土"形近而混，唐代写本中"吉"字作此字形常见，如"吉"（P.4660-10《康使君赞》），"吉"（P.4660-7《令狐公赞》）②。"吉"是草书，"吉"的草书王羲之《虞安帖》作"吉"③，智永《真草千字文》作"吉"④，鲜于枢作"吉"⑤。比较可见以上"吉"字与"吉"构形基本一致，唯运笔颇有差异。因字形相似，"吉"与"告"有相混的可能，如晋王坦之《谢郎帖》"告"写作"吉"⑥，但写本中"吉"和"告"字形是明显不混的，"告"字写本作"王复赏吉令"（1-36）"命，吉也。"（1-54）"迦叶告言。"（1-54）等，"吉"字写本作"此云妙吉祥。"（1-39）"多出胜上吉祥茅草。"（1-68）等，"告"字起笔之"撇"清晰可辨，所以"吉""吉""吉"当为"吉"。

"罗""罗""罗"为同一个字是为"罗"字，同时代俗字异体草书中均不见此字形，应当为此写本中特有的书写风格。写本注解文字中"罗"字皆草写简化，上部构件"罒"草写省略末笔横，下部构件"维"省简作三画，起笔竖画和上部构件末笔的竖画相连，写本中唯"罗"这一字形为中间竖画与上部构件末笔相连，其余用例如"余家释修罗女最妖娆（1-55）。""千摩醯首罗（1-78）。""毗富罗山（1-54）。""修罗欢喜（1-26）。""城名矩奢揭罗（1-68）。""既得罗汉至石室门（1-72）。"等，因手书原因各字书写时下部笔势笔画略有区别，但都为"罗"字。敦煌写经中"罗"字有一字形作"罗"（S.1776《显德五年十一月十三日某寺判官与法律尼戒性等一伴交历》）⑦，此字形下部"维"也简省为三画，简省规则与写本中的草写"罗"相似，可资比勘。此外写本中"罪"与"罗"字形区别明显，"罪"字出现两处用例："是汝之罪（罪）（1-72），应吉罗忏悔。""罪（罪）于金刚山顶，毒气发火。（1-41）"，"罪"字下部构件为"非"，与"罗"区别，所以"罗""罗""罗"为罗无疑。

"吉罗"误释的另一个原因是对佛教戒律用语"吉罗"一词有所忽略。"吉罗"为"突吉罗"的省称，"突吉罗"是佛教戒律术语，是音译词，亦名"吉罗"，在所有犯戒种类中，突吉罗是属于罪行最轻的一类。慧琳《一切经音义》："突吉罗，梵语，小罪也。"（T54p608a6⑧）《涅盘经疏三德指归》卷十："经小罪谓吉罗也。"（X37p480a19）在各种佛经传世文献中"吉罗"的用例也较常见，如《梵网经菩萨戒本疏》卷二："七盗畜物者。多论云。一切鸟兽食残取者得吉罗罪。"（T40p617b27-28）又如《往生西方净土瑞应传》卷一："僧法智住在天台。念佛为业。性多麤率。不拘律仪。人每谓曰。犯吉罗罪。九百岁入地狱。"（T51p106b2-3）佛教戒律认为犯了突吉罗罪就应当忏悔，称为"突吉罗忏悔"。此段文字是对良贲《仁王护国般若波罗蜜多经疏》中"阿难结集"的疏释，描述阿难犯了"突吉罗罪"，注疏文字见于佛经诸种，如《大智度论》卷二："大迦叶言：'佛意不欲听女人出家，汝殷懃劝请，佛听为道；以是故，佛之正法五百岁而衰微，是汝突吉罗罪！'"（T25p68a14-19）"罪"字【圣】【石】本作"忏悔"，虽文字不是字字对应，但从文意看，写本中"吉罗（1-71）"忏悔对应"突吉罗罪（忏悔）【圣】【石】本"。《大乘法苑义林章》卷二：迦叶复言。正使水浊，佛有神力。能令大海浊水还清。汝何不取。是汝之罪。应作突吉罗忏悔。"（T45p269b7-9）写本中"吉罗忏悔（1-72）"对应"突吉罗忏悔"。"护度女人、不汲水、开修神足、足迹裂裟、以阴藏示诸女人"在大迦叶尊者看来是五种过错，须突吉罗忏悔。所以"吉罗"也应

① 《藏外七》表示《藏外佛教文献》第七辑，P表示页码，下皆同。
② 此二字形均引自华东师范大学中国文字研究与应用中心"中国文字智能检索网络数据库"之"唐代写本文字数据库"。
③ 王婧编著：《中国草书大字典》，中州古籍出版社，2015年，第86页。
④ 中华书局编辑部编：《中国古代书法名家名碑名本05智永真草千字文》，中华书局，2017年，第56页。
⑤ 洪钧陶编：《草字编新编》，文物出版社，2006年，第194页。
⑥ 孙宝文编：《淳化阁帖（肃府本）》，上海辞书出版社，2012年，第132页。
⑦ 黄征：《敦煌俗字典》，上海教育出版社，2005年，第260页。
⑧ T表示《大藏经》，其后数字表示册数，P表示页码，a表示上栏，b表示中栏，c表示下栏。下皆同，参见CEBTA电子佛典。

当释读为"吉罗"。

二 恶

初时者,为佛涅盘,大地六种震动,江河倒流,暴风卒起,[图]兽哮吼命尽,诸天人神号咷悲泣哽咽,法大圣人亦皆灭度。(1-66)

"[图]"字整理本释读为"百"(《藏外七》p104),当为"恶"。从字形上看"[图]"和"百"字形相去甚远。"[图]"为行草书写,字形下部构件"心"字笔画简省连写。近似的草书字形有"[图]"(南宋·朱熹:《翰文稿》)①。"恶"为"恶"的俗字。《说文·心部》:"恶,过也,从心亞声。"篆书形体作"[图]",隶定后出现异体:恶、恶、悪,"恶"字是在南北朝时期开始就比较常见的俗体,在隋唐时代也比较常用,《干禄字书》:"恶、恶,并上俗下正。"②敦煌写本文献中也有此写法,如[图](P.4660-23《宋律伯赞》)、[图](S.236《礼忏文》)、[图](S.328《伍子胥变文》)③。《护国司南抄》中"恶"字用例很多,如"行道者少,[图]人将盛。"(1-54)"汝已[图]道经多劫。"(1-81)"麁[图],谓[图]口也。"(1-81)。"百"字在写本中常写为"[图]",如"王舍城二[图]。"(1-67)"化作[图]亿释迦故。"(1-43)。通过比勘字形,"[图]"当为"恶"。

该段文字是解释佛涅盘时出现的六种震动,佛经文献中相关记载很多。如《大智度论》卷二:"佛入涅盘时,地六种动,诸河反流,疾风暴发,黑云四起,恶雷掣电,雹雨骤堕,处处星流,师子恶兽哮吼唤呼,诸天、世人皆大号咷。"(T25p67a13-16)又如《维摩疏释前小序抄》卷一:"又经二十七年。昭王崩。穆王立。即位五十二年壬申之岁。地六振动。诸河返流。黑云四起。恶兽哮吼。"(T85p435a7-11)再如《四分律开宗记》卷一:"佛入涅盘。地六振动。诸河返流。疾风暴发。黑云四起。恶雷掣电。雹雨骤堕。处处星流。师子恶兽。哮吼呼唤。诸天女人。皆大号咷。"(X42p336a13-16),文中"[图]兽"对应的文字均为"恶兽"。所以"[图]"当释读为"恶"。

三 荚

有草生阶,以月初一日生一叶,至十六日落一叶,至三十日尽。若月小则一叶厌而不落,名蓂[图],尧观之以知旬朔。(1-25)

"[图]"整理本释读为"英"(《藏外七》p81-82),当为"荚"。"英"与"荚"字形相似而易混。《说文·艸部》:"荚,艸实。从艸夹声。""荚"今简体作"荚"。辽《龙龛手鉴》:"荚通,荚正。蓂荚、皂荚、榆荚也。"④"荚"为"荚"的异体俗字,在唐宋时代写本中常作此形,如"[图]"(S.76《食疗本草》)⑤、"[图]"(S.610《启颜录》)⑥,从字形上看与"英"相似难辨。"[图]"字上部近楷体,下部为草书。"荚"的草书赵构作"[图]"⑦,"英"的草书孙过庭《书谱》作"[图]"⑧,智永《真草千字文》作"[图]"⑨,赵孟頫《真草千字文》作"[图]"⑩。可见二字草书也易混。"[图]"字下部构件草写,笔画省简且较为模糊,致使整个字形像楷写

---

① 辽宁省博物馆编:《宋朱熹书翰文稿》,文物出版社,1962年,第9页。

② 颜元孙:《干禄字书》,中华书局,1985年,第39页。

③ 引自华东师范大学中国文字研究与应用中心"中国文字智能检索网络数据库"之"唐代写本文字数据库"。

④ 释行均:《龙龛手鉴》,中华书局,1991年,第280页。

⑤ 引自华东师范大学中国文字研究与应用中心"中国文字智能检索网络数据库"之"唐代写本文字数据库"。

⑥ 黄征:《敦煌俗字典》,第182页。

⑦ 洪钧陶编:《草字编新编》,第223页。

⑧ 台北"故宫博物院":《故宫法书新编二 孙过庭书谱》,台北"故宫博物院",2010年,第34页。

⑨ 中华书局编辑部:《中国古代书法名家名碑名本 05 智永真草千字文》,第32页。

⑩ 洪钧陶编:《草字编新编》,第222页。

的"英"字，故造成了误释。

"蓂荚"是一种植物，"蒮英"不辞。《宋本玉篇》："蓂，蓂荚也，历得其分度，则蓂荚生于阶，月一日一荚生，十六日一荚落。"[1]蓂荚是古代传说中的一种瑞草，可知日月。典籍中关于"蓂荚"的记载很多，写本中此段文字引自《帝王略论》，是对良贲《仁王护国般若波罗蜜多经疏》中"重昌尧化"的注疏。"《帝王略论》云：陶唐氏名放勋……若月小则一叶厌而不落，名蓂荚，尧观之以知旬朔。又生莆于厨，其形如莲，名莆莲，署月厨内常凉。"(1-25)该文段描述帝尧庭中有两种草：一种是"蓂荚"，一种是莆莲，两种皆是瑞草，蓂荚可知时间，莆莲可供清凉。佛经文献中"蓂荚"的用例有很多，例如《广弘明集》卷十四："由将卫之有术。贵贱自然而殊。苦乐偶其所遇。譬诸草木区以别矣。若蓂荚之表祥瑞。连理之应休明。名载于竹帛状图于丹青。此则草木之贵者也。"(T52p192c19-23)慧琳《一切经音义》："蓂荚，《白虎通》云：'日历得其分度，则蓂荚生于庭，从月一日日生一叶至十六日日落一叶以象月圆也。尧时生于庭以为瑞草，《说文》并从草冥夹皆声也。'"(T54p902c10-11)所以从词义和文意看"蓂荚"当为"蓂荚"。

四　衆

于此世界尽见彼土六趣衆生，又见彼土现在诸佛，得闻诸佛所说经法。(1-57)

"衆"字整理本释读为"四"(《藏外七》p99)有误，当释读为"衆"。此字形为"衆"的略写，书写时省略了"衆"字下部笔画而成。大理国写经文献中存在略写现象，注疏文字用行草，注疏的注疏文字就会用略写符号。"大理国时代的写经，亦大致保留了南诏时期抄经的习尚，即经论用正书，注疏用草书。本文献或者因其为注疏之注疏，或者因其乃抄备个人使用，故用更加简便的草书乃至自创的略书写成。"[2]诚如整理者所言，在大理国写经中存在略写符号字，比较常见的如："护国"略写为"户口"，"金刚"略写为"金刂"，"波罗蜜"略写为"皮罗宀"等。《护国司南抄》中略写现象不多，但也存在，如"国"字在多处写为"口"，字形如"口王奉持"(1-10)，"护口之法"(1-46)，"五千口王"(1-58)等，是为省略了内部构件的略写字。"衆"字在《护国司南抄》中字形基本都写作"衆"，"衆"仅此一例，但绝非笔误。同时代的大理国写本《仁王护国般若波罗密多经疏》中"衆"字的略写多见于其浮签中的注疏文字，字形作"衆(衆)弟子"(1-215)，"大衆(衆)散花"[3]，"似一切衆(衆)生"[4]三形，皆省略了下部构件。此外《护国司南抄》中"衆"字和"四"字很多，"衆"字书写为"衆"(1-73)、"衆"(1-70)、"衆"等(1-43)，"四"字书写为"四"(1-72)、"四"(1-65)、"四"(1-44)等，从字形看，"四"字绝无起笔为"撇"的字形，所以此字不当释读为"四"。

此段文字是对良贲《仁王护国般若波罗蜜多经疏》中"或眉间流照表亦一乘"的注疏。文字引自《法华经》，《妙法莲华经》卷一："尔时佛放眉间白毫相光，照东方万八千世界，靡不周遍，下至阿鼻地狱，上至阿迦尼咤天。于此世界，尽见彼土六趣衆生，又见彼土现在诸佛，及闻诸佛所说经法。"(T09p2b16-20)对比该段文字，"衆"对应的是"衆"，当为"衆"。

五　衰

一者佛意不度女人，由汝请开，以是正法衰五百年，汝应须吉罗忏悔。(1-71)

---

① 顾野王：《宋本玉篇》，北京中国书店，1983年，第247页。
② 方广锠主编：《藏外佛教文献》第七辑，第69页。
③ 字形图片引自"云南古籍数字图书馆"在线书库之宋代文献《仁王护国般若波罗蜜多经》。
④ 字形图片引自"云南古籍数字图书馆"在线书库之宋代文献《仁王护国般若波罗蜜多经》。

"衰"字,整理本释读为"壞"(《藏外七》p107),当为"衰"。"衰"为草书。"衰"的草书王羲之作"衰、衰"、孙过庭作"衰",宋高宗作"衰"。① 从字形看,此字中间笔画稍显模糊,但是细审之,其运笔和连笔等特征与其他草书字形皆似,当是"衰"字。"壞"字草书及俗字异体中均不见有与"衰"相似的字形,写本见"壞"字一例字形作"壞"(1-49),字形与"衰"迥然有别。所以"衰"当为"衰"。

此段文字是对良贲《仁王护国般若波罗蜜多经疏》中"阿难结集"的疏释,讲阿难请佛开度女人,犯了吉罗罪。佛陀起先建立佛教时是不允许女性出家的,《四分律删繁补阙行事钞》卷三记载:"佛初不度女人。出家为灭正法五百年。后为说八敬听出家。依教行故还得千年。"(T40p154c9-11)佛祖不让女性出家是因佛祖预见女性出家会让正法减少五百年。写本原文引自《大乘法苑义林章》,《大乘法苑义林章》卷二:"一者佛意不欲女人出家。汝遂殷懃请佛开许。以是正法衰五百岁。汝今应作突吉罗忏悔。"(T45p269a27-b1)"以是正法衰五百岁"一句文字一一对应,所以不论从字形、文意还是引文看,"衰"当释读为"衰"无疑。

六 如

修行之人若遇此经,即知成佛久近。如持明镜,心中明白也。(1-40)

"如"字整理本释读为"加"(《藏外七》7p89),当释读为"如"。"如"是草书,"如"的草书晋王羲之《如常帖》作"如"②,隋智永作"如"③,唐孙过庭作"如"④,草书《法华经玄赞》中作"如"⑤,此字与《草书法华经》中的字形最为相似,从笔势和轮廓看,皆可辨"如"即为"如"字。原写本中如字多见,如"如"(1-40)、"如"(1-41)、"如"(1-43)、"如"(1-52)。"加"字与"如"字右旁皆从"口"但草书字形是容易区别的,"加"字晋王羲之《七十帖》作"加"⑥,唐孙过庭《书谱》作"加"⑦,草书《法华经玄赞》作"加"⑧,草书"加"字左边构件"力"字清晰,右边的"口"都连笔略写,但笔势也有区别。原本中"加"的字形如:"资粮加行也,资粮是外凡,加行事内凡故。"(1-8)"勤加精进。"(1-75)没有和"如"字相混的,由字形看"如"当释读为"如"。

从文意看,释读为"如"也是对的。此段说若修行之人遇到《仁王经》,那成佛是迟早的事,就如心有明镜一样。此字的误释是草书的释读错误造成的。《护国司南抄》的释读难点就在于其注疏文字用行草书,行草书本来就难以释读,再加之个人书写风格等原因,使得部分草书字体难以辨识,但是通过综合运用字形分析比对,文献查找,文义疏通等方法,疑难字基本上都能够准确识读。

附记:本文蒙导师臧克和教授及潘玉坤教授审阅指正,谨致谢忱!

【参考文献】

[1] 大理白族自治州白族文化研究所编.大理丛书·大藏经篇(第一卷)[M].北京:民族出版社,2008年.
[2] 方广锠主编.藏外佛教文献(第七辑)[M].北京:宗教文化出版社,2000年.

---

① 洪钧陶编:《草字编新编》,第135页。
② 孙宝文编:《淳化阁帖(肃府本)》,第377页。
③ 洪钧陶编:《草字编新编》,第622页。
④ 台北"故宫博物院":《故宫法书新编二 孙过庭书谱》,第23页。
⑤ 字形图片引自北京故宫博物院网站藏品法书下唐人草书之《法华经玄赞》。
⑥ 孙宝文编:《淳化阁帖(肃府本)》,第361页。
⑦ 台北"故宫博物院":《故宫法书新编二 孙过庭书谱》,第21页。
⑧ 字形图片引自北京故宫博物院网站藏品法书下唐人草书之《法华经玄赞》。

［3］ 中华书局编辑部编.中国古代书法名家名碑名本 05 智永真草千字文［M］.北京：中华书局,2017 年.

［4］ 臧克和主编.汉魏六朝隋唐五代字形表［M］.广州：南方日报出版社,2011 年.

［5］ 黄征.敦煌俗字典［M］.上海：上海教育出版社,2005 年.

［6］ 颜元孙.干禄字书［M］.北京：中华书局,1985 年.

［7］ 释行均.龙龛手鉴［M］.北京：中华书局,1991 年.

［8］ 洪钧陶编.草字编新编［M］.北京：文物出版社,2006 年.

［9］ 顾野王.宋本玉篇［M］.北京：北京市中国书店,1983 年.

［10］ 台北"故宫博物院".故宫书法新编二 孙过庭书谱［M］.台北："故宫博物院",2010 年.

［11］ 孙宝文编.淳化阁帖(肃府本)［M］.上海：上海辞书出版社,2012 年.

Research on the Difficult Characters in *Huguo Sinan Chao*《护国司南抄》 in the Volumes of Manuscript Sutas of Dali Kingdom

Yang Chunyan

(Center for the Study and Application of Chinese Characters, East China Normal University, Shanghai 200241; College of Literature and Media, Lijiang Normal College, Lijiang 674199)

Abstract：*Huguo Sinan Chao*《护国司南抄》 is a precious Buddhist scripture document unearthed in the Dali area, which provides rare historical materials for us to study the characters, religion, history, culture and so on in the Tang and Song dynasties. For the only collated copy, seven misinterpreted characters are selected for verification.

Key words：manuscript sutras; *Huguo Sinan Chao*《护国司南抄》; difficult characters; explanation

再论汉字的性质

苏培成

【摘　要】裘锡圭先生对汉字性质的论述存在一些疏漏。其关于文字性质和构造的理论只适用于汉字,忽视了拼音文字。其观点存在前后矛盾之处。我们认为吕叔湘先生的意见是对汉字的性质问题的全面论述,广大学者应回到吕叔湘先生关于文字性质的表述上去。

【关键词】汉字;文字;性质;字符
【作者简介】苏培成,北京大学中文系教授,中国语文现代化学会名誉会长,研究方向为语文现代化、现代汉字。(北京 100871)

1996 年,我在开始撰写《二十世纪的现代汉字研究》时,遇到的第一个问题是汉字的性质,当时我读了索绪尔、布龙菲尔德、赵元任、吕叔湘等的意见之后,确立了我的基本看法,就是认为汉字是语素文字。之后,我又写过几篇研究汉字性质的文章,批评裘锡圭先生反对汉字是语素文字的意见,但是我总感觉似乎没有抓住裘先生的要害,文章不够充实有力。直到 2021 年在《中国文字研究(第三十四辑)》发表《汉字的性质和优点》,我觉得才摸到裘先生的主张的要害,可是文章写得过分精要,未能展开论述。文章发表后,我问过几位年轻的学者意见,他们感觉不了解背景,很难懂,不吸引人。为了充分发挥文章的要义,于是我感觉有写《再论汉字的性质》的必要,要通俗化,要把问题尽量说透。

关于汉字的性质问题,我认为有必要重温吕叔湘先生的教导。吕先生说:"世界上的文字,它的形式是多种多样的,但是按照一定的原则来分类,也就是按照文字代表语言的方式来分类,可以分成三类。一类是音素文字,一个字母代表一个音素(又叫做音位)。英语、法语等等所用的拉丁字母(罗马字母),俄语、保加利亚语所用的斯拉夫字母,都是音素字母。第二类是音节文字,一个字母代表一个音节,就是辅音和元音的结合体。日语的字母(假名)、阿拉伯语的字母,都属于这一类。音素文字和音节文字都是拼音文字,拼音文字的字原则上都是没有意义的,有意义是偶然的例外。第三类文字是语素文字,它的单位是字,不是字母,字是有意义的。汉字是这种文字的代表,也是唯一的代表。汉字以外的文字都只是形和音的结合,只有汉字是形、音、义三结合。"(《汉语文的特点和当前的语文问题》,《吕叔湘全集》第 11 卷,辽宁教育出版社,2002 年,第 201 页)我认为吕先生的意见是对汉字的性质问题全面的论述,有了吕先生的文章,汉字的性质问题已经解决。可是我们有些汉字学家不接受吕先生的意见,而是坚持自己的意见,坚持那些早已被驳倒的理论,使得汉字的性质问题变得十分复杂。当前那些坚持己见的学者,应该认真学习吕先生的文章,认识真理,修正错误,克服分歧,奋起直追,为语言文字事业再立新功。

裘锡圭先生论述汉字的性质的理论有一些漏洞,例如,他说:"各种文字的字符,大体上可以归纳成三大类,即意符、音符和记号。"(《文字学概要》,商务印书馆,2013 年,第 10 页)按照裘先生的说法,世界上一切文字都有自己的内部结构,都由这三种字符构成的。我们认为说汉字是由意符、音符和记号构成的是正确的,可是如果说拼音文字也是这样构成的就不正确,因为拼音文字的最小单位是字母,字母没有自己的内部结构,不是由字符构成的。裘先生说的这句话有问题,因为拼音文字的字符就不能归纳成这三大类。例如英文就只有音符,没有意符和记号。不发音的字母不是记号,如英文的 light 的 gh 和汉字的记号不一样,不属于记号。英文字母可以分为表音和不表音两大类,而不是三大类。而汉字必须分为三大类，不能只分为表音和不表音两大类。为什么是这样？因为英文和汉字的性质不一样。裘先生的说法以偏概全。建立在这样基础上的理论自然不能成立。再者，拼音文字没有汉字那样的自己的内部结构，如象形、会意、形声等。汉字和英文不一样，二者的区别不能泯灭。如英文的 flower，由于古今语音的演变，字母不能直接反映拼音，字母表示的实际拼音有变化，flower 无法分出意符、音符与记号。

在研究汉字的性质时，裘先生提出了两个层次符号的理论。他说："文字是语言的符号。作为语言的符号的文字，跟文字本身所使用的符号是不同层次上的东西。例如汉字'花'是汉语里花草之{花}这个词的符号，'艹'（草字头，原作'屮'，即古草字）和'化'则是'花'这个字所使用的符号（'花'是一个形声字，'艹'是形旁，'化'是声旁）。"（《文字学概要》，2013 年，第 9 页）这个理论只适用于汉字，与研究文字的性质没有直接关系。

吕叔湘先生把世界文字分为三大类，即音素文字、音节文字、语素文字，音素文字和音节文字都是拼音文字。如果把它们合成一类，世界文字就是只有两大类。而裘先生认为世界文字只有一大类，就是汉字那样的文字。裘先生不赞成汉字是语素文字的理论。他说："像这样撇开字符的性质，仅仅根据文字书写的基本单位所代表的语言成分的性质，来给文字体系定名，也是不妥当的（这里所说的文字书写的基本单位，就是一般所说的字。汉字的笔画可以称为用笔的基本单位）。英文是以词为书写的基本单位的，大家不是并没有把它看作表词文字，而是把它看作音素文字的吗？"（《文字学概要》，2013 年，第 16 页）裘先生反对吕先生等把英文看成是音素文字的，裘先生在这段话里却同意把英文看成是"音素文字"，自己和自己闹矛盾，这应该是裘先生关于汉字性质理论的一大疏漏。

世界上的文字如果把音素文字和音节文字合并为拼音文字，那么世界上的文字就是只有表音和表意两大类。裘先生只承认世界上有种汉字式的文字，这种文字汉字有意符、音符和记号三种字符，而文字有两个层次的符号，而且这两个特点是遍布世界各种文字都具备的。遇到非承认世界上还有拼音文字不可时就左支右绌，无法应付。解决这个矛盾的办法就是回到吕叔湘先生关于文字性质的表述上去。

布龙菲尔德说："文字并不是语言，而只是利用看得见的符号来记录语言的一种方法。"（《语言论》，商务印书馆，1980 年，第 22 页）文字记录语言有多种方法，根据语言的特点不同而选择应用。世界上的文字多数是拼音文字，而语素文字是以汉字为代表，也是唯一的代表。中国的文字学家的眼中不能只有汉字，而看不见广泛存在的拼音文字。脱离了拼音文字的汪洋大海，汉字也无法生存、发展。裘先生说："各种文字的字符，大体上可以归纳成三大类，即意符、音符和记号。"吕叔湘先生说："拼音文字的字母原则上都是没有意义的，有意义是偶然的例外。"我们相信吕先生的意见。请问英文的 flower，如何区分意符、音符和记号？无法区分。因为英文和汉字的性质不同，裘先生的理论只适用于汉字。中国的汉字学家，可谓眼里只有汉字，完全没有拼音文字，所提出的文字构造理论，完全不适用于拼音文字。

吕先生的意见为什么得不到贯彻呢？裘先生在《文字学概要》1988 年版里说："英文里几乎每个字都代表一个词，大家不是并没有把它看作表词文字，而是把它看作音素文字的吗？"（商务印书馆，1988 年，第 17 页）到了 2013 年版里修订为："英文是以词为书写的基本单位的，大家不是并没有把它看作表词文字，而是把它看作音素文字的吗？"（商务印书馆，2013 年，第 16 页）裘先生为什么把"英文里几乎每个字都代表一个词"里的"每个字"改为"以词为书写的基本单位"，因为把英文里每个词条说成"每个字"，完全不合汉语的习惯。在吕先生的文章里，不但语素文字的汉字有地位，就是音素文字和音节文字也都有它们的地位，可以说，世界上绝大多数的文字都各得其所。而在裘先生和同意裘先生观点的文章里，只有同时具有意、音符和记号的汉字有地位，不同时具有三种字符的拼音文字没有地位，具有两层符号的汉字有地位，而只有一个层次的拼音文字没有地位。他们不认同吕先生的意见，因为他们缺乏世界的眼光。这是汉字学中目前亟待改变的一个大问题。

A Rediscussion of the Nature of Chinese Characters

Su Peicheng

(Department of Chinese Language and Literature, Peking University, Beijing 100871)

Abstract: There are some omissions in Mr. Qiu Xigui's theory on the nature of Chinese characters. His theory about the character and structure of characters only applies to Chinese characters, ignoring pinyin characters. There are inconsistencies in his theory. We think that Mr. Lu Shuxiang's opinion is a comprehensive discussion on the nature of Chinese characters, scholars should return to Mr. Lu Shuxiang's expression on the nature of characters.

Key words: Chinese characters; script; nature; graphic symbols

黄季刚"变易一字重文"阐微[*]

——兼谈《说文》重文界定标准

韩 琳 孙 颖

【摘 要】黄季刚界定"变易"条例为"一字重文"。"一字"指一语,音义相雠,"重文"谓改易殊体,指为同一个词造的不同的文字形体。长期以来,为同一个词所造的音义完全相同的不同文字形体被称为异体。异体、重文和变易等同吗?本文结合黄季刚变易理论和《说文》重文进行考察,指出"变易一字重文"是从训诂学角度提出的异体字概念,是汉语汉方言发展变化的真实反映。在此基础上,对《说文》重文的性质和界定标准提出新的看法。

【关键词】黄季刚;变易;重文

【作者简介】韩琳,女,中央民族大学文学院教授,博士生导师,北京师范大学文学院博士,研究方向为文字训诂学、汉语史;孙颖,女,中央民族大学文学院汉语言文字学专业博士研究生,研究方向为汉语史。(北京 100081;北京 100081)

基于探求语言文字系统和根源的宗旨,黄季刚先生提出文字变易、孳乳二大条例。变易为"一字重文"。"一字"是就汉字造字的记录功能而言,"音义相雠谓之变易","音义相雠"就是同词,"重文"谓改易殊体,指为同一个词所造的不同的文字形体。沈兼士提出:"《说文》重文于音义相雠形体变易之正例外,复有同音通借和义通换用二例,一为音同而义异,一为义同而音异,皆非字形之别构,而为用字之法式。缘许君取材,字书而外,多采自经传解诂,其中古今异文,师传别说,悉加甄录,取其奇异或可疑者,别为重文,此同音通借、义通换用二例之所由来也。"①沈氏所言之重文正例是"音义相雠形体变易",立足点是"音义相雠""改易殊体",内涵外延并不等同于黄季刚所定义之"变易",黄季刚"变易谓之一字重文"立足于伴随汉语发展的文字形体改易,共有六种条例,沈氏所言之形体变易正例只是黄季刚变易条例中的前两种。黄季刚变易体例中其余四种音义关系主要体现为同义音转。本文深入考察黄季刚变易相关论述和《说文》重文,对照沈兼士提出的两种变例,重新审视《说文》"一字重文"的性质及其界定标准和提出角度。

一 从古音看变易"一字重文"

黄季刚《论变易孳乳二大例》:"《说文序》曰:'以迄五帝、三王之世,改易殊体。'此变易之明文也。"②又《与人论小学书》:"变易者,形异而声、义俱通……试以取譬,变易,譬之一字重文……今字或一字两体,则变易之例所行也。"③这里提到几个相关的概念:形、一字重文、一字两体。"形异而声、义俱通","形"相对声义而言,指文字的形体,声义同条为语言,不同的汉字形体承载声义具通的词为变易。"重文""两体"为"形"所摄,"一字"即声义俱通。三种表述,同一标准,即将文字的形体与功

---

* 基金项目:本文系国家社科项目"黄季刚字通系统研究"(编号:22BYY110)的研究成果,亦为中国训诂学研究会成立四十周年暨2021年学术年会参会论文。

① 沈兼士:《沈兼士学术论文集》,中华书局,1986年,第240页。
② 黄侃:《黄侃论学杂著》,中华书局,1964年,第6页。
③ 黄侃:《黄侃论学杂著》,第162页。

能相承接。

(一) 关于《说文》重文构成

《说文解字·叙》:"今叙篆文,合以古籀。"篆文即《说文》正篆,是秦代书同文的结果,"皆取史籀大篆,或颇省改,所谓小篆者也。"黄季刚《说文纲领·字体》:"言古籀者意在较量用舍,得其同异。"①"较量用舍"之"用"指与小篆形体相同的古、籀,"舍"指异于小篆的古、籀。"《说文》之例,古籀之字散见重文者,又与正篆殊趣。其曰籀文某者,明其为秦篆所不用。其曰古文某者,又明其为籀文所不用。"②秦篆不用的古、籀,列于重文,这样的"重文"指正篆历时同功能异形字。

"凡《说文》明言古、籀之字必其信而有征者矣。"③所谓"信而有征",指"皆取史籀大篆",与"信而有征"相违者指许慎不能定为籀为古的"盖出于山川鼎彝"的或体和"义无所从""庸俗之变"的俗体。

由此可见,《说文》所列字体,带着明显的正统色彩,分不同的层级:

一是"并以《说文》正文为主"的正体,属于黄季刚先生字体分类中的"正"字类。"《说文》叙篆文,合古籀,遂为正文之渊椷。""许君《说文》一书,不专为秦篆作,盖通古、籀、秦篆三者而并载之。"④《说文》正篆是古、籀、秦篆相合者。

二是异于秦篆但"皆取史籀大篆"信而有征的古文和籀文。

三是于史、籀无稽、来自民间的或体、俗体。

黄季刚《论字体之分类》:"同。《说文》言五帝三王之世,改易殊体;又六国时,文字异形。今《说文》所载重文,皆此物也。"⑤重文"殊体""异形",但功能"同"正篆。"音义相雠,谓之变易。"《说文·言部》:"雠,犹也。"段注:"心部曰:'应,当也。'雠者,以言对之。""音义相雠"即音义相当相对。

(二)《说文》重文与古音正变

《说文》重文中的殊体、异形,同义但声音不尽相同。黄季刚在《论据说文以考古音之正变》⑥谈到:"近世讲《说文》者,多即以求古音,于是造字时之音理,稍稍可说。一《说文》形声字,为数至多,据偏旁以求其音,除后世变入他韵者,大概可以得其鳃理。二《说文》重文字,为数至多,可以得韵类同部之关系。"可见,《说文》乃造字时之音理,《说文》重文是推求古本音、理顺古今音变的取证之资。季刚先生认为重文音证主要体现在两方面:"依重文得声之本"、据重文"以推音之变。"

1."依重文得声之本"

"重文之字,取声多在同部;而亦有在异部者,则其变也。"⑦黄季刚《推求古本音之法》谈到音证材料,首列《说文》形声字:"一《说文》形声。此造字时本音,最为可信,后世虽有变迁,不得执后以疑古。……形声字为音韵之根原。"⑧指造字时正篆和重文所取声符应同韵部,不在同部,说明已经产生音变。所取声符同部如:

"髡,或作髨,髨,实从元声,可以知兀、元,本为同韵也。"

"祋,古文用殳,祋从殳也,殳从豆声,可以知殳、豆本为同韵也。"

"琼,或作璇,璇实从旋省声,可知夐、旋本为同部也。"

"本为"说明形声造字时所取声符同韵部,但语音演变,到《说文》可能变成异部,如《说文·彡部》:

① 黄侃述,黄焯编:《文字声韵训诂笔记》,上海古籍出版社,1983 年,第 74 页。
② 黄侃述,黄焯编:《文字声韵训诂笔记》,第 74 页。
③ 黄侃述,黄焯编:《文字声韵训诂笔记》,第 76 页。
④ 黄侃述,黄焯编:《文字声韵训诂笔记》,第 75 页。
⑤ 黄侃:《黄侃论学杂著》,第 13 页。
⑥ 黄侃:《黄侃论学杂著》,第 106—107 页。
⑦ 黄侃:《黄侃论学杂著》,第 106—107 页。
⑧ 黄侃述,黄焯编:《文字声韵训诂笔记》,第 143 页。

"髡，剔发也。从髟兀声。髡，或从元。"段玉裁以阴声韵配入声，故注曰："十三部。元亦兀声也。故亦从元声。"黄季刚古音体系入声独立，"元"为寒部，"兀"为没部。"依重文得声之本"即言《说文》重文造字之初与正篆为同音，但在《说文》时代已发生音变，故可以据重文逆推造字古音同部。

2. 据重文"以推音之变者"

此与"依重文得声之本"方向正相反，造字之初音本同，后来发生音变，而成音转，如：

"鸦字也，而重作鹍、鹩，此可知齐通锡、铎也。"

"雓，从隹声，在灰，重文为隼，蜀本从歼省声，则入痕属矣。"

"扈，从户声，在模，重文作屽，则入添属矣。"

段玉裁多以"合音""合韵""音转"说明正篆与重文不同声符之间的语音关系。"合音"如：

《说文·衣部》："瓊，赤玉也。从王夐声。璚，瓊或从矞。瓗，瓊或从瓗。"段注："古音在十四部。"重文"璚，瓊或从矞。"段注："矞为瓊之入声，角部觼或作鐍，此十四部与十五部合音之理。"重文"瓗，瓊或从瓗。"段注："巂声也。此十四部与十六部合音之理。虫部蠵亦作蝑。"

"合韵"如：《说文·玉部》："琨，石之美者。从王昆声。《夏书》曰：'杨州贡瑶琨。'瑻，琨或从贯。"昆，痕部；贯，寒部。段注："贯声在十四部，与十三部昆声合韵最近，而又双声。"

"音转"如：《说文·艹部》："苊，枲实也。从艸肥声。蘬，苊或从麻蕡。"段注："蕡声本在十五部，音转入十三部。"

正篆和重文不同来源，仅以古文而言，来源有古籀大篆、孔子壁中书、民间献经、山川鼎彝等，正篆、重文同义音转不可避免。"嬗变之理甚微，虽一字之音，同时可以异读。"[1]"古人言语文字既随方俗时代而变易，则以今之心度古之迹，其不合也必矣。"[2]若仅以造字同音同义异体来界定"一字重文"，势必会忽视语言文字嬗变之理，限制研究眼界，不得语言文字真面目。

二 从《说文》形声重文看变易

《黄侃论学杂著·论俗书滋多之故》："古字重复，皆由变易。变易之始，或不相知而变，各据音而加偏旁是也。或相蒙而变，籀不同于古，篆不同于籀，同字而异书是也。《说文》重文，大氏为二例所摄。"[3]这二例突出两个考察《说文》重文的角度，一是"据音而加偏旁"的形声字角度，二是"同字而异体"的书体角度。书体角度偏重于汉字本体，指不同书写单位和书写风格导致的变易。如黄季刚"变易"条例中的第一类"代异其体"的书法变易和第二类"就一字中一点一画言之"的笔画变易。这两类季刚先生都举了例字。"书法变易者就一种字同时而言，如祀或禩，皆小篆也。或同类字相近者言，如紫古文作褚，盖皆就一字全体而言也。""一种字同时而言"指同一书体，如"祀""禩"同为小篆；"同类字相近者言"指同一字不同书体，如小篆"紫"和古文"褚"。这两种类型的重文例字都是形声字。据我们初步考察，段玉裁《说文解字注》共整理搜集重文 1 221 个，其中形声重文 882 个，占重文比72%。造字之始，"各据音而加偏旁"，"据音"说明先假借，"加偏旁"说明在借字基础上添加表意部件造专用字。

（一）形声字声符有假借

季刚先生认为《说文》形声字反映的是造字时的本音，《推求古本音之法》列音证种类，形声列为首："《说文》形声，此造字时本音，最为可信，后世虽有变迁，不得执后以疑古。……形声字为言韵之

---

① 黄侃：《黄侃论学杂著》，第 105—106 页。

② 黄侃述，黄焯编：《文字声韵训诂笔记》，第 3 页。

③ 黄侃：《黄侃论学杂著》，第 105 页。

根原。"①"凡形声字以声兼义者为正例,以声不兼义者为变例。盖声先于文,世界通例。闻声喻义,今昔所同。"②形声声符"声兼义""声不兼义"均可以造新字。如"一种字同时而言"的书法变易例字:

《说文·示部》:"祀,祭无已也。从示巳声。禩,祀或从异。"段注:"《周礼·大宗伯》《小祝》注皆云故书祀作禩。按禩字见于故书,是古文也。篆隶有祀无禩,是以汉儒杜子春、郑司农不识,但云当为祀,读为祀,而不敢直言古文祀,盖其慎也。至许乃定为一字。至魏时乃入三体石经。古文巳声、异声同在一部,故异形而同字也。""异形而同字"即重文,段玉裁古韵十七部入声未独立,故曰"古文巳声、异声同在一部",而在黄季刚古音体系中,"巳"在咍部,"异"在德部,二字阴入对转。《说文纲领·六书》:"形声一例,与转注、假借事虽殊科,而义实一贯。何以明之?《说文》:'祀,祭无已也。从示已声。'明祀字古只作已,已本义为已止,借义为祭无已,迨既造祀字,与已别行而借义遂废矣。盖自已兼祀义言之,则为假借;自别造祀字言之,则为转注,自祀字从巳声言之,则为形声,取义不殊而三者之用备矣。至祀之或体从异声作禩者,此借异为巳,以明假借之法也。若易其文曰:禩,从示异声,异读若已,则具了矣。"③这段内容交待出语言文字协同发展的层次:

本字本义层次:已(记录本义"已止")——初文

借义造字层次:已(记录兼义"祭无已")——假借
　　　　　　　祀(据音加偏旁别造专字)——转注
　　　　　　　禩(形声字声符假借)——假借

季刚先生在《略论推寻本字之法》中概括汉语汉字协同发展规律:"文字有假借,单音发音为之。以单音而为语言,由语言而制文字,非恐其文字之混乱,以其意义之相乱也。故不得不以形体表其意义也。六书内,假借不明,则形声不明。造字之时已有假借。"④以上例字段玉裁定为"异形而同字"。

书法变易中"同类字相近者"小篆与重文为音转关系。在据重文"以推音之变者",季刚先生举例分析:"祡之重禷,祡在今韵齐属,禷在今韵歌属,此可悟齐、歌相转也。"《说文·示部》:"祡,烧柴燎祭天也。从示此声。《虞书》曰:'至于岱宗,祡。'禷,古文祡,从隋省。"段注:"此字壁中简作禷,孔安国以今文读之,知禷即小篆祡字,改从小篆作祡是。……隋声古音在十七部,此声古音在十六部,音转最近。禷之为祡,犹玼瑳娑傞皆同字。"《说文·玉部》:"玼,玉色鲜也。从玉此声。诗曰:'新台有玼。'"段注:"古此声之字多转入十六部。十六部与十七部至近。是以刘昌宗云仓我反也。玼之或体作瑳。""玼瑳"同字或体,以此来说明"祡""禷"关系。

从以上例字可以看出,虽然季刚先生在傍音变易条例曰:"书法变易,就其形言。"但从所举例字看,正篆和重文并不仅仅体现在形体相异,音转也是不容忽视的一个方面。

(二) 形声字"由乎方音之不同,遂而一字殊体"

季刚先生变易条例第三、四条类标准偏重于汉字本体,指形声字不同的功能构件导致的变易。

第三类傍音变易:"谓一字其声变而其形不变者也。盖其变多由乎方音之不同,遂而一字殊体。"⑤"一字殊体"从两个层次界定正篆和同文之间的关系,"殊体",指汉字本体字形,"声变而形不变"立足于此;"一字"指同功能,虽然方音不同,导致造字取声不同,但仍属"一字"。此类例字是"琼"的三个重文,造字取不同声符,据重文"以推音之变者"举例:"琼字也,而重作璚、瑻、琁,此可知青通没、齐、寒也。"《说文·玉部》:"琼,赤玉也。从玉,夐声。璚,琼或从矞。瑻,琼或从巂。琁,琼或从旋省。"徐铉曰:"(琁)今与璇同。"桂馥义证引《淮南子》:"崑仑之山,有琼宫琁室。"此证琼、琁不同文。段玉裁移于

---

① 黄侃述,黄焯编:《文字声韵训诂笔记》,第143页。
② 黄侃述,黄焯编:《文字声韵训诂笔记》,第79页。
③ 黄侃述,黄焯编:《文字声韵训诂笔记》,第79页。
④ 黄侃述,黄焯编:《文字声韵训诂笔记》,第56页。
⑤ 黄侃述,黄焯编:《文字声韵训诂笔记》,第29页。

"璇"下。《说文·玉部》："璇，美玉也。"段注举《文选》李善注补重文："琁，璇或从旋省。"

第四类全体变易："就一体中全变其形与声者也。如批之作螾，黄之作史。䞓、赪、䞓、浾、泟之为一字是也。"据重文"以推音之变者"："批之重螾，比在今韵灰属，宾在今韵先属，此可悟灰、先相转也。"《说文·玉部》："批，珠也。从玉比声。宋宏曰：'淮水中出批珠。批珠，珠之有声者。'螾，夏书批从虫宾。"段注："谓古文夏书批字如此作。从虫宾声。古音在十二部。故唐韵步因切。其音变为蒲边、扶坚二切。小篆从比。其双声也。"批、螾双声韵转，声符取不同的方音而导致一字殊体。大徐本"䞓"字四个重文，声符都在青部。形声造字，不同声符，经常会导致不同的理据理解。段注仅列"赪""䞓"，另列"浾"字头，释曰："棠枣之汁也。从赤水。各本转写舛误，今正。浾与䞓音虽同而义异，别为一字，非即䞓字也。棠枣汁皆赤，故从赤水会意。勑贞切。十一部。泟，浾或从正。正声。"黄季刚《论变易孳乳二大例》："禩之与禩，一文也，使《说文》不以为重文，未尝不可为二字也；琼与琁，一文也，使《说文》不以为重文，未尝不可为二字也。凡《说文》所云重文，多此一类。后世俗别字之多，又此例之行者也。"可见，变易有历史层次，造字之初"一字重文"，其后并非一成不变，正如《略论推寻本字之法》所言："然最初造字之时，或因本字不足，即用本字以为假字，故造字之时已有假字也。文字随言语、音声而变易，因声音之变易而假借遂亦有变易。为时既远，而声变日繁，其所假借之字竟与本字日远而不易推矣。"[①]由此看来，仅关注正篆和重文形体关系是不够的。

（三）方音和方言

黄季刚变易条例的第五类声转韵转变易分类标准偏重于字音所导致的字词变化。"声转之变，由于方言；韵转之变，本乎方音。故声转韵转变易易与孳乳相混。惟孳乳之字之变，或不能与本义相通；而声转韵转之变，百变而不离其宗者也。"所谓"百变而不离其宗"，区别于义衍孳乳字，指声音变转，其"宗"——意义不会改变。方音立足于时代地域语音，表现为双声韵转；方言立足于时代地域语言，为叠韵声转。以声韵关系区别方音和方言是在掌握大量语言事实基础上的经验性总结。《方言·方音》："杨子云为《方言》，其方言与方音不同。知方言与方音之别，而后训诂条理乃可言。《尔雅》溥、廓皆训大，而溥与廓声不同，此方言之变。凡发音必有其义，而所以呼溥呼廓，必有呼之之故也。《尔雅》：'吾、卬，我也。'今言或谓我为俺。此则方音之不同。"[②]从季刚先生所举字例看，"方言"同义异字，造字不同理据，"溥"为广大周遍，"廓"为张小使大，音义理据不同。溥，模部；廓，铎部。韵部对转。故为方言之别。"方音"是以汉字为记音符号，或音借字，或造字。如第一人称代词"卬""我"是方音借字。"吾""俺"是方音造字。我，疑歌；卬，疑唐；吾，疑模；俺，影添。方音造字是韵转变易字。《说文》重文一字殊体，或音义完全同，或为同义方音音转。

正篆与重文不同声符，如：《说文·竹部》"箑，扇也。从竹疌声。篓，箑或从妾。"段注："户部曰：扇，扉也。扉可开合，故箑亦名扇。《方言》：'扇，自关而东谓之箑，自关而西谓之扇。'郭曰：'今江东亦通名扇为箑。'段玉裁注："今江东皆曰扇，无言箑者。凡江东《方言》见于郭注者，今多不同，盖由时移世易，士民迁徙不常故也。"箑篓，疏母怗部；扇，审母寒部。声纽均齿音。箑、扇为方音音转。

《说文·黍部》："黏，黏也。从黍日声。《春秋传》曰：不义不黏。䵝，黏或从刃。"《方言》卷二："黏，黏也。齐鲁青徐自关而东或曰黏，或曰敎。敎，黏也。""黏"为娘母屑部，"䵝"为刃声，"刃"为日母痕部。古音娘日归泥。"黏""䵝"为方音双声音转。

《说文·木部》："枀，网刃臿也。从木，屮象形。宋魏曰枀也。鈐，或从金亐。"段玉裁注："枀铧古今字也。……《方言》云宋魏之间谓之铧是也。尝论方言之字，多为后人以今易古，以俗易正。此其一耑也。（鈐）亐声也。荂，乎声。乎，亐声。铧即鈐字也。"《方言》卷五："甾，宋魏之间谓之铧，江淮南楚

---

①　黄侃述，黄焯编：《文字声韵训诂笔记》，第53页。
②　黄侃述，黄焯编：《文字声韵训诂笔记》，第136页。

之间谓之耜,东齐谓之梩。"钱绎笺疏:"铧之言华也。中裂谓之华。故以入地使土裂,因即谓之铧矣。"《释名·释用器》:"锸,插也,掘地起土也。铧,剟也,剟地为坎也。"耜"初纽怗部,"铧"匣母模部。二字不同理据。《说文·木部》:"相,耜也。从木目声。一曰徙土辇,齐人语也。梩,或从里。"王筠句读:"即玄应所谓犁刀也。经典皆作耜。《六书故》:'耜,耒下刺土臿也。古以木为之,后世以金。'"《尔雅·释器》:"梩,耜也。"王念孙疏证:"梩、相、耜并字异而义同。""耜"为古代耕地翻土的农具。耒是耒耜头上的曲柄,耜是耒耜下端起土部件。或木质,或金属质,可以更换。相,喻母模部;梩,来母模部,取义于耒耜;铧,匣母模部,取义于犁铧;耜,初纽怗部,取义于锹锸。

(四) 同体声韵变转初文体系

黄季刚"变易"条例前五种立足于个体字符之间的"一字重文",第六类侧重于初文音义体系:"就一字而推变数字,其大较不变者也。就一义而多立异名,其本始不变者也。""就一字而推变数字"将汉字本体和功能相结合,"一字"指同功能,"数字"指殊体异形。"就一义而多立异名"将音和义相结合,同义音转,"本始不变"指音义同条。以"㐅"喉舌齿三音两义为起点:"以形而言,不出象形、指事、会意之外"说明音义系联立足于初文层面;"以义而言,不出豕义之外,以声而言,不出喉齿之外。则诸字或以声变,或以韵变,然同一体也。"说明同义音转造字,但"同一体",即同功能,音义同条。

黄季刚先生暂定㐅有喉舌齿三音,其中舌音源于"豕",喉齿二音源于古文一字两用。齿音主要来源于"希"一字两用。黄季刚先生指出两个词义:"希齿心曷古文杀字。论名当亦为兽之类。"古文杀字是动词,"论名亦当为兽"是指出名词义,即"脩豪兽"义。"名事同源,其用不别。名者,名词;事者,动词、形容词。"[1]

沈兼士"义通换用"举"杀"古文曰:"古文以希为杀之象征符号,其后乃分别造字,《说文》中留得此等古文字相通之珍贵遗迹,极耐寻味。惜学者玩其所习,蔽所希闻,致使古谊沈薶,群相疑怪矣。"[2]在《论笔势变易》中黄季刚释"杀"之古文:"希,古文杀,又为古文希。豕,古文作㣇,亥亦然。《说文》野兽字多从豕,豕部字有广狭二义。狭义为家畜之豕,广义则为凡野兽之称。豕之古文与杀之古文同形,盖论其名词则为野兽,论其动词则为杀也。"[3]《初文多转注》:"杀古文作希,则正与希之古文同形。知以名则为希,以德则为杀也。名动同词,此又一例矣。"[4]

从以上分析看出,沈兼士和黄季刚都认同古文同形造成的重文,只是二者立足点不同。沈兼士变例立足于"其后乃分别造字"导致的用字现象,黄季刚立足于造字时期古文与对应的小篆同功能。黄季刚"变易"条例,反映出三种变化:一是由汉字本体转向汉字功能;二是由同词转向异词;三是由个体汉字本体功能转向同词统领的汉字平面体系。"音义相雠"说明声义同条为统摄,同义音转变易,"万变不离其宗",始终以意义为核心,说明汉字形、音、义三要素中,形体和声音仅是求取意义的工具,这就是传统以意义为中心的训诂方法的主体思路。

三 从"所以广异体"看变易

黄季刚先生在《文字声韵训诂笔记》"古人训诂之体不嫌重复"条引《广雅疏证》卷十上"参也"条说:"古人训诂之体不嫌重复。如崇高字或作嵩。而《尔雅》云:'嵩,崇高也。'笃厚字,《说文》作竺,而《尔雅》云:'笃,竺厚也。'《字林》以瑳为古嗟字,而《尔雅》云'瑳,嗟也。'孙炎以遹为古述字,而《尔雅》云:'遹,述也。'若斯之流,即所以广异体也。"[5]"训诂之体"指承载音义的汉字形体,"重复"指同一音义

---

① 黄侃述,黄焯编:《文字声韵训诂笔记》,第 180 页。

② 沈兼士:《沈兼士学术论文集》,第 244 页。

③ 黄侃述,黄焯编:《文字声韵训诂笔记》,第 28 页。

④ 黄侃述,黄焯编:《文字声韵训诂笔记》,第 65 页。

⑤ 黄侃述,黄焯编:《文字声韵训诂笔记》,第 230 页。

的字形重复，"所以广异体"指用来扩大异体范围的方式，以上所举例字的形音义类型，揭示了"一字重文"变易的来源，也交待出"变易"的两个不同层次。

（一）"变易"的界定——造字同功能。

"古人训诂之体不嫌重复"例字包括两种类型。

第一类是造字：

"崇高字或作嵩"：《说文·山部》："崇，嵬高也。"《释名·释山》："山大而高曰嵩。"毕沅疏证："嵩，古通作崇。"《尔雅·释诂》："嵩，高也。"邵晋涵正义："嵩为崇字之或体。"崇，冬部；嵩，豪部。

第二类是古文专用字：

笃厚字：《说文·二部》："竺，厚也。"《尔雅·释诂下》："竺，厚也。"邵晋涵正义："竺与笃通。"《说文·马部》："笃，马行钝迟。"《释名·释言语》："笃，筑也。"毕沅疏证："笃，古作竺。"二字古音同。许释"笃"本义无文献用例，朱骏声通训定声："笃，假借为竺。""笃"可视为"竺"义专有字形。

"《字林》以磋为古嗟字"：《尔雅·释诂下》："嗟，磋也。"陆德明释文引《字林》："古嗟字。"《玉篇·长部》："磋，今作嗟。"

"孙炎以遹为古述字"：《说文·辵部》："遹，回避也。"《尔雅·释言》："遹，述也。"陆德明释文引孙炎："古述字，读聿。"《说文·辵部》："述，循也。"朱骏声通训定声："经传多以遹为之。"《尔雅·释诂上》："遹，循也。"郝懿行义疏："遹者，通作述。"二字同为没韵。

从所举字例看，"崇嵩"是造字同功能，"磋嗟""笃竺""遹述"属于古文用字导致的同功能。这也正是沈兼士《说文》重文"同音通借""义同换用"用字法式的来源。

《说文·屮部》："屮，艸木初生也。象丨出形有枝茎也。古文或以为艸字。"段注："凡云'古文以为'某字者，此明六书之假借。以，用也。本非某字，古文用之为某字也。如古文以'洒'为灑埽字，以'疋'为《诗》大雅字，以'丂'为巧字，以'臤'为贤字。以'𣬰'为鲁卫之鲁，以'哥'为歌字，以'詖'为颇字。以'𠄎'为膞字，籀文以'爰'为车𨍳字。皆因古时字少，依声托事。"《说文解字·叙》："假借者，本无其字，依声托事，令、长是也。"段玉裁注："托者，寄也。谓依傍同声而寄于此，则凡事物之无字者皆得有所寄而有字。如：汉人谓县令曰令、长。县万户以上为令，减万户为长。令之本义发号也，长之本义久远也。县令、县长本无字，而由发号久远之义引申、展转而为之，是谓假借。"段氏所谓"古时字少，依声托事"，指出古文字少不敷用，依据声音关系"假借以济造字之穷"，属于用字之法，包括两重含义，一是"本非某字"，言非本字本用，二是"古文用之为某字"，依据声音条件借用来记录他字。黄季刚《初文音义不定于一》："盖初期象形、象事诸文，只为事物之象征，而非语言之符识，故一文可表数义。如《说文》中古文以为艸字；疋古文以为《诗·大疋》字，亦以为足字；如亥之古文与豕为一，玄之古文与申实同。惟其一文而表数语，则不得不别其声音，此声母所以有多音之论也。"①初文一文多音义，后别音以区别。如果立足于区别之后的音义，就会造成小篆字头和古文重文不同音的状况。因此，需要进一步明确重文的立足点。

黄季刚先生区分假借为造字和用字两种："字之正假，只论声义，不论字形。凡假字必有正字以为之根。盖造字时之假借，全用同音同义之例。②造字假借，同音之例即沈兼士所谓"同音通用"，同义之例即沈氏"义通换用"。沈兼士在"义通换用"例中有许多古文重文例多类此。如：

殄字条：𣦵尽也。ㄗ古文殄如此。沈兼士引章太炎《文始》曰："尸ㄗ一声对转，ㄗ尸同文，古以尸为殄也。"《说文·歺部》："殄，尽也。从歺㐱声。ㄗ，古文殄如此。"《说文·尸部》："尸𡰣，陈也。象卧之形。"《古文字诂林》卷四释"殄"引高淞荃《说文别释》："《说文》以ㄗ为古文殄字……。ㄗ字亦象卧人。"

---

① 黄侃述，黄焯编：《文字声韵训诂笔记》，第204页。
② 黄侃述，黄焯编：《文字声韵训诂笔记》，第34页。

杨树达《文字形义学》:"ㄣ从ㄣ之反文,人尽为ㄣ,物尽为殄也。"《白虎通·崩薨》:"尸之为言失也,陈也,失气亡神,形体独陈。"《太玄·沈》:"前尸后丧。"俞樾《群经平议》:"尸当训陈,言前虽陈列之,后终丧失也。"可见,尸的本义是陈列,但本身带有丧失的意思在内。而殄的本义是尽,灭绝。二字古文同形。后分化,同声类,准双声,韵旁转,声音相近,意义相关。

沈兼士释"⺊"古文:"古者一象形字不嫌代表二语,此二语义虽可通,而其音又往往绝异矣。……盖ᐧ之形象火灼龟坼,ᐧ之音象灼之其声卜然而裂,故有兵裂之读。其用曰卜,其象曰兆兵小切,辞虽异而事则一也。古盖只有一ᐧ字,隶变为兆,动辞之别,名辞之兆,均用之以为符识,降及后世,习于一字表一语音之说,故许君以ᐧ别为古今体,以ᐧ及ᐧ为龟兆字,且变ᐧ作ᐧ,用示区别,然则以兵裂切之ᐧ为治小切⺊之重文,殆亦准义通换用之例耳。若溯其源,于古祇一ᐧ字,增形为ᐧ,篆变为兆,其后乃形各赋音,音各赋义,区以别矣。自来学者昧其初期意符字读音不定及《说文》重文有义通换用之例,故致自生纷扰耳。"①

可见,古文一字多用,是立足于造字角度,沈兼士所言同音通用、义通换读是后来分化别义的角度。黄季刚所言"古人训诂之体不嫌重复""即所以广异体也"就是立足于造字角度提出的概念,与汉人"六书"乃造字之本的观念立足点是吻合的。所谓的"广"就是突破形体改易而扩展到造字同义音转。

(二)"变易"的推广——据音而加偏旁

《略论推寻本字之法》:"然最初造字之时,或因本字不足,即用本字以为假字,故造字之时已有假字也。文字随言语、音声而变易,因声音之变易而假借遂亦有变易。"②在"本无其字、依声托事"古文造字假借之后,为区别而"据音而加偏旁",这就是"广异体"。所谓"古人训诂之体不嫌重复"与此同旨。"所以广异体"是在狭义"异体"基础上的突破和扩展,产生于造字同功能的形体变易,经形声相益造专用字后,不再局限于同音义,而扩展为同义音转。如"崇嵩","崇"是《说文》正字,"嵩"字后出,《说文·新附》:"嵩,中岳嵩高山也。从山从高,亦从松。"韦昭《国语》注曰:'古通用崇字。'"二字都应是"崫高"义的专用字,"崇"形声字,"嵩"会意字。叠韵,声同类。后世又产生分化,"嵩"成为山名。而所谓的"古嵯字""古作竺""古述字"说明在古文造字时代二者同功能,后来造专用字,与同功能的古用字分化各表意。

"凡形声义三者必须相应。形声之字虽以取声为主,然所取之声必兼形、义方为正派。盖同音之字甚多,若不就义择取之,则何所适从也。右文之说固有至理存焉。而或以字体不便,古字不足,造字者遂以假借之法施之形声矣。假借与形声之关系盖所以济形声取声之不足者也。是故不通假借者,不足以言形声。"③造字之初形声字声符兼形义,后来声义兼通的声符不敷用,声符假借。假借"依声托事",正是汉字记音功能的充分体现。

"由乎方音之不同遂而一字殊体"的广异体有一个从口语借音到造字然后积淀于书面语的过程。《方言成因》:"声韵本流转之物,方言须求其不转者。如以意推求,徒撷拾不相干之字,以为真实。大抵今日方言,无不可征于小学六书者。次则《三苍》《急就》《字林》《通俗文》《玉篇》《广韵》《一切经音义》《集韵》必有其文。但必须音理密合始为得耳。"④"征于小学六书者"指方言字形体结构有依据,因方音方言而造的字在后世字书韵书会有收录,方音方言同义声转韵转,音理必须相合。如:

《说文·水部》:"泭,编木以渡也。从水付声。"段注:"《论语》乘桴于海,假桴为泭也。凡竹木芦苇

---

① 沈兼士:《沈兼士学术论文集》,第245—246页。
② 黄侃述,黄焯编:《文字声韵训诂笔记》,第53页。
③ 黄侃述,黄焯编:《文字声韵训诂笔记》,第38页。
④ 黄侃述,黄焯编:《文字声韵训诂笔记》,第136页。

皆可编为之。今江苏、四川之语曰箳。"《说文·木部》："桴，栋名。从木孚声。"泭，敷母侯部；桴，奉母萧部。《方言》卷九："泭谓之箳。"箳谓之筏。筏，秦晋之通语也。"钱绎笺疏："箳、泭、栬并与泭同。"《论语·公冶长》："道不行，乘桴浮于海，从我者，其由与？"何晏集解引马曰："桴，编竹木，大者曰栈，小者曰桴。"《诗经·召南》陆德明《经典释文》："泭本亦作箳，又作桴，或作栬。"刘宝楠正义："诸字唯'桴'是叚字，余皆同音异体也。"《广雅·释水》："箳、箳、横、筏也。"《众经音义》卷三："筏，通俗文作箳，韵集作橃。编竹木浮于河以运物也。南土名箳，北人名筏。"《楚辞》王逸注："楚人曰泭，秦人曰橃。"刘宝楠正义："橃、筏、橃并同。"发（帮曷）、伐（奉曷）、孚（敷萧）、付（非侯）、卑（帮齐），这些声符均为唇音字。刘宝楠所谓的"同音异体""并同"均为方音音转字。

《蕲春语》记载"燅"字两重音变：

《说文》炎部："燅，于汤中爓肉也。从炎，从熱省。燅，或从炙。"《大集日藏分经音义》引《通俗文》："以汤去毛，曰燅。"案吾乡谓杀禽兽已，纳之沸汤去毛，曰燅毛，或书作燖。去田草，亦曰燅，或书作耧。音正同《广韵》，而于《说文》本训稍有不合。北京语所谓薄切鱼鸟畜兽肉，以箸沸汤中，略动摇即熟可食，曰汕厢子，读所晏切。此燅字之音变，一也。四川以东，谓缕切鱼鸟兽禽肉，以勺药即"作料"二字之正字和之，俟汤沸倾入，俄顷盛出曰参汤。读仓寒切。此燅字之音变，二也。吾乡又谓纳肉水中，以火煨之，久而后熟，曰燂汤，读徒亘切。燂，《说文》云："火热也。"与燅盖略同义。《唐韵》大甘又徐盐切，《广韵》又昨盐切。参汤之参，即昨盐而读洪音者，方音清浊每相溷。①

"燅"本义为将祭祀用的肉类放在汤镬中烫热。《仪礼·有司》："司宫摄酒，乃燅尸俎。"郑玄注："燅，温也。古文燅皆作寻。《记》或作燖。"段注燅字："按燅者正字，寻者同音叚借字。……徐盐切。""燖"是在借字的基础上为本义新造字。后"燅"引申为用开水烫后拔去毛。《小学搜佚·考声二》："燅，以汤沃毛令脱也。"《一切经音义》卷一引服虔《通俗文》："以汤去毛曰燅。"这就是《蕲春语》中燅毛或作"燖"。拔去田艸作"耧"。这两个字都是在"燅"本义借字的基础上加义符形成的。季刚先生所说的第一重音变即北京语读所晏切的汕厢子，《说文·鬲部》："鬴，秦名土釜曰鬴。"段注："今俗作锅。""汕厢子"就是涮锅子，所晏切是北京方音转音，"汕"是方音借字。第二重音变是四川话中的参汤，"参汤之参，即昨盐而读洪音者，方音清浊每相溷。""参"是方音借字。"燅"《慧琳音义》卷六十六"燅顋"注："燅，《说文》从覃作燂，俗用字也。"季刚先生谓'燂'读徒亘切，与燅义略同，燅、燂为同义音转变易字。

段注重文"燅"："《广韵》曰'炅，《说文》同上。'此古本《说文》之异也。天即芺。"《玉篇·炙部》："炅，爓也。"《广雅·释诂二》："炅，爓也。"王念孙疏证："炅、燅、黏、爛并通。"《楚辞·大招》："炙鸹烝凫，黏鹑陈只。"《礼记·礼器》："三献爛。"郑玄注："沈肉于汤也。"《广韵·盐韵》："爛同燅。"《说文·火部》："爛，火门也。"段注："各本作火门也，门乃爛之坏字耳，今正。……今人云光焰者，作此字为正。"朱骏声通训定声："爛，假借为燅。"《广雅·释诂三》："燂，煗也。"王念孙疏证："燅、寻、燖、爛，义并与燂同。""燅"是《说文》正篆，寻、爛是音借字，燖、燂是后造专用字。燅、燅、爛、炎在添部，参、寻、覃在覃部。这些字都是与"燅"同词，均记录"爓肉"义，分正字、借字、新造字三层，音理上为添覃旁转。

四 余论

《论俗书滋多之故》："古字重复，皆由变易。变易之始，或不相知而变，各据音而加偏旁是也。或相蒙而变，籀不同于古，篆不同于籀，同字而异书是也。《说文》重文，大氐为二例所摄；……由晋迄清，

---

① 黄侃述，黄焯编：《文字声韵训诂笔记》，第424页。

又逾千岁,字书屡出,字数递增;要其大半,皆为变易。俗书滋多,此其一也。"①可见,同词异书,字数递增,完全受其功能的制约。文字功能的拓展缘起于语言。这就是黄季刚先生语言文字观的基石。而同字殊体"据音而加偏旁"造字,绝不仅仅是汉字形体的问题。笔者曾经提出黄季刚"变易"是从训诂学角度提出的概念,与汉字学角度内涵不一样:"'变易'中的一种,即我们通常所说的异体字,强调音义全同,是从文字学角度提出来的概念。汉字具有形、音、义三要素,只有形体才是它的本体,音和义都是从字所记录的词那里得来的。文字学中的异体强调音义全同,目的就在于排除音、义干扰,专门研究字的形体变化规律。汉字记录汉语要受到多方面因素的影响,方言差异、文白异读多会在文字的形体上留下痕迹。用形声方法造字,听起来相同的语音选用不同的声符,它们的差异就会在韵表中表现出来。因此,我们应该从训诂学角度建立异体概念,这个异体概念应该包括同义音转字在内。"②变易"一字重文"是汉语汉方言在用字、造字领域的折射和沉淀,应该引起学界重视。

【参考文献】

[1] 黄侃述,黄焯编.文字声韵训诂笔记[M].上海:上海古籍出版社,1983.
[2] 黄侃.黄侃论学杂著[M].上海:中华书局,1964.
[3] 裘锡圭.文字学概要[M].北京:中华书局,1988.
[4] 沈兼士.沈兼士学术论文集[A].北京:中华书局,1986.
[5] 韩琳.黄季刚"变易"观念辨析[J].徐州师范大学学报(哲学社会科学版),2008(1).

Explanation on Mr. Huang Jigang's "Bianyi"(变易) Being "Chongwen" (重文) Based on One Word — Also on the Definition Standard of "Chongwen"(重文) in *Shuowen*(《说文》)

Han Lin Thongthip Namthip

(School of Liberal Arts, Minzu University of China, Beijing 100081)

Abstract: In order to explore linguistic system and source, Mr. Huang Jigang put forward "Bianyi" (变易) rule. He defined it as "Chongwen"(重文) on one word. But this idea is not equal to Yiti(异体) which traditional researcher identified it only on Han character's vision form. By analysis Mr. Huang's relevant theory and "Chongwen"(重文) examples, this paper points out "Chongwen"(重文)'s essence is "Bianyi"(变易) that is based on Chinese and Chinese localism provincialism.

Key words: Bianyi(变易); Chongwen(重文); the nature character

---

① 黄侃:《黄侃论学杂著》,第10页。
② 韩琳:《黄季刚"变易"观念辨析》,《徐州师范大学学报(哲学社会科学版)》2008年第1期,第47—48页。

先秦文字的宗教性运用演变研究[*]

——兼及道教文字崇拜起源

屈　谱

【摘　要】 中国文字在先秦产生之初便与宗教行为密切相关。前文字时代的交感巫术和占卜中尚未出现文字，商代开始出现与占卜相关的甲骨文，但仅仅是人对神意、神圣卜兆的世俗记录。周代宗法性宗教时期，在"天命无常""惟德是辅"和道德裁判神的观念下，人们试图通过人事——遵守固定规律性祭祀活动影响神意获得庇护，青铜器金文成为祭祀者表达自身功绩，向神灵（包括祖先神）汇报交流的载体。请神灵作为见证者的盟诅形式也是在宗法性宗教道德裁判神观念基础上产生的。以上文字的宗教性运用都非自身具有神性，其继承者如早期道教文书解注来自于盟诅形式、符咒来自于符节，都只能算作人事汇报和神意的传达者。至道教经教体系完善，认为灵宝五真文为道体所化，其自身便是一种神体，可用于镇坛、镇墓，这即是道教文字崇拜的产生。

【关键词】 文字；先秦宗教；道教；文字崇拜

【作者简介】 屈谱，兰州大学历史文化学院博士研究生，研究方向为先秦思想史、史前宗教与早期道教史。

（甘肃 兰州 730030）

文书崇拜也可称文字崇拜，是以文字、文书作为崇拜对象的宗教现象。学界对于文字崇拜的讨论已有一些成果，如张应斌 1991 年在《湖北民族学院学报（社会科学版）》就发表了《古代文字崇拜及其思维方式》一文，其强调中国的文字崇拜有两个阶段：第一是"神哭"神话阶段，人们在神秘"互渗"思维和万物有灵观念下创造了神界才有的文字，以此"穷神变，测幽微"，驱遣鬼神。第二是"圣创神助"神话阶段，即如伏羲氏发明八卦时，"河出图，洛出书"，神主动提供文字。张氏认为道教符箓迷信来自于前者思维方式，这种思维还发展出了"制天命而用之"的先秦朴素唯物主义思想和"天人感应"的半神秘主义思想。[①] 张氏单从创字神话角度来探讨文字崇拜的思维方式，有其创见，但较少对先秦实际存在的文字崇拜现象进行梳理，且道教符箓的驭神只是其功能，而非其神化的来源。魏红在《中国古代文字崇拜现象研究》一文中提到了敬祀字祖、敬惜字纸、祭书、字谶、测字、字符、符箓等文字崇拜或迷信的情况，并在原因探讨中提到了早期文字的使用特点。[②] 谢仁敏《论中国的文字崇拜文化》提到文字崇拜产生的关键因素在于甲骨文等文字是巫师进行祭祀活动时所使用的道具，先民们便相信它能产生某种神秘的力量，即传达上天的旨意。[③] 虽然魏红、谢仁敏等学者突破神话语境，在实用方面提到了早期文字宗教性使用在文字崇拜形成中的重要性，但他们对此论述相对较少，也没有进一步梳理甲骨文产生后先秦时期其他的文字宗教性运用情况。魏氏和张氏提到了道教符箓的产生，但都是指出符箓是文字崇拜的体现，而未对其形成过程和特殊之处进行探讨。另外，魏氏、谢氏二学者把图腾崇拜视作同等甚至更加重要的源头，但图腾崇拜的理由很难解释后世对于文本内容和经典的崇拜。另外，王向远在对比印度、日本的文化后，提出了中国文字教的概念，分析其起源神话、图腾崇拜渊源、文字

---

* 基金项目：本文为兰州大学"中央高校基本科研业务费专项资金"项目"早期道教的动物神异及其文化渊源"（编号2023lzujbkyxs013）的阶段性成果。

① 张应斌：《古代文字崇拜及其思维方式》，《湖北民族学院学报（社会科学版）》1991 年第 Z1 期。

② 魏红：《中国古代文字崇拜现象研究》，硕士学位论文，曲阜师范大学，2004 年。

③ 谢仁敏：《论中国的文字崇拜文化》，《零陵学院学报》2004 年第 6 期。

避讳、文字禁忌等表现。① 陈棣芳的《彝族的文字崇拜》讨论了彝族"造字神话中的圣人崇拜""经书崇拜""建焚书台以祭远祖"等文字崇拜风俗,为我们探索先秦文字崇拜有着借鉴意义,特别是认为经书有灵魂、法力等观念,为经书献祭招魂、祭祀前为经书去污除祟等仪式,为我们探索文字的宗教性使用和道教文字崇拜起源提供了民族志资料方面的补充。②

关于道教文字崇拜现象,赵益在《"天文"与"人文"的交合——道教"天书—真文"观念的神学内涵及其文学意义》一文中认为《元始无量度人上品妙经》对"五篇真文"的赞颂:"五文开廓,普植神灵。无文不光,无文不明,无文不立,无文不成,无文不度,无文不生。"表现了道教将"天书—真文"的具体表现"经符"视为一种"神体"。③ 这种将经符视作神体的观点是十分正确的,但其认为道教对文字的崇拜主要在于:以崇奉文字经文观念为主导的传经、授箓仪式,各类"文章"(上章)成为人神交流的媒介,诵习、书写经典(包括书写符箓)成为重要的实践手段。该观点尚可商榷,笔者认为除了这三类,应该看到灵宝真文被用作安镇斋醮祭坛和墓葬,这不是人神媒介、箓法标志、教内学习材料,而是文本本身就被视作一种被崇拜的神体。赵益认为,道教信仰者通过文字、文章"神体"追求的是最高的"道体",而不是仅仅服从于文字、文章之低一级的"神体"。这是将文字的神体与"道"信仰的道体相剥离,道教文字经典就是道体的化生,与道神一元论所诞生的道神一般,都是"道",所以赵氏这一分析无法解释仪式中对真文的供奉和用以安镇。另外还有张崇富《早期道教的文字观和经典观》一文④,其分析了道教发展过程中诵经修炼所体现的文字观和经典观,但没有提到道经文书本身作为神体的情况,故亦未对这种文字神化的渊源进行追溯。

总的来看,目前学界对文字崇拜的研究主要集中于创字神话、诸种文字崇拜习俗方面,在文字崇拜起源方面虽有提及甲骨文、图腾崇拜等,但对先秦时期文字崇拜的各种表现形式的考察仍有忽略。道教文字崇拜方面,有学者对道教中道经文字神化的原因进行探讨,但少有提到文本自身作为崇拜对象的情况,也没有探讨这种文字崇拜起源的阶段过程。两者统合观之,先秦文字的宗教性运用情况和道教文字(文书)崇拜的渊源、演变过程仍有探讨的必要。本文旨在通过对先秦文字宗教性运用的起源、发展过程进行梳理研究,并试图与道教相关内容进行衔接,以期了解道教文字崇拜的渊源所在。

一 从传达神意到请神见证:先秦文字的宗教运用

在前文字时代,新石器时代早中期的宗教形式主要是交感巫术,该时期的宗教主要是以万物有灵观念为基础的各种崇拜形式,包括自然崇拜、偶像崇拜等。这种交感巫术的宗教载体往往是各种自然存在的交感物,如老官台文化大地湾、白家村、北首岭等遗址墓葬中往往通过佩戴野猪獠牙来获得勇力。⑤ 在仰韶文化半坡类型中,陶器上大量发现了鱼、蛙以及复合型的人面鱼纹⑥,作为出生图和鱼纹象征先民们祈求的繁衍壮大,鱼纹(蛙纹)、人面纹都是一种自然崇拜祈求生殖繁衍的体现。此类还有杨官寨⑦、

---

① 王向远:《语言崇拜与东方传统语言观念的内在关联——中国"文字教"、印度"咒语"、日本"言灵"之比较》,《东北亚外语研究》2017年第4期。

② 陈棣芳:《彝族的文字崇拜》,《兰台世界》2012年第28期。

③ 赵益:《"天文"与"人文"的交合——道教"天书—真文"观念的神学内涵及其文学意义》,《学术交流》2017年第11期。

④ 张崇富:《早期道教的文字观和经典观》,《四川大学学报(哲学社会科学版)》2003年第4期。

⑤ 甘肃省文物考古研究所:《秦安大地湾:新石器时代遗址发掘报告》,文物出版社,2006年,第875、68页;中国社会科学院考古研究所:《临潼白家村》,巴蜀书社,1994年,第111页;中国社会科学院考古研究所:《宝鸡北首岭》,文物出版社,1983年,第123、126页。

⑥ 中国科学院考古研究所、陕西省西安半坡博物馆:《西安半坡:原始氏族公社聚落遗址》,文物出版社,1963年,第166页。

⑦ 陕西省考古研究院:《陕西高陵杨官寨遗址发掘简报》,《考古与文物》2011年第6期。

大地湾遗址（四期）陶祖①，以及后者同遗址晚段 F411 的特殊地画②。这一时期的交感巫术是在相似或同类事物之间，以及同一事物整体与部分中的神力传递。新石器时代晚期，属于萨满祭祀的时代，出现了玉琮、祭坛这样的祭天工具和遗址，如西辽河流域的红山文化牛河梁遗址坛冢结合的大型祭祀遗址③、良渚文化大型祭坛及其上随葬玉琮④的豪华墓葬⑤，说明这时候已经出现了对天的崇拜，以及随之产生固定的人神沟通的中介，即萨满⑥，这正是"绝地天通"的时代，宗教载体变成了萨满等神权人物、玉琮上描绘的通天神兽。该时期，中原地区及其周边地区许多遗址中都有卜骨被发现，如：下王岗遗址仰韶三期遗存⑦、下潘汪遗址⑧、后冈遗址⑨、瓦店遗址⑩、傅家门遗址石岭下类型遗存⑪、富河沟门遗址⑫等。占卜作为萨满通神的一种形式，被人赋予神意解读的卜兆第一次将宗教神意载体从交感自然物、神权人物、神兽扩展到了人造物体上，但该时期尚未出现卜兆的解释性文字。至商代，虽然其青铜器纹饰中体现了当时仍存在萨满通神的形式⑬，但随着占卜而产生的中国目前已知最早的系统性文字——甲骨文也出现了。根据现存的甲骨文内容来看，其产生与宗教密切相关，汪德迈在《中国思想的两种理性：占卜与表意》就提到："龟骨刻文不来自口语……为了究竟占卜。"⑭汪氏将中国的卜骨、卜甲的占卜卜辞称之为序辞（干支系统）、卜人（人名）和所占之事（被称为"命辞"的问题），还有占辞的"占卜方程式"。虽然甲骨文与宗教占卜行为密切相关，但甲骨文是记载占卜仪式中的行为与神意，这种文字是由祖先神、天帝等神灵的神力赋予其神圣性的，自身作为记录并不具有神性。

　　商末开始出现周祭制度，神本位开始向人本位转变，人们试图通过人事——遵守固定规律性祭祀活动影响神意获得庇护。西周时期，随着宗法性宗教和礼制的出现，在"天命无常""惟德是辅"的观念下，人们将神灵视作德行的裁判神，将遵守礼制、明德昭孝视作与神交通、左右神意的方式，如《尚书·康诰》"克明德慎罚……闻于上帝，帝休，天乃大命文王，殪戎殷，诞受厥命，越厥邦厥民"。⑮在班簋"隹（唯）敬德，亡逌（攸）违。"（《殷周金文集成》04341）大盂鼎铭文"酨（畯）正乎（厥）民，在雪（于）卲（御）事，叡，酉（酒）无敢酖（酗），有髭（祡）莑（蒸）祀，无敢醶（醻）。"（《殷周金文集成》02837）毛公鼎"不（丕）

　　① 甘肃文物考古研究所：《秦安大地湾：新石器时代遗址发掘报告》，第 584 页。

　　② 于嘉芳、安立华：《大地湾地画探析》，《中原文物》1992 年第 2 期。

　　③ 辽宁省文物考古研究所：《牛河梁：红山文化遗址发掘报告（1983—2003 年度）》，文物出版社，2012 年，第 481—482 页。

　　④ 中国古籍向有璧祭天、琮祭地的礼制记载，如《周礼·春官·大宗伯》记载"以玉作六器，以礼天地四方：以苍璧礼天，以黄琮礼地……"。但在新石器时代晚期，玉琮多见于祭天的高台之上，所以结合玉琮形制，也有较多学者认为玉琮可以用于祭天，如苏秉琦认为"玉琮是专用的祭天礼器，设计的样子是天人交流"。张光直也在讨论萨满祭祀的时候认为其是"贯通天地的法器"。孙诒让：《周礼正义》，中华书局，1987 年，第 1389—1390 页；苏秉琦：《中国文明起源新探》，生活·读书·新知三联书店，2019 年，第 135 页；张光直：《谈"琮"及其在中国古史上的意义》，《文物与考古论集》，文物出版社，1986 年，第 257 页。

　　⑤ 浙江省文物考古研究所：《余杭瑶山良渚文化祭坛遗址发掘简报》，《文物》1988 年第 1 期。

　　⑥ 张光直认为，萨满教的基本特征是以巫觋作为人神交往的媒介，我国汉族以及南方许多民族的宗教信仰都与萨满教有相近之处。其采用亚瑟·瓦立的定义："在古代中国，祭祀鬼神时充当中介的人称为巫。据古文献的描述，他们专门驱邪、预言、卜卦、造雨、占梦……中国的巫与西伯利亚和通古斯地区的萨满有着极为相近的功能，因此，把'巫'译为萨满是……合适的。"（张光直：《美术、神话与祭祀》，郭净译，生活·读书·新知三联书店，2013 年，第 34、38 页）许兆昌也认为先秦社会的巫，共基本功能是降神，与萨满相似，而与西方的巫师有着较大的区别。（许兆昌：《先秦社会的巫、巫术与祭祀》，《史学集刊》1997 年第 3 期）

　　⑦ 河南省文物研究所、长江流域规划办公室考古队河南分队：《淅川下王岗》，文物出版社，1989 年，第 200 页。

　　⑧ 河北省文物管理处：《磁县下潘汪遗址发掘报告》，《考古学报》1975 年第 1 期。

　　⑨ 中国社会科学院考古研究所安阳工作队：《1979 年安阳后冈遗址发掘报告》，《考古学报》1985 年第 1 期。

　　⑩ 河南省文物考古研究所：《河南禹州市瓦店龙山文化遗址 1997 年的发掘》，《考古》2000 年第 2 期。

　　⑪ 中国社会科学院考古研究所甘青工作队：《武山傅家门遗址的发掘与研究》，《考古学集刊》第十六集，科学出版社，2006 年，第 412 页。

　　⑫ 中国科学院考古研究所内蒙古工作队：《内蒙古巴林左旗富河沟门遗址发掘简报》，《考古》1964 年第 1 期。

　　⑬ "我们必然得出这样的结论：商周青铜器上的动物纹样有其图像上的意义：它们是协助巫觋沟通天地神人的各种动物的形象。"张光直：《美术、神话与祭祀》，第 57 页。

　　⑭ 〔法〕汪德迈：《中国思想的两种理性：占卜与表意》，北京大学出版社，2016 年，第 2 页。

　　⑮ 孔颖达等正义：《尚书正义》，《十三经注疏》，上海古籍出版社，1997 年，第 205 页。

显文武,皇天引厌乓(厥)德,配我有周……告余先王若德,用印(仰)卲(昭)皇天,(申)(绍)大命,康能四或(国),俗(欲)我弗乍(作)先王忧。"(《殷周金文集成》02841)等金文中都反映出了西周时期的人们认为人事行为左右天意。那么怎么将人们履行明德、尊礼的行为传达上天呢? 正是青铜器上的金文,如㝬簋铭文称:

> 王曰:有余佳(唯)小子,余亡康昼夜,巠(经)雝先王,用配皇天,簧嗜躲(朕)心,墬(施)于㝬(四)方,肆余吕(以)餗士献民,再盩先王宗室,㝬乍(作)鼏彝寶殷,用康惠躲(朕)皇文刺(烈)且(祖)考,其各前文人,其濒才(在)帝廷陟降,𩰤(申)國(绍)皇□大鲁令,用鬶保我家、躲(朕)立(位)、㝬(胡)身,陁陁降余多福害(宪)糞(烝),宇慕远猷,㝬其万年鼏,实躲(朕)多御,用祈寿,匄永令(命),畋(畯)才(在)立(位),乍(作)糞才(在)下。佳(唯)王十又二祀。(《殷周金文集成》04317)

其中提到合于天意、配皇天的方式是不安闲放逸,维护坚持先王的政德。在宗教中祭祀、制作宝器纪念先王,他们上升天庭和上帝一起赐福周王。人们即通过制作青铜器,向祖先神、天神汇报自己继承坚守祖先之德行、明德昭孝,做出了自己的功绩,希望神灵知晓这些,以施加庇护。在此过程中,文字便在人神沟通中起到了至关重要的作用,这是文字宗教性运用的一个重要阶段。

文字的这种地位是因为宗法性宗教中神灵性质由自然意志向道德裁判转变造成的,这也体现在周代出现的盟诅宗教形式中。周代大量发现盟诅遗迹,盟誓的仪式也是祭祀的一种形式。《周礼·司盟》"掌盟载之法"注:"载,盟誓也,盟者书其辞于策,杀牲取血,坎其牲,加书于上而埋之,谓之载书。"这样带有坎祭牺牲的仪式明显带有告知鬼神,受其监督的意义。山西出土的东周侯马盟书有"皇君晋公"①等祖先亡魂的监督,也有盟誓并未提及这类祖先名号,径直在结尾记"明亟殛之,麻塞非是"的文字,是神明鉴察、诛灭之意②。《左传·襄公十一年》载伐郑诸侯会盟盟书:"或间兹命。司慎司盟,名山、名川,群神、群祀,先王、先公,七姓、十二国之祖,明神殛之。"③则知天神、山川群神、祖先皆是证盟的神灵。这些文书是将盟誓内容请神灵监督,并授权神灵执行违盟的惩罚。文献中的盟誓文字则指出了除祖先神外的其他神灵的监督,如《国语·越语下》:

> 王命工以良金写范蠡之状而朝礼之,浃日而令大夫朝之,环会稽三百里以为范蠡地,曰:"后世子孙,有敢侵蠡之地者,使无终没于越国,皇天后土、四乡地主正之。"④

北宋时出土的战国秦《诅楚文》石刻也载:"亦应受皇天上帝,及大沈厥湫之乐灵德赐,克剂楚师,且复略我边城。敢数楚王熊相之倍盟犯诅,箸者石章,以盟大神之威神。"⑤《左传》中的盟誓语言后常见"有如……",后多接"河""日""上帝""先君"等神灵。⑥ 表明当时盟后有诅的内容,并往往采取神灵监督惩罚的形式。

周代青铜器本身也体现了商周之际的信仰变化。新石器时代还有大量幻想动物的纹饰雕像,如赵宝沟文化卷曲蛇身的鹿纹、良渚文化玉琮神徽和红山文化大量龙形玉器,至夏代有二里头遗址的绿松石龙形摆塑,商代有青铜器上大量饕餮等幻想动物纹饰、虎食人(鬼)纹饰,以及众人(巫)抬灵兽的青铜器型,这类纹饰和雕塑在三星堆遗址中也有发现。这些纹饰被认为是动物崇拜或萨满通灵的产物,商代青铜器纹饰繁复、存在大量神兽纹饰,这种纹饰与上文所提到的商代神系系统相结合,展现了商代神本位的祭祀传统,依靠神兽协助萨满与天神沟通,并左右、传达神意。但到周代,青铜纹饰呈抽

① 张颔、张守中、陶正刚著,山西省文物工作委员会编:《侯马盟书 第1册》,三晋出版社,2016年,第39页。
② 张颔、张守中、陶正刚著,山西省文物工作委员会编:《侯马盟书 第1册》,第44页。
③ 杜预注:孔颖达等正义:《春秋左传正义》,《十三经注疏》,上海古籍出版社,1997年,第1950页。
④ 韦昭注,徐元诰集解,王树民、沈长云点校:《国语集解》,中华书局,2019年,第622页。
⑤ 郭沫若:《郭沫若全集 考古编第9卷 石鼓文研究·诅楚文考释》,科学出版社,1982年,第298页。
⑥ 杨伯峻:《春秋左传注》,中华书局,1981年,第413页。

象简约趋势，取而代之的是大量金文的出现。这一现象就是前文所提到的周代宗法性宗教的产物，人们在"天命无常""惟德是辅"的观念下，抛弃了与天沟通工具的神兽纹饰，而是转为通过金文表达功绩、德行，以此获得祖先、上天护佑（天命）。文字逐渐取代了图像、纹饰所蕴含的宗教情感，即如陈雍所论"周代青铜器上铭文与纹饰的功能转换，反映了周人'神本意识'向'人本意识'的转化。""当长篇记事铭文在青铜器上流行开来的时候，纹饰此刻成了真正的装饰，成了人们对传统文化的一种礼貌性纪念。"[①]不过这种人本意识并非完全无视神灵而进行纪念而已，而是在左右神意的行为上，人们转向了人事行为而非神学祭祀。曹芳也提到，周公制礼作乐也体现在西周青铜艺术新风格上，其特点有四："列鼎制度形成、器物造型趋于简洁典雅、装饰题材与风格的抽象化与几何化、金文大兴。"[②]列鼎制度反映青铜器被用来展现礼制中的等级化，纹饰造型体现抽象化和几何化、金文大量出现，是体现文字取代纹饰成为宗教交通的载体，纹饰主要是萨满形式下天人由神兽交通或协助萨满交通，文字则是将神视作道德神，文字展现的是符合礼制的明德功绩，是将神视作裁判神。这两者的区别是神本位和人本位的区别。强调分封册命的金文，是向神灵体现其统治符合礼制。往往与功业在一起记录，反映这仍然是宗法性宗教下裁判神之天背景的产物。曹氏还提到"商器需以其纹饰展现神权至上的理念，周器则以文字来记载现世辉煌的功业。"商代需要灵兽萨满祭祀与天交通，说服祈求神灵神能帮忙或不降祸。而周代则不需要对神直接祭祀，而是通过对仪式的遵守来完成，当然祭祀也是仪式神化的一部分。宗法性宗教背景下，以祖先功业这样的人事左右天意，以获得天命，子孙统治长久。这不单单是一种记录和炫耀，而是向神灵汇报和盟誓。青铜器纹饰呈抽象化和序列化的趋势，文字替代纹饰成为宗教表达的主体。青铜器金文成为祭祀者表达自身功绩，向神灵（包括祖先神）汇报交流的载体。

二　从盟诅、符节到道真之体：道教文字崇拜的出现

（一）先秦盟诅与解注文

近代以来，在东汉魏晋南北朝墓葬中大量发现与道教有关的镇墓器物，如书写有镇墓文的陶罐、砖券、铅券，有的还带有神符。学界多有对此类器物的研究成果，如贾小军和武鑫的《魏晋十六国河西镇墓文、墓券整理研究》收集整理了河西地区至 2017 年为止出土的所有镇墓文材料，并对相关问题进行了探讨[③]；黄景春的《早期买地券、镇墓文整理与研究》收集了较为全面的镇墓文出土资料，除基本释文外还对一些特殊词汇进行了考证[④]。对于镇墓文内容和思想渊源，刘昭瑞的《考古发现与早期道教研究》认为，"解"字是具有攘除、驱逐这类特定含义的宗教术语，解注文产生的背景应当是巫医不分的背景下，人们遭受流行的风注、鬼注、五注等注病，试图通过解注活动要求死者不得注连生人，完全断绝亲人之情。[⑤] 何江涛的《巫术、仪式与死亡：西方宗教人类学视域下的汉晋解注文》认为，解注文主要用于墓葬解注与厌镇，是交感巫术下巫师运用解注仪式执行人基于对亡魂恐惧的"生死异路"思想。[⑥] 张勋燎在《中国道教考古》中认为，其核心思想则是以阴阳五行为基础，"死人行阴，生人行阳，各自有分画（划），不得复交通，莫复来归地上。"生人属阳，死者属阴而成鬼，阴阳有别，死者的鬼魂绝对

---

① 陈雍：《商周时期艺术与文学的认知考古学探索——〈青铜与文字的婚礼——夏商周神话、艺术与思想〉读后》，《北方文物》2022 年第 2 期。

② 曹芳、张懋镕：《周公"制礼作乐"与西周青铜文化的转型》，《求索》2013 年第 6 期。

③ 贾小军、武鑫：《魏晋十六国河西镇墓文、墓券整理研究》，中国社会科学出版社，2017 年，第 124 页。

④ 黄景春：《早期买地券、镇墓文整理与研究》，博士学位论文，华东师范大学，2004 年。

⑤ 刘昭瑞：《考古发现与早期道教研究》，文物出版社，2007 年，第 21—32 页。

⑥ 何江涛：《巫术、仪式与死亡：西方宗教人类学视域下的汉晋解注文》，《宗教学研究》2021 年第 4 期。

不能与生人发生任何接触,死鬼和生人的接触,是造成生者祸殃的根源。①

以上三位分别从解除注病连累、压镇令人恐惧的亡魂、阴阳五行观念下生死有别思想三个方面探讨了解注文的产生背景,学界观点大多都可以归入此三类。

从解注文内容来看,解注文中很大一部分内容是对亡魂的保护,整体不是压胜而是一种盟誓形式。其继承了周代以来的盟诅形式,在神灵的监督下盟诅,但多没有提到惩罚。敦煌祁家湾墓地出土元康六年镇墓文:

> 元康六年正月丙辰朔六日甲子直开,窦秉之身死,今下斗瓶、五谷、铅人,用当复地上生人,青乌子、北辰,诏令死者自受其央,罚不加两,移央咎,远与他乡。如律令!②

学界多以此类文字说明解注文是对墓主亡魂的厌胜,而忽略一些对护卫亡魂的文字,如熹平二年张叔敬镇墓文:

> 熹平二年十二月乙巳朔十六日庚申,天帝使者告张氏之众三丘五墓、墓左墓右、中央墓主、冢丞冢令、主冢司命、魂门亭长、冢中游徼等:敢告移丘丞墓柏、地下二千石、东冢侯、西冢伯、地下击牲卿、耗里伍长等:今日吉良,非用他故,但以死人张叔敬,薄命蚤死,当来下归丘墓。黄神生五岳,主死人录,召魂召魄,主死人籍。生人筑高台,死人归,深自埋,眉须以落,下为土灰。念故进上复除之药,欲令后世无有死者。上党人参九枚,欲持代生人。铅人,持代死人。黄豆瓜子,死人持给地下赋。立制、牡厉辟涂咎,欲令祸央不行。传到,约令地吏,勿复烦扰张氏之众。急急如律令。③

该类解注文中用大量文字打理墓主亡魂有关的事务,包括为亡魂随葬黄豆瓜子上赋、通报诸神等。更重要的是除了以人参代替生人受殃外,还为死者提供了铅人作为替身。这类镇墓文也较为常见,如东汉建和元年镇墓文:"故以自代铅人。铅人池池,能舂能炊,上车能御,把笔能书。"④灵宝张湾汉墓镇墓文:"谨以铅人金玉,为死者解迍,生人解罪遇(过)。"⑤特别是建兴廿八年"松人"解除简:

> 死者王群洛子所犯,柏人当之,西方有呼者,松人应之,地下有呼者,松人应之。……主人拘校复重,松人应之,死人罚适作役,松人应之,六畜作役,松人应之。……若松人前却,不时应对,鞭笞三百,如律令。⑥

再如一些买地券上同见解注文字,如:

> 光和二年,十月辛未朔,三月癸酉。告墓上、墓下、中央主土。敢告墓伯、魂门亭长、墓主、墓皇、墓䚢:青骨死人王当、弟伎偷(?)及父元兴等,从河南□□□□□子孙等,买谷郏亭部北陌西家(冢?)田十亩以为宅,贾(价)直(值)钱万。钱即日毕。田有丈尺,券书明白。故立四角封界,界至九天上,九地下。死人归萬里,地下□□何□姓□□□佑富贵,利子孙。王当、当弟伎偷及父元兴等,当来入藏,无得劳苦苛止,易(亦)勿䌛使。无责父母、兄弟、妻子、家室,生人无央(殃)咎。令死者无适负。即欲有所为,待焦大豆生,铅券华荣,鸡子之鸣,乃与□神相听。何以为真(证?)铅券尺六为真(证)。千秋万岁,后无死者。如律令!
>
> 券成。田本曹奉祖田卖与左仲敬等,仲敬转卖□□□弟伎偷父元兴。约文□□,时知黄唯、留登胜。⑦

---

① 张勋燎、白彬:《中国道教考古 2》,线装书局,2006 年,第 510 页。

② 贾小军、武鑫:《魏晋十六国河西镇墓文、墓券整理研究》,第 9 页。甘肃省文物考古研究所、戴春阳、张珑:《敦煌祁家湾——西晋十六国墓葬发掘报告》,文物出版社,1994 年,第 121—122 页。

③ 吕志峰:《东汉熹平二年张叔敬朱书瓦缶考释》,《中文自学指导》2007 年第 2 期。

④ 黄景春:《早期买地券、镇墓文整理与研究》,第 106 页。

⑤ 河南省博物馆:《灵宝张湾汉墓》,《文物》1975 年第 11 期。

⑥ 连劭名:《建兴廿八年"松人"解除简考述》,《世界宗教研究》1996 年第 3 期。

⑦ 张勋燎、白彬:《中国道教考古 1》,第 199—200 页。

以上说明，生人在解注文中不仅仅是单纯想厌胜亡魂，也在积极为墓主考虑，向冥界购买地域，提供给神灵的赋物，通报管理冥界的诸神，使用鈆人等作为其替身应对罚谪作役等。① 这就体现出一种矛盾的心理，一方面想守护亡魂，一方面又想远离亡魂而不致使生人受伤。

在此背景下重新审视解注文，我们可以发现这其实为一种盟诅，而且措辞远较一般盟诅轻，也未提及惩罚措施，但基本具有人鬼双方各自义务、神灵监督的因素在，特别是约定"待焦大豆生，鈆券华荣，鸡子之鸣，乃与□神相听"这类不可能实现的标志，更加体现解注文的盟誓形式。② 至于惩罚措施似未提及，却表现在道教文献所载的各种解注法术中，如《上清天枢院回车毕道正法》"注失：绯紫之神，传尸劳鬼，父母呪咀，北方亲友之鬼。门神宅土不安"③；《太上助国救民总真秘要》"炁（《中华道藏》作黑，据《正统道藏》改）杀灵符摺北帝诀"："炁杀灵符，镇宅安龙。驱遣五瘟七痉行病之鬼，新死故亡雌雄注射传尸复连，山魈泉石倚草附木，应有一切不道鬼神，闲殃虚耗，准太上符到，速去他方。急急如律令。取北斗真炁吹之。"④《灵宝无量度人上经大法》"元始祖劫"符："镇宅祛邪，绝传尸之鬼。"⑤《法海遗珠》"五方安土符"："符命告下某家五方五土土公土母，五方镇宅龙王……咸准符命，安镇宅庭，伏尸故炁……"⑥道教解注法术往往与家宅安宁相关，是因为这时属于解注文盟誓之后诅的步骤，是针对于亡魂背弃解注文之盟誓而来害生人家宅，故才以神灵执行法术镇压。

（二）安镇真文与道真之体

解注文是道教对先秦文字宗教性运用的继承发展，仍是属请神见证的盟诅类，自身并不具有神性。真正文字本身的崇拜要到道教较为成熟的时期，即以真文为大道所化，自身具有道体神性。见《元始五老赤书玉篇真文天书经》：

> 《元始洞玄灵宝赤书玉篇真文》，生于元始之先，空洞之中。天地未根，日月未光，幽幽冥冥，无祖无宗，灵文晻蔼，乍存乍亡。二仪待之以分，太阳待之以明。灵图革运，玄象推迁，乘机应会，于是存焉。⑦

又《灵宝无量度人上品妙经》：

> 元始洞玄灵宝本章，上品妙首，十回度人，百魔隐韵，离合自然，混洞赤文，无无上真，元始祖劫，化生诸天，开明三景，是为天根。上无复祖，唯道为身。五文开廓，普殖神灵。无文不光，无文不明，无文不立，无文不成，无文不度，无文不生。⑧

另外同经还载："道言：此诸天中大梵隐语无量之音，旧文字皆广长一丈。天真皇人昔书其文，以为正音。"⑨上述道经就谈到灵宝五真文是先于元始祖劫而生，在空洞之中若存若亡，最终在元始祖劫后化生诸天，成为天根，光日月、分二仪，天真皇人将其书写下来，并作正音。从这些描述就可以看出灵宝五真文先天而生、为天根、分二仪的功用与道家、道教所论之"道"十分接近。查《太上黄箓斋仪》

---

① 《太平经》中就强调没有天神的薄文，鬼怪等是不能私自伤人的，否则就要被罚做苦役，重的可以处死。这一方面体现了亡魂有劳役之苦，另一方面也体现了在伤人的问题上天神有与鬼怪的盟誓及其惩罚规定。这是解注文盟誓形式的经文基础。见《有过死谪作河梁诫第一百八十八》："各簿文非天所使，神灵精物不得病人。辄有因自相检伤，自相发举，有过高至死，上下谪作河梁山海，各随法轻重，各如其事，勿有失脱。"杨寄林译注：《太平经》，中华书局，2013 年，第 1871 页。

② 目前发现最早可明确判为道士墓的道士郑丑墓，内部出土的买地券最后即是"证知者东王公、西王母……"字样。参见程欣人：《武汉出土的两块东吴铅券释文》，《考古》1965 年第 10 期。

③ 张继禹主编：《中华道藏》第 31 册，华夏出版社，2014 年，第 533 页。

④ 张继禹主编：《中华道藏》第 30 册，第 330 页。

⑤ 张继禹主编：《中华道藏》第 35 册，第 33 页。

⑥ 张继禹主编：《中华道藏》第 41 册，第 540 页。

⑦ 张继禹主编：《中华道藏》第 3 册，第 1 页。

⑧ 张继禹主编：《中华道藏》第 34 册，第 320 页。

⑨ 张继禹主编：《中华道藏》第 34 册，第 324 页。

之《镇坛真文玉诀》"真文赤书安镇法":

> 光庭曰:在昔元始天尊,混元既判,三炁开图。以大道元精真一之气,化为灵宝;赤书凝结成文,降于五方。以镇安天地,招真命灵……当建斋之时,以真文玉字,安镇五方。①

以及《元始无量度人上品妙经四注》"上无复祖,唯道为身"条:

> 东曰:祖,宗也。上无所宗,唯道炁结精而后成其身也。幽栖曰:既齐混沌之物,复在天地之先,故云上无复祖也。真文之质即道真之体为文,故云唯道为身也。玄英曰:此举真文之体,为诸天之根本,禀元始妙炁之自然,而化成大道之法身。妙炁自成,不复更有先祖也。②

明确指出灵宝五真文就是大道所化,与道神一样,真文自身便是一种神体,所以经中确指出其功效"无所不为"。在这种特点下,灵宝五真文被供奉起来,如《太上大道玉清经》"传写真文龙章凤篆,供养礼拜,专心诵念"③,还也被广泛用于安镇,如斋醮祭坛与墓葬。

除上文《太上黄箓斋仪》载"当建斋之时,以真文玉字,安镇五方。"还见《金箓斋启坛仪》:"又用青纸五幅,朱书五方真文,置五方案上。"④《无上黄箓大斋立成仪》:"所镇灵宝五老赤书真文,详其所为,只通四种:一则求仙受道……二则禳制星辰……三则摧伏魔鬼……四则蠲消水害……五篇之用,于斯毕矣。"⑤《灵宝领教济度金书》:"五灵列位,玄坛垂安镇之仪……升坛阐事,先敷露于真文。惟贻凌躐之愆,宣赖照临之造。愿迁霞驭,来驻云帏。法众运诚,修斋奉请。"⑥正是由于灵宝五真文为道所化的神体,具有求仙受道、禳制星辰、摧伏魔鬼、蠲消水害等无穷神能,故斋醮设坛以其安镇于五方。除了镇坛,五方真文还用于镇墓等,如宋代刘六一娘墓、邓世英墓等相关镇墓文石刻。⑦

另外,道教文字的宗教性运用还有神符形式,与上述真文的宗教性尚有区别。见《太上洞玄灵宝十号功德因缘妙经》:

> 道君告普济曰:第一本文者,天书八会凤篆龙章,是为天地万物之本,开化人神,成立诸法,主召九天神仙上帝,较定图箓,调政璇玑,摄制酆都,降魔伏鬼,勅命水帝,召龙止云,天地劫期,圣真名讳,所治台城,众圣境界,广宣分别,种种皆差,服御元精化形之法,皆演玄妙,明了具足。第二神符者,云篆之文,神真之信,召摄众魔,威制神鬼,总气御运,保命留年……⑧

真文是道体所化,自具神格,无所不能;而神符则是神真之信。先秦两汉的大量文献记载中,符多作符节印信的意思,《说文》:"符,信也……分而相合。周礼,门关用符节。注曰,符节者、如今宫中诸官诏符也……符合乃听受之。"⑨正如世俗中以符为信,道教也借用此名指代神灵之信,变实体的符节为符文,用来召驭鬼神,《太上玄灵北斗本命延生真经注》:"符者,律令也,可以召万神、禳众恶也。"⑩《云笈七签》"释《神虎上符消魔智慧经》"条:"符者,信也。太上之信,召会群灵。"⑪《洞神八帝元变经·服符见鬼第五》载:"符者,盖是天仙召役之神文。"⑫正因为符为神灵之信,而非道之本体,所以符本身并非神体,而是被神灵和大道赋予了神力,故《太玄金锁流珠引》:"又曰:符者,止是以假道之威力,止

---

① 张继禹主编:《中华道藏》第43册,第321页。
② 张继禹主编:《中华道藏》第3册,第368—369页。
③ 张继禹主编:《中华道藏》第4册,第561页。
④ 张继禹主编:《中华道藏》第43册,第8页。
⑤ 张继禹主编:《中华道藏》第43册,第521页。
⑥ 张继禹主编:《中华道藏》第39册,第176页。
⑦ 参见张勋燎、白彬:《中国道教考古5》,第1495页;徐菲:《〈灵宝赤帝炼度五仙安灵镇神三炁天文〉简析》,《宗教学研究》2010年第3期。
⑧ 张继禹主编:《中华道藏》第4册,第220页。
⑨ 许慎撰,段玉裁注:《说文解字注》,上海古籍出版社,1988年,第191页。
⑩ 张继禹主编:《中华道藏》第6册,第710页。
⑪ 张继禹主编:《中华道藏》第29册,第82页。
⑫ 张继禹主编:《中华道藏》第4册,第495页。

靖断精鬼,不为祟害于人物。"①

虽然道经中说先有真文经典,然后有符箓之信②,但从历史上看,道教对符的使用早于真文崇拜,如《太平经》:"辄有符传,以为信行。"③《后汉书·方术列传》:"又为作一符,曰:'以此主地上鬼神。'……又河南有曲圣卿,善为丹书符劾,厌杀鬼神而使命之。"④神符在道教产生之初便在使用,而真文崇拜要在经教体系较为完善后才有其产生条件。

结语

中国文字在先秦产生之初便与宗教行为密切相关。前文字时代的交感巫术和占卜中尚未出现文字,商代开始出现以记录占卜的甲骨文,但仅仅是人对神意、神圣卜兆的世俗记录。周代宗法性宗教时期,在"天命无常""惟德是辅"和道德裁判神的观念下,人们试图通过人事——遵守固定规律性祭祀活动影响神意获得庇护,青铜器金文成为祭祀者表达自身功绩,向神灵(包括祖先神)汇报交流的载体。请神灵作为见证者的盟诅形式也是在宗法性宗教道德裁判神观念基础上产生的。以上文字的宗教性运用都非自身具有神性,早期道教文书如解注文来自于盟诅形式,符咒来自于符节,都只能算作人事汇报和神意的传达者。至道教经教体系完善,认为灵宝五真文为道体所化,其自身便是一种神体,可用于镇坛、镇墓,这即是道教文字崇拜的产生。

The Religious Use of Chinese Character in Pre-Qin China
— The Origins of Taoist Scriptures Worship

Qu Pu

(College of History and Culture, Lanzhou University, Lanzhou 730030)

Abstract: Chinese writing has been closely associated with religious behavior since its creation in the pre-Qin period. In primitive societies where sympathetic witchcraft and divination were prevalent, writing had not yet appeared, and oracle-bone inscriptions related to divination began to appear in the Shang Dynasty, but they were only secular records of divine will and sacred omens. During the patriarchal religious period of the Zhou Dynasty, under the concepts of "the will of the gods is subject to change", "the gods only assist virtuous kings", and "gods are the moral judges of human society", people attempted to influence the divine will through human affairs - following fixed rules of sacrificial activities to obtain protection. Bronze and bronze inscriptions became a carrier for worshippers to express their achievements and report and communicate to gods. The Mengzu form of inviting gods as witnesses also emerged based on the concept of gods as moral judges in patriarchal religions. The text used for these religious ceremonies in the preceding text does not possess divinity in itself. As its successor, the early Taoist documents - Jiezhu script derived from Mengzu form,

---

① 张继禹主编:《中华道藏》第 33 册,第 130 页。

② "盖符者,信也;箓者,籍也。符箓为用,取约信典籍之义也。在昔龙汉祖劫,梵清景三炁初分,五文开廓,元始上帝乃命天真按笔模写其文,结为云篆,于是分符章经道,籍而成书,上秘天宫,下镇海岳。中古而降,天不爱道,流传人间。故符箓为天之约信典籍,而通乎鬼神者也。"张继禹主编:《中华道藏》第 36 册,第 102—103 页。

③ 杨寄林译注:《太平经》,第 2000 页。

④ 范晔撰,王光谦集解:《后汉书集解》,中华书局,1984 年,第 958、960 页。

Taoist talismans derived from Fujie, can only be considered as personnel reports and messengers of divine intentions. During the period when the Taoist scripture system was perfect, Taoist disciples believed that the Lingbao Wuzhen Wen was transformed into the "Dao" and was itself a divine body that could be used to control altars and tombs. This was the emergence of Taoist scriptures worship. From its inception, Chinese writing has been a symbol of kinship politics and religious power, and the status of this symbol of religious power has been shaped by the close connection between writing and religious behavior.

Key words: Chinese character; pre-Qin religion; Taoism; scriptures worship

"六书"与地名俗字的形成原理

——以江浙地名为例

蔡 佞

【摘 要】我国众多方言地名中俗字占比不少。这些地名俗字有的字形罕见,有的同形不同音义,给公众书写、交际带来不少障碍,也对地名研究提出了更高要求。本文在搜集当地方言口语用法基础上运用传统"六书"理论探究俗字的构造与形成,以理论联系实际为指导思想,研究、解释了江浙地区几十个地名俗字的含义和造字理据,突破了以往志书多通过传说、故事等民间文学角度阐释地名俗字、俗词来源的局限。

【关键词】地名;俗字;六书;吴语;江浙

【作者简介】蔡佞,供职于苏州市公安局,苏州市政协文史研究员,苏州市地名咨询专家组成员。研究方向为吴语方言、方言地名。(江苏 苏州 215131)

地名俗字是指主要用于地名中的非规范汉字。地名中的俗字在小范围内通行,多数是当地人为了记录方言词而自造的字。这些字有的字形怪异,字书、词典都没有记载,有的虽然可以查到,但实际只是与已有汉字"同形",词义上却毫无关联。因此研究、破解地名俗字方法至关重要,我们认为从方言和造字角度入手探究俗字是比较好的途径。

江浙地区地名俗字资料相对较全。刘美娟详细搜集、整理了浙江地区地名俗字①,但书中对俗字词义、成因的解释仍然薄弱,一般仅停留在志书转引和查辞书的层面上。我们拟以江浙地区地名俗字为例,用传统"六书"理论分析俗字构造方式,并结合方言词汇调查阐释俗字词义,从语言文字角度对这些地名俗字做一次较为科学的讨论。

一 六书与地名俗字

六书是汉代许慎对古代汉字造字方法的分类,是汉字构造的六种基本原则,具体有象形、指事、会意、形声、假借和转注六种。六书说是汉字构造的系统理论②,也是传统小学研究的主要课题,历代研究成果汗牛充栋,具体可参马叙伦、韩伟、党怀兴、孙中运等的讨论③,本文不赘。六书分类法一直沿用至今,近现代虽有不少学者指出六书说诸多不足,并提出了许多新的分类方案,但这并不意味着我们能够分出很合理的类来④。因此本文分析地名俗字造字方法时仍沿用传统六书名称。

六书是对造字方式的一种人为划分。具体到某个字,不同人可能存在不同看法。表意字里头分类界线有时就不是很明确。例如下文提到指溪坑的俗字"氵",按照裴锡圭表意字分类属于变体字⑤,即通过减少"水"笔画的方式来表示小溪、溪坑的含义。马乾认为改变原字形的部分笔画来明确所描写

---

① 刘美娟:《浙江地名疑难字研究》,中国社会科学出版社,2012 年。
② 裴锡圭:《文字学概要》,商务印书馆,2013 年,第 103 页。
③ 马叙伦:《〈说文解字〉六书疏证》,上海书店,1985 年;韩伟:《六书研究史稿》,中国文联出版社,2000 年;党怀兴:《宋元明六书学研究》,中国社会科学出版社,2003 年;孙中运:《六书新论》,吉林文史出版社,2012 年。
④ 裴锡圭:《文字学概要》,第 114 页。
⑤ 裴锡圭:《文字学概要》,第 137 页。

事物的具体特征属于指事①,那么分"水"的一半表示小水流,"氵"也能看成是指事字。这种差异实际是人为分类时各人的着眼点或标准不同而已。本文不过分细究俗字构造归属哪一类,而把论述重点放在地名俗字形成的方式和理据,这才是我们的兴趣所在。

地名俗字构造方式基本可以用传统"六书"解释,此外还有少数简化而形成的俗字。和历史上的多数汉字一样,这些俗字构造使用象形、指事、会意相对较少,形声和假借是最主要的造字手段,约占到全部地名俗字的九成。

不同的历史时代或地域,可能会形成相同字形的俗字。我们认为讨论俗字的具体造字方法要根据俗字的方言义来判断。温州一带俗字"不 gø⁸"义为段、断。断木为段,是个会意字。在徽州地区俗字"不 teʔ⁷"指植物砍伐或收割后剩余的根,如树不、稻不指树墩子、稻茬②。这时"不"就像树木去头后留下根株的模样,是个象形字。由此可见,在不同地方同一字形因为词义的不同形成手段也会有显著差异。形声俗字来源的界定同样不能仅根据字形,而要综合字义来看。例如从字形表面看"圩"是"干"增加意符而成,实际上浙江安吉地区的"圩"指田畈③,为新构的方言形声字;江苏江宁地区"圩"多指堤埂,是"埂"的换声符俗字;而江浙其他地区地名中的"干/圩"则多指边、旁边④,才属于"干"的添意符俗字。即使它们字形相同,词义却完全不同,词义间也没有演化关系。所以本文讨论地名俗字的造字手段时,我们都会首先弄清楚俗字在当地的词义和用法,这样才能更好、更准确地看清俗字的形成方式。

二 象形

象形是描摹实物形状的造字方法,是汉字最原始的造字方法。《汉书·艺文志》较早提出了象形造字法,许慎《说文解字·叙》说"象形者,画成其物,随体诘诎,日月是也"。地名俗字里也有少数字使用了象形造字法。

"氺"是浙江黄岩一带的地名俗字,方言音 gā⁴,原指垄沟⑤,河沟黄岩方言泛称沟氺。例如洪家街道有上氺(今写上杠、上港),因"村南有一条小浦(独流入海的小河),形状像上字"而得名⑥。"氺"是个象形字,中间"‖"即沟的形状,两边描绘沟的边坡,陪衬烘托具体所指。"氺"是台州地区方言特征词,本字不明,有时写成近音字"埂",在区分宕江摄、梗摄读音的方言里一般读 gā⁴。宁海水沟称水氺⑦。三门话 gā⁴ 指沟,水氺 s̩²² gā²³ 也叫水圳氺 s̩²² tsin⁴⁴ gā⁴¹,山涧则称山氺⑧。

浙东沿海地区方言把器物的提梁称为"电",也泛指像提梁一样的 U 形物,如石拱桥。象山方言拱桥称电洞桥 guɛ³¹ doŋ²¹³ dʑio³¹⑨。电音"掼 guɛ⁶",是个象形字,中间一根弯的柄"乚"串起两个物体,形象描绘出提梁的样子。三门方言器物的拎环称电,如茶壶电、水桶电,地名则有茶壶电口。温岭地名有畚箕电。

---

① 马乾:《朱骏声〈说文通训定声〉"六书说"研究》,硕士学位论文,陕西师范大学,2012年,第9页。
② 孟庆惠:《徽州方言》,安徽人民出版社,2005年,第81页。
③ 安吉县地名委员会编:《浙江省安吉县地名志》,安吉县地名委员会,1984年。
④ 蔡佞:《东南方言地名"干"通名释义》,《江苏地方志》2020年第2期。
⑤ 梁沫清、章可端主编:《黄岩县地名志》,黄岩县地名委员会办公室,1984年,第690页。
⑥ 梁沫清、章可端主编:《黄岩县地名志》,第423页。
⑦ 赵则玲:《浙江宁海方言音系》,《湖州师范学院学报》2015年第9期。
⑧ 王怀军:《吴语三门方言研究》,上海交通大学出版社,2022年,第34页。
⑨ 叶忠正:《象山方言志》,中华书局,2010年,第271页。

三　指事

指事一般是在象形字符上用"、"号指出要表达的部位或表示意义的造字方法。例如在"木"的顶端加"、"是"末",表树梢,在"木"的中段加"、"是"朱",表树干,在"木"的末端加"、"是"本",表树根。地名俗字里指事造字相对少见,比较典型的如"丼"。

"丼"广泛见于吴语地区,基本义是坑潭。但在水乡和山区具体所指略有不同。在苏州一带水网地区,"丼"音 tø³,常指河道汇合处形成的水潭、宽水面,也泛指河道展宽处。"丼"字描绘了横竖两条水道交汇的样子,中间一点指出字义表示汇合处的水面。苏州吴语"丼"可以单独成词,也能说"丼子、宽丼",指宽水面。例如相城区黄埭镇有宽丼浜,吴中区石塘村有大水丼,虎丘区的五月丼是五条河道汇合形成的小型湖泊。

在浙江中南部"丼"一般指凹坑,诸暨话荡丼 dõ³¹ təŋ⁵³ 就指小土坑。"丼"象形四周的地貌,当中围成的"口"指凹坑,"、"指出凹陷部位乃是字义。如文成县垟丼指山间小盆地,"四面环山,中心一片小田垟,形似丼,故名"①。永嘉县山丼"四面环山,中间低洼,俗称山丼"②。丽水郊区黄坭丼"村位于黄泥岗山坳,地形状似丼口,宅建其中,故名"③。这些地名中"丼"都指坑丼。

因为凹陷处、洼地容易积水,所以凹坑常引申出水坑义。温州 taŋ³ 指水坑,相当于"池"。水洼叫水丼④,丽水小水坑也说丼 təŋ⁴³³⑤。文成县出水丼村居民用水"要到山脚一水丼挑",野猪塘丼"村边有一大塘丼"⑥。这些地名里"丼"都指水洼、水坑。有些地方把泉眼、出水洞也叫丼,绍兴 tø³³ 指深潭⑦,嵊州有地名无底丼。

四　会意

会意指利用已有的字符,通过组合、修改等手段来表示一个新意义的造字法。裘锡圭把会意字细分成六类⑧,但我们觉得类间区分度不是很明显。本文拟分成摹画表义、偏旁合义、改形明义三大类。摹画表义是早期会意字的主要形式,例如射、宿、采、盥、降等,每个字都像幅图画故事,汉字隶变后这种造字法就很少见了。

(一)偏旁合义

偏旁合义是汉字变得不大象形后常用的会意造字法,例如小大为尖、出米为粜、入水为氽、不好为孬等。地名俗字里头的会意字大多都采用偏旁合义手段构成。

浙江农村屋舍间常种有竹丛作为篱障或分界,方言称为"竹笡"。笡 gā¹³ 的本义是阻碍,例如温岭方言笡牢 gā¹³ lɔ⁵¹ 指碍事⑨,舟山方言镬笡 ɦoʔ²² gā²³ 指竹制蒸格。密集种植竹子,形成屏障用于阻隔或当作围墙、篱笆的竹笡也叫"笡头、夹笡"。gā⁶ 一般用形声俗字"笡",但义乌地名中写会意俗字"篯",即"土地上生长的竹林",地名如高篯。

---

① 文成县地名委员会编:《浙江省文成县地名志》,文成县地名委员会,1985年,第37页。
② 章圣钦主编:《永嘉县地名志》,永嘉县地名委员会办公室,1988年,第247页。
③ 丽水市地名办公室编:《丽水市地名志》,浙江省丽水市地名办公室,1986年,第100页。
④ 郑张尚芳:《温州方言志》,中华书局,2008年,第253页。
⑤ 郑张尚芳:《丽水方言(上)》,《东方语言学》第十七辑,上海教育出版社,2017年,第158页。
⑥ 文成县地名委员会编:《浙江省文成县地名志》,第150、151页。
⑦ 王福堂:《绍兴方言研究》,语文出版社,2015年,第114页。
⑧ 裘锡圭:《文字学概要》,第124页。
⑨ 阮咏梅:《浙江温岭方言研究》,博士学位论文,苏州大学,2012年,第170页。

浙江中南部植物丛称"樃"。余姚话竹林称竹园蓬 tsoʔ⁵ zyø⁴⁴ buŋ³¹ ①，绍兴话树林称树樃 zy¹¹ boŋ¹¹ ②，嵊州长乐方言荆棘丛称刺窠樃 tsʰ1²² kʰo²² baŋ³⁵ ③，松阳玉岩方言树林称树蓬 dʑiɯ²² baŋ¹³ ④，象山方言草垛叫草樃 tsʰɔ⁵⁵ boŋ³¹，柴堆叫柴樃 za³¹ boŋ¹³ ⑤。《集韵》"樃，菩贡切，草木盛貌"，但该字生僻，百姓一般不知道，因此不少地方根据会意字原则造了很多俗字。浙中的天台、仙居以及浙南的平阳、庆元写"棽"，用四个"木"叠置表示树丛、树林，龙泉话竹棽指竹林⑥。景宁写"樃"，直白地告诉我们 boŋ⁶ 就是"木成林"。景宁杨柳樃"地处油田坑畔，杨柳成荫"，茶子樃"昔日为油茶丛生之地"⑦，"樃"皆指树林。

浙江中部有"查"字通名，富阳有回龙查、浦江有牛轭查、十八查。查方言音 goʔ⁸，在当地指弯曲。如回龙查位于壶源溪大弯处，十八查则是浦阳镇"学塘角通往小南门的小弄，因其曲折多弯，取名十八查"⑧。查是个很直观的会意字，"不直"即是弯曲。富阳方言物体弯折处称"弯查头"，引申为绕弯、思考⑨。与查相类似的还有"乓"。安吉有地名乓水岭，音 zɛ⁴，指陡峭。"乓"也是个自造会意字，由于当地居民无法写出吴语词 zɛ⁴ 的对应文字，故用"不平"合体表示。

"盅"是宁波一带常见的会意俗字。《余姚方言志》解释"盅，摞"，用例如"碗盅起来"⑩，此外象山等方言里 dʑyoŋ³¹ 也多用作动词、量词⑪。该俗字中"皿"指器物，"串"像重叠貌，合体表示东西堆叠、摞起。"盅"的本字一般认为是"重"，《广韵》重，柱用切，叠也。曹志耘认为是婺州地区方言特例词⑫实际上太湖片吴语也常用该词。奉化、余姚读 dʑɔ̃⁶，叠起叫盅起来，地名有盅岩下、盅起岩。"樃、查、乓、盅"都属于会合偏旁字义来表意的会意字。

(二) 改形明义

改形明义即裘锡圭所说的变体字⑬，一般是通过减少笔画、改变方向等方法来表义，例如判木为片、反片为爿等。地名俗字里也有少数用这种造字方法。

"ォ"是仙居地区的地名俗字，指山谷、山间溪谷。例如"支ォ，东有后山、鲤鱼山，西有毛松山。村在两山低处"，"西ォ，地处牛轭山之西，地势低落，故名"⑭。ォ，分"水"的一半指小水，即山间的溪流。该俗字清代已见于当地方志，光绪《仙居志》卷七有"西ォ"。"ォ"当地音 a⁶，仙居横溪有地名支ォ，光绪《仙居志》写成支陷，而横溪方言"陷"的口语音正是读 a⁶ ⑮。山区通常山谷中有溪流，仙居方言今称山溪或山溪所在的山谷为坑。坑即凹陷，也就是说"凹(地名写岙)、坑、陷"实际所指一致。由于"陷"口语音与读书音有较大差异，仅从 a⁶ 的读音百姓不易联系到"陷"字，于是仙居当地新造了会意字"ォ"。

"ホ"是温州一带"橛"的俗字，音 gø⁸ ⑯。它既能用作动词、形容词"断"，也指名词"段"。温州话碎砖叫"砖ホ"，死胡同叫"ホ头巷"⑰。"ホ"断木为段，与判木为片、反爿为臣一样，它是个会意字。"木"

① 肖萍:《余姚方言志》,浙江大学出版社,2011 年,第 81 页。
② 王福堂:《绍兴方言研究》,第 114 页。
③ 钱曾怡:《长乐镇志·方言编》,浙江人民出版社,1999 年,第 231 页。
④ 程朝:《吴语松阳玉岩方言语音词汇研究》,硕士学位论文,杭州师范大学,2019 年,第 69 页。
⑤ 叶忠正:《象山方言志》,第 280 页。
⑥ 林世荣:《龙泉话赏析》,西泠印社出版社,2016 年,第 29 页。
⑦ 景宁地名志办公室编:《景宁畲族自治县地名志》,景宁畲族自治县地名志办公室,1990 年,第 112、125 页。
⑧ 浦江县县志编纂委员会:《浦江县地名志》,浦江县县志编纂委员会办公室,1986 年,第 46 页。
⑨ 盛益民、李旭平:《富阳方言研究》,复旦大学出版社,2018 年,第 58 页。
⑩ 肖萍:《余姚方言志》,第 49 页。
⑪ 叶忠正:《象山方言志》,第 117 页。
⑫ 曹志耘、秋谷裕幸:《吴语婺州方言研究》,商务印书馆,2016 年,第 89 页。
⑬ 裘锡圭:《文字学概要》,第 137 页。
⑭ 应游龙主编:《仙居县地名志》,仙居县地名委员会,1983 年,第 36、59 页。
⑮ 俞健:《浙江仙居(横溪)方言同音字汇》,《龙岩学院学报》2019 年第 1 期。
⑯ 郑张尚芳:《温州方言志》,第 189 页。
⑰ 游汝杰、杨乾明:《温州方言词典》,江苏教育出版社,1998 年,第 65、188 页。

字去头意指断木或截去物体的一部分,在地名里常作"段、局部地段"解,例如永嘉地名中不"地处清塘村辖境中部"而得名,中不也即中段、中部。

五 形声

形声是意符和声符并用的构字法,是应用最广泛的造字法。由此方法形成的地名俗字最多,途径也相对复杂。从形成方式看,可以分为直接造字和增改偏旁两类[1],其中增改偏旁又有增添意符、更改意符、增添声符和更改声符等多种情形。

这种分类只是基于形声俗字形成过程的可能性推测,有些俗字形成途径是不唯一的。例如丽水、景宁地区表山坳、山湾义的"垇",它既可能是"㘭"更改意符而成,也可能是"坳、墺"更改声符而成,还可能是当地人根据形声字规则"从土夭声"直接构造而成。

(一) 意符、声符直接构字

"圩"是江浙地区常见的地名俗字,这个形声俗字在不同地区音义和所指都不相同。在水网平原区,圩 jy² 指用堤岸围起的土地,是"围"的俗写。吴语普遍发生过"止微入鱼"音变,uei 类韵读成 y。"围"口语读"于",因此形成了从土于声的俗字"圩"。明《正字通》圩,衣虚切。音于。圩岸"就记载了俗字当时的音义。在丽水、景宁、青田山区,圩 ɥ¹ 指溪流边冲积、淤积而成的沙石地,溪滩地[2],是"淤"用作名词时的地方俗字。淤积而成的地方金华称"淤",本地写"圩"[3]。当地选用了同声韵的"于"做声符,"土"旁则表示土地相关义项,兼指地貌、地名等类。

太湖片吴语 hɛ³ 指边、边沿,余杭话继而引申出方位、处所义,比如里边说里 hɛ³[4],南边、西面叫南 hɛ、西 hɛ[5]。余杭周边地区根据方音自造形声字"垶"来表示 hɛ³。"垶"余杭读 hɛ³,意符"土"表示该字与地方、位置有关。永建乡港垶"村边有一条河港,此村坐落港边"[6],村因位于河港边上而得名。刘美娟仅根据字形相似,认为"垶"是"埠"的简化字,指堤岸[7],不确。上海地区传统用形声字"壏"表示该词,J.Edkins《上海方言词汇集》"壏"注音 han[hɛn][8],ɛn 与"盡 iən"韵基音近,故用"盡"做声符。

温州地区堤岸称 ku³,传统上写成"股",河岸叫河股[9],堤叫塘股、河塘[10]。民间又俗作"坫",苍南龙港吴语河坡称河坫脚 vu¹³ ku⁴² tɕiɔ²⁴[11],平阳地区写成"塘坫",当地有塘坫街,"原系九都海塘一段"[12]。"坫"是个典型的形声俗字,从土古声,"古、股"方言同音,偏旁"土"比"月"更能反映堤塘的性质,且正好与"塘"的字形结构相对应。

山区里的条状山岗、山沟相夹形成的垄岗浙东称 jioŋ⁴、jyɒ⁴。由于本字不明确,各地方音略有差异,所以记录所用的形声俗字各有不同。天台写"崬",奉化、新昌写"嵭",余姚写"峺",嵊州则"嵭、峺"都用。方言"山峺、山崬"指山岗、山脊,各地都用"山"做意符,再选用与口语同音的"永(勇)、往"做声符直接构成形声俗字。在浙南,脊状隆起的地理实体称为"杠",温州一带俗字写成"垎 kuɒ⁵",如山垎

---

① 可参考裘锡圭:《文字学概要》,第 107 页。

② 郑张尚芳:《丽水方言(上)》,第 153 页。

③ 曹志耘:《金华方言词典》,江苏教育出版社,1996 年,第 29 页。

④ 姜晓芳:《浙江杭州临平(五杭)方言同音字汇》,《方言》2022 年第 1 期,第 119 页。

⑤ 沈观宝主编:《杭州市余杭区地名志》,海潮出版社,2008 年,第 136、221 页。

⑥ 余杭县地名委员会:《余杭县地名志》,余杭县地名委员会,1987 年,第 304 页。

⑦ 刘美娟:《浙江地名疑难字研究》,第 32 页。

⑧ 艾约瑟:《上海方言词汇集》,上海大学出版社,2016 年,第 3 页。

⑨ 游汝杰、杨乾明:《温州方言词典》,第 55 页。

⑩ 郑张尚芳:《温州方言志》,第 253 页。

⑪ 温端政:《苍南方言志》,语文出版社,1991 年,第 191 页。

⑫ 平阳县地名委员会:《平阳县地名志》,平阳县地名委员会,1985 年。

（山脊）、立垕（悬崖）、土垕（土堤），平阳则写"墳"。"垕、墳"也都可以看成是意符、声符直接组合而成的形声俗字。

（二）增添意符

"弯"一般指因弯曲而形成的内凹地形，有水弯和山弯两种基本地貌。在地名里习惯将山弯、山坳写成"塆、嶴"，从土弯声或从山弯声表示陆地上或山区的"弯"。浙南多写"塆"，龙泉有杉木塆、新田塆，松阳有铜坑塆、大栗塆，云和有陈朝塆、大陇塆、底塆。天台习惯写"嶴"，如桐树嶴、长嶴、殿前嶴、磨刀嶴。河弯、湖弯或海弯基本写成"湾"，从水弯声表示水湾。实际上无论"塆、湾"，它们地貌本质是一样的，都是三面被包围的内凹形态，只是"弯"内有无浸水的区别。浙北和沿海地区一般不区分湾、塆统一写成"湾"，如普陀捕厂湾"位于积峙山西面靠近海边的山弯里。早年村民搭草厂从事沿海捕捞"，烂田湾"村内山湾过去有块烂田，故名"①。长兴等地"湾、老湾"还是河南移民村落的泛称，如丁家老湾、柳家老湾等，用字更与地貌无关。从字的形成来看，"湾、塆、嶴"属于增加意符形成的形声字。

（三）更改意符

"栋"本指最高处，《说文》"极也"。一般指屋子最高处的正梁，浙南方言屋脊称屋栋顶（蒲门）、处栋（泰顺泗溪）、处背栋（龙泉）。有些地方仍用本义，指顶、巅、脊、高处，山脉的山脊、地表的堤防都称"栋"。《字汇补》记载"崠，李膺《益州记》：蜀人谓岭为崠"。不同义项导致字形上有所变化，山脊多写成"崠、峧"，堤防多写成"砇、埬"。"崠、峧"从山东声，《集韵》"多贡切，山脊"，表示山的最高处、山巅，象山方言山脊就叫山崠 sɛ⁵⁵toŋ⁵¹②。堤防一般是石砌或土筑，为了词义更加明确，就用从土东声或从石东声的"砇、埬"表示。松阳古市、龙泉等地河堤都称埬 tiən³⁵、tən⁴⁴，泰顺泗溪话"坝"也叫水埬 tɕy²¹³tən⁵³③。从字的形成来看，"砇、埬、崠、峧"可以看成"栋"的改符形声字，它们根据所指对象的具体特征而改用了更能表现其特点的意符，从而形成了一组词义上关联紧密的同源分化字。

浙江杭州、绍兴一带有不少表示田畈义的地名写成"坂"，如横山坂（在嵊州）、店堂坂、金溪坂（在新昌）、花前坂（在诸暨）、童家坂（在临安）等。坂同阪，指斜坡，《说文》"坡者曰阪"。历史上"坂"并没有田畈的含义，文献上也很少见"畈、坂"相通的例子。实际上，这些地名中的"坂"是地名俗字，与表"坡"义的本字"坂"只是同形，词义上并没有关联，从当地地名志里我们可以清楚看到这一点。嵊州横山坂"村前田畈横布在沿山一带，故名"④。新昌水出坂"此地有九支泉水，下面有一丘田畈，故名"⑤。只是因意符"田、土"近义，"畈"民间常异写为"坂"，造成了地名里"田畈、田坂"混用的情况。

（四）增添声符

有些地名口语读音与书面字音相差过大，或者非形声字无法反应当地读音等原因，百姓会在原文字基础上增加声符形成俗字。浙江磐安、缙云一带地名里用俗字"硳"表示石头。"硳"从石赤声，缙云方言石 zei⁸、赤 tsʰei⁷韵母相同⑥，所以当地用"赤"作为声符，形成"石"的增声符俗字"硳"。磐安"石"的增声符俗字还写成"䃾"，因为当地农村"世、石"韵母读音接近。这些地方俗字由于外人不识、字书不收、字库不支持等原因如今在实际使用中受到诸多限制，当地又逐渐改回了本字。磐安的䃾下、䃾头1950年代后重新写成石下、石头，硳下村也在1981年改为石下。

南方方言历史层次较多，常有文白异读，有时一个字甚至有三四个读音。为了明确地名里字的读音，也会增添声符形成俗字，天台地名里的"夅"就是这种类型的添声符俗字。"大"在天台话里有 da⁶、

---

① 普陀县地名办公室编：《浙江省普陀县地名志》，普陀县地名办公室，1986年，第123页。
② 叶忠正：《象山方言志》，第265页。
③ 潘悟云：《松阳（古市）吴语词汇》《龙泉吴语词汇》《泰顺蛮讲词汇》，未刊稿。
④ 嵊县基本建设委员会：《嵊县地名志》，嵊县基本建设委员会，1983年，第394页。
⑤ 新昌县地名委员会：《浙江省新昌县地名志》，新昌县地名委员会，1985年，第103页。
⑥ 吴越、楼兴娟：《缙云县方言志》，中西书局，2012年，第134页。

dou^{6}等读音，在地名里一般读 dou^6，于是在"大"字基础上添加同韵母的"多 tou^1"作为声符，构成形声俗字"夻"。"夻"在地名里读 dou^6，字义即"大"，以《天台县地名志》收入地名为例，从具体地名里我们能很清楚看到这一点。夻坦"村前有开阔平坦的草坦得名，大俗称夻"。夻崎"地处山腰，因山弯较大而得名"。夻溪汤"地处大溪旁。最早汤姓居此"。夻畈"村附近有一块较大的田畈，故名"①。

（五）更改声符

方言语音会随着时间演变，一旦字音与原有声符读音相差过大，无法反映形声字的读音，使用者往往会改用方言同音或近音的声符，形成新的形声俗字。浙江吴语山田、旱田、园地称为"园"，在浙南方言里"园"口语音近"昏"，请看表1几处方音②。

表1　浙江处衢片方言"园"的读音

		庆　元	松　阳	开　化	常　山	江　山
园	文读	yɛ̃^{52}	ɦyæ̃^{31}	yɛ̃^{341}	yʌ̃^{341}	yE^{313}
	白读	xuəŋ^{11}	feŋ^{24}	xoŋ^{45}	xoŋ^{45}	kʰoŋ^{52}
昏		xuã^{334}	fæ̃^{53}	xuã^{45}	xõ^{45}	xuæ̃^{44}

"园"的口语音（白读）与书面音（文读）相差较大，农村百姓无法将 xoŋ$^{1/5}$ 与"园"字相联系，于是就改换声符，用近音字"昏"做声旁，造了俗字"圂"。该字常用于地名里，例如江山有竹圂（竹园）、桑圂（桑园）、柿树圂（柿树园），常山有茶圂脚（茶园脚）。

浙南方言相对存古，有些字仍保持着"古无舌上音，舌上读舌头"的特点，即 ts 类塞擦音读 t 类塞音。该特点在俗字声符上也有体现。堤坝义的"埬 toŋ^5"开化写成俗字"埱"，江山则写成"埇"。"埱"的声符是忠/中，而"埇"《集韵》记音为"竹用切"。两地"中、竹"类字口语均读塞音 t-：江山话，中 tiɔ^{44}/tɔ^{43}/toŋ^{44}/tioŋ^{52}、竹 taʔ^5；开化话，中 toŋ$^{45/423}$、竹 tyoʔ^5。因此"埱、埇"可以看成是"埬"更换声符而成的俗字。开化有王东底村，《开化县地名志》记载"因村上有一条横马埱（堤）。本地方言横、埱与王、东同音，故称王东底"③，也表明"埱、东"同音。

浙南地区虞韵常用字"树 dʑiɯ^{13}"读入尤韵 iɯ，与原本同韵的"朱主输竖（y 韵）"读音差异较大，因此在地名里"树"经常另造俗字"榠（泰顺）、楮（江山、遂昌、庆元）"。这两个俗字都是形声字，声旁一致改用了尤韵字"臭、宙"，如此就更接近于当地"树"的口音"旧"。虞韵读入尤韵是吴语滞古的表现，郑伟认为虞尤相混是南朝吴语层次④。此外南吴语开化、常山、遂昌、庆元等地虞韵字"须取"也读同尤韵⑤。北吴语也有此现象，例如常熟话"须胡~"读如"修 siɯ^1"，苏州话"具~~锁 dʑy^6"也读同尤韵。

吴语里平坦称"洋"，扬雄《冀州牧箴》"洋洋冀州"章樵注"平旷"。宋元时期南戏《张协状元》里田边称作"洋头"，"洋"即指大片田畴。浙江地区除了把东海靠近大陆的海域称为"洋"外，陆地上的平原、田野也叫"洋"，它们都源于平坦的基本义。实际使用时为了区分两者，让文字表义更加显豁、准确，一般指田野时多写成从土的分化字"垟"。"垟"属于前文提到的改变意符形成的俗字。温州方言里"羊、象"声韵相同都是 ji，民间也有将"洋"更改声符写成"漛"的。温州话把平原中心区域称"漛心"，

① 天台县地名委员会办公室：《天台县地名志》，天台县地名委员会办公室，1986 年，第 57、174、308 页。

② 曹志耘、秋谷裕幸、太田斋、赵日新：《吴语处衢方言研究》，好文出版，2000 年；松阳县志编纂委员会：《松阳县志》，浙江人民出版社，1996 年；秋谷裕幸：《吴语江山广丰方言研究》，爱媛大学法文学部综合政策学科，2001 年。

③ 开化县地名委员会编：《浙江省开化县地名志》，开化县地名委员会，1986 年，第 41 页。

④ 郑伟：《太湖片吴语音韵演变研究》，博士学位论文，复旦大学，2008 年，第 55 页。

⑤ 梅祖麟：《现代吴语和"支脂鱼虞，共为不韵"》，《中国语文》2001 年第 1 期，第 5 页。

把田块的分界称"潒界",温州市区有地名潒头下①。

苏南、浙北地区堤岸、圩子方言称埭②。埭,《广韵》"其遇切,堤塘",今北部吴语一般读 ʥy⁶。湖州地区方言没有撮口呼,y 读作 i 韵,"埭"声韵同"其 ʥi"。为了使文字、读音相匹配,当地"埭"字地名一般都写成"埭",如德清县有贾家埭、杨林埭、大罗埭、四百亩埭等。南太湖地区圩田间的水道称"濠",今苏州东山方言仍可单说。湖州地区不少圩田河港边村落通名称"濠",如北濠塍、濠里、田濠里。由于"豪、毫"同音,民间书写时"濠"的声符常用"毫"替换,形成地方俗字"滰"。湖州有闵滰、夹滰里、囡儿滰、官滰等地名。

浙江地区田野、田块称田畈,例如绍兴 diẽ¹¹pæ⁵⁵、pæ⁵⁵li⁵²③,宁波 di²²pɛ⁴⁴④,富阳 diẽ¹¹fã¹¹⑤,嵊州长乐 fæ⁴⁴⑥,余姚 diẽ¹³fã⁴⁴⑦。浙西南丽水地区方言保留"古无轻唇音"特点,"畈"在地名里仍读双唇音 p-。遂昌方言"畈"在口语词田畈里读 faŋ⁵,但在地名"下苍畈"读 pən⁵⑧,故民间改用 p-声的"本"作为声符,替换了读音差别较大的声符"反",形成了地名俗字"畚"。"畚"从田本声,读 pən⁵,是"畈"的换符俗字,常见于丽水、青田、景宁等地⑨。前文讨论过通名"坂"是"畈"的俗字。在浙南地区的庆元、文成等地,由于前述同样原因,"坂"的声符也有用 p-声的"本、奔"替代的情况,形成了一系列俗字:堸(庆元)、坂(文成)。还有不少地方写同(近)音字的,例如:犇(云和)、奔(磐安、景宁)、坌(松阳、遂昌)、蓬_{读作崩}(常山),这是下面我们要谈到的假借。

六 假借

方言中很多词有音无字,或者词的口语音与字音、书面读音相差过大,人们为了记录地名并反映读音往往会借用当地同音字,这种方法就是假借。简单理解就是写同音字。

"大"在吴语里通常都有文白层次,为了区分并反映"大"在地名里的实际读音,人们经常采取一些方法。前文提过天台地区用增声符的方式写成俗字"夶",浙南景宁、文成、青田则采用假借同音字方式,用记音字"驮"表示。景宁陈村乡驮坼"地处两山对峙的峡谷坼门,称大坼。方言大、驮同音"改写现名⑩。驮垟头"村在九龙山垟头上,此垟较大,故名"⑪。江山、常山等地"大 do⁶、达 dɒʔ⁸"音近,故用"达"来记音代替"大"。江山有达溪坂、达埂、达岭,常山有达坞、达塘。

浙北吴语"边、边缘"称 he³。杭州周边地名既有用形声俗字"埠",也有用同音假借字"海"表示。由于"埠"字生僻且计算机字库不支持(例如目前"港埠"基本写成港罕),更多的地名是用同音字"海"记写,余杭有西海、西港海、里海头、河西海、南海埭等地名。比如南海埭"村位于西苑村最南面。方言指南面村",西海"在原油车兜村最西处。西海方言指西面"⑫。又如崇贤街道北面有外海头、里海头两村。靠近外河斜桥港的村称外海头,即指外侧,东面不靠外河的称里海头,即言内侧。

方言演变、词汇更替使得词源模糊也是造成假借的重要原因。一旦地名里通名失去理据,使用人

① 游汝杰、杨乾明:《温州方言词典》,第 43 页。
② 蔡伝:《太湖沿岸的特色地名"埭"》,《江苏地方志》2022 年第 3 期。
③ 王福堂:《绍兴方言研究》,第 111、115 页。
④ 汤珍珠、陈忠敏、吴新贤:《宁波方言词典》,江苏教育出版社,1997 年,第 21 页。
⑤ 盛益民、李旭平:《富阳方言研究》,复旦大学出版社,2018 年,第 110 页。
⑥ 钱曾怡:《长乐镇志·方言编》,浙江人民出版社,1999 年,第 231 页。
⑦ 肖萍:《余姚方言志》,第 81 页。
⑧ 叶琴:《遂昌话语音研究》,硕士学位论文,浙江财经大学,2017 年,第 68 页。
⑨ 刘美娟:《浙江地名疑难字研究》,第 16 页。
⑩ 景宁地名志办公室编:《景宁畲族自治县地名志》,第 88 页。
⑪ 文成县地名委员会编:《浙江省文成县地名志》,第 160 页。
⑫ 沈观宝主编:《杭州市余杭区地名志》,第 136、221 页。

无法联系到本字，用同音字似是必然结果。上文提到太湖周边堤防、圩田称"塓"。由于近代"圩"大行其道，基本取代了"塓"，多数地区"塓"的词源已经模糊，当地人只能把地名里 dʑy⁶ 写成"具、巨、渠、其、柜、柱"等同音字[1]。这一带地区"村落"方言古称"村墅"，如今"墅"被通语词"村、庄"替换，变得词义不透明，金坛、宜兴地名里的"墅"于是写成同音字"驻、住"，如云住、留住、乘驻、英驻等[2]。

　　也有一些地名用假借字是当地人文化程度不高，管理部门不重视基层小地名用字规范等原因造成，书写地名多用同音常用字替换。在浙江松阳，"徐"是"前"的假借字。因"前 ɕyɛ²、徐 ɕyɛ²"音近，山前、坑前就写成山徐、坑徐。在浙江永嘉，"徐"又是"畲"的假借字。畲在温州方言里指山园，山坡种植地。由于"徐、畲"同音 zei³¹[3]，地名下畲、外畲就写成下徐、外徐。而在浙江龙泉，"前 ziɛ²¹¹、仙 ɕiɛ³³⁵"音近，常用字"仙"又成"前"的假借字，地名前垟写成了仙垟。

七　其他造字法

　　六书中关于"转注"的表述最为模糊，因理解不同，各家争议很大。古代有认为是转变字形方向造字的，有认为是多义词加意符而成分化字的，有认为已有字加意符或声符形成特殊形声字，更有脱离文字学范畴认为是词义引申、音义相转的。裘锡圭总结介绍过九种较有代表性的说法[4]，今人黎锦熙、陆宗达、王伯熙、黄怀信、钟如雄又有种种解释[5]。本文旨在阐释地名俗字的形成方式，不对汉字构造的类别名称和归类作过多纠缠，因此不谈转注。我们最后准备讨论下"六书"说没有提到的一种成字方式：简化。

　　地名俗字的简化多数是声符的简化，简化方式有类推简化、草书简化和取部分结构。

　　类推简化例如墡、壪。"墡"常见于南京江宁为中心的宁镇地区，方言指高于周边的墩台低岗。江宁称这类低丘为墡头，明代文献和方志里就有李墡、朱墡、秦墡等地名记载[6]。"墡"本是形声俗字，从土盖声。当代"盖"简化为"盖"，"墡"字也类推简化成"塇"。"壪"是苏沪交界淀泖湖区的地名俗字，指伸入水面的半岛状陆地。吴江方言半岛、陆嘴称为壪郎，湖口称为壪门。当代因为"號"简化为"号"，"壪"也类推写成"塧"。这些类推简化而成的地方俗字不仅辞书不收，计算机字库往往也不支持，给当地百姓日常生活造成了诸多不便和困扰。

　　草书简化例子不多，比较典型是浙江地名俗字砳。砳是礭的简化字，方言指岩石。石头遂昌话称砳壳，景宁话叫砳头，山坡裸露的大块岩石景宁称砳皮。地名多见于龙泉(白砳下、金鸡砳)、遂昌(砳壳潭)、丽水(仙砳、青砳坑)、松阳(吊砳、砌砳)等地。礭的声符"亶"在草书中经常写成"玄"，因此"礭"民间常简化成"砳"。详细可参看刘美娟的讨论[7]。

　　取部分结构的简化相对常见，如坦、圹、砾、泃等。浙江沿海地区把平整的空地称坦(壇)，"空地、晾晒场"温州话叫做空坦、晒谷坦，"荒场、草地"黄岩话称荒坦、草坦，绍兴话"空地"叫壇场 dɛ̃¹¹ dzaŋ⁵²，地名有上坦、石坦、水牛坦等。浙江地名里"坦"其实是俗字"壇"的地方简化字，郑张尚芳指出温州话"壇 da⁶，平场，俗作坦"[8]。简化俗字"坦"的声旁"旦"取原字声旁"亶"的下半部分，一般当地方言"亶、

---

①　参考蔡佞：《太湖沿岸的特色地名"塓"》。

②　蔡佞：《金坛地名中的两个方言俗字"住"和"圻"》，《江苏地方志》2020 年第 6 期。

③　郑张尚芳：《温州方言志》，第 200 页。

④　裘锡圭：《文字学概要》，第 105 页。

⑤　黎锦熙：《中国文字之"正反合辩证式"的历史进展》，载杨庆蕙编选：《黎锦熙语言文字学论著选集》，北京师范大学出版社，2002 年，第 104—121 页；陆宗达：《说文解字通论》，北京出版社，1981 年；王伯熙：《六书第三耦研究》，《中国社会科学》1981 年第 4 期；黄怀信：《六书转注解》，《西北大学学报(哲学社会科学版)》1989 年第 3 期；钟如雄：《汉字转注系统研究》，商务印书馆，2014 年。

⑥　蔡佞：《宁镇地区通名俗字"墡"考释》，第二届地名用字学术研讨会报告，2022 年。

⑦　刘美娟：《丽水地名"砳"字探源》，《古汉语研究》2011 年第 2 期。

⑧　郑张尚芳：《温州方言志》，第 178 页。书中"壇"简化成"坛"。

旦"声韵相同,例如温州都读 ta,所以日常俗写里经常换用。需要注意,它与辞书里"坦"读音不同(温州读 tʰa³),词性、词义也有别。

浙南地区方言岩崖、瀑布称磜。由于瀑布有水流,磜也写成㵾,"㵾"是"磜"更改意符形成的俗字。在当地小地名里,磜、㵾的声符"祭"常简化成"示",写成简化俗字礫、㳡。例如"悬崖"遂昌写成高礫,"崖缝"写成礫门,泰顺有地名干㳡。又如圹是塘的简化字,声符"唐"简化成"广",简化字地名见于金华①。

八　结语

本文分析了几十个地名俗字,这些俗字大多都能用六书理论解释。可见两千年前的六书理论至今在民间仍发挥着记录方言的重要作用,仍旧潜移默化地影响着汉语的书写体系。结合方言词汇调查,运用六书理论解析地名俗字,是研究地名俗字的新尝试。

由于历代累积的汉字体量很大,因此新造俗字与已有汉字同形的几率很高。我们在研究地名俗字时要注意千万不能仅根据字形去字书、辞典里"循形索义",正确做法是在方言调查基础上先明确方言词义,有条件的还可以用语义地图勾连词族、确定词源,同时对照古籍旧志等文献,找到原始或早期记录,理清地名用字流变脉络,然后再根据汉字结构特点分析俗字。唯有这样才能较好地解决俗字问题,避免同形字造成音义误判,才能科学地解释地名中一系列不符常理的疑难杂症。我们用传统"六书"理论来研究俗字,已经成功地解释了江浙地区一些悬而未决的地名问题,例如苏州地名浒墅关、澄墟里、鲇鱼墩"浒 xǔ、墟 xū、鲇 zhān"的读音问题②。研究俗字地名我们以方言词为突破口,用六书理论剖析俗字,彻底改变了以前无法科学阐释地名特殊读音、地名怪字而只能编造传说故事的做法,较好地破解了地名俗字难题。

The Application of Liushu(六书) in the Coined Characters of Place Names
— A Case Study in Jiangsu and Zhejiang

Cai Ning

(Suzhou Public Security Bureau, Suzhou 215131)

Abstract：There are many coined characters in the place names of dialects, which have rare forms or homonymy. On the basis of collecting the oral usage of dialects, this article uses the traditional *Liushu*(六书) theory to explore the structure and formation of coined characters. Guided by the idea of integrating theory with practice, it studies and explains the meanings and motivations of dozens of place names in the Jiangsu and Zhejiang regions.

Key words：toponym；coined characters；the six categories of Chinese characters；Wu dialect

---

① 金华市地名办公室编:《浙江省金华市地名志》,金华市地名办公室,1985 年,第 458 页。
② 蔡佞:《"浒墅关"地名读音新考》,《中国地名》2017 年第 5 期;蔡佞:《吴江澄墟来历谈》,《苏州日报》,2021 年 12 月 11 日 B01 版;蔡佞:《阊门鲇鱼墩新考》,《苏州杂志》2022 年第 6 期。

中华书局版《说文解字》修订浅识

王开文

【摘　要】中华书局版《说文解字》训释里有大量俗字、奇字、错字,甚至一些图画性古文符号。同一篆书及其部件,在训释中的楷书则字形各异,存在诸多一篆多楷的现象;加上大量异体字和一些非文字符号,这给新时代典籍数字化,及使用电子阅读和检索带来困难。因此,及时对《说文解字》进行校订,在前贤研究的基础上,废除异体字,统一使用正字,校正错字,使训释文字和字头规范化、标准化,并对错误进行校订,是传承典籍,充分利用《说文解字》的急迫任务。

【关键词】《说文解字》;俗字;离篆;泥篆;讹误;规范化

【作者简介】王开文,荆楚理工学院文学与传媒学院讲师。研究方向为文字学、认知语言学。(湖北 荆门448000)

从秦统一后"书同文"以来,两千多年里汉字规范化从未停止,在阅读和检索数字化的今天,汉字规范化尤其重要,2013年国务院公布的《通用规范汉字表》就是最新的成果。然而典籍的数字化中的修订包括对其文字规范,对错误进行改正。目前,已经开发了多种汉字的超大字库和古文字字库,传统典籍数字化既有紧迫性,也有便利性。

在汉语工具书里,《说文解字》(一下简称《说文》)影响极为深远,它是最早的汉字字典,目前仍然具有极其重要的价值,每年都有大量不同版本的出版和印刷。徐时仪认为,"一部优秀的辞书必须不断修订,修订就是继承与发展。"《说文》经过近两千年的流传,既产生大量讹误,也不断被修订、校正,重要的有唐代李阳冰校订,南唐"二徐"本(徐锴《说文解字系传》、徐铉《校定说文解字》),清代校勘考证有严可均《说文校议》、钱坫《说文解字斠诠》,注释解说有段玉裁《说文解字注》、王筠《说文句读》等。目前,影响最大、发行量最大的当属中华书局版《说文解字》。

中华书局于1963年以清代陈昌治刻本为底本进行影印(以下简称"旧本"),并增加字头,及在正篆上增加其相应的楷体——字头。由于历经数十次印刷造成版面不清晰,中华书局又于2013年重新排版(以下简称"新本"),并对书中舛误增加《编者注》。《编者注》对旧本进行矫正修订,是一大进步,主要有三:一是纠正错误,如"内,入也,从口","从口"矫正为"从门"(新本,104①);"夆,从攵从午","从午"改正为"从牛"(新本,109);"書,占文畫省"②。"占文"改文"古文"(新本,60)。二是改奇字为正字,如"鵟,飞皃。""飛皀"改为"飛皃"。三是对重文、衍文进行标记,如重复出现的"註、误"(新本,50),衍文"鷟"字解释里"也也"后一"也"字(新本,74)。另外,字头改正非常显著,包括改正错字和改为通用字。错字订正,如"鹰(鹰)(46:51)③"、"辻(辻)"(33:39);奇字改正如将("宀"部原作"夕")(23:29)、叽("尸"部原作"尸")(28:34)、跽("己"部原作"巳")(40:46)、矇("蒙"部原作"蒙")(67:73)、肩("户"部原作"戸")(82:87)、腐("肉"部原作"月")(85:90)等等。

然而,百密一疏,也有旧本正确,新本出错,故《编者注》加以说明,如"勞"字下解释,"古文"误为"占文"(新本,294);"碰"字篆文误作"酽"(新本,193);"獷,犬獷獷不可附也。"(意为狗凶恶不能靠近)

---

① 括号里数字,若非特别说明,皆是《说文解字》2013版新本中的页码。

② 引用内容,依据繁体字原文,不作简化。

③ 括号里两个数字并列,分别是该字在中华书局版《说文解字》2013版新本和1963版旧本里的页码。下同。

"犬"误作"大"(新本,203),等等。

即便新本,也非尽善尽美。很多错误、重文没有校订,大量奇字没有改正和统一,一篆多楷的现象比比皆是,对非文字符号也是照录,这给读者使用带来不便,大量奇字则对该书数字化及其检索带来混乱与困难,而非文字符号和不成字的形体更是无从检索。因此,对《说文解字》进行修订,主要有两方面内容:文字规范和讹误校订。

一 文字规范的内容

字典是人们常用的工具书,促进文字使用的规范化,因此,字典本身文字的规范化就尤其重要,《说文》就是如此。《说文》最大价值就是系统地保留秦朝文字小篆,它有两类字形,解释对象是古文,解说时使用今文。古文,象形程度高,包括篆书①、籀文、"古文";今文,即象形性消失殆尽的楷书。字形规范范围是今文,具体是使用正字,取消异体字、图画性非文字,改正错字。

1.1 一篆多楷

《说文》里文字解说可分三部分:开头的正篆,今文对正篆进行分析解说,以及出版社在正篆前加的相应楷书——字头。其中,正篆和解说里的"籀文""古文""篆文"属于古文,字头和其他解说文字属于今文楷书。《说文》保留了大量古文,特别是开头的正篆,正篆是解说的对象和依据。正篆字义与字音的解说中,正篆字形被分解隶定为今文。由于字形解说,都是严格依据正篆的形体进行隶定,而汉字发展中隶变使得小篆部件在隶书楷书中出现分化与讹变,于是产生了正篆及其部件的隶定形体与后世楷书形体不一的矛盾,同一正篆或构成部件分化为不同楷书形体,即楷书中异体字的问题,这在《说文解字》里最为突出,给数字化检索带来困难,是规范化的重要对象。下面略举数例:

每。誨(46 上)、卧(64 上)、晦(135 上)、海(228 下)

毐。敏(62 上)、脢(82 上)、罺(154 上)、侮(164 上)、悔(221 上)、姆(260 上)、絻(277 上)、晦(292 上)

鄉。薌(21 下)

鄉。響(52 下)、饗(102 下)、鬶(135 上)、闖(249 上)、蟫(279 下)。

世。紲(49 下)

世。呭(26 上)

巟。詬(50 下)、䮧(200 上)、魧(243 上)、統(272 上)

巟。荒(17 上)

㠪。慌(155 下)

廾。卅、奉、丞、奂、弇、弄、舁、异、弄(53 下)

収。暴(暴)(135 下)、承(253 下)、爨(279 上)

一篆多楷,在《说文》中非常普遍,如正篆"丂"对应楷书字形有三:于、亏、亐,加上构成的单字,异体数量就更多,具体分布如下:

于:玗(7 上)、吁(27 下)、迂(36 上)、訏(50 下)、靬(56 上)、盱(66 上)、爰(79 上)、邘(129 上)、宇(147 上)、衧(169 上)、夸(212 下)、尫(214 上)、忏(222 下)、汙(234 下)、雩(242 上)、弙(270 下)、紆(272 上)、芣字异体"釪"(117 上)。

亏:芌(10 上)、矯(69 上)、芌(93 上)、虧(96 下)、粤(96 下)、吟(96 下)、平(101 下)、孟(99

---

① 《说文解字》里篆书,一是正篆,字头的篆文;而是或体,即正篆的异体字;三是"小篆",如第 57 页上"爢","羹,小篆从羔从美。"四是"篆文",如第 1 页上"上","正篆文上。"其实后两种也是正篆的异体字。

上）、枂（116 下）、霁（124 上）。

亏：扜（258 上）、"营"字训释"芌"（10 上）、"蠚"字古文"勬"（69 上）、夸声"胯"（82 下）、"浧"（234 下），等等。

因此，新本《编者注》里"（芌）当为芌（芋）"仅是个别地方修订了，既不规范（规范当作"芋"字），也不周全。

此外，一篆多楷还有盍（盇）、亡（凶）、列（剟）、并（幷）、栗（桌）、眉（睂）、参（曑）、更（叓）、戈（戉、戋）、隹（隼）等等。这些给数字化转化及检索带来困难，甚至现行的超大字库里都找不到的字形，则更加无从录入与检索。

1.2 解说部分的奇字

奇字，顾名思义，是奇形怪状不合规范正字的异体字。奇字，古已有之，许慎在《说文解字·叙》里解释为"奇字，即古文而异者也。"所以《说文》里奇字是属于"古文"范畴的异体字，"古文"即隶书以前的战国文字，奇字与正字的字音、字义完全一样，仅仅是字形不同。如"人"字奇字"儿"，"冘〔儿〕，仁人也。古文奇字人也。"（174 上）"無"字奇字"无"，"兂，奇字"（268 上）。从《说文》里今文看，训释里奇字是及其罕见的异体字，也可以归于错字范围，这些奇字在修订中显然应当改为通用的正字。如"手"部：

"扲"，𢪒，"从手升声"。（254 下）

"扜"，𢹂，"从手亏声"。（258 上）

"掫"，𢷬，"从手取声"。（258 上）

上面三字的声符应当分别规范为"升、于、取"。

1.3 图画性古文与非文字

汉字形体发展中，隶变是分水岭，其前小篆属于古文，具有图画性质，其后隶书、楷书属于今文，具有笔画而无图画特征。如前所述，《说文》是以今文解释古文，即以小篆、籀文、"古文"等为对象，以今文解说字形和字义，因为字形发展中的复杂性，《说文》里个别正篆及其部件找不到对应的今文，而不得不以照录图画性的古文，或者隶定成后世没有的今文形体，这些可以成为图画性古文和非文字。

图画性部件，多为古文，如"𠬞"字，无论是独立文字还是作为构字部件，都没有相应今文，正篆解释为"𠬞：引也。从反廾。凡𠬞之屬皆从𠬞。今變隸作大。𢳎，𠬞或从手从樊。"（54 上）古文"𠬞"一直夹杂在解说部分的今文里，如：

"闢"（249 上）注释，"開也。从門辟聲。闢，虞書曰：'闢四門'。从門从𠬞。"

"樊"（54 上）注释，"从𠬞从棥"。

"攀"（54 上）注释，"从𠬞繠聲"。

这里古文"𠬞"当隶变为今文，可作"六"（与篆书"𦥑"隶变作"廾"相区别）。

非文字，一般是偏离了正篆所致，即篆书不当隶定后造成的非文字形体。如：

"浧"，"西河美稷保東北水。"（228 上）《说文》里非文字"保"当作"保"。保、堡，古今字。《水经注》解释为："水出西河郡美稷县。"

"捨"，"舍聲"（252 下），非文字"舍"当作"舍"。

"𦥯"，"具聲"（273 下），非文字"具"当作"具"。

"𦥔"，"臭聲"（303 下），非文字"臭"当作"具"。

非文字和奇字没有本质区别，只是奇字尚存构形理据，而非文字则违背汉字构形原理，不合古文形体，故不成文字。值得注意的是，《说文》中的非文字，有时是有意为之，例如缺笔避讳。

因缺笔避讳造成的非文字，典籍中常见，由来已久，根据向熹研究，"避违有国讳、家讳、贤讳、特违、官讳、恶讳、俗违等。""国违只是避帝王的讳。包括帝王正名（现用名）、初名、本名、旧名和死后名

（庙讳）。"书写文字时避讳的典型方法是缺笔，即减少该字的一个笔画。较之旧本，新本《说文》多了缺笔避讳，如孔子名丘，故"丘"字缺笔作"丘"，如"京"下注"绝高丘也"（116下）；清代康熙帝名玄烨故"玄"作"玄"，如"牵"下注"玄声"（23下），"臣铉"一律作"臣铉"；乾隆帝名弘历（繁体作"歷"），故"弘"作"弘"，如"批"下注"宋弘云"（7上）；"歷"作"歷"，如"曆"下注"《史记》通用歷"（136下），等等。

1.4 引文中的异文

一般来说，典籍在流传中，因历代传抄差错，难免出现文字的讹误现象，即同一句子里的文字，在不同传抄者的版本中出现了异体字、假借字、错字等文字差异。同一书籍中的引用很少出现异文，然而，《说文》就有这种罕见现象，如下：

（1）呭：多言也。从口世聲。《詩》曰："無然呭呭。"（26上）

詍：多言也。从言世聲。《詩》曰："無然詍詍。"（49下）

（2）噂：聚語也。从口尊聲。《詩》曰："噂沓背憎。"（26下）

傅：聚也。从人尊聲。《詩》曰："傅沓背憎。"（165上）

（3）旳：明也。从日勺聲。《易》曰："爲旳顙。"（134上）

駒：馬白額也。从馬，的省聲。一曰駿也。《易》曰："為的顙。"（198下）

（4）袾：好佳也。从衣朱聲。《詩》曰："靜女其袾。"（169下）

媛：好也。从女夌聲。《詩》曰："靜女其媛。"（261下）

（5）鼛：鼓聲也。从鼓堂聲。《詩》曰："擊鼓其鼛。"（97上）

鏜：鐘鼓之聲。从金堂聲。《詩》曰："擊鼓其鏜。"（298下）

这些异文，传世本例（1）作"泄"，《诗·大雅·板》："天之方蹶，无然泄泄。"（2）作"噂"，《诗经·小雅·十月之交》："噂沓背憎，职竞由人。"（4）作"姝"，《诗经·邶风·静女》："静女其姝，俟我于城隅。"（5）作"鏜"，《诗经·邶风·击鼓》："击鼓其鏜，踊跃用兵。"对于此类异文，可以随文注释"今作某"。

二　文字规范的原则

文字规范化一直是语言文字工作的重要内容，一字多形，必然带来文字使用的混乱和阅读的困难。古代生产不发达自成系统的自然经济形态，加上军事政治上分裂割据，各地语言文字不统一，所以每逢国家统一，新政权都会对文字进行规范统一。在科举考试时期，规范化则更为重要，唐宋时期，对于社会上的俗字、奇字和错字，学者进行校正，兴起"字样"之学，如颜师古《字样》、颜元孙《干禄字书》和郭忠恕《佩觽》等等，影响深远。《说文》里今文的规范统一，原则有三：

2.1　忠于正篆。《说文》以小篆为正体，根据正篆分析字形，解释字义。所以，解释文字，分解字形结构，必须忠于正篆，参考书中古文如"小篆"、籀文、"古文"等，这是根本原则。字形解构明显偏离正篆，这种错误为"离篆"，如：

（6）櫪：櫪，从木歷聲。（121上）

厤：厤，从厂省，歷聲。（173上）

《说文》正篆也无"歷"，根据正篆字形，上述解说里"歷"当作"厤"。

（7）昏：昏，一曰：民聲。（135上）依据正篆，"民"当为"氏"。

（8）鼏：鼏，从鼎冂聲。（140上）冂字正篆作"冂"（105下），此处"冂"当为"冖"。

（9）鼓：鼓，从豈支聲。鼓，俗鼓从豆。（146上）字头"鼓"当作"鼓"，今通作"鼓"。

（10）屆：屆，行不便也。一曰：極也。从尸由聲。（172上）

"屆"今讹变为"届"，字义是停止、抵达。《诗经·小雅·小弁》："譬彼舟流，不知所屆。"届，至也。从构形而言，从人坐土凷（今作"块"）上，意为休止。远古生活简陋，土凷可坐可枕，《禮記·喪大記》："父母之丧,居倚庐,不涂,寝苦枕凷。"《说文》里"凷"从土,(288 上),故"凷"从土不从士,此处解说当作"凷"。

(11) 鬝:鬝,束髮少也。从彡截聲。(183 上)依据正篆,注解里"截"当作"戬"。

(12) 毒:毒,从屮从毒。(9 上)《系传》改为"从屮毒声。"[6]11

(13) 鵰:鵰,从鳥閒聲。(76 上)《说文》正篆及其部件皆无"閒",依据正篆作"閒"。

(14) 畢:畢,或曰:由聲。(78 上)金文里"田"象球形鸟巢,此正篆里也无"由"。

(15) 䬸:䬸,从瓬谷谷聲。(58 上)"谷"误,当作"谷"。"瓬"俗,"瓦"正。

(16) 斅:斅,觉悟也。从教,从冂。冂,尚矇也。臼聲。(64 上)"臼"当作"臼"。

如此等等,字形分解偏离正篆,造成俗字、奇字、别字、错字,这些典籍传抄讹误,当予更正。

2.2 使用正字。字头是出版社今人所增,目的是便于读者检索,所以应该使用通用的正字。正字是相对俗字、奇字、别字等非规范字而言的,有学者定义为,"正字是官方认可、学界公认的书写形式。"所以,正字依据一般都是政府组织编写的规范字典,如秦统一六国后,命李斯、赵高、胡毋敬分别用小篆撰《仓颉》《爰历》《博学》三篇,作为天下文字范本。《说文解字》也是如此,虽是个人著述,但进献朝廷,被政府接受认可,然后颁布推行的。所以《说文》解说以正字为使用原则,而今文正字当依据《汉语大字典》,如"寺,寺,从寸之声。"(67 上)("之"正,而篆书部件隶定当为屮),"畕,畾,从曲舀聲。"(269 上)("曲"正,而篆书部件隶定当为凵。旧本作"畕",非,古籍文字竖排,字形倾向于上下结构)。字头也照例采用正字,如"卮"(184 上),如拘泥于正篆"卮"则隶定作"卮",但"卮"是正字,故取用(笔者注:"巴"字正篆作卪)。几千年汉字发展中,形体演变最剧烈的是隶变。汉字经过隶变,字形出现了显著的分化,如正篆"卪"作部件,在《说文》里楷书有六形:卩(即、印)、巳(厄、危、卷)、巴(邑、色)、マ(令、承)、了(丞),而解释中则用"卪"。

字头里采用正篆部件(篆书)哪一种楷书形体,当依据后世正字,即《汉语大字典》,这样有利于古代典籍里文字的数字化录入,也便于检索。不使用正字,而拘泥于正篆进行隶定,造成俗字、奇字、错字,即为"泥篆",下面略举几例:

孟:孟,从皿亏聲。(99 上)"亏"当作"于"。

衄:衄,从血丑聲。(100 上)"丑"当作"丑"。

貿:貿,从貝卯聲。(126 下)"卯"当作"卯"。

鼎:鼎,从鼎冂聲。(140 上)"冂"当作"一"。

穔:穔,从禾糞聲。(141 上)"糞"当作"糞"。

煇:煇,从火旱聲。(208 下)"旱"当作"晕"。

媚:媚,从女眉眉聲。(261 上)"眉"当作"眉"。

靠:靠,从非告聲。(246 上)"告"当作"告"。

泥篆造成的奇字,有些在现有超大字库里也找不到,无从录入与检索,必需改为正字才行。

如果正篆部件为古文俗字,则解说应用古文字形对应俗字。异体字在图画性古文里常见,故忠于正篆,对正篆里古文俗字部件,当取其相应楷书,《说文》对俗字部件一般注明"某,古文某"。如:

丣,古文酉从卯。(313 上)隶定作"丣",酉正丣俗,皆作构字部件。"酉聲"如"遒"(35 下)、"櫝"(120 下)、"醜"(186 下)、"庮"(191 上)等;"丣聲"如"畱"(292 下)、"桺"(112 下)、"珋"(7 下)等。

再如,"絕"古文作"𢇍"(272 下),隶定分别作"絕""𢇍"。"絕聲"有"蕝"(186 下),"从𢇍"有"斷"(301 下)。

汉字数量庞大,存在相当多形似字,它们差之毫厘,谬以千里。如上述"臼"和"臼",形音义皆不相同,稍有不慎,传抄即误,错误即为别字。但是如果别字为大众所习用,则习非成是,不再当作别字了,如:上述"畱、桺"声符为"丣"("酉"字俗字),后世"丣"讹变为"卯",分别作留、柳。这是汉字规范的从俗原则。

还有一类，是避讳缺笔造成的非文字，也需规范。

2.3　不用避讳。名讳，源远流长，一般认为源于周代，"盖殷以前，尚质不讳名；至周始讳，然犹不尽讳。"中华书局新本《说文》较之旧本，增加了诸多避讳非文字，实属不必。作为流传近两千年的字典，如果传抄中严格遵照避讳要求，历代圣人、帝王、传抄者亲人名字皆不书写，"为尊者讳，为亲者讳，为贤者讳。"则几无可写之字，所以，《说文》里"上讳"者五字，虽未注解，正篆里却并无缺笔：示部"祜"、艸部"莊"、禾部"秀"、火部"炟"、戈部"肇"。

新本无需避讳缺笔，一是避讳中有"临文不避""隔代不避"的旧例。《说文》是东汉许慎从公元100年开始，历经约20年完成，在公元121年，东汉建光元年上献于朝廷的。《说文》中并未回避作者时处汉代的帝王名讳，如汉代光武帝名"秀"字，除了没有解释该字正篆外，其他皆未避讳，作为构字部件，如"莠"（9下）"透"（36下）注"秀声"；作为训释解说，稼（140下）注"禾之秀實爲稼"；采（141下）注"禾成秀也"；"播"（255下）注"或从秀"，等等。且"隔代不避"，典籍里对历史人物名字避讳缺笔，当代已属不必，可以把缺笔补上，如上述汉代帝王名里五字的正篆，许慎避讳不释，到南唐徐铉则加以解说补充注释。二是影印旧本未避，旧本里，如前文所举缺笔名讳例子皆无缺笔，忠于早期旧本，新本不应有此蛇足。三是新本依据的底本是清朝同治陈昌治本，而清朝帝王名讳并未严格遵循，缺笔避讳并不周全，如乾隆名弘历（繁体作歷），书中多处仍作"歷"：《爰歷篇》（316上）；"葷"字下"亭歷也"（19下）；"歲"字下"越歷二十八宿"（32下），等等。四是避讳缺笔，不便于其数字化以及电子检索，不利于新时代典籍的传播与利用。

2.4　纠正错误。

《说文》经过了近两千年的流传，期间传抄不免出现讹误，对于其中明显讹误，当及时修订改正。具体有二：

一是偏离正篆，误释部件。如：

孕（311下）："从子从几"。"从几"当作"从乃"。

憪（219下）、澗（232上）："間聲"。"間"当作"闁"。《说文》里正篆以及正篆的构成部件皆无"間"。

惛（220下）："惛，从心昏聲"。"昏"当作"昏"。依据正篆，左上角部件是"氏"而非"民"。且，后世"昏"作"昏"异体字，是俗字而非正字。

鮕（245上）："鮕，从鱼匕聲"。依据正篆，"匕"（篆书作匕）当作"七"。"七"字，其音义同"化"。

二是解说文字错误。

黽（286下）："色其腹也"。"色"字《系传》作"象"，甚是，"色"在《说文》中只有颜色、脸色义，此处以"象"为当。

结语

《说文》流传至今，历经近两千年，显示出其独特的文献价值，然而，历代传抄中不可避免地夹杂着讹误，所以，尽管在历代传承中对其不断修订，其中的讹误还是没有完全订正。另一方面，在典籍电子化数字化的今天，《说文》里大量的俗字、奇字、别字，甚至错字，一字多形的现象不利于其数字化存储与检索，给读者使用《说文》带来很多困难，因此，消除异体字，纠正错别字，完成《说文》里文字的规范化，使其在新时代更易于流传和使用，是必需而迫切的任务。

【参考文献】

［1］　徐时仪.汉语语文辞书发展史［M］.上海：上海辞书出版社，2016.

［2］ 许慎.说文解字[M].北京：中华书局,2013.

［3］ 郦道元著,谦德书院译.水经注[M].北京：团结出版社,2022.

［4］ 向熹.汉语避讳研究[M].北京：商务印书馆,2016.

［5］ 林义光.诗经通解[M].上海：中西书局,2012.

［6］ 徐锴.说文解字系传[M].北京：中华书局,1987.

［7］ 曾昭聪,刘玉红.黄侃《通俗编》笺识研究[M].广州：暨南大学出版社,2019.

［8］ 周密.齐东野语[M].1926.

［9］ 孔子.春秋[M].长春：吉林文史出版社,2017.

［10］ 蔡英杰.中国古代语言学文献[M].北京：中国书籍出版社,2020.

A Preliminary Research on the Revision of *Shuo Wen Jie Zi*（《说文解字》）Published by Zhonghua Book Company

Wang Kaiwen

(College of Chinese Literature and Media, Jingchu University of Technology, Jingmen 448000)

Abstract：*Shuo Wen Jie Zi*（《说文解字》）published by Zhonghua Book Company contains a large number of common characters，odd characters，wrong characters，and even some pictorial ancient symbols in the part of lexical interpretations. The same seal character and its components have different variations in the interpretation of the regular script，thus existing the situation of one seal character corresponding with many regular scripts. Meanwhile，with a large number of variant characters and some non-literal symbols，this creates difficulties in digitizing new-age canonical books，as well as in their use for electronic reading and retrieval. Therefore，a timely revision of *Shuo Wen Jie Zi*，on the basis of the research of the former sages，abolishing the variant characters，unifying the use of orthographic characters，correcting the wrong characters，standardising the interpretation of characters and prefixes，and proofreading the errors are urgent tasks for the inheritance of classics and the full use of *Shuo Wen Jie Zi*.

Key words：*Shuo Wen Jie Zi*（《说文解字》）; common characters; deviation from seal characters; stuck in seal character; errors; standardisation

水书研究述评与展望*

刘　凌

【摘　要】本文对水书已有研究内容做了分类述评,同时将水书一百余年的调查研究历史分为五个阶段,分析水书研究的历史发展与研究得失。由分析水书研究之得失,指出水书研究当打开学术视野,充分吸收当前多民族古文字研究中的理论和经验,尤其关注数字化和智能化研究方式相结合所带来的巨大的研究效益。具体思路是:建设水书资源共享平台,实现全部文献的综合利用、社会共享,解决水书文献利用难题,并对水书和水字再做深入调查;以智能文字识别方式助力水书数字平台的使用,打通水书文献内部诸多关联,进一步便利水书的利用开发与多方向研究;以数字化和智能化研究方式结合,编纂系列工具书;利用水书数字平台,开展水字与南方民族古文字进一步的比较研究。

【关键词】水书;水字;历史;述评;展望

【作者简介】刘凌,女,华东师范大学中国文字研究与应用中心副教授,研究方向为民族文字比较研究、汉语史。(上海 200062)

“水书”一词,是水语“泐虽”[le¹ sui³]的对译,[sui³]为水族自称“水”,[le¹]有“文字”或“书”的意思,所以传统上“水书”兼指水族古文字和用这种古文字书写的文献,二者长期混用;同时,学界还存在“水字”“水文”“水书”等名称的混用,亦有学者对此三者加以正名。① 本文以“水字”指称水族古文字,以“水书”指称用这种古文字书写的文献。水字因其包含借源字、自造字的“拼盘文字”特性,在文字比较研究、普通文字学研究中具有重要价值。

水字研究对水书文献高度依赖,这是由水书文献和水字的特殊性质决定的——水书较多内容源于汉族通书,水字有一部分是对汉字的搬用或改造,诸多文字现象只有在文献深度解读中、在与汉文化的联系中方能充分挖掘,水字研究的进展很大程度上取决于水书文献的整理、研究水平,二者密不可分。此篇述评以水字研究为中心,也包括与其密切相关的水书和水语研究,故题名为“水书研究述评”。

对水书和水字的调查研究已有一百余年历程。然而时至今日,关于水字性质、水字在文字发展史中的地位、水字系统的组成及比重等根本性问题,都还缺乏统一认识;关于水书文献用字情况、异体字情况等,还缺少全面认识。尤其十余年来,水书和水字本体研究缺少进展,大体处于停滞状态。本文设想,通过梳理水书研究历史,来看清研究现状,探寻突破当前研究困境的思路方法。

水书、水字研究已有一些综述性内容,包括:韦忠仕和黎汝标(1992)②、孙易(2006)③、潘朝霖(2006)④、罗春寒(2007)⑤、翟宜疆(2007)⑥、韦学纯(2008)⑦、韦宗林和韦述启(2012)⑧、邓章应

* 基金项目:本文为上海哲社规划“冷门、绝学和国别史等研究专项”课题“水族水书智能识别系统建设与研究”(2019ZJX001),高校人文社会科学重点研究基地重大项目“古文字编码字符集研究(出土秦汉文字、民族古文字部分)”(22JJD740024)中期成果。

① 可参邓章应:《水族古文字的科学定名》,《中国科技术语》2009 年第 3 期。
② 韦忠仕、黎汝标:《五十年来〈水书〉研究述评》,贵州省水家学会编:《水家学研究》(二),1989 年,第 336—348 页。
③ 孙易:《水族文字研究》,博士学位论文,南开大学,2006 年。
④ 潘朝霖:《水书文化研究 150 年概述》,《采风论坛》(7),中国文联出版社,2006 年。
⑤ 罗春寒:《水族、水书与水书研究述评》,首届水书文化国际学术研讨会论文,贵州都匀,2007 年。
⑥ 翟宜疆:《水文造字机制研究》,博士学位论文,华东师范大学,2007 年,第 15—21 页。
⑦ 韦学纯:《水书研究现状与发展趋势》,周庆生主编:《中国民族语言学研究》,社会科学文献出版社,2008 年,第 192—210 页。
⑧ 韦宗林、韦述启:《水族文字研究综述》,韦宗林:《释读旁落的文明——水族文字研究》,民族出版社,2012 年,第 265—277 页。

(2015)①、白小丽和徐艳茹(2016)②等。这些综述文章反映出不同时期水书研究的进展,也呈现出不同的观察视角。其中,邓章应(2015)的综述虽立足于水字与东巴文的比较研究,但充分梳理了学界最早对水字介绍、著录、初步研究的情况,颇具价值;白小丽和徐艳茹(2016)从文献译注和文字研究两方面大致呈现了 2016 年之前十几年内的研究成果。本文与以往综述的不同是:第一,严格按照时间线对水字研究历史做完整梳理,藉以观察水字研究的历史进程,总结研究得失;第二,观察其他民族古文字研究的新进展对水字研究的启发,尤其是展望当前数字化和智能化相结合的研究思路所可能带来的突破。也就是说,将水书研究置于一定的纵横坐标轴中再做观察,注重观察的尽可能全面与观察视角的多样性,且将与水字研究密切相关的水书和水语研究亦纳入述评范围。

一　水书研究的主要内容

(一)水书抢救性整理和译注工作

上世纪九十年代至本世纪初的前后十余年,水书经历了抢救性发掘整理的高潮,主要成果有"中国水书文献系列"(全真彩色影印本,2006 年)③、《中国水书》(全套共 160 册,2007 年)④,这些成果是对散乱于民间和各机构的水书抄本的抢救、以影印形式传承,保存原貌,未加译注。

再就是各时期的水书译注成果。王品魁《水书·正七卷、壬辰卷》(1994)⑤是水书正式译注出版之开端,为早期水书、水字研究提供了难得的一手材料。此后至 2011 年,水书译注工作缓慢开展,先后出版 10 种译注本,译注质量较好,代表性的如《水书·丧葬卷》(2005)⑥;《泐金·纪日卷》(2007)⑦;2009—2011 年出版的"中国水书译注丛书"系列五种⑧;另有《水书与水族社会——以〈陆道根原〉为中心的研究》(2009),以水书文献译注为主,且调查与研究并重,揭示了水书在民间的一些实际应用情况⑨。2015 年开始,水书译注成果呈井喷式涌现,新出译注本 28 种,代表性成果如《清华大学馆藏水书文献十本解读》⑩与《八宫取用卷译注》等⑪。但近年部分译注成果失于粗疏,多作字面对译,不能揭示水书内涵。

(二)水字本体研究

可大致分为以下几个方面:

1. 水字收集、考释、整理和字表编写。

水字研究的不同时期编写了大量字表,限于历史条件,这些字表多不是出自一手材料,而是辗转相因,收录亦不可能完备,但是对既有研究来说是极为宝贵的基础资料。如吴支贤与石尚昭《水族文

① 邓章应:《东巴文与水文比较研究》,人民出版社,2015 年,第 29—43 页。

② 白小丽、徐艳茹:《水文研究回顾与展望》,《华西语文学刊》第十三辑,四川文艺出版社,2016 年,第 192—198 页。

③ 中国水书编委会编:《中国水书文献系列》(全真彩色影印本,共五本,包括《分割卷》《八探卷》《寅申卷》《正七卷》《探巨卷》),贵州民族出版社,2006 年。

④ 莫善余等主编:《中国水书》,巴蜀书社、四川民族出版社,2007 年。

⑤ 王品魁编:《水书(正七卷、壬辰卷)》,贵州民族出版社,1994 年。

⑥ 潘朝霖、王品魁:《水书·丧葬卷》,贵州民族出版社,2005 年。

⑦ 贵州省档案局(馆)、荔波县人民政府编:《泐金·纪日卷》,贵州人民出版社,2007 年。

⑧ 本系列包括以下五种,均为黔南布依族苗族自治州人民政府编,贵州民族出版社出版。杨介钦、韦光荣译注:《水书·麒麟正七卷》(上、下),2010 年;杨介钦、韦光荣译注:《水书·金用卷》,2011 年;蒙邦敏等译注:《水书·正五卷》,2011 年;陆春译注:《水书·秘籍卷》,2009 年;梁光华、蒙景村、蒙耀远、蒙君昌译注:《水书·婚嫁卷》,2010 年。

⑨ 张振江、姚福祥:《水书与水族社会——以〈陆道根原〉为中心的研究》,中山大学出版社,2009 年。

⑩ 赵丽明:《清华大学馆藏水书文献十本解读》,贵州人民出版社,2018 年。

⑪ 梁光华、蒙耀远、罗刚、肖锟:《八宫取用卷译注》,上海古籍出版社,2019 年。

字研究》(油印本,1985)提供了最早的水字字表①;后有陈昌槐《水族文字与〈水书〉》所附字表②;刘日荣《水书研究——兼论水书中的汉语借词》所附字表③;刘凌硕士论文《"水书"文字性质探索》(1999)所附字表④;孙易博士论文《水族文字研究》(2006)所附字表⑤;目前收字最多的字表是翟宜疆博士论文《水文造字机制研究》(2007)所附《水文常用字表》,它合计收字 315 个,字符数 1049 个(含异体字)⑥;梁光华《水族水书语音语料库系统研究》(2012)收录不重复的水字单字 472 个(不含异体)⑦;梁光华、蒙耀远《水族水字研究》(2015)收水字 472 个(不含异体)⑧。另有韦世方《水书常用字典》,是目前唯一一部水字字典,收字 468 个,含异体共 1780 个⑨。就已刊布的水书材料来看,当前的水字字表收录都不完全,尤其异体字收录不全。

水字考释成果,最早且完整的水书样品释读有西田龙雄(日本)《水文字历的释读》(1983)⑩、王国宇《水书与一份水书样品的释读》(1986)⑪,其后有王品魁对水字墓碑做了文字考证⑫,韦宗林对水书鬼名用字的考释⑬等,再就是水书各译注本直接呈现对水字的释读对译,其余专门的考释成果不多,散见于各家研究,这里不再详述。

2. 对水字文字性质、文字地位的探讨。

如刘日荣《水书研究——兼论水书中的汉语借词》(1990)认为水字是专为汉语借词而造的字⑭,周有光《世界文字发展史》(1997)论断水字性质为"文字的幼儿"⑮,刘凌硕士论文《"水书"文字性质探索》(1999)⑯、陆锡兴《汉字传播史》(2002,2018 修订)⑰、邓章应博士论文《西南少数民族原始文字的产生与发展》(2007)⑱、邓章应《东巴文与水文比较研究》(2015)⑲亦涉及对水字性质的讨论,另有朱建军《从文字接触视角看汉字对水文的影响》(2006)⑳、翟宜疆《以自源字为依据的水文的初期性质拟测》(2007)㉑、翟宜疆《水文文字符号与它所记录的语言单位的对应关系》(2011)㉒、邓章应《水文书写单位与诵读单位的层次差异及水文的性质》(2011)㉓、刘凌《对水族水书文献性质和文字性质的再讨论》㉔

---

① 后收入《中国民族古文字研究》集刊。可参石尚昭、吴支贤:《水族文字研究》,中国民族古文字研究会编:《中国民族古文字研究》第二辑,天津古籍出版社,1993 年,第 245—257 页。

② 陈昌槐:《水族文字与〈水书〉》,《中央民族学院学报》1991 年第 3 期。

③ 刘日荣:《水书研究——兼论水书中的汉语借词》,《中央民族大学学报》1990 年增刊。

④ 刘凌:《"水书"文字性质探索》,硕士学位论文,华东师范大学,1999 年。

⑤ 孙易:《水族文字研究》,博士学位论文,南开大学,2006 年。

⑥ 翟宜疆:《水文造字机制研究》,博士学位论文,华东师范大学,2007 年。

⑦ 梁光华:《水族水书语音语料库系统研究》,贵州民族出版社,2012 年。

⑧ 梁光华、蒙耀远:《水族水字研究》,《黔南民族师范学院学报》2015 年第 3 期。

⑨ 韦世方:《水书常用字典》,贵州民族出版社,2007 年。

⑩ 〔日〕西田龙雄著,王云祥译:《水文字历的释译》,《民族语文研究情况数据集》1983 年第 2 期。

⑪ 王国宇:《水书与一份水书样品的释读》,《民族语文》1987 年第 6 期。

⑫ 王品魁:《拉下村水文字墓碑辨析》,贵州省水家学会编:《水家学研究》(三),1999 年,第 220—224 页。

⑬ 韦宗林:《神秘的水族鬼名符号文字初释》,《贵州民族学院学报(哲学社会科学版)》2012 年第 1 期。

⑭ 刘日荣:《水书研究——兼论水书中的汉语借词》,《中央民族大学学报》1990 年增刊。

⑮ 周有光:《世界文字发展史》,上海教育出版社,1997 年,第 38 页。

⑯ 刘凌:《"水书"文字性质探索》,硕士学位论文,华东师范大学,1999 年。

⑰ 陆锡兴:《汉字传播史》,语文出版社,2002 年,第 222—223 页;陆锡兴:《汉字传播史》,商务印书馆,2018 年,第 299—304 页。

⑱ 邓章应:《西南少数民族原始文字的产生与发展》,博士学位论文,华东师范大学,2007 年。

⑲ 邓章应:《东巴文与水文比较研究》,人民出版社,2015 年。

⑳ 朱建军:《从文字接触视角看汉字对水文的影响》,《贵州民族研究》2006 年第 3 期。

㉑ 翟宜疆:《以自源字为依据的水文的初期性质拟测》,《中国文字研究》第八辑,大象出版社,2007 年。

㉒ 翟宜疆:《水文文字符号与它所记录的语言单位的对应关系》,《中国文字研究》第十五辑,大象出版社,2011 年。

㉓ 邓章应:《水文书写单位与诵读单位的层次差异及水文的性质》,《中国文字博物馆》2011 年第 1 期。

㉔ 刘凌:《对水族水书文献性质和文字性质的再讨论》,"民族地区使用汉字的历史与现状"专题研讨会论文,贵州兴义,2018 年 3 月。

专文分析水字的性质和文字地位。这些研究，由于视角不同，且不能基于大量水书材料展开讨论，因而各执一端，莫衷一是。

3. 水字起源、水字历史研究。

对水字起源、文字历史的探讨，因为对水字性质、文字发展史地位的认识不同而有很大差异。主要可分为两派：一派认为水字历史不会早于唐代，或认为产生于清代，如叶成勇《水书起源时代试探》(2006)[①]，刘凌《关于水字历史的思考》(2007)[②]，梁敏《关于水族族源和水书形成之我见》(2008)[③]，饶文谊、梁光华《关于水族水字水书起源时代的学术思考》(2009)[④]等；另一派认为水字与殷商甲骨文有亲缘关系，如潘朝霖和韦宗林《中国水族文化研究》(2004)[⑤]、韦宗林《水族古文字源头的几个问题》(2004)[⑥]等，牟昆昊《水书天干地支与商周同类字形的比较研究》(2012)[⑦]认为水字与汉字甲骨文、金文有着一定的字形联系，水字发展在不同时期、不同层面都受到了汉字的影响。

4. 对水字体系的整体、综合性描述，包含文字构形分析和归类等。

起始于刘凌硕士论文《"水书"文字性质探索》(1999)，该文基于二手字表，最早对水字系统、水字和汉字关系做了全面梳理和早期研究[⑧]；陆锡兴《汉字传播史》(2002，2018修订)[⑨]、王锋《从汉字到汉字系文字》(2003)也对水字做了描述[⑩]；其后有曾晓渝和孙易《水族文字新探》(2004)[⑪]、孙易博士论文《水族文字研究》(2006)[⑫]、孙易《水字的分类与分析》(2008)[⑬]、韦宗林《释读旁落的文明——水族文字研究》(2012)[⑭]、梁光华和蒙耀远《水族水字研究》(2015)[⑮]。可惜的是，上述研究大体是基于二手字表或部分水书，不足以概括出水字系统全貌。

5. 水字造字机制、异体字等相关研究。

通过与汉古文字、其他民族古文字的比较，探讨水字造字情况，如高慧宜《水文造字方法初探》[⑯]、邓章应《水书造字机制探索》[⑰]、蒙景村《"水书"及其造字方法研究》[⑱]、翟宜疆《水文造字机制研究》[⑲]等；水字异体字现象研究，如朱建军《水文常见字异体现象刍议》[⑳]、翟宜疆《从异体字角度看有关水文的一些问题》[㉑]、李杉《水文异体字研究》[㉒]。

① 叶成勇：《水书起源时代试探》，《贵州民族学院学报(哲学社会科学版)》2006年第1期。
② 刘凌：《关于水字历史的思考》，《中国文字研究》第九辑，大象出版社，2007年。
③ 梁敏：《关于水族族源和水书形成之我见》，《广西民族研究》2008年第3期。
④ 饶文谊、梁光华：《关于水族水字水书起源时代的学术思考》，《原生态民族文化学刊》2009年第4期。
⑤ 潘朝霖、韦宗林：《中国水族文化研究》，贵州人民出版社，2004年，第23页。
⑥ 韦宗林：《水族古文字源头的几个问题》，贵州省水家学会编：《水家学研究》(四)，2004年。
⑦ 牟昆昊：《水书天干地支与商周同类字形的比较研究》，硕士学位论文，贵州民族大学，2012年。
⑧ 刘凌：《"水书"文字性质探索》，硕士学位论文，华东师范大学，1999年。
⑨ 陆锡兴：《汉字传播史》，语文出版社，2002年，第222—223页；陆锡兴：《汉字传播史》，商务印书馆，2018年，第299—304页。
⑩ 王锋：《从汉字到汉字系文字》，民族出版社，2003年。
⑪ 曾晓渝、孙易：《水族文字新探》，《民族语文》2004年第4期。
⑫ 孙易：《水族文字研究》，博士学位论文，南开大学，2006年。
⑬ 孙易：《水字的分类与分析》，《南开语言学刊》2008年第1期。
⑭ 韦宗林：《释读旁落的文明——水族文字研究》，民族出版社，2012年。
⑮ 梁光华、蒙耀远：《水族水字研究》，《黔南民族师范学院学报》2015年第3期。
⑯ 高慧宜：《水文造字方法初探》，《中国文字研究》第五辑，广西教育出版社，2004年。
⑰ 邓章应：《水书造字机制探索》，《黔南民族师范学院学报》2005年第2期。
⑱ 蒙景村：《"水书"及其造字方法研究》，《黔南民族师范学院学报》2005年第1期。
⑲ 翟宜疆：《水文造字机制研究》，博士学位论文，华东师范大学，2007年。
⑳ 朱建军：《水文常见字异体现象刍议》，《中国文字研究》第六辑，广西教育出版社，2005年。
㉑ 翟宜疆：《从异体字角度看有关水文的一些问题》，《兰州学刊》2007年第3期。
㉒ 李杉：《水文异体字研究》，硕士学位论文，华东师范大学，2008年。

6. 专书水字研究、专类水字研究。

专书水字研究,如饶文谊和梁光华《明代水书〈泐金·纪日卷〉残卷水字研究》①、牟昆昊《水书〈正七卷〉与汉文献〈象吉通书〉比较研究》②。

专类水字研究涉及不同研究视角,可再细分。按照义类划分,有王元鹿师《"水文"中的数目字与干支字研究》③、王元鹿师《水文方位字研究及其对普通文字学研究的启发——兼论水文研究的必要性与方法论》④、韦荣平《水书鬼名文字研究》⑤、韦宗林《神秘的水族鬼名符号文字初释》⑥、翟宜疆《水文鬼名用字分析》⑦等。按照水字形体特征划分,主要是对水字的"反书"特点及其成因的探讨,如刘杨翎和刘本才《水字"反书"成因及文字学意义》⑧、韦荣平《水书"反书"新探》⑨、高慧宜《水族"反书"特征探究》⑩、韦宗林《水族古文字"反书"的成因》⑪。还有对水书中一字多音义、一字多用情况的专门研究,如潘朝霖《水书地支"酉"六种读音探索》⑫、潘朝霖《水书地支多种读音探析》⑬、白小丽《水书〈正七卷〉纪时地支的文字异读》⑭。

7. 水字与其他文字的比较研究。

刘日荣《〈水书〉中的干支初探》(1996)最早将水书常用字与汉字做了对比研究⑮,后来的比较研究涉及汉字、壮文、纳西东巴文、傈僳竹书、彝文等多种文字,如李子涵《从记录语言的方式看水文自造字和汉字的同义》⑯、黄思贤《水字、古汉字及其纳西东巴文同义比较举例》⑰、田铁和阿闹《水书与彝文的对比研究》⑱、高慧宜《水族水文和傈僳族竹书的异体字比较研究》⑲、韦世方《从水书结构看汉字对水族文字之影响》⑳、董元玲《东巴文与水文象形字的比较研究》㉑、翟宜疆《水文与壮文借源字初步比较》㉒、牟昆昊《水书天干地支与商周同类字形的比较研究》㉓、邓章应《东巴文与水文比较研究》㉔、袁香琴《方块古壮字与水文的比较研究》㉕、刘杨翎《水字与古彝文比较研究》㉖、杨小燕和梁金凤《壮族、布

① 饶文谊、梁光华:《明代水书〈泐金·纪日卷〉残卷水字研究》,《黔南民族师范学院学报》2010 年第 1 期。

② 牟昆昊:《水书〈正七卷〉与汉文献〈象吉通书〉比较研究》,博士学位论文,中央民族大学,2015 年。

③ 王元鹿:《"水文"中的数目字与干支字研究》,《华东师范大学学报(哲学社会科学版)》2003 年第 4 期。

④ 王元鹿:《水文方位字研究及其对普通文字学研究的启发——兼论水文研究的必要性与方法论》,《湖州师范学院学报》2003 年第 2 期。

⑤ 韦荣平:《水书鬼名文字研究》,硕士学位论文,贵州民族学院,2011 年。

⑥ 韦宗林:《神秘的水族鬼名符号文字初释》,《贵州民族学院学报(哲学社会科学版)》2012 年第 1 期。

⑦ 翟宜疆:《水文鬼名用字分析》,《中国文字研究》第十七辑,上海人民出版社,2013 年。

⑧ 刘杨翎、刘本才:《水字"反书"成因及文字学意义》,《重庆社会科学》2018 年第 5 期。

⑨ 韦荣平:《水书"反书"新探》,《民俗典籍文字研究》2021 年第 1 期。

⑩ 高慧宜:《水族"反书"特征探究》,《华西语文学刊》2011 年第 2 期。

⑪ 韦宗林:《水族古文字"反书"的成因》,《贵州民族学院学报(社会科学版)》1999 年第 4 期。

⑫ 潘朝霖:《水书地支"酉"六种读音探索》,《贵州世居民族研究》,贵州民族出版社,2004 年。

⑬ 潘朝霖:《水书地支多种读音探析》,《贵州民族学院学报(哲学社会科学版)》2010 年第 5 期。

⑭ 白小丽:《水书〈正七卷〉纪时地支的文字异读》,《贵州民族学院学报(哲学社会科学版)》2010 年第 5 期。

⑮ 刘日荣:《〈水书〉中的干支初探》,《中央民族大学学报》1994 年第 6 期。

⑯ 李子涵:《从记录语言的方式看水文自造字和汉字的同义》,《甘肃联合大学学报(社会科学版)》2007 年第 3 期。

⑰ 黄思贤:《水字、古汉字及其纳西东巴文同义比较举例》,《兰州学刊》2007 年第 2 期。

⑱ 田铁、阿闹:《水书与彝文的对比研究》,《贵州社会科学》2008 年第 3 期。

⑲ 高慧宜:《水族水文和傈僳族竹书的异体字比较研究》,《民族论坛》2008 年第 3 期。

⑳ 韦世方:《从水书结构看汉字对水族文字之影响》,贵州省水家学会编:《水家学研究》(五),2010 年,第 101—108 页。

㉑ 董元玲:《东巴文与水文象形字的比较研究》,《中国科教创新导刊》2011 年第 13 期。

㉒ 翟宜疆:《水文与壮文借源字初步比较》,《华西语文学刊》2012 年第 1 期。

㉓ 牟昆昊:《水书天干地支与商周同类字形的比较研究》,硕士学位论文,贵州民族大学,2012 年。

㉔ 邓章应:《东巴文与水文比较研究》,人民出版社,2015 年。

㉕ 袁香琴:《方块古壮字与水文的比较研究》,博士学位论文,华东师范大学,2017 年。

㉖ 刘杨翎:《水字与古彝文比较研究》,博士学位论文,华东师范大学,2018 年。

依族新发现古文字和水书的初步比较》①。

（三）水书文化研究

水书文化研究内容丰富，可分为如下几类：

1. 水书二十八宿与天象历法研究。

如王连和与刘宝耐《水族的天象历法》②、王国宇《略论水书与二十八宿》③、石尚昭《水书通义——天文历法》④、王品魁《〈水书〉二十八宿》⑤、潘道益《水族七元历制初探》⑥、蒋南华和蒙育民《水书文化中的文字与历法》⑦、潘朝霖《水族汉族二十八宿比较研究》⑧、潘朝霖《水苗汉二十八宿比较研究》⑨、王品魁《天文学四象与水书二十八宿》⑩，其中多数研究是对水书二十八宿名称与汉语词音义关系的对比、其用途与汉文化的简单比照，研究不够深入。

2. 水书与汉族传统文化中周易等的密切关系研究。

如蒙爱军《水家族水书阴阳五行观的认识结构》⑪、阳国胜等《水书〈连山易〉真伪考》⑫、蒙耀远和文毅《略论水书中的阴阳五行》⑬、孟师白《水书、周易、九星的数据对比研究》⑭、戴建国等《水书与水族阴阳五行关系分析》⑮。相关研究多是简单类比，对汉文化周易的理解有待深入。

3. 水书专书、专题内容解读。

如牟昆昊《水书〈正七卷〉与汉文献〈象吉通书〉比较研究》⑯、文毅等《解读〈水书·阴阳五行卷〉》⑰、韦述启《水族〈祭祖经〉的文化解读》⑱。

4. 对水书向汉文化溯源，以及汉文化对水书传播影响的研究。

水族专家王品魁分析水书源流，指出水书《正七卷》与汉族《象吉通书》有整齐的对应关系，可谓真知灼见，为探寻水书源头指明了正确方向⑲；刘凌《关于水字历史的思考》⑳、梁敏《关于水族族源和水书形成之我见》㉑、饶文谊和梁光华《关于水族水字水书起源时代的学术思考》㉒等，都认为水书源自汉文化，产生时间在唐宋以后或者更晚；另有陆锡兴《汉字传播史》㉓、王锋《从汉字到汉字系文字》㉔分析

---

① 杨小燕、梁金凤：《壮族、布依族新发现古文字和水书的初步比较》，《百色学院学报》2020年第2期。

② 王连和、刘宝耐：《水族的天象历法》，《河北省科学院学报》1990年第1期。

③ 王国宇：《略论水书与二十八宿》，中国民族古文字研究会编：《中国民族古文字研究》第三辑，天津古籍出版社，1991年，第206—214页。

④ 石尚昭：《水书通义——天文历法》，《黔南教育学院学报》1991年第4期。

⑤ 王品魁：《〈水书〉二十八宿》，《贵州文史丛刊》1996年第2期。

⑥ 潘道益：《水族七元历制初探》，贵州省水家学会编：《水家学研究》（三），第148—161页。

⑦ 蒋南华、蒙育民：《水书文化中的文字与历法》，《贵州社会科学》2008年第5期。

⑧ 潘朝霖：《水族汉族二十八宿比较研究》，《贵州民族学院学报（哲学社会科学版）》2000年第2期。

⑨ 潘朝霖：《水苗汉二十八宿比较研究》，《贵州民族研究》2001年第3期。

⑩ 王品魁：《天文学四象与水书二十八宿》，载贵州省水家学会编：《水家学研究》（四），第77—83页。

⑪ 蒙爱军：《水家族水书阴阳五行观的认识结构》，《贵州民族学院学报（哲学社会科学版）》2002年第5期。

⑫ 阳国胜、陈东明、姚炳烈：《水书〈连山易〉真伪考》，《贵州大学学报（哲学社会科学版）》2008年第5期。

⑬ 蒙耀远、文毅：《略论水书中的阴阳五行》，《三峡论坛（三峡文学理论版）》2011年第6期。

⑭ 孟师白：《水书、周易、九星的数据对比研究》，《贵州民族学院学报（哲学社会科学版）》2012年第1期。

⑮ 戴建国、蒙耀远、文毅：《水书与水族阴阳五行关系分析》，《黔南民族师范学院学报》2012年第3期。

⑯ 牟昆昊：《水书〈正七卷〉与汉文献〈象吉通书〉比较研究》，博士学位论文，中央民族大学，2015年。

⑰ 文毅、林伯珊、蒙耀远：《解读〈水书·阴阳五行卷〉》，《凯里学院学报》2012年第4期。

⑱ 韦述启：《水族〈祭祖经〉的文化解读》，硕士学位论文，贵州民族大学，2012年。

⑲ 王品魁：《水书源流新探》，贵州省水家学会编：《水家学研究》（二），第349—354页；王品魁：《〈水书〉探源》，《贵州文史丛刊》1991年第3期。

⑳ 刘凌：《关于水字历史的思考》，《中国文字研究》第九辑，大象出版社，2007年。

㉑ 梁敏：《关于水族族源和水书形成之我见》，《广西民族研究》2008年第3期。

㉒ 饶文谊、梁光华：《关于水族水字水书起源时代的学术思考》，《原生态民族文化学刊》2009年第4期。

㉓ 陆锡兴：《汉字传播史》，语文出版社，2002年，第222—223页；陆锡兴：《汉字传播史》，商务印书馆，2018年，第299—304页。

㉔ 王锋：《从汉字到汉字系文字》，民族出版社，2003年。

了汉字、汉文化传播对水书、水字产生的影响。

5. 对水书文化的整体性介绍、探析。

如韦章炳《水书与水族历史研究》①、韦章炳《中国水书探析》②等。

6. 水书保护传承、整理开发等研究。

涉及水书保护传承、整理开发、编纂译注的思路、方式方法等的研究,如张振江《贵州水族的水书与水书传承札记》③、韦绍武《水族文本文件——水书整理方法初探》④、梁光华《水书译注体例研究》⑤、瞿智琳《水书档案存续研究》⑥、陈金燕《水书传承与发展影响因素的深层探索》⑦、蒙耀远《水族水书抢救保护十年工作回顾与思考》⑧、瞿智琳《水书档案编纂现状探析》⑨、瞿智琳《水书档案开发利用研究》⑩。另有陆春《水书常用词注解》为水书阅读、普及提供参考⑪,贵州省档案馆、贵州省史学会《揭秘水书——水书先生访谈录》⑫,对与水书保护传承直接相关的水书先生做了抢救性访谈。

上述六方面内容之外,在不同时期还出版了不定期的系列论文集,包括潘朝霖、唐建荣主编的《水书文化研究》(第1—5辑)⑬、《水家学研究》(一—五)⑭。这些论文集收录了较多水书和水族文化研究内容,其中一些重要内容已在前文介绍,这里不再细分。

(四) 水书与水字数字化研究

主要涉及输入法研制、文字编码、数据库建设、水书档案文献数字化、水字文字识别等方面。

1. 输入法研制方面。韦宗林《水族古文字计算机输入法》(2000)是水书数字化思考与研究之始⑮,后有戴丹、董芳等人的系列研究,如《水文输入法的设计与实现》⑯,如戴丹和陈笑荣《水书水字可视化输入中的模式匹配》⑰、陈笑蓉等《水书键盘输入系统研究与实现》⑱。

2. 水字编码方面。如董芳等《"水书"文字编码方法研究》⑲、董芳《水书水字类属码的研究》⑳、黄千等《水书字音编码研究》㉑、杨撼岳等《水族文字笔形编码方法研究》㉒。

① 韦章炳:《水书与水族历史研究》,中国戏剧出版社,2009年。
② 韦章炳:《中国水书探析》,中国文史出版社,2007年。
③ 张振江:《贵州水族的水书与水书传承札记》,《文化遗产》2008年第4期。
④ 韦绍武:《水族文本文件——水书整理方法初探》,贵州省档案局、贵州省档案学会编:《贵州省档案学会2008年年会论文集》,2008年,第330—331页。
⑤ 梁光华:《水书译注体例研究》,《华南师范大学学报(社会科学版)》2009年第2期。
⑥ 瞿智琳:《水书档案存续研究》,硕士学位论文,云南大学,2013年。
⑦ 陈金燕:《水书传承与发展影响因素的深层探索》,《中国民族博览》2016年第7期。
⑧ 蒙耀远:《水族水书抢救保护十年工作回顾与思考》,《文史博览(理论)》2016年第1期。
⑨ 瞿智琳:《水书档案编纂现状探析》,《兰台世界》2016年第1期。
⑩ 瞿智琳:《水书档案开发利用研究》,《兰台世界》2019年第1期。
⑪ 罗世荣、陆春:《水书常用词注解》,贵州民族出版社,2012年。
⑫ 贵州省档案馆、贵州省史学会编:《揭秘水书——水书先生访谈录》,贵州民族出版社,2010年。
⑬ 潘朝霖、唐建荣编:《水书文化研究》第1辑,贵州民族出版社,2009年;潘朝霖、唐建荣编:《水书文化研究》第2—5辑,中国言实出版社,2012—2013年。
⑭ 贵州省水家学会编:《水家学研究》(一—五),1989—2010年。
⑮ 韦宗林:《水族古文字计算机输入法》,《贵州民族学院学报(哲学社会科学版)》2000年第4期。
⑯ 戴丹、董芳:《水文输入法的设计与实现》,《大众科技》2006年第4期。
⑰ 戴丹、陈笑荣:《水书水字可视化输入中的模式匹配》,《计算机技术与发展》2011年第9期。
⑱ 陈笑蓉、杨撼岳、郑高山、黄千:《水书键盘输入系统研究与实现》,《中文信息学报》2013年第1期。
⑲ 董芳、周石匀、王崇刚:《"水书"文字编码方法研究》,《黔南民族师范学院学报》2006年第6期。
⑳ 董芳:《水书水字类属码的研究》,《中文信息学报》2008年第5期。
㉑ 黄千、陈笑蓉、倪利华:《水书字音编码研究》,《贵州大学学报(自然科学版)》2011年第4期。
㉒ 杨撼岳、陈笑蓉、郑高山:《水族文字笔形编码方法研究》,《计算机工程》2011年第14期。

3. 水书和水字数字化建设方面。如董芳等《水族水书语料库的建立原则研究》①、林伯珊《关于中国"水书"文献资源数字化建设的思考》②、梁光华《水族水书语音语料库系统研究》③、刘凌和邢学艳《民族古文献语料库建设与应用——以水族水书文献为例》④、杨秀璋《基于水族文献的计量分析与知识图谱研究》⑤、黄天娇和邱志鹏《文化传承视阈下水书古籍档案数据库建设研究》⑥。

4. 水书文字切分和水字自动识别研究。如张国锋《水书古籍的字切分方法》⑦、杨秀璋等《一种基于水族濒危文字的图像增强及识别方法》⑧、夏春磊《基于深度学习的水书图像识别算法研究与应用》⑨、丁琼《水书文字识别系统研究与实现》⑩、汤辉等人《基于自动学习的常用水字识别》⑪。

（五）与水字研究密切相关的水语研究

水书源自汉族通书和日书，所以水书大量记录汉语词，其次是以汉语、水语混合记录水书中的神煞，因此水书语言与日常水语多有不同，亦有部分交叠。这种情况下，已有水书、水字研究极少与水语研究挂钩，唯有韦学纯博士论文《水语描写研究》（2011）⑫较为清晰地描写了水书词汇与水语日常词汇的不同，另有曾晓渝《汉语水语关系词研究》（1994）⑬、姚福祥与曾晓渝《汉水词典》（1996）⑭、胡拓博士论文《汉语水语语音对比研究》（2009）⑮可提供参考。由此也可以看出，水书语音、词汇的系统研究需要立足于与汉族通书的比较，立足于汉、水语言的历史比较。

二　水书研究的历史进展与研究得失

我们对水书的研究进程做历史分期，观察每一阶段的研究内容、研究重点，观察不同阶段间的研究变化、研究进展，以此探寻水书研究之得失。

（一）水书研究的历史分期

水字自被发现、介绍至今，整个调查研究已有一百余年历程，可分为五个研究阶段：

1. 发现与介绍时期（1860 年至二十世纪四十年代）

莫友芝（1811—1871）对水族文字和文化的介绍，是水书发现、介绍之始。⑯另有 1914 年《独山县志》、1925 年《都匀县志稿》、1940 年《三合县志略》和 1944 年《荔波县志稿》等地方志材料对少量水字的举例性收录与说明。⑰

---

① 董芳、蒙景村、罗刚：《水族水书语料库的建立原则研究》，《黔南民族师范学院学报》2007 年第 6 期。
② 林伯珊：《关于中国"水书"文献资源数字化建设的思考》，《图书馆学刊》2008 年第 3 期。
③ 梁光华：《水族水书语音语料库系统研究》，贵州民族出版社，2012 年。
④ 刘凌、邢学艳：《民族古文献语料库建设与应用——以水族水书文献为例》，《中国文字研究》第二十五辑，上海书店出版社，2017 年。
⑤ 杨秀璋：《基于水族文献的计量分析与知识图谱研究》，《现代计算机（专业版）》2019 年第 1 期。
⑥ 黄天娇、邱志鹏：《文化传承视阈下水书古籍档案数据库建设研究》，《云南档案》2020 年第 10 期。
⑦ 张国锋：《水书古籍的字切分方法》，《黔南民族师范学院学报》2016 年第 2 期。
⑧ 杨秀璋、夏换、于小民：《一种基于水族濒危文字的图像增强及识别方法》，《计算机科学》2019 年第 11A 期。
⑨ 夏春磊：《基于深度学习的水书图像识别算法研究与应用》，硕士学位论文，中央民族大学，2019 年。
⑩ 丁琼：《水书文字识别系统研究与实现》，《中国新通信》2020 年第 19 期。
⑪ 汤辉、张国锋、张维勤：《基于自动学习的常用水字识别》，《现代计算机》2020 年第 26 期。
⑫ 韦学纯：《水语描写研究》，博士学位论文，上海师范大学，2011 年。
⑬ 曾晓渝：《汉语水语关系词研究》，重庆出版社，1994 年。
⑭ 姚福祥、曾晓渝：《汉水词典》，四川民族出版社，1996 年。
⑮ 胡拓：《汉语水语语音对比研究》，博士学位论文，贵州大学，2009 年。
⑯ 见刘世彬：《莫友芝对水族古文字的研究》，《黔南民族师范学院学报》2006 年第 1 期。
⑰ 《三都水族自治县志》，贵州人民出版社，1992 年。

2. 调查研究起步期(二十世纪四十至六十年代)

这一时期的成果,以张为纲《水家来源试探》(1942)①、岑家梧《水书与水家来源》(1948)②、《水语调查报告初稿》(1958)③、潘一志《水族社会历史资料稿》(1959)④、《水族简史简志合编》(1963)⑤、李方桂《水话研究》(1977)⑥、日本西田龙雄《水文字历的释读》(1983)⑦等为代表,主要是水书文献的少量收集介绍、水字简单介绍、水语调查(并附录少量水字)。

3. 调查研究探索期(二十世纪八十年代至本世纪初)

这一时期研究资料仍旧短缺,主要研究可概括为四方面:第一,出版了第一部水书译注本,这是这一时期研究唯一的一手材料;第二,开展初步的水字研究,涉及文字考释、对水字文字体系与文字性质的研究、水字"反书"特点的探析等;第三,初步探讨水书性质、水书源流和水书文化内涵;第四,继续开展水语调查研究,尤其关注汉语水语关系词研究。

4. 调查研究发展期(本世纪初至 2015 年)

这一时期研究蓬勃开展,与前一阶段的主要区别是:第一,水书大量收集、影印与译注、出版,学界终于有了丰富的一手材料;第二,水字本体研究在视野、方法、学术化程度和深入程度上都发生了诸多改变,研究取得很大进展;第三,水书文化研究蓬勃发展,涉及诸多门类,研究有所深入;第四,水书与水字数字化研究起步,主要涉及输入法研制、文字编码、数据库建设、水书档案文献数字化等方面。

5. 研究缓慢开拓期(2016 年前后至今)

这一时期研究状况可以概括为四方面:第一,水书译注继续保持繁盛局面;第二,水字本体研究方面成果较少,水字与其他文字的比较研究仍旧缓慢进行;第三,水书文献的抢救、保护、传承、开发,以及编纂译注方法等是这一时期的主要关注点,水书文化内涵的探讨很少;第四,开始关注水书和水字数字化、智能化研究,尤其是水书文字切分和水字自动识别研究。

(二) 水书研究的历史进展与成就

水书上述调查研究进程呈现出自身的发展趋势,其表现如下:

1. 水书和水字研究的一手材料从极端缺少到逐渐丰富,大量水书得到抢救性发掘整理,重要的水书卷本得以影印出版,水书译注范围逐步扩大,水书抢救、传承与开发研究不断开拓。

从 1860 年前后莫友芝对水字的介绍,到二十世纪初方志文献的简单介绍,再到 1985 年第一份水字字表(油印本)的出现⑧,到 1994 年第一部水书译注本《水书·正七卷、壬辰卷》的出现⑨,可以看出水书研究的一手材料在较长一段时间内极度缺乏。上世纪八十年代到本世纪初,水书出现抢救性发掘整理高潮,大型系列《中国水书》(160 册,2007 年)出版;而后自本世纪初开始至今,水书译注成果大量涌现,目前已有 38 种。可以看出,水书整理译注的范围不断扩大,一手材料日渐丰富,并且伴随着材料的丰富,相关研究拓展到水书文献的抢救保护、传承开发、档案建设、编纂译注和数字化建设等方面。

---

① 张为纲:《水家来源试探》,《社会研究》第 36 期。后收入《贵州苗夷社会研究》,贵阳文通书局,1942 年。该书 2004 年民族出版社重排出版。

② 岑家梧:《水书与水家来源》,《社会科学论丛》1948 年新 1 卷。1949 年修改收入《西南民族文化论丛》。亦收入《岑家梧民族研究文集》,民族出版社,1992 年。

③ 中国科学院语言少数民族调查第一工作队编:《水语调查报告初稿(内部数据)》,1958 年。

④ 潘一志:《水族社会历史资料》原为稿本,1959 年完成初稿,1982 年正式出版。载贵州民族学院、贵州水书文化研究院编:《水族学者潘一志文集》,巴蜀书社,2009 年。

⑤ 中国科学院语言研究所编:《水族简史简志合编(内部编印)》,1963 年。

⑥ 李方桂:《水话研究》,台北"中研院"历史语言所专刊之七十三,1977 年。后收入《李方桂全集》,清华大学出版社,2005 年。

⑦ 〔日〕西田龙雄著,王云祥译:《水文字历的释译》,《民族语文研究情况数据集》1983 年第 2 期。

⑧ 石尚昭、吴支贤:《水族文字研究》,中国民族古文字研究会:《中国民族古文字研究》第二辑,天津古籍出版社,1993 年,第 245—257 页。

⑨ 王品魁编:《水书(正七卷、壬辰卷)》,贵州民族出版社,1994 年。

2. 水字本体研究逐步开拓和深入。

第　，水字研究的材料范围逐步扩展。早期只是收集、介绍少量水字，其后是简单的字表编写，再发展为不断扩大字量的字表编写和字典编纂，以及基于一定水书文献的、较为系统的水字研究。

第二，水字研究的方向不断开拓。从早期的文字构形分析、文字考释、对水字体系的初步描述、水字"反书"特点的探析等，发展到不同阶段对水字性质的反复探讨，对水字系统的综合性研究，水字与其他民族文字关系的比较研究，以及近年的水字数字化研究和文字识别研究。

第三，水字研究不断深化。从文字介绍、构形分析、文字体系的分析，发展到对文字性质、造字机制、异体字的反复探讨，以及十余年来基于水书文献的专书、专类水字研究，并在多种民族文字的比较研究中不断加深对水字的认识。

3. 水书文化内涵研究逐步开拓和深入。

在水书调查研究的探索期，研究围绕水书二十八宿、天象历法、阴阳五行展开，亦涉及水书源流的探讨。在水书调查研究的发展期，上述研究仍是热点，而水书与汉族传统文化中周易的密切关系，水书专题内容的解读，水书保护传承，整理开发等相关研究，以及水书文化的综合性研究，是研究的新进展。2016 年以后，水书研究进入缓慢开拓期，这一时期研究的关注点是水书文献的抢救保护、传承开发、编纂译注和数字化建设。

4. 水书和水字的数字化建设逐步开展。

水书数字化工作起步较晚，始于韦宗林《水族古文字计算机输入法》（2000），其后涉及输入法研制、文字编码、数据库建设、水书档案文献数字化等方面，近年又出现关于水书文字切分和水字自动识别的研究。

（三）水书研究之不足

综观水书研究历程，始终处于核心的是水字本体研究、水书文化内涵研究和水书译注整理工作，当前水书译注整理工作已足以提供丰富的一手材料，而水书和水字研究仍旧有一些方面难以突破。在水字研究方面突出表现为：第一，关于水字性质、水字在文字发展史中的地位、水字系统的组成及比重等根本性问题，还缺乏令人信服的认识；第二，关于水字的造字机制、文献用字情况、异体字情况等，还缺少全面调查；第三，水字与多民族文字的比较研究，都是举例式比较，不足以体现水字的性质和特点；第四，对水书语音、词汇的研究极其缺乏，且缺少历时视角；第五，缺乏工具书，唯有一部《水书常用字典》（2007），限于当时条件，存在收字有限、体例不完整、正文与体例不合、释义例证不科学、缺少索引等根本性问题。①

而水书文化研究方面的主要问题是缺少系统研究，缺少对水书的系统认识，例如，不能全面揭示水书文化内涵，更多是对单句、单篇水书条目的解读，不能形成整体性认识，也就无法真正深入水书文化内部；第二，对水书与汉文化关系的研究，特别是水书向汉族通书的溯源，是以零散的条目比对的方式，缺少全面认识，不能深入，关注者亦极少；第三，水书神煞系统作为水书文化核心内容之一，杂糅了汉文化和水族文化内容，仅只有译注本中有零星解释，没有得到系统整理，等等。

上述问题，在当前研究模式下难以突破，其中，水书文献难以综合利用是症结所在。水书文献难以综合利用，是由水书的特点决定的：水书的抄写和使用因人、因传承体系而异；水书是分篇条目式排列，不同抄本所收篇目不同，即便是相同篇目，条目内容也不同；不同抄本间篇章或篇章内条目重复、交叉、矛盾者比比皆是。如上所述，水书材料本已极为繁杂，再加上水书的秘传性质和复杂的传统择吉推演内容，水书的综合利用十分困难。迄今的研究多数立足于二手字表，或采取文献举例方式，离开了文献的综合利用，无法突破研究瓶颈。

---

① 刘凌：《〈水书常用字典〉评述——兼谈民族文字字典理想的编纂模式》，《辞书研究》2014 年第 1 期。

要想实现水书材料的综合利用,数字化方式是必由之路,而目前水书数字化研究的所有努力,都还集中在资料的抢救、扫描、输入、排印等初级层面。

另外,水字研究中以描写、解释、简单比对为主要方式,对文字学理论的吸收不足,对民族古文字研究的新方法、新思路吸收不够,这些不足,很大程度上影响了水书研究的广度和深度。

三 水书研究展望

针对水书研究的历史进展与研究不足,我们认为近期可以着手的工作有:

1. 扩大水书整理译注工作的范围,提升译注质量,打好材料基础。

近二十年来,水族地区积极开展对水书和水书先生的抢救工作,收集、影印出版大量水书手抄本,译注了一些重要抄本,并开展了水书档案建设、开发研究工作。今后的工作重点之一,是继续增加水书译注成果,为后续研究提供一手资料,同时需更多地抢救性吸收水书先生的意见,更深入地解析水书文献内涵,规范译注方式,提升整体译注质量。目前已知水书译注工作在贵州省的黔南州、都匀、三都、荔波、独山等地有序开展。

另外,水书文献目前分散收藏在各地档案馆、图书馆、博物馆等机构,应当编纂水书文献联合目录以便利学界。

2. 建设水书资源共享平台,实现全部文献的综合利用、社会共享,解决水书文献利用难题;在此基础上对水书和水字重做调查,深入开展研究。

经过二十余年的努力,目前正式出版的水书译注成果已有 38 种,充分利用这些资源,推动研究进展,迫切需要建设一个公共的水书数字化平台。该平台至少应当具有如下功能:能够实现全部水书文献的原貌呈现;文献原貌与译注文本的逐字对应;实现全部文献和译注、研究成果的逐字检索;编制程序,实现字、词、句、篇不同层级、不同主题的全面系联,以保证水书综合研究。建设水字数据库,标注水字形音义,标注已有考释研究成果,标注与汉字和其他民族文字的关系等等,以利水字综合研究。通过上述数字化平台,通过全面占有材料和充分的量化统计,对水书和水字重做调查,重新回答以往研究中诸如水字性质、水字造字机制、水字系统的全貌等聚讼纷纭的问题;充分调查水书文献用字情况;开展深入的水字专题研究。水书研究方面,可以利用数据库系联水书各专题,对水书内涵做充分挖掘,勾勒水书文化全貌。

上述数字平台建成后,当实现网络共享,满足不同领域的研究开发之需。

3. 以智能文字识别方式助力水书数字平台的使用,打通水书文献内部诸多关联,进一步便利水书的综合利用开发与多方向研究。

水书数字资源平台建成后,如何充分、便捷地使用这一资源是一个重要课题。这一点,汉古文字研究中数字化和智能化方式的充分结合及其成功案例给予我们很大启发。在民族古文字领域,当前智能文字识别研究的目标集中在实现民族古文献从原文图像自动、批量转换为数字文本,从而实现民族古籍全文数据库的规模化建设,以及文献批量对译。但民族古文字识别研究的意义远不止于此。刘志基师《简析古文字识别研究的几个认识误区》所提出的思路[1],以及这一思路指导下的研究实践,如华东师范大学中国文字研究与应用中心开发的"'文镜万象'出土文献智能识别释读系统",为水书数字化和智能化研究指出了更为广阔的道路。水书实现文字识别的前提和基础,是已经建设的水书数字资源平台,以及对该平台做深度加工,使其成为一个字、词、句、篇章逐级标注的复合型水书文献数据库;在此基础上,水书文字识别的目标,不仅仅是识别字形,也同时可识别到每一个字形所携带的

---

① 刘志基:《简析古文字识别研究的几个认识误区》,《语言研究》2019 年第 4 期。

地域特征、书手风格、文献类型、语境、语义、字际关系等信息，这样，所有字形图像与已有数据库资料的数据关联就能够被彻底打通，识别一字、识别一篇可以同时获得大量关联信息，整个水书资源平台就被彻底盘活了。这样，经由文字识别实现水书文献的充分系联、全面检索，就可以更加充分地解决水书文献综合利用难题。

另一方面，借助数字化与智能识别手段的充分结合，可以实现知识系统的充分系联，从而为多民族文字和文化的综合研究创造无限可能性。例如，水书中占卜择日的概念、原理、体系、表达程式等多数来自汉族通书，而汉族通书的源头，可以上溯到先秦日书，如楚简、秦简、汉简日书，这是纵向的观察；横向来看，汉族通书明清时期曾在南方民族地区广泛传播，水、侗、彝、布依等多个民族的古文献中，都出现通书内容，它们都来自汉文化，并形成了各自的择吉特点。当我们以统一的标准完成了这些民族古文字材料的分类意义系联，再借助智能文字识别，就可以便捷地进行多种古文字材料的综合研究。最直接的，可将水书研究置于汉族日书、通书传承流变研究的序列中，充分发现水书对汉族择吉文献的继承与变异，梳理二者的源流关系；再如，可以开展水、侗、彝、布依等多个民族择吉文化的比较研究，等等。

4. 以数字化和智能化研究方式结合，编纂系列工具书，进一步满足各方面使用需求。

水书数字资源平台与配套的水字识别系统建设，可实现水书文献全部内容的贯通。在此基础上，利用数据库编纂目前急需的《水书大字典》《水书大词典》《水书类纂》等，亦可编纂其他电子工具书。其中《水书类纂》可以按照神煞系统、择吉事项、时日、方位等作为分类主题，实现水书条目的分类系联排比，满足不同领域使用需求。

5. 充分开展水字与南方民族古文字的比较研究。

在汉文化和汉字影响下产生的南方民族古文字，如壮文、侗文、布依文、越南字喃等，具有诸多共性，水字表现出南方系民族古文字的一些共性，但更有诸多特性，如异体繁多，反书和倒书现象，对汉字的大量、无理据性改造，文字系统杂糅等。对水字系统做充分挖掘，开展南方民族古文字比较研究，将有利于比较文字学和普通文字学研究，亦可丰富文字学理论。

总之，充分吸收当前汉古文字研究的理论与经验、借鉴多民族古文字研究的思路与方法，充分使用数字化和智能化研究结合的方式来解决水书文献综合利用难题，充分整合水书文献、打通内部关联，方能实现水书研究真正走向系统和深入。

Review and Prospect of Shui Literature Research

Liu Ling

(Center for the Study and Application of Chinese Characters,

East China Normal University, Shanghai 200062)

Abstract: This paper makes a classification review of the existing research contents of Shui literature, and divides the research history of the Shui literature for more than one hundred years into five stages to analyze the historical developing trends but also the gains and losses of Shui literature research. Furthermore, it points out that the academic studies on Shui literature still need to be explored, fully absorb the advanced theories and experiences of the current multi-ethnic ancient writing research, and pay more attention to the great research benefits brought by the combination of digitalization and intelligent research. The specific approach is: to build a sharing platform for Shui literature resource to achieve the comprehensive utilization and social sharing of all documents and thus solve the difficulties in using them; to promote the use of the digital platform with the technology of text recognition to open up connections within the documents about Shui literature, and further facilitate the development of Shui literature heritage; to compile a series of reference books that combine digital and intelligent research; and to carry out a more adequate comparative study of Shui literature and southern ethnic scripts with the help of the Shui literature digital platform.

Key words: Shui literature; Shui written characters; history; sumary; prospect

从"语录解"文献看汉语俗字在日本和
朝鲜的传播与发展*

【摘　要】"语录解"是随着东亚朱子学的兴盛而出现的以阐释宋儒口语俗语为主的辞书文献,为东亚朱子文化的传播与接受提供了很大的便利。这些语录解辞书在多次传抄或不断增订过程中,保留了大量的汉语俗字,本文以日本和朝鲜半岛的"语录解"文献为例,从俗字来源、构形特点和俗化规律等方面探讨了其国际化特征及国别化差异,为汉字在东亚的传播和变异研究提供了真实的例证,亦为近代汉语俗字和域外俗字研究等提供参考借鉴。

【关键词】语录解;汉语俗字;汉字文化圈

【作者简介】陈明娥,女,厦门大学中国语言文学系副教授,硕士生导师,博士,研究方向为近代汉语、东亚汉籍语言。(福建 厦门 361005)

13 世纪开始,朱子学逐渐传入日本和朝鲜[①],朱子学派纷纷成立,各类朱子文献相继印行,相关的校勘与整理、注解与阐释等工作也争相展开。16 世纪以来,朝鲜半岛和日本出现的大量以《语录解》《语录字义》《语录解义》《语录译义》等为名的语录阐释文献,就与当时朱子学的兴盛有直接的关系。"就其紧语而拈出之,并以汉语解联为小编……以为欲看语类者尤不可以无此也"[②],"凡语录之语所难通晓者,栉比而缕分,训解粢然,靡有遗漏,其便于后学也可谓大矣"[③]。这些以阐释朱子口语及难解词语为主的"语录解"辞书,在编纂体例、收词和音义阐释等方面既互相传承,又各自独立,形成了宝贵的"同质材料",成为历代学者阅读和研究朱子学的必备参考,推动了朱子文化在东亚的传播与接受,具有重要的文献学、朱子学和辞书学等多重研究价值。

作为东亚朱子学传播、普及和研究的基础工作,这些"语录解"辞书所收词目皆以汉字书写,释义中也多使用汉语或汉字词,各本在传抄或不断增订过程中,保留了大量的汉语俗字。这些俗字多来源于汉籍文献,是儒学者根据本国用字情况以及书写习惯记录下来的,既具有汉语俗字使用的国际化特征,又带有一定的国别化特色,真实地反映了汉字在朝鲜半岛和日本的传播和使用特点,为汉语俗字在东亚的传播和变异规律提供了丰富的例证,亦为近代汉语俗字研究、域外俗字乃至东亚汉字学史研究等提供了宝贵的参考借鉴。

一　"语录解"文献中汉语俗字的使用情况

为全面了解汉语俗字在日本和朝鲜半岛使用的真实面貌,我们分别选取了当时最流行的几种语录解辞书进行对比研究:朝鲜选取《语录解》三种,即 1657 年郑瀁《语录解》初刊本(简称"郑本")、1669 年南二星《语录解》修订本(简称"南本")以及 1919 年白斗镛编纂、尹昌铉增订的《注解语录总览》(简

---

　* 基金项目:国家社会科学基金一般项目"日韩珍藏语录解类文献语言研究"(19BYY206)的阶段性成果。
　① 本文所说的朝鲜,指的是朝鲜半岛历史上的朝鲜王朝。
　② 〔韩〕郑瀁:《语录解·跋》,《韩国文化》第四集,韩国文化研究所,1983 年,第 258 页。
　③ 〔日〕山宫维深:《语录译义·序》,〔日〕留守友信编,〔日〕千手兴成补:《语录译义》,日本国立国会图书馆抄本,第 3 页。

称"总览本")①；日本选取延享年间(1744—1747)留守友信编纂、千手兴成增订的《语录译义》两种，即日本国立国会图书馆藏写本(简称"国会本")和《唐话辞书类集》第 2 集所收写本(简称"类集本")②。其中选取朝鲜《语录解》俗字形 400 余个、日本《语录译义》俗字形 300 余个，两者共同关涉的汉语正字共计 500 个。我们按照俗字的来源及特点，将这些俗字大致分成以下四大类：

(1) 多见于具有正字规范作用的中国传统字书，如《玉篇》《干禄字书》《五经文字》《字汇》《正字通》等，这类字书标注的俗字形，多用来与正字或通用字形作对比。

朝鲜《语录解》诸本和日本《语录译义》中的俗字，见于这类字书的高达 40%。如：

挨(挨)跂(跋)押(捽)報(报)軰(辈)草(草)刺(刺)塲(场)遟(迟)慶(处)帶(带)㝎(定)犯(犯)乖乖(乖)㫇(鬼)(归)漢(汉)囬囘(回)揀(拣)撿(捡)睂(看)欵(款)即(即)講(讲)裏(里)覔(觅)惱(恼)价(你)捏(捏)寕(宁)抣(拗)若(若)舍(舍)寀(实)収(收)踈(疏)竪(竖)歳(岁)聽(听)廷(廷)脫(脱)宛(宛)拤(析)衘(衔)尋(寻)綫(线)養(养)様(样)扵(于)雜(杂)再再(再)賛(赞)搧(搧)㘴(坐)

这类俗字在汉籍文献中的使用较为普遍，除了传统字书收录之外，也多见于域内外近代汉语通俗文献中。特别是朱子语录宋刻本或明抄本中，亦多使用条(参)超(超)初(初)段(段)朶(朵)悪(恶)畨(番)恭(恭)恠(怪)檢(检)諫(谏)叫(叫)觧(解)流(流)畧(略)密(密)噐(器)商(商)説(说)徃(往)湏(须)倍(倚)囙(因)賛(赞)旨(旨)總(总)㝡(最)等俗字③，这些俗字形的使用与语录解辞书保持相当的一致性，从中也可以看出汉语俗字在东亚汉字圈传播和发展中的普遍特征。

(2) 多见于汉文佛典、敦煌写本以及宋元以来民间俗文学刻本的俗字。历代以收录这类俗字形为主的字书文献，主要有《龙龛手鉴》《龙龛手镜》《敦煌俗字典》《宋元以来俗字谱》《佛教难字字典》等。

朝鲜《语录解》诸本和日本《语录译义》中见于这类字书的俗字有 20% 多。④ 如：

拜(拜)邉(边)叅叄(参)蔵蔵(藏)喫(喫)㳟(承)峡(此)攆(搀)帯(带)擔(担)浮(得)逓(递)顛(颠)叚叚(段)断(断)佚(佛)㐮(襄)峠(归)漢(汉)刬(刬)卪㔾(节)僅(仅)経(经)舊(旧)扺(举)均(均)簾(帘)两(两)亂(乱)皃(貌)捏(捏)寧(宁)夫(弄)虐(虐)棄(弃)錢(钱)輕(轻)勸(劝)饒(饶)声(声)殺(杀)収(收)踈(疏)萬(万)務(务)纎(纤)裏(衰)虛(虚)尤(尤)吏(吏)奐(鱼)欵(欲)直(直)捴(总)縦(纵)等。

值得注意的是，这类俗字多出现在以收录佛教难字、写本俗体为主的《龙龛手鉴》各版本中。据我们统计，朝鲜和日本语录解辞书中的俗字，一半左右都在朝鲜增订本《龙龛手鉴》⑤中出现过，语录解辞书与朝鲜本《龙龛手鉴》俗字形的高度一致性，不仅反映了辽代释行均《龙龛手镜》对朝鲜半岛俗字使用的广泛影响，也在一定程度上反映了域外汉籍俗字与中国传统俗字的继承关系。

(3) 见于中土碑刻材料、文人书法书帖等使用不太广泛的汉语俗字。收录这类俗字形为主的字书文献，主要有《汉魏六朝碑刻异体字典》《中国书法大字典》等。

朝鲜《语录解》诸本和日本《语录译义》中，这类俗字占了 20% 左右。如：

砷(碑)鼻(鼻)塲(场)初(初)此(此)浔(得)鼎(鼎)叚(段)斷(断)對(对)甬甬(尔)浚(后)四(回)荒(荒)将(将)講(讲)盡(尽)者(看)耒(来)前(前)世(世)所(所)咽(咽)影(影)菜(叶)賛(赞)争(争)築(筑)賺(赚)浑(浑)等。

我们知道，日韩的书法史，深受汉字书法艺术的影响。不管是简帛、碑刻，还是金石、书帖，都反映

---

① 该版本增附《水浒志》《西游记》《西厢记》《三国志》等小说词汇，我们的研究主要是《朱子语录》部分。
② 日本的《语录译义》在后世广泛流行，出现了很多增订本，又有《俗语译义》《俗语释义》等不同题名。
③ 潘牧天：《朱子语录文献语言研究》，上海书店出版社，2019 年，第 374—415 页。
④ 有些俗字亦被第一类传统字书收录，此处不再重复统计。
⑤ 〔日〕杉本つとむ编：《异体字研究资料集成》第 1 期别卷 2《龙龛手鉴》，东京雄山阁出版社，1973 年。

了中国和汉字圈各国千年以来密切交流的书法历史。日本和朝鲜语录解辞书的汉语俗字身上，也可以明显地看到王羲之、颜真卿、柳公权、欧阳询、赵孟頫等著名书法家的影子。如《语录解》郑本 叄 （参），与赵孟頫《戏鸿堂法帖》的 叄、俞合《三希堂法帖》的 叄 等写法相似①；郑本 箇（个），与明代行书饶介的 箇、杨所修的 箇 如出一辙；赵孟頫字帖中的 癡（痴）、郑板桥的 癡 与总览本一致；郑本 那（那），与苏轼《御赐澄清堂》相合；惱（恼）则与文征明书帖 惱 字相似；爾（尔）则与怀素草书 爾、陈道复草书 爾 一致，应是草书楷化而来；影（影）爭（争）与文征明书帖的 影爭 等完全相合。日本江户时代，除了以上书法家之外，张即之、王铎等人的书法也备受推崇，如《语录译义》类集本菜（叶）遆（遆）等俗字的写法，与王铎字帖中的写法都十分相似。

特别值得注意的是赵孟頫的书法对东亚汉字圈的影响。朝鲜半岛在高丽王室和儒学倡导者的推崇下，赵体书法早在高丽时代就流行开来，并打开了朝鲜时代书法艺术的新局面，在赵体基础上形成了崭新的朝鲜书体——松雪体。② 朝鲜《语录解》诸本中，很多俗字的写法都与赵孟頫书帖作品保持相当的一致性。如郑本中的 泛（从），与赵孟頫《六体千字文》中的 泛 基本相同；郑本的 邎，则与其《渤海藏真帖》中的 邎 相似；再如上引 臭、壩、将、盡、些、学學、賛、渾 等俗字形都可以在赵孟頫的书帖中找到很多用例。赵孟頫书法对日本的影响，一方面得益于禅僧特别是五山僧侣的推动，另一方面则得益于朝鲜化的赵体书法作品传入。江户时期，日本的儒学者新井白石、荻生徂徕、伊藤东涯等，皆善书赵体。如《语录译义》类集本的俗字形 囙，与赵孟頫《英光堂帖》的"咽"俗化规律相同，熈 则与其《道德经》书帖中的"熙"相似，渊（渊）字形在其《千字文》《感兴诗》等书帖中也多次出现。语录解辞书中这些俗字的写法，罕见于传统的汉语字书文献，却与赵孟頫书法作品中的俗字形高度相似，便在一定程度上反映了赵体书法在朝鲜半岛和日本的广泛流行概貌。

（4）中土汉字文献材料罕见，具有一定国别化或国际化特征的汉语俗字。

朝鲜《语录解》诸本和日本《语录译义》中，这类俗字占了将近20%。如：

稱（称）醜（丑）楼（凑）鬪（斗）段（段）頓（顿）發（发）數（数）乖（乖）開關（关）哇（国）舎（含）還（还）號（号）留（留）亂（乱）密（密）捏（捏）凝（凝）虐（虐）器（器）嬈（娆）聲（声）徒（徒）宛（宛）嵒嵒（嵒嵒）須（须）严（严）延（延）撰（撰）半（半）蔽（蔽）藏（藏）初（初）凑（凑）打（打）胆（胆）華華（花）賤（贱）亏（亏）沥（沥）刘（刘）寧（宁）牌（牌）饶（饶）剩（剩）拖（拖）望（望）微（微）样（样）仪（仪）争（争）直（直）等。

语录解辞书文献中的这类俗字，往往不是偶然的，在本国文字使用中，具有明显的国别化特征，何华珍先生称之为"国别俗字"。③ 如汉字中的"参"部件，隶楷多形变为"尔"，"趁珍"亦相应地俗变作"趂珎"。但朝鲜半岛古文献中，"参"却往往俗变为"朵"（趂珎），《语录解》诸本及《字类注释》等汉文辞书中，"趁"都写作"趂"。再如朝鲜古文献中，"夗"往往俗变为"死"，因此《物名考》中的"怨"写作"恝"，《语录解》中的"宛"写作"宛"；再如《语录解》南本中的"拜"，与朝鲜汉文文献《法华经》《才物谱》中的"拜"、《韩国文献说话全集》中的"拜"，构形相似，俗变规律皆同。

语录解辞书中出现的这些国别俗字，也在一定程度上反映了中国与东亚汉字圈诸国书法交流的发展，很多俗字的写法可以看作是在中国文人书帖基础上进一步本土化的结果。

如"门"字，中土传统文献多作"門"，王羲之、欧阳询、米芾、赵孟頫等行书字帖中，常见 门门门门 等多个简化的俗写字形，在此影响下，《宋元以来俗字谱》中出现"门门"等简体俗写，日本和朝鲜语录解辞书中诸多"门"部字都出现了简写的俗字形。如《语录解》中的"关"出现了 開（郑本）和 關（总

① 文人书帖书法例，皆参"书法字典"网站（http://www.shufazidian.com/）；书法大师网站（http://www.sfds.cn/）。

② 祁庆富：《赵孟頫书法东传及朝鲜松雪体书艺》，《烟台大学学报（哲学社会科学版）》2003年第3期。

③ 何华珍：《俗字在日本的传播研究》，《宁波大学学报（人文科学版）》2011年第6期。

览本)这两个俗字形,中土文献罕见。前者与颜真卿《祭姪文稿》的闷、赵孟頫《感兴诗》的闲、祝允明的阔写法有关联;后者应该是在传统俗字関的基础上进一步草化而来;另外,《语录解》中"门"部俗字间(间)闘(闘)阁(阅)等,都应该是进一步"朝鲜化"的结果。而日本《语录译义》诸本,则出现了开(开)関(关)润(阔)蔺(蔺)问(问)院(阅)等俗字形,这些俗字也可以在文人书帖中找到相似的影子,如陆柬之《文赋》的闹、吴琚《杂诗贴》的阅、王铎《拟山园帖》的润、黄庭坚的蔺、赵孟頫的问、文征明的阔等,由此可见,日本的"门"部俗字,也应该是在行草楷化基础上进一步"日本化"的结果。

二 "语录解"文献中汉语俗字的特点

(1) 大多源于中国传统俗字,继承性特征突出。

从以上俗字类别可以看出,朝鲜半岛和日本语录解辞书中的俗字多源于中土汉籍,除了传统的字书、韵书文献收录之外,还见于历代碑刻、汉文佛典、敦煌写本等通俗作品,来源于中国传统俗字的占比高达 80% 多,表现出明显的传承关系。当然,在汉字的使用和发展过程中,俗字不断出现,也在不断发生着变化。"传承和变异是汉字传播过程中的两个重要方面"[①],语录解文献中的俗字,也在不同程度上体现了汉语俗字的发展轨迹。

"有时候,一种新的正体就是由前一阶段的俗体发展而成的(如隶书)。比较常见的情况,是俗体的某些写法后来为正体所吸收,或者明显地促进了正体的演变。"[②]如《龙龛手鉴》《四声篇海》等,皆以"乱"为"举"的古文,今则多将其看作俗体。再如语录解辞书中的"曺(曹)策(策)従(从)寺(等)规(规)谏(谏)能(能)聽(听)足(足)"等俗字形,《干禄字书》皆看作"通"用字形,反映了汉语俗字在发展中呈现出的动态变化。

《说文》"冉"小篆作秫,《九经字样·杂辨部》:"秫冉,染平,毛冉冉也,象形。上《说文》,下隶变。那柟珊等字并从冉。经典相承作冉,音染。"又《金石文字辨异·上声·炎韵》指出:"秫,碑变作冉,今俗因之"。由此可见,冉本为秫之隶变字形,碑刻中又作"冉冉冉冉"等俗字形。《玉篇》《广韵》中,舟舟为正字形,冉则指明"亦作",看作异体字形;《干禄字书》:"冉再,上通下正";《字鉴·上声·琰韵》:"冉,《说文》作秫,毛冉冉。凡襄那珊頟荐蚺之类从冉。俗作'冉',唯'再稱偁'字乃从菁省,非。"说明冉在当时尚有一定的使用范围,但因后世经典多承用"冉",冉却被看作俗字形。《正字通·门部》:"冉,俗字冉",由此确立了"冉"的正字地位。《语录解》郑本中,"再稱講"多写作"再稱講",修订后的南本,则使用再稱講,也反映了俗字构件"冉"逐渐替代"冉"的真实情况。

(2) 俗字构件具有明显的类化规律。

传统汉语俗字中,类化的特点也比较突出,同一构件的汉字往往表现出相同的俗变规律。日本和朝鲜语录解辞书中类似这样的俗字很多,如(采—米)番翻審/番翻龘審、(柬—東)揀谏闌練/揀谏闌練、(鬼—鬼)捭碑裨婢醜塊魄/押碑禪婢醜塊魄、(己—巳)记纪忌配/記紀忌配、(曷—昌)遏喝揭愒/遏喝揭愒、(束—束)策刺棘枣/策刺棘枣、(兑—允)说脱阅/說脫閱、(鱼—奥)渔鳞鲜/澳鳞鲜、(赞—赞)攒趱偿讚/攢趱償讚等等。

另一方面,日本和朝鲜语录解辞书中很多俗字的类化规律具有一定的国别化特征。如《语录解》郑本中,俗字构件中的止正多变异为乏之,因此"足走"多俗变为"足走"、"定绽"俗变为"定綻",但"疑"系列"疑凝礙癡"的俗变"疑凝礙癡"具有明显的个性:"疑"左边部件的变化尚呈现出汉语俗字的普遍特征,其中"匕",各本一律作"上","失"则多与"夫"或"天"相混;右边部件却全部省变作足,

---

① 王平:《韩国写本俗字的类型及其特点——以〈韩国俗字谱〉为例》,《中国文字研究》第十五辑,大象出版社,2011 年,第 214 页。
② 裘锡圭:《文字学概要(修订本)》,商务印书馆,2013 年,第 49 页。

带有国别化特色，而佛教文献中的𠤕（《佛教难字字典》）、敦煌文献中的𠤕（《敦煌俗字典》）、碑刻文献中的𠤕（《碑别字新编》）等，或在一定程度上影响了郑本“疑”类俗字的变化趋势。再如《语录解》俗字中构件“殳”多作“殳役”，因此般般（般）盤盤（盤）段段（段）煆（煅）沒沒（没）殺殺（殺）殼（殼）役（役）的俗化规律都基本相同；构件“失”多与“夫天”相混，因此“挨埃候”俗变为“挨埃候候”；构件“臣”多俗变为“目巳”，卧（卧）藏藏（藏）監（监）竪（竖）緊（紧）的变化规律亦相同。

日本《语录译义》中，汉字“虍”构件的上部只剩一短横，下部的“七”又多与“土”相混，因此出现了“虎彪處號盧虜虛/虛”等常见俗字；汉字“忄”部件受隶草楷化影响多作“忄”，“忖快慢懞悄憎”等皆俗变为“忖快慢懞悄憎”；“景絜原源”等汉字中的“小”构件，全部俗变为“灬”（景絜原源）；构件“⺗”又与“氺”相混，所以“恭慕黎”分别俗变为“恭慕黎”；构件“艹”常俗变为“䒑”，因此“花草落墓若诺萬藻”俗变为“草花落墓若諾萬藻”；“旦”俗变为“且”，“胆宣”俗变为“胆宣”等等。

(3) 多利用点画和横画的增减与变异进行俗字构形。

点画“丶”的增加、缺失和位移是汉语俗字产生的主要方式，日本和朝鲜语录解辞书中，直接沿用的这类传统俗字也非常多。如点画增加的俗字有：拜(拜)筆(笔)餅(饼)併(并)步(步)涉(涉)處(处)單(单)即(即)節(节)留(留)你(你)土(土)肚(肚)吐(吐)丈(丈)等；点画缺失的有：攙(搀)敷(敷)瓜(瓜)国(国)流(流)偏(偏)顧(顧)剗(剗)器(器)訴(訴)疏(疏)攤(摊)突(突)宜(宜)築(筑)等；点画位移的字有：晡(晡)捕(捕)少(少)抄(抄)沙(沙)省(省)凡(凡)尤(尤)就(就)等。

语录解辞书中横画的增减也比较常见，横画减笔如畢(毕)鼻(鼻)得(得)捏(捏)謹(谨)具(具)剩(剩)世(世)直(直)真(真)養(養)囬(囬)等；横画增笔如半(半)睨(睨)熙(熙)著(著)等。

总之，语录解辞书文献中，点画的使用往往与近代汉语俗字保持相当的一致，并且也带有一定的个性特点。如俗字“圭”较早见于北魏墓志文献中，敦煌俗字中，亦出现了俗字崖(崖)捱(捱/挨)，《语录解》中又类推出现了新的俗字睚(睚)跬(跬)。再如《语录解》郑本直(直)真(真)具(具)等减笔俗字，可见于《敦煌俗字谱》；总览本中，还出现了直(直)殖(殖)真(真)具(具)移位俗字；《语录译义》中，则出现了卯(卯)膩(膩)直(直)等位移俗字，都具有明显的国别化特征。

(4) 语录解辞书中的俗字带有较大的随意性。

日本和朝鲜语录解辞书的俗字丰富繁多，且俗字的使用带有较大的随意性。首先，一个正字对应多个俗字的现象普遍存在。如叅叅叅叅叁参(参)、發發發發發發(发)、饒饒饒饒饒(饶)、亂亂亂亂(乱)、般般般(般)、報報報(報)、藏藏藏藏(藏)、稱稱稱稱(称)、從從從(从)、初初初(初)、處處處(处)、段段段(段)、對對對(对)、乖乖乖(乖)、密密密密(密)、寧寧寧寧(宁)、蹠疎踈踈(疏)、著著着(着)、築築築(筑)、須須(须)、學學學(学)等等。

其次，同一个汉字构件中出现多个变体字形，导致包含该构件的汉字亦对应多个俗体。例如《语录解》诸本中，“堯(尧)”作为汉字构件时，出现了“尭尭尧尭”等多个变异字形，因此以它们为构件的汉字有“饒饒饒饒饒(饶)、暁暁曉(晓)、嬈嬈(娆)、僥僥(侥)、繞繞(绕)”等，这些变异的构件同时并存，各本在使用过程中也有很大的随意性。

(5) 揭示了域外汉字使用的“国际化”特征。

语录解辞书中的俗字，也在一定程度上体现了域外汉字使用的普遍特点。例如汉字在草书楷化过程中，构形中的重复性部件多用省写的点笔来替代，一般多用丷代替左右对称的重文部件，用⺀来代替上下对称的重文部件。如《宋元以来俗字谱》中的“恋(戀)、变(變)、门(門)、闩(闘)”等俗字使

用了 丷 ㇇，"搀（攙）、谗（讒）、枣（棗）"等俗字则使用了 ⺀；在一些对称性部件或品字形部件中，这种点笔还衍生出特殊重文符号 㸌，如《宋元以来俗字谱》中的乐（樂）、齌（巒）等，明清小说亦多见此类用例①。文人书帖中，这种点画的使用更加随意，如赵孟頫及文征明书帖中的"临"，就出现了 眬 临 临 临等俗字形。

语录解辞书中，也多用点笔及重文符号 㸌 的变异来代替汉字中的重复性部件。如日本《语录译义》中的"詠（谈）"便直接采用了点笔符号替代的俗变方法；"綖（才）"则是在"纔"的俗写"纔"基础上使用了点笔替代，朝鲜《语录解》郑本中的"搀（攙）綖（才）"总览本的"攙、枣"也使用了同样的俗化方法；《语录解》"间（间）、闲（关）、阁（阅）"、《语录译义》"阅（关）、问（问）、蔺（蔺）"等"门（門）"部件的俗变也都使用了点笔替代的方法。语录解辞书中，品字形汉字的俗变几乎全部使用了构形符号 㸌：如《语录解》诸本的"竊囁疊"分别俗变为"窸喂叠"，《语录译义》的"屚疊蟲囁攝掇"则分别俗变为"屚叠蛊喂摄摁"。汉字在域外使用和传播中，这种点笔符号的扩散十分普遍，体现了汉语俗字使用的国际化特征。② 如朝鲜半岛古汉文文献中的綖（讖）叠（疊）燊（轟）蛊（蟲）等③、日本《同文通考·省文》称之为"倭俗字"的例子如 品（品）姦（姦）晶（晶）焱（森）枭（梟）焱（焱）蟲（蟲）等④。

（6）存在一定的国别化差异和内部差异。

首先，朝鲜《语录解》诸本的俗字具有明显的"朝鲜化"特征。这种个性特征一方面表现在国别俗字的出现，另一方面表现在一些传统汉语俗字的缺失。比如《语录解》诸本中的一些俗字在汉籍文献中罕见，但在朝鲜半岛汉文文献中却常见使用，如郑本中的俗字"皿（嚴）"，又见于《灵验略抄》《月印释谱》《梵音集》等古汉文文献，另外还有相应的俗字形伵（儼）狚（獫）等⑤；再如《语录解》中的"叅（參）趝（趁）醜（丑）對（对）関（关）者（看）宓（密）咒（器）攤（摊）宛（宛）頒（须）"等俗字形，朝鲜时代碑铭、汉文辞书《字类注释》《物名考》等，都有不同程度的使用。然而，《宋元以来俗字谱》中收录的一些常见近代汉语俗字形，如"称、从、归、欢、还、会、留、龙、权、劝、杀、应、枣"等，却未见于《语录解》诸本，也罕见于朝鲜半岛的其他汉文文献，或许这些俗字形从一开始就未被朝鲜半岛所接受。

日本《语录译义》中也出现了一些带有"日本化"特点的汉语俗字，例如《语录译义》中的俗字形笔（笔）耳（耳）齟（齟）沥（沥）劉（刘）晥（睨）書（书）属（属）望（望）学（学）横（样）儀（仪）捄（捄）真（真）"等俗字写法，在日本汉字使用中也较为常见。另外，《语录译义》中也有一些个性化俗字，不仅罕见于历代汉籍文献，日本汉文文献中也少见用例，带有较大的随意性。如半（半）蔵（藏）步（打）拄（挂）羊（华）贱（贱）卵（卯）寧（宁）晬（脾）利（剩）等。这些俗字或许是因为写本的缘故，在很大程度上受到了抄写者的影响。

从语录解辞书所关涉的汉字词目来看，日本和朝鲜半岛俗字使用的差异也是显而易见的：如《语录解》诸本"参"使用了叅 叅 叅 叅叅等多个俗字形，而《语录译义》则多用"参"；《语录解》诸本只用俗字"初"，《语录译义》则使用了"初 初 初"等俗字形，再如《语录解》和《语录译义》的用字之别：蔵 蔵——藏藏、廥 廥——處 處、撲 潀——潊、對 對——對、閑 関——阅、舎 舎——舍、候 候——候、田 田——间、盡——盡、宓 宓——宓、担 担——担、器 咒——器、饒 饒 饒——饒、剩——利、虗——虗 虗、様——横、真 真——真、最——宣等，这些俗字形的使用则带有明

---

① 曾良：《明清小说俗字研究》，商务印书馆，2017 年，第 177 页。
② 何华珍：《俗字在域外的传播研究》，中国社会科学出版社，2018 年，第 43 页。
③ 吕浩：《韩国汉字古文献异形字研究》，上海人民出版社，2013 年，第 205、254、227、509 页。
④〔日〕新井白石：《同文通考》，〔日〕杉本つとむ编：《异体字研究资料集成》第 1 期第 1 卷，东京雄山阁出版社，1973 年。
⑤ 周玳：《朝鲜时代汉文写本异构俗字研究》，硕士学位论文，浙江财经大学，2016 年，第 46—47 页。

显的国别化差异。

另一方面，朝鲜《语录解》诸本在不断的修订中，俗字的使用也随之发生了一定的变化，从整体上看，三版本在俗字使用上皆以传承为主，但也存在明显的内部差异：从俗字数量方面看，郑瀁本的俗字形最多，达 230 余个，在使用上也更加随意些；南二星本的修订，则在很大程度上规范了汉字的形体，俗字的使用也比较谨慎，只有 130 余个，且绝大多数俗字都能在中国传统字书或通俗文献中找到用例，具有"朝鲜化"特征的俗字形不足 10 例；200 多年之后的总览本，在俗字的使用方面传承与发展并存，一方面摈弃了郑本中使用频率较低的俗字形，如 [俗字图] 等，这类俗字在传统汉籍文献中也罕见；另一方面还使用了一些新的俗字形，如 [俗字图] 等。《语录解》诸本俗字使用的内部差异，在一定程度上反映了朝鲜半岛汉语俗字 300 多年以来个性化发展变化的轨迹，对于域外汉字的传承与变异以及东亚汉字的交流与互鉴研究，都是十分有参考和借鉴意义的。

附记：本文在第五届跨文化汉字国际学术研讨会（2023 年 7 月，武汉）宣读过，与会学者何华珍先生等提出了宝贵的参考意见，谨致谢忱！文中疏误皆由作者本人负责。

【参考文献】

［1］ 〔韩〕安秉禧.《语录解》解题（附《语录解》原刊本、改刊本影印）［M］//《韩国文化》,1983(4).
［2］ 〔日〕长泽规矩也解题,古典研究会编.唐话辞书类集［M］.第 2 集,东京：汲古书院,1970.
［3］ 何华珍.俗字在日本的传播研究［J］.宁波大学学报（人文科学版）,2011(6).
［4］ 何华珍.俗字在域外的传播研究［M］.北京：中国社会科学出版社,2018.
［5］ 语录解异本六种 & 儒胥必知［M］.首尔：弘文阁,2005.
［6］ 黄征.敦煌俗字典［M］.上海：上海教育出版社,2005.
［7］ 吕浩.韩国汉文古文献异形字研究［M］.上海：上海人民出版社,2013.
［8］ 裘锡圭.文字学概要（修订本）［M］.北京：商务印书馆,2013.
［9］ 〔日〕杉本つとむ.异体字研究资料集成［M］.东京：雄山阁出版社,1973.
［10］ 王平.韩国写本俗字的类型及其特点——以《韩国俗字谱》为例［C］//中国文字研究（第十五辑）.郑州：大象出版社.
［11］ 曾良.明清小说俗字研究［M］.北京：商务印书馆,2017.

The Spread and Development of Folk Characters in Yulujie Documents of Japan and Korean Peninsula

Chen Ming-e

(Department of Chinese, Xiamen University, Xiamen 361005)

Abstract: With the prosperity of East Asian Zhuzi theory, there appeared some Yulujie documents that mainly explains the spoken language of Confucians of Song Dynasty, which provides great convenience for the spread and acceptance of East Asian Zhuzi culture. A large number of Chinese folk characters have been retained in these documents during the process of repeated circulation or constant revision. This paper takes the Yulujie documents of Japan and Korea as examples, and discusses their international characteristics and national differences from the sources, formation characteristics and vulgarization rules of Chinese characters, thus providing a real example for the study of the spread and variation of Chinese folk characters in East Asia. It also provides reference for the study of modern Chinese folk characters and foreign Chinese characters.

Key words: Yulujie; Chinese folk characters; the cultural cycle of Chinese characters

本刊启事

一、本刊主办单位和办刊宗旨

1. 本刊由中华人民共和国教育部主管,教育部人文社会科学重点研究基地华东师范大学中国文字研究与应用中心、华东师范大学语言文字工作委员会主办。作为中心的专业学术辑刊,本刊严格遵循教育部关于重点研究机构创办学术刊物的法规,包括专业学术规范。

2. 本刊以为文字学及相关领域研究者提供良好服务、推动以汉字为核心的表意文字体系学科建设、及时发布海内外学人的重要研究成果和建立高水平学术交流平台为宗旨,以此推动中国文字本体研究和跨学科研究的繁荣发展。

二、本刊专业学术规范要求

来稿应严格遵守中华人民共和国《著作权法》《专利法》等国家有关法律、法规、社会公德及学术道德规范,要坚持科学真理、尊重科学规律、崇尚严谨求实的学风,恪守职业道德,维护科学诚信,应当遵守下述基本学术道德规范:

1. 必须尊重知识产权,充分尊重他人已经获得的研究成果;引用他人成果时如实注明出处;所引用部分不能构成引用人作品的主要部分或实质部分;从他人作品转引第三人成果时,如实注明转引出处。

2. 稿件要求原创,不得存在学术不端行为,如抄袭、侵吞、剽窃、篡改、编造或伪造歪曲研究客观事实以及其他违背学术活动公序良俗的行为。若查证存在学术不端行为,则投稿人自负法律责任,且本刊三年内不再受理嫌疑人投稿事宜。

3. 稿件切勿一稿多投。若查实故意为之,则投稿人将被列入不良信用名单。

4. 不得侵犯他人署名权;不得冒用或滥用署名,如未经被署名人同意而署其姓名等行为。

5. 不得利用科研活动牟取不正当利益。

三、本刊学术范畴

为及时充分反映文字学及相关领域的最新研究成果,本刊从 2007 年开始改为一年两辑。主要栏目包括:古文字研究、中古汉字研究、现代汉字研究、汉字数字化研究、汉字规范与应用研究、文字理论研究、古代语料文献研究、各类少数民族文字研究、海外汉字研究、对外汉字汉语教学研究。其中"汉字规范与应用研究"专栏由华东师范大学语言文字工作委员会主办。

四、稿件格式

1. 稿件用 WORD 排版,正文用五号宋体,简体横排。引述出土文献资料时,如无特殊需要,一律采用通行文字。

2. 凡文档中不能正常显示的古文字字形、少数民族文字、造字,均做成 JPG 图片格式插入。图片像素要求不低于 600 DPI,大小高低适中,能够直接排印。

3. 注释采用脚注形式,每页重新编号。号码格式为①②③……,文字小五号宋体。

4. 注释格式:

（1）发表在学术期刊上的论文依次为作者、论文名、刊物名与年份、期号。如：

吴艳红：《明代流刑考》，《历史研究》2001 年第 6 期。

（2）发表于学术辑刊的论文依次为作者、论文名、学术辑刊名、出版社、出版年、页码。如：

吴振武：《战国货币铭文中的"刀"》，《古文字研究》第十辑，中华书局，1983 年，第 N 页。

（3）发表在报纸上的论文依次为作者、论文名、报纸名与年月日、第 N 版。如：

崔乐泉：《行气玉铭——两千多年前的"导引"论述》，《中国文物报》1991 年 9 月 8 日，第 2 版。

（4）发表于个人文集或纪念文集中的论文依次为作者、论文名、论文集名、出版社、出版年、页码。如：

裘锡圭：《释"弘""强"》，《古文字论集》，中华书局，1992 年，第 N 页。

（5）发表在学术会议上的论文依次为作者、论文名、会议名称、会议所在城市（或主办单位）与举办年份。如：

林沄：《新版〈金文编〉正文部分释字商榷》，中国古文字研究会第八次年会论文，江苏太仓，1990 年。

（6）学位论文依次为作者、论文名、学位类型（硕士或博士）、所在学校与发表年份、页码。如：

刘钊：《古文字构形研究》，博士学位论文，吉林大学，1991 年，第 N 页。

（7）发表在网络上的论文依次为作者、论文名、网站名与发表年月日。同一网站多次出现时，只在第一次注出网址，其后省略网址。如：

李天虹：《〈郑子家丧〉补释》，简帛网 2009 年 1 月 12 日（http://www.bsm.org.cn/show_article.php?id=967）。

（8）专著依次为作者、书名、出版社、出版年、页码。如：

龚鹏程：《汉代思潮》，商务印书馆，2005 年，第 N 页。

若作者为外国籍，用〔 〕标明国籍。如：

〔日〕下中邦彦：《书道全集(1)》，平凡社，1954 年，第 N 页。

（9）后注同前注时采用简略形式，若是书籍，则只出作者名、论文名或书名、页码。如：

裘锡圭：《释"弘""强"》，第 N 页。

龚鹏程：《汉代思潮》，第 N 页。

若是期刊，则只出作者名、论文名。如：

吴艳红：《明代流刑考》。

（10）一条注同时引用两篇以上的文献时，中间用分号间隔。如：

吴艳红：《明代流刑考》，《历史研究》2001 年第 6 期；龚鹏程：《汉代思潮》，商务印书馆，2005 年，第 N 页。

（11）同书编者或著者有两个或三个时用顿号隔开；超过三个时只取第一编者或著者，其后加"等"字。

（12）页码用"第 N 页"表示；引用的内容不止一页而又不连贯时，页码之间用顿号隔开；引用的内容不止一页而内容连贯时，首页与尾页之间用"—"表示。

5. 来稿通过电子邮件发送 WORD 文本；若文中有造字，请同时附送 PDF 文本。另外，须寄送纸质文本。

6. 本刊实行匿名审稿制，请在来稿中另纸写明作者姓名（女性加"女"）、论文题目、单位、职称（在读而未获博士学位者一律标"博士生"）、研究方向、详细地址、邮政编码以及电子邮箱、手机号。

本刊评审专家库由世界范围内汉字学领域专家组成。审稿处理意见一般有如下三种：（1）直接刊用；（2）修改刊用；（3）不宜刊用。

7. 来稿一律不退,请作者自留底稿。自收到纸质投稿起三个月内,编辑部会与作者联系。作者在规定时间内若未收到编辑部信函,可自行处理稿件,本刊不寄送书面退稿通知。来稿一经发表,寄送当期《中国文字研究》两册和电子版抽印文本。

8. 本刊拥有首发权,凡已在网络或纸质出版物上发表过的论文本刊一概不予采用。在学术会议上以非纲要形式公开发表的论文,原则上亦不予采用。本刊已加入知网、万方、维普等网络发布系统,若作者不同意在上述网络平台发布,应事先声明。

五、来稿请寄

中国上海市闵行区东川路 500 号

华东师范大学文史哲楼中文系收转《中国文字研究》编辑部

邮政编码:200241

电子邮箱:zgwzyjsh@sina.com

网站地址:http://wenzi.ecnu.edu.cn/

《中国文字研究》编辑委员会

图书在版编目（CIP）数据

中国文字研究.第三十八辑／臧克和主编. —上海：
华东师范大学出版社，2023
ISBN 978-7-5760-4412-6

Ⅰ.①中… Ⅱ.①臧… Ⅲ.①汉字-文字学-文集
Ⅳ.H12-53

中国国家版本馆 CIP 数据核字（2023）第 234075 号

中国文字研究（第三十八辑）

教育部人文社会科学重点研究基地
华东师范大学中国文字研究与应用中心　主办
华东师范大学语言文字工作委员会

主　　编　臧克和
责任编辑　时润民
特约审读　齐晓峰
责任校对　时东明
装帧设计　刘怡霖

出版发行　华东师范大学出版社
社　　址　上海市中山北路 3663 号　邮编 200062
网　　址　www.ecnupress.com.cn
电　　话　021-60821666　行政传真 021-62572105
客服电话　021-62865537　门市（邮购）电话 021-62869887
地　　址　上海市中山北路 3663 号华东师范大学校内先锋路口
网　　店　http://hdsdcbs.tmall.com

印 刷 者　上海昌鑫龙印务有限公司
开　　本　889 毫米×1194 毫米　1/16
印　　张　14.25
字　　数　408 千字
版　　次　2023 年 12 月第 1 版
印　　次　2023 年 12 月第 1 次
书　　号　ISBN 978-7-5760-4412-6
定　　价　66.00 元

出 版 人　王　焰